EN ROUTE ET PAS DE SENTIMENT

DU MÊME AUTEUR

La fin des jeux, roman, Montréal, Triptyque, 1986.

Le repos piégé, roman, Montréal, Triptyque, 1988.

La mémoire de sable, roman, Montréal, Triptyque, 1991.

Le scénario télévisuel de fiction, essai, Montréal, Triptyque, 1993.

Tête première, roman, Montréal, Triptyque, 1995.

Du courant littéraire à l'analyse littéraire, (en collaboration), essai, Forma-texte, 1995.

Analyse et compréhension littéraire, (en collaboration), essai, Formatexte, 1999.

Théories et genres littéraires, (en collaboration), essai, Formatexte, 1999.

Des genres littéraires à la dissertation littéraire, (en collaboration), antholo-gie, Formatexte, 2000.

Michel Gosselin

En route et pas de sentiment

Anne Hébert, entre Paris et Montréal

Récit

Hurtubise

Catalogage avant publication de Bibliothèque et Archives nationales du Québec et Bibliothèque et Archives Canada

Gosselin, Michel, 1946-

En route et pas de sentiment

Comprend des réf. bibliogr.

ISBN 978-2-89647-313-7

1. Hébert, Anne, 1916-2000. 2. Hébert, Anne, 1916-2000 – Critique et interprétation. 3. Gosselin, Michel, 1946- . 4. Écrivains québécois – 20e siècle. I. Titre.

PS8515.E16Z572 2010   C843'.54   C2010-941377-6
PS9515.E16Z572 2010

Les Éditions Hurtubise bénéficient du soutien financier des institutions suivantes pour leurs activités d'édition :
• Conseil des Arts du Canada ;
• Gouvernement du Canada par l'entremise du Programme d'aide au développement de l'industrie de l'édition (PADIÉ) ;
• Société de développement des entreprises culturelles du Québec (SODEC) ;
• Gouvernement du Québec par l'entremise du programme de crédit d'impôt pour l'édition de livres.

Conception graphique de la couverture : René St-Amand
Illustration de la couverture : Fonds Anne Hébert, Université de Sherbrooke
Mise en pages : Martel en-tête

Copyright © 2010, Éditions Hurtubise inc.
ISBN 978-2-89647-313-7

Dépôt légal : 3e trimestre 2010
Bibliothèque et Archives nationales du Québec
Bibliothèque et Archives Canada

Diffusion-distribution au Canada :   Diffusion-distribution en France :
Distribution HMH   Librairie du Québec / DNM
1815, avenue De Lorimier,   30, rue Gay-Lussac
Montréal (Québec) H2K 3W6   75005 Paris FRANCE
www.distributionhmh.com   www.librairieduquebec.fr

Imprimé au Canada
www.editionshurtubise.com

Aux lecteurs d'Anne Hébert

Enfin mon âme fait explosion, et sagement elle me crie : « N'importe où ! n'importe où ! pourvu que ce soit hors de ce monde. »

BAUDELAIRE

La vraie vie est ailleurs.

ANNE HÉBERT

PREMIÈRE PARTIE

Paris

« J'ai l'impression que je mettrai davantage
un point à ma vie qu'à une partie de ma vie. »

— Je suis désolé, confie-t-il en me tendant les résultats.

Je ferme les yeux. Projeté dans un futur qui n'est plus. L'avenir dans les limbes froids, noirs et éternels. Des images. Des noms chèrement aimés, Luc, Jean, Nicole et les autres.

— La médecine connaît mieux aujourd'hui ce type de cancer.

Mes amies, mes amis. Et vous qui m'avez précédé. À mon tour maintenant. Les cimetières en guise de voyages. Ma mère à Saint-Hyacinthe, madame Bosco à Montréal, madame Hébert à Sainte-Catherine-de-la-Jacques-Cartier.

— Combien de temps, docteur?

La vérité aveuglante. J'ai besoin de jours. Un nombre, seulement. Le condamné a ce droit.

— Écoutez, c'est embêtant à prédire. Parfois…

— Combien?

Je le bouscule. Cela va à l'encontre de sa fonction. Comme si je l'ignorais.

— Entre six mois et un an.

Je me lève. Je n'ai plus de temps à perdre. Faire comme si de rien n'était. «En route et pas de sentiment!» se plaisait à dire madame Hébert. «La vraie vie est ailleurs», écrivait-elle.

— Votre prescription. Il ne devrait pas y avoir d'effets secondaires. S'il y a quelque chose, venez me voir. Ne vous gênez pas. Vous avez quelqu'un avec qui parler?

— Aux morts, docteur, surtout aux morts. Merci.

Le beaujolais trône sur la table. Les excès sont sans gravité. Tendons et muscles baignés de rouge. Le cancer gruge jusqu'à la moelle de mes os. L'horizon est broyé de fièvres. Une longue marche funèbre se met en branle, tout atténuée de beaux discours.

Ma mort est insignifiante. Les vivants sont attelés à la vie. Une autre gorgée. Il faut faire le tri de ce qui est mien pendant que j'en ai la force. Terminer ce qui n'est pas fini. Mettre un point final avant que la camarde n'y fige le sien.

Mon regard embrasse murs et plafonds. Je tourne autour de la cage d'escalier. Salon, cuisine et salle à manger. « Je suis une cage d'oiseau / Une cage d'os / Avec un oiseau / L'oiseau de la cage d'os / C'est la mort qui fait son nid[1]. » Est-ce déjà l'effet du vin ? « De six mois à un an », m'a-t-il dit. Bon ! Incapable de penser tant la sentence est sans appel. Pourtant, il le faudra. Me blottir dans ce qui m'est connu. Mes poumons ont libéré le monstre. Non, non, non ! « Tout ça, c'est du théâtre[2] ! »

Le bilan. Terrible mot au cœur de mon enfance, ancré en moi à coup de semonces et de remontrances. « Qu'as-tu fait de ta journée, mon grand ? » Faux prétexte d'une mémoire à affiner. Mes jours d'alors, exacerbés sous la fatidique question de ma mère qui, aujourd'hui, devient incontournable.

Je fais les cent pas dans la verrière. Les saules ploient sous la neige aux flocons paresseux qui tombent en ce solstice d'hiver où les jours allongent alors que les miens raccourcissent. Le regard rempli de colère, les mâchoires serrées, je martèle de mon poing la table, mais aucun cri ne vient.

---

1. Hector de Saint-Denys Garneau, *Regards et jeux dans l'espace*, Montréal, BQ, 1993, p. 80.
2. Anne Hébert, *Kamouraska*, Paris, Seuil, 1970, p. 85.

Je regagne le salon. Une courte gorgée de vin qu'aussitôt jaillit une succession de figures aimées. Je ne veux pas mourir.

Je me dirige vers mon bureau. J'ouvre un tiroir, en sort plusieurs chemises. J'en consulte quelques-unes que je m'empresse de poser plus loin. Recommence le même jeu avec le deuxième puis le troisième tiroir. Des piles de feuilles sur mon bureau. En déséquilibre. Une fausse manœuvre et voilà que des dizaines de pages tapissent le plancher de bois, certaines maculées de vin. Je jette un œil à ma coupe, je hausse les épaules avant de boire la dernière gorgée. Devant les rayons de ma bibliothèque, je regarde en diagonale les livres classés par ordre alphabétique en pensant au personnage de Roquentin dans *La Nausée*. J'ouvre *Kamouraska* : « Pour Michel, ce livre qu'il connaît déjà si bien. Merci de tout cœur d'aimer *Kamouraska* et de le dire si chaleureusement. Anne Hébert. »

De si courtes années. Je demeure toujours fasciné et intimidé par sa présence en moi depuis *Le Tombeau des rois* dans la tourmente de mes 16 ans. « J'ai mon cœur au poing. / Comme un faucon aveugle[1]. » Un lecteur assidu qui dévore toutes ses œuvres. Un lecteur transporté par *Kamouraska*. Un lecteur enivré de ses mots.

D'une main tremblante, je caresse la page de garde sur laquelle j'ai écrit à l'époque quelques phrases de son roman, toutes aux encres différentes, tels des marqueurs de temps, puis un chiffre, 199, souligné à gros traits.

Avec quelle passion je me suis inscrit à la maîtrise ! Mon mémoire porte sur ce roman aux relectures multiples, récit qui ne cessera de m'habiter tant les non-dits sont apparents.

Ma soutenance réussie, je lui en envoie un exemplaire, comme une bouteille à la mer. Plus je relis mon essai les

---

1. Anne Hébert, *Œuvre poétique*, Montréal, Boréal Compact, 1992, p. 52.

semaines suivantes, plus j'y vois des faiblesses de syntaxe et de compréhension de la méthode d'analyse. Je m'en veux de le lui avoir posté.

« J'ai lu avec grand intérêt votre mémoire de maîtrise que vous avez eu la gentillesse de m'envoyer. » Je crois rêver. Sa lettre, longtemps dans une poche de chemise, comme un talisman.

Mes premiers échanges épistolaires avec elle sont teintés de gêne et d'hésitations. Oserai-je taire mon souhait le plus précieux ? L'achèvement de ma joie. « Je serai à Paris à la fin du mois d'août. Si vous étiez disponible, j'irais vous saluer quelques minutes afin de vous remercier de vive voix pour vos commentaires entourant mon essai, qui m'ont profondément touché. »

De la verrière, je souris à mes maladresses quand je m'engage dans la rue de Pontoise, tremblant de bonheur. Est-ce l'angoisse ou mon cancer assoupi qui m'affole et m'essouffle, alors que je suis planté devant la porte de son immeuble, un bouquet de fleurs à la main ? L'envie de rebrousser chemin me traverse l'esprit quand une femme, j'apprendrai plus tard qu'elle est la concierge, me demande ce que je désire. Je balbutie : « Madame Hébert m'attend. » Aussitôt, elle vérifie en pressant le bouton de l'appartement 3.

Il est trop tard pour m'esquiver. À partir de ce moment, mes jours seront scellés en fonction de cette première rencontre qui a décidé de mon futur piégé et des erreurs qui en découleront. Et de mon bonheur toujours renouvelé en sa présence.

Sur le palier de sa porte, je prononce quelques mots presque inaudibles tant l'enchantement me paralyse. Elle m'invite à entrer ; je lui offre les fleurs. La timidité me fait écorcher mon français. Elle me remercie chaleureusement. Des monosyllabes comme réponses avant d'énoncer de courtes phrases, les yeux baissés sur le chat qui miaule en s'approchant de moi.

— Je vous présente Gros Minou. Il est le descendant direct de la dynastie des chats de Baudelaire du 5e arrondissement.

Je me rappelle encore mon sourire figé. Une fraction de seconde (rit-elle de moi?) avant qu'elle m'invite au salon.

D'ici, à des années de là, je ferme les yeux pour mieux l'écouter. Le timbre de sa voix et ses gestes aériens me subjuguent. Je n'entends son propos qu'après quelques phrases.

— J'ai grandement apprécié la lecture de votre mémoire. Contrairement à des critiques qui délaissent l'œuvre pour fouiller dans la vie de l'auteur afin d'expliquer certains passages plus obscurs, vous, vous ne sortez jamais du roman. Vous étudiez sa fabrication et les ficelles qui le composent, comme vous l'écrivez.

Premier indice qui m'a échappé : « fouiller ». Plusieurs autres suivront que je ne saurai déceler. Mon bien-être est grand près d'elle, trop obnubilé pour voir, par crainte d'émousser ma fascination. Mais, ici, au seuil de ma fin, un monde secret et parallèle émerge.

Je prends *Le Premier Jardin* : « Pour Michel, le fidèle compagnon d'un temps d'épreuve et de voyage. Avec toute ma reconnaissance. Anne ». Je ferme les yeux en pensant aux *Fous de Bassan* et aux péripéties entourant son adaptation au cinéma. Années difficiles, mais où ses nombreux séjours à Menton lui apportent une oasis de paix.

Quel mystère que notre amitié ! Dès le début, elle m'a donné sa confiance, une confiance sans fin. Pour un rien, elle s'inquiétait de moi. Un retard, une absence, un trop long silence. Elle me prenait peut-être pour son fils ou, tout au moins, trouvait que je ressemblais à Saint-Denys avec ma courte barbe noire. Parfois, une main hésitante sur mon visage.

J'ouvre son dernier recueil de poésie : « Cher Michel, à partager avec Luc, avec toute mon amitié. Anne ». Pourquoi

EN ROUTE ET PAS DE SENTIMENT

mes yeux s'embuent-ils en lisant la dédicace? Pourquoi est-ce que je serre les lèvres en lisant ton nom? Pourquoi est-ce que je dodeline de la tête en pensant à toi, Luc tant aimé? N'ai-je pas fait le vœu, un jour, de t'oublier?

Que se passe-t-il tout à coup? Je sens la panique monter en moi. Je cherche frénétiquement mon *Journal* en m'approchant d'une étagère. Nerveux, je recommence ma recherche. «Je ne l'ai quand même pas jeté!» Mes gestes sont gauches, désespérés. Je me sens désemparé.

Je pointe un index tremblant vers des volumes poussiéreux, comme pour les compter. Une respiration oppressée que je tente en vain de maîtriser. L'échine de plus en plus courbée. Les genoux sur les feuilles tels des coussins et ce refrain que je serine: «Où est le *Journal* que j'ai écrit là-bas? Il est sûrement quelque part.»

Tout à coup, sa voix perce à travers ma panique.

— *Vous ne comprenez pas! Revenir en touriste à Paris, ce n'est pas comme y vivre. Je crois que je ne pourrai plus jamais retourner dans cette ville.*

En vain, j'essaie de réfléchir alors que sa voix m'interpelle.

— *Quand j'ai décidé l'été dernier de rentrer au Canada, j'ignorais que ma décision me bouleverserait à ce point. Ça fait 40 ans que je suis à Paris. J'ai eu le temps de pousser des racines dans cette ville que j'aime.*

Mes yeux fous sur les étagères de ma bibliothèque qu'ils ne cessent de parcourir de gauche à droite, comme le chariot d'une machine à écrire.

— *Et puis... il y a la bureaucratie française. Si vous saviez comme tout est compliqué ici. C'est trop pour moi. Seule, je n'y parviendrai pas.*

Ma respiration est courte et saccadée. Mon souffle, trop bruyant. «Où je l'ai rangé?»

— *Juste penser à ce que j'ai à faire me secoue, me trouble. Et trier mes papiers me remue trop. Parfois je pense à tout brûler.*

Je me masse les tempes. Des rides sur le front se creusent sous la pression de mes mains.

— *Pour mon retour à Montréal? J'ai l'impression que je mettrai davantage un point à ma vie qu'à une partie de ma vie.*

Je cesse tout à coup mes mouvements, j'étire le bras vers un rayon. Avec une infinie précaution, j'en sors un livre et une liasse de feuilles retenues par un élastique. Mon *Journal*! J'ouvre *Les Cahiers Anne Hébert*, là où le paquet de pages sert de signet. Je suis soulagé.

« *Le Centre d'études et de recherches qui porte mon nom à l'Université de Sherbrooke me touche tout particulièrement et me permet de rêver à une seconde vie de mes livres, dans le temps, alors que le temps lui-même se sera tu en moi*[1]. »

Il faut que je raconte ces années avec elle avant de partir. J'ai déjà trop tardé et je n'ai encore rien dit.

1. *Les Cahiers Anne Hébert*, Montréal, Fides/Université de Sherbrooke, 2000, n° 2, p. 11.

Je marche nerveusement du salon à la verrière, tourne autour de la cage d'escalier avant de revenir à mon point de départ, lisant à haute voix les mots écrits là-bas, il y a bientôt 13 ans.

Âgée de plus de 80 ans, madame Hébert a pris la décision de revenir au Québec le 15 avril 1997, non sans déchirement, car elle a l'impression de mettre un X à jamais sur la France. Ce retour est devenu en quelque sorte incontournable depuis la mauvaise chute qu'elle a faite le 20 mars dernier sur un trottoir du boulevard Saint-Germain, place Maubert, un jour de marché où elle s'est fracturé l'avant-bras droit.

Je m'assois avec lenteur, plissant le front, surpris d'une douleur encore inconnue, tout en levant les yeux sur le froid soleil du matin en cette veille de Noël où mon fils, Jean, doit passer me saluer.

Cette lumière matinale ressemble à s'y méprendre au crépuscule d'un 28 décembre lorsque je me dirige vers Mirabel afin de prendre le vol 870 d'Air Canada en partance pour Paris dans le but d'aider madame Hébert dans son difficile déménagement.

Diminuée physiquement dans les plus simples tâches quotidiennes, elle a fini par accepter le verdict de son médecin: son bras droit ne pourra récupérer que 80 % de sa force et de sa flexibilité initiales. Pour elle qui écrit de la main droite, ce diagnostic est catastrophique. Malgré les exercices de physiothérapie, elle constate que son médecin a raison. « Mes gestes les plus simples me prennent une éternité. Je commence à me résigner », laisse-t-elle tomber lors d'un appel téléphonique.

Dans le silence d'une campagne endormie, Louky va vers la porte-fenêtre que j'ouvre avec effort. Chaque matin, le même rituel, le même temps écoulé comme si les odeurs de la nuit ont maintenant moins d'importance pour lui que mon corps drogué.

Ce retour au Québec est chargé d'appréhensions de toutes sortes, de son adaptation au style de vie américain à de vieux souvenirs qu'elle ne peut oublier. Si elle s'installe à Montréal plutôt qu'à Québec, c'est, bien sûr, parce que madame Bosco, cette « amie profonde », y demeure, de même que d'autres qui sont près d'elle, mais c'est surtout, m'a-t-elle confié, que : « J'aurais l'impression de régresser en choisissant la ville de Québec. »

Un rose chatoyant baigne la verrière pendant quelques minutes, le temps que le soleil assèche de ses feux le jour naissant. De l'autre côté de la vitre, Louky attend que je baisse les yeux sur lui, une patte levée à cause du froid glacial sur ses coussinets gercés. Aucun jappement malgré son inconfort. Je lui ouvre la porte.

Assis à l'écart des autres voyageurs, j'essaie d'imaginer comment se passeront les mois là-bas. Tout se bouscule dans ma tête : Électricité et Gaz de France, France Télécom, les vaccins de Petit Chat, etc.

Je fais quelques pas dans la verrière en lisant pour moi la suite de mon *Journal*. Je prends une profonde inspiration que j'expulse tel un râlement avant de me mordre les lèvres.

L'état dans lequel je la retrouverai demain sera-t-il le même que celui pressenti au téléphone hier ? A-t-elle commencé à faire le tri de ses papiers ? L'Université de Sherbrooke espère beaucoup de mon séjour là-bas.

21

Je dépose mon *Journal* sur la table. Je réfléchis un instant avant de monter à mon bureau. Je prends quelques chemises et, d'un geste assuré, j'en sors une de la pile. Je reviens au rez-de-chaussée et reprends ma lecture.

Je me dirige vers la porte 49. Je suis soudainement troublé. Une main sur la rampe tout près. Je pense à ma mère qui a le même âge et que je viens de laisser. Je me rappelle ses larmes et son visage défait quand, l'an dernier, elle a vendu sa maison devenue trop grande et donné à ses enfants meubles et objets auxquels elle était attachée. Je revois ses mains caresser une assiette dans laquelle elle a servi des milliers de repas, promenant un doigt sur un motif, geste qu'elle faisait peut-être pour la première fois, mais dont je devinais l'importance de par l'attention inscrite sur sa figure. Cet objet, anodin en soi, devenait un miroir sur lequel défilaient probablement ses enfants. En s'en séparant, ne craignait-elle pas que disparaissent aussi les souvenirs qui y étaient rattachés?

Le soleil jaune repousse l'horizon sous un vent qui enlace la fine poudreuse, lui fait des virevoltes, l'étreint dans un tourbillon blanc qui vrille jusqu'à l'orée du bois où il meurt, brisé.

Je ne veux rien bousculer, simplement lui rappeler la date de notre départ si les choses piétinent. À la fois espérer, car elle est consciente de l'importance de la genèse d'une œuvre comme source d'inspiration pour un auteur, et craindre qu'elle se ravise, car elle redoute qu'on tripatouille et farfouille dans ses papiers après sa mort.

J'ouvre la chemise qui ne contient que des lettres. J'en lis quelques-unes en diagonale. « Plus tard », dis-je simplement avant de refermer le rabat.

J'ai encore en esprit notre visite au Musée national Picasso à Paris, en 1988, où étaient exposés les études, les esquisses, les dessins, les fusains et ébauches de toutes sortes pour une même et unique œuvre, Les Demoiselles d'Avignon. Je me rappelle de son commentaire au sortir du musée. « De l'idée à l'œuvre, de l'œuvre au chef-d'œuvre. »

Quelques années plus tard, j'évoque, non sans intention, cette exposition que nous avons vue ensemble en lui précisant que tout ce travail préparatoire fait œuvre pédagogique. Je me rappelle de son regard dur, si rare en toutes ces années où je l'ai fréquentée, et ses paroles toutes de colère.

« Quand vous m'avez accompagnée à Sherbrooke dans le cadre d'un symposium à l'Université, votre collègue m'a dit qu'elle avait trouvé dans les choses de Claude-Henri Grignon la preuve qu'il avait fait de la prison pendant quelques jours. En quoi est-ce littéraire ? Quel maladif besoin avait-elle de l'annoncer à ses enfants qui ignoraient tout ? »

Je me souviens de mon silence troublé en ce 22 mai 1991 lors du colloque de l'ACFAS où mon ex-collègue, les yeux écarquillés sur un visage lumineux, lui avait dévoilé avec empressement le résultat de ses recherches et l'embarras de ses enfants quand elle leur avait appris la nouvelle.

Je m'engouffre dans le transbordeur en pensant à la chance que j'ai.

Aujourd'hui, avec le recul, je sais que mon séjour à Paris a été piégé. Un filet aux mailles dorées m'a empêché de voir que je glissais, telle Pauline Vallières dans *Un enfant chargé de songes*, les yeux aveuglés de bonheur, mais l'âme captive.

J'avale avec difficulté une bouchée de pain. Le cœur me manque en ce début de matinée. Il me faudrait remplir la mangeoire que les geais bleus et les gros-becs ont vidée hier. La faible neige de la nuit a suffi à couvrir le reste des graines. Je me sens si faible que tout me paraît une montagne. Si mes forces déclinent à ce rythme, je crains de laisser en plan mon projet.

De retour dans la verrière, je m'étends sur le canapé ; j'hésite entre mon *Journal* et les lettres.

Contrairement à mes habitudes, je ne déjeune pas avec elle le jour de mon arrivée à Paris. La veille de mon départ, je l'ai informée de ma rencontre avec monsieur de Bodard, le proprié-taire de l'appartement que je loue. Nous convenons que je serai chez elle à 19 heures pour le dîner. Je fais quelques courses, question d'apprivoiser le quartier. La Grande Épicerie, le Lutetia, le musée Rodin, l'hôtel Matignon. De la rue de Pontoise, une quinzaine de minutes, d'un bon pas.

Je décide de prendre mon temps, car je devine qu'il me sera rare dans les semaines à venir. Savourer la ville. Je quitte le 110, rue du Bac à 18 heures 15 emportant canneberges et carrés aux dattes de chez nous qu'elle ne trouve pas au marché ou dans les épiceries. « J'aime l'odeur des canneberges qui cuisent. J'y retrouve un grand pan de mon enfance. » Rue de Varenne, rue de Rennes, boulevard Saint-Germain. J'entre chez le fleuriste près de chez elle. Marguerites et freesias. 24, rue de Pontoise. Comme à chaque fois, une grande fébrilité. Lire son nom dans le hall d'entrée me transporte. J'hésite avant de sonner, me recoiffe comme un jeune homme qui retrouve son amie après plusieurs semaines d'absence et qui se demande si, pendant cette éternité, elle a pensé à lui.

Je monte lentement les marches qui mènent au premier, où est situé son appartement. J'entends le jeu de la clé dans la serrure et vois la porte s'ouvrir. Quelle image à saisir ! Une tête blanche m'apparaît, un sourire radieux me salue, des yeux rieurs répondent à mes doutes. Et pourtant, je me demande encore si je ne m'illusionne pas devant sa joie. J'ai si souvent confondu des sentiments apparentés que l'incertitude m'assaille. Il ne faut pas m'attendre à être rassuré de vive voix. Ce que je cherche se trouve probablement dans l'atmosphère qui nous enveloppe, faite de silences et d'ailleurs, de rêves et de songes. La réponse est l'état de grâce qui m'habite.

— Des fleurs ! Que vous êtes gentil ! s'exclame-t-elle quand je lui offre le bouquet.

Nous nous embrassons avant de passer à la cuisine ranger ce que je lui apporte. Je la précède au salon, dépose les fleurs sur un rabat de la bibliothèque pendant qu'elle s'assoit dans son fauteuil de lecture. Elle s'informe de la neige et du froid à Montréal.

— Vous vous rappelez sûrement quand j'ai reçu le prix Émile-Corbeil. Mon avion a été retardé à cause d'une tempête de neige. Et il a fait si froid durant mon séjour là-bas que je n'ai quitté l'appartement de Monique que pour aller chercher mon prix.

Elle demande des nouvelles de Luc et de mon fils. Malgré son sourire, je la sens soucieuse, voire préoccupée. Je remarque des gestes plus nerveux, moins amples, inutilement nombreux. Je ne lui pose aucune question. J'ose une simple impression.

— Je vous devine fatiguée, madame Hébert.

— *Si vous saviez comment mon déménagement m'angoisse. Il y a tellement de choses à régler que je crains de manquer de temps.*

J'essaie de la rassurer. En vain.

— *Vous ne connaissez pas la bureaucratie française. Tout est si compliqué. Les fonctionnaires vont poser des tas de questions sur mon départ, vont vérifier si j'ai payé tous mes impôts. Et puis, il y a mon appartement, la visite pour l'état des lieux. Depuis toutes ces années, j'ai fait faire des rénovations.*

Du flot de raisons qu'elle me donne, je n'en retiens aucune. La cause est ailleurs. La voilà qui se retire dans sa chambre. C'est alors que je vois sur la petite table, à la droite de son fauteuil, un ouvrage sur les chats. Comment se fait-il que je n'aie pas remarqué l'absence de Petit Chat, lui qui, dès qu'il entend la porte d'entrée, quitte la douillette du lit de madame Hébert pour venir miauler aux pieds du visiteur ? Elle est là, penchée sur lui en le caressant, je le sais. J'attends. Les secondes tombent. Son inquiétude est grande.

— *Où est Petit Chat ? Habituellement, il vient chercher sa caresse.*

Elle me dit que Petit Chat a vomi deux fois aujourd'hui, qu'il est lové depuis ce matin sur le radiateur de sa chambre.

— *J'ai pensé appeler le vétérinaire, mais je me suis ravisée.*

Sur ces entrefaites apparaît la bête, sa gueule frôlant la moquette, la démarche lourde. Sans me jeter un regard, il se couche avec difficulté au milieu de la pièce. D'une voix à la fois troublée et douce, elle lui demande ce qu'il a. Elle prend le livre de référence, l'ouvre au signet.

— *Je crois qu'il souffre d'une gastroentérite éosinophilique.*

Elle s'adresse de nouveau à son chat, le suppliant presque de lui dire où il a mal. Je tente bien maladroitement de la rassurer. En la voyant ainsi, vulnérable et impuissante, je pense à ma mère qui se préoccupe d'une quinte de toux ou d'un téléphone de ses enfants. *Elle flatte Petit Chat pendant de longues minutes sans rien dire, toute son affection reportée sur lui, comme si ses gestes soulageaient son mal inconnu.*

La soirée est froide. Nous choisissons de manger au Il Pescatore, rue des Écoles, non loin de chez elle, parce qu'on y sert des potages. L'air glacial semble l'éloigner de ses préoccupations.

— Avez-vous visité mon futur appartement, rue Côte-des-Neiges ?

Lieu où elle n'est jamais entrée, endroit choisi par madame Bosco, une sous-location au 7ᵉ étage.

— Pas encore.

Elle me prend le bras quand nous arrivons à l'intersection des rues Monge et des Écoles qu'elle appréhende à cause du flot de voitures.

— On m'a dit que du salon on voit la coupole de l'oratoire Saint-Joseph.

Je l'informe que Luc va rafraîchir les murs.

— La coupole, ce n'est pas les tours de Notre-Dame !

Je sens une certaine pression de son bras sur le mien. Elle me demande de ralentir le pas.

— Et vos cours ? Vous êtes satisfait de votre dernier trimestre ?

Je lui réponds par l'affirmative.

— Monsieur de Sorbon serait fier de vous, s'exclame-t-elle en levant son bras libre vers la Sorbonne.

— Et vous, comment vont vos écritures ?

Sans me regarder, sans prendre une voix affligée, sans arrêter de marcher, elle m'annonce que le dernier roman qu'elle vient d'envoyer au Seuil a été refusé.

— L'éditeur trouve qu'un de mes personnages est mal défini. Il faut que je le retravaille.

J'entre au restaurant, atterré. Comment peut-on refuser un manuscrit d'Anne Hébert, elle qui cisèle tant ses textes ?

— J'espère que Petit Chat ne s'ennuie pas trop tout seul, me jette-t-elle en guise de réponse.

Je n'ai pas faim. Sa nouvelle me consterne. Je la regarde manger avec un certain appétit son potage aux légumes.

— Si vous voulez fumer, cela ne me dérange pas.

La terrible illusion de mon immortalité. Ma vérité rassurante. Je fume encore à cette époque-là. Trop tard maintenant. Quelques mois à peine pour terminer ces pages. Mais n'anticipons pas. Treize années me séparent de ce repas. Il faut que je les enfile les unes à la suite des autres pour comprendre l'inconcevable du 12 janvier de l'an 2000, son secret livré...

Ne rien brusquer. Laissons couler les jours et leurs certitudes. Cherchons les indices et les traces laissés au cœur des mois. Ce qui était indéchiffrable là-bas devient lumineux ici. Vite, revenons au Il Pescatore où madame Hébert m'attend.

— Où étiez-vous, pendant ces dernières secondes ? s'informe-t-elle en baissant les yeux.

Je lui souris. M'a-t-elle découvert comme Élisabeth pour le docteur Nelson ? « Découvert, docteur Nelson. Vous êtes découvert[1]. »

— Je pensais à votre roman.

Elle prend une bouchée de son poisson.

— Je ne sais plus écrire. Je vais laisser retomber la poussière. Je ne vois pas où je pourrais étoffer mon personnage. Pas encore du moins.

Et de revenir sur Petit Chat. Plus aucun mot de la soirée sur ce refus. Aucune allusion à la façon dont elle vit ce contretemps.

J'ai appris en la fréquentant qu'elle parle peu de ses créations en cours, sauf peut-être pour préciser le genre littéraire, tait souvent le titre de son ouvrage.

Elle lit la carte des desserts ; son regard hésite, ses lèvres savourent à l'avance. Je l'observe. J'explique son attitude stoïque

---

1. *Kamouraska*, op. cit., p. 249.

28

par ses lectures et relectures des classiques, par sa discipline personnelle, mais surtout par son courage qui, selon elle, est la qualité cardinale pour traverser la vie.

Avec joie, elle retrouve Petit Chat qui semble plus éveillé. Une mer de caresses et de câlins, de la moquette au lit.

— Est-ce que vous accepteriez de m'accompagner demain à la compagnie d'assurances pour mettre fin à mon contrat?

J'acquiesce avec plaisir pendant qu'elle enlève son manteau.

— J'ai quelque chose pour vous, m'annonce-t-elle en m'invitant à la suivre.

Dans sa pièce de travail sur un bureau rempli de feuilles, deux piles.

— J'ai commencé à faire le tri de mes papiers. Cet exercice me remue beaucoup.

Elle pose son regard sur la galerie de photos bien en vue sur un mur. Son père, sa mère, sa grand-mère Clara, sa sœur décédée, Marie, ses deux frères, Jean et Pierre, sa tante Joséphine dont elle est très proche, Jean Le Moyne, Robert Élie, Claude Hurtubise et Saint-Denys Garneau.

— On se croirait au presbytère du révérend Nicolas Jones dans Les Fous de Bassan, *dis-je juste avant de lire:* « À la candeur tout enfantine de votre front / Se joint encore la gravité parfois rêveuse / De vos yeux d'or [...] », *au-dessous de la photo de son cousin.*

Mal à l'aise, je reviens au salon. Elle me suit quelques secondes plus tard et retrouve son fauteuil.

— J'ai donné au Centre le prologue inédit des Chambres de bois, *l'an dernier, je crois.*

Je fais signe que oui.

— Le Seuil trouvait que le prologue et l'épilogue n'étaient plus à la mode. J'ai quand même décidé d'en insérer quelques paragraphes dans le roman. Il me semblait qu'ils étoffaient le personnage de Catherine.

Je ne lui en aurais jamais parlé. Je l'ai découvert l'an dernier, lors de son premier don. Deux paragraphes enchâssés aux pages 141 et 142 du roman enrichissent, en effet, le personnage.

Petit Chat revient au salon en miaulant. Elle se lève. De par les bruits sourds, je devine qu'elle lui donne à manger. Je regarde ma montre. Il me semble qu'il est tard pour nourrir un chat.

— Et pour Kamouraska vous avez fait l'inverse, du moins dans la version que vous avez remise l'an dernier, quand vous faites parler madame mère Tassy. Nous y retrouvons deux phrases qui ne sont pas dans le livre : « À vous, ma fille, de surveiller vos intérêts. » Et la seconde : « Je vous loge et je vous nourris. Occupez-vous du reste. »

— Deux phrases que disait ma tante Joséphine dont vous avez vu la photo sur la porte de mon bureau. Elle a été présente durant toute mon enfance, surtout lors de mon hospitalisation en février 1929. J'avais 13 ans. Elle me postait des livres de la comtesse de Ségur.

Malgré moi, je bâille. Elle s'en aperçoit.

— Je crois que c'est le décalage, dis-je en me levant.

Nous nous donnons rendez-vous le lendemain à midi. Je bâille de nouveau.

— Je pense que je n'ai pas besoin de vous souhaiter une bonne nuit, murmure-t-elle en souriant.

Je regagne mon appartement en empruntant le boulevard Saint-Germain. À la main, deux sacs de manuscrits et de tapuscrits. Je ferai une liste des titres. Demain, je téléphonerai au secrétaire général de l'Université de Sherbrooke, monsieur Poirier.

Je dépose mon *Journal* sur la table dans la verrière. Soudain, je songe à Luc. Pourquoi à ce moment-ci ? Le ton qu'il a pris pour me dire qu'il me quittait, sans fin ni cesse, pareil à un bourdonnement. Le doute naît de la question posée. Il a couvé longtemps en moi avant la rupture en 1997. Mais le doute ne suffit pas, même s'il nous mine. Seule la certitude. L'insoutenable éclat de la mort.

Tout paraît si simple ce soir. Hein, Louky? Si simple et si froid.

Avant mon départ de Montréal, je me suis informé sur la façon de procéder lors d'un déménagement outre-mer. On m'a conseillé de passer à la Délégation du Québec ou à l'Ambassade du Canada, là-bas.

J'apprends à la Délégation que la firme Grospiron est celle recommandée pour les déménagements internationaux. Je note les coordonnées.

Je prends rendez-vous avec monsieur Villa, son directeur, avant de me rendre chez madame Hébert qui m'attend. Je descends l'escalier en colimaçon. Je croise la concierge qui m'ignore. Déjà presque midi.

— La concierge est une personne redoutable à Paris. Elle sait tout, entend tout, voit tout. Donnez-lui 200 francs afin qu'elle fasse diligence quand vous lui demanderez un service, me suggère madame Hébert.

Je lui réponds que je suivrai son conseil. Elle s'informe de mon appartement.

— Je me sens en sécurité, il y a des policiers partout.

— L'hôtel Matignon n'est pas très loin, je crois.

J'acquiesce. Depuis mon arrivée, je la trouve plus calme, presque sereine.

— Vous êtes très chic pour aller annuler vos assurances, madame Hébert.

Elle me sourit, se lève, fait quelques pas.

— *Ne trouvez-vous pas que cette jupe me grossit un peu ? Je ne la mets que très rarement et pourtant, je l'aime.*

Je la rassure aussitôt en la complimentant sur le choix des couleurs. C'est alors que, sans prévenir, elle passe ce commentaire déroutant.

— *De toute façon, vous ne me le diriez pas, car vous aimez les personnes corpulentes.*

Et vlan ! Elle fait référence à Luc. Je serre les lèvres. Des mots se bousculent. Je me sens flatté. Quelle audace d'intimité ! « *Vous êtes découvert*[1]. » *Nous prenons un taxi boulevard Saint-Germain.*

À mon tour de me lever. Le moindre mouvement de ma part suscite chez Louky un regard sur moi à la fois curieux et inquiet. Avec une lenteur déconcertante, je me rends à la salle de bains. Prévenir la moindre douleur en avalant pilules et potion. L'image que me renvoie le miroir m'affole. Moins la figure que j'y vois que celle de l'autre qui, au moment où je ne m'y attends pas, émerge du tain. Mon retour dans la verrière est insuffisant à effacer son visage, malgré les années mortes qui ont suivi.

Une fois assis, j'ouvre la chemise contenant les lettres, en prends une au hasard.

Le 21 janvier 1997
Chère madame Hébert,
Je tiens à vous remercier de nouveau du précieux don que vous avez fait à l'Université de Sherbrooke en août dernier. À cet effet, je vous informe que le Centre Anne-Hébert est maintenant constitué ; il relève administrativement de la Faculté des lettres et sciences humaines. Les professeurs du département des lettres et communications y travaillent avec ferveur et enthousiasme.

---

1. *Kamouraska, op. cit.*, p. 155.

Espérant avoir l'immense plaisir de vous revoir lors de l'ouver-
ture officielle du Centre Anne-Hébert, je vous prie d'agréer, chère
madame, l'expression de mes sentiments les meilleurs.
Le recteur,
Pierre Reid[1]

Je dépose la lettre sur la chemise grande ouverte, me revois
avec madame Hébert le 26 avril 1998 dans un hôtel de Montréal
où, depuis le début du repas, je la trouve tendue.

— *Vous vous doutez sûrement de ce dont je vais vous parler.*
Après avoir longuement réfléchi, je n'irai pas à l'ouverture du
Centre le 15 mai prochain. Je pressens que mon absence vous
affectera, mais je sais que vous comprendrez ma décision. Je
rédigerai une lettre à cet effet que vous remettrez à votre recteur.
Voilà.

Je hoche la tête en pensant aux interrogations et aux commentaires d'alors : « *Elle est malade ?* » « *Son absence sera inter-*
prétée comme une forme de regret ou une perte de confiance à
l'égard de l'Université. »

Je ne dois pas oublier la difficile genèse du Centre : l'écrire
ou la garder pour moi ? Dévoiler ce que j'ai tu à madame
Hébert pour que le Centre voie le jour ? Sa création a-t-elle
précédé mes omissions où avais-je déjà commencé bien avant
à filtrer certaines informations que je jugeais périlleuses pour
la réalisation de mon projet ?

Je ferme les yeux tout en inspirant profondément, ce qui n'a
rien à voir avec ma maladie. Je te connais trop bien, Michel,
pour ne pas savoir que derrière tes paupières closes se pressent
tous les moments où tu as failli à la vérité. Et ces instants sont
nombreux face aux courtes années de ton rêve.

---

1. Archives de l'Université de Sherbrooke.

34

J'acquiesce de la tête en ouvrant les yeux. Je reviens au Journal.

Je suis au 18, avenue Bousquet devant la façade de la firme Grospiron. Monsieur Villa me reçoit.

J'apprends qu'il doit passer à l'appartement au plus tard le 1ᵉʳ mars afin d'évaluer ce que la personne apporte au Canada et réserver les conteneurs en conséquence. La compagnie Interglobe de Montréal, leur partenaire, s'occupera du reste.

Je retourne chez moi en me demandant comment lui annoncer la nouvelle sans qu'elle se sente bousculée. À l'exception des deux sacs qu'elle m'a remis, rien n'indique un proche déménagement.

Je fais les cent pas en jaugeant la situation que j'estime étrangement semblable à celle d'il y a une dizaine d'années quand elle n'arrivait pas à choisir quelles pièces de son appartement elle ferait repeindre. Je sais ce qu'elle me répondra lorsque je l'informerai du désir de monsieur Villa. Elle me dira qu'elle ne sait encore rien de tout cela, qu'elle n'est pas prête. Je reviendrai à la charge comme il y a 10 ans alors que je lui conseillais de profiter de son séjour au Québec pour tout faire repeindre. Elle a tant attendu pour engager des peintres qu'ils n'ont pu que rafraîchir deux pièces au lieu de l'ensemble.

Je regarde l'heure. À part ses appareils ménagers qui resteront ici, quoi d'autre?

Nous nous dirigeons vers Le Métro, boulevard Saint-Germain, car elle a envie d'une bruschetta.

— Je n'ai pu faire de sieste. Le téléphone n'a pas cessé de sonner.

Je ne pose aucune question même si je la sens pensive. Elle semble compter les rainures du trottoir.

— Mon éditeur aimerait qu'on se rencontre la semaine prochaine pour trouver des pistes au personnage faiblard de mon roman.

Elle se dirige tout au fond du restaurant, choisit une table ronde.

— J'espère que je ne couve pas une grippe. J'ai froid depuis ce matin.

Je lui fais remarquer qu'elle n'a pas mis de foulard.

— J'aurais dû acheter un appartement quand j'ai gagné le prix Femina.

Sa réflexion me sidère. Pourquoi maintenant, ce soir? Calmer le jeu.

— Vos amis les plus intimes et profonds, comme vous les appelez, vivent à Montréal. Et puis cette ville est... est belle.

La flèche fuse de l'arc trop bandé.

— Non, cette ville est laide! Elle n'est que vivable!

Je lis qu'il est plus prudent de taire ma visite à la firme. Je lis qu'elle regrette sa décision de l'été dernier. Je lis son âge mais aussi sa lucidité.

Elle mange en silence. Comment détendre l'atmosphère? Lui parler de Paris serait tourner le fer dans la plaie.

— Vous savez, je n'ai jamais mangé de pizza. Il faudra que j'y goûte avant de descendre à Montréal.

Elle a choisi et le verbe et l'accent québécois au « r » bien roulé. La voie de l'humour est la plus saine.

Elle me rappelle La Mercière assassinée où Jean, un des personnages, parle la langue du Canada à la demande expresse de la Marquise.

— Un de mes amis oblats est venu étudier à Paris pendant un an. Il demeurait au séminaire des Missions étrangères dans votre quartier. Un soir, juste avant le souper, le supérieur lui demande de dire le bénédicité en langue amérindienne. Déstabilisé, car il ne connaît ni la langue inuit, ni le huron, ni l'algonquin, ni le cri, mais ne voulant pas décevoir ses hôtes, il se concentre, joint les mains, jette un regard perçant sur l'assemblée des prêtres qui empruntent la même gestuelle que la sienne et, tout en se signant

avec ostentation, sa voix de stentor retentit dans le réfectoire mal insonorisé : « Kamouraska, Kénogami, Chicoutimi, Caughnawaga, Chibougamau, Richebouc, Yamaska, Québec, Koartak, Ashuanipi, Ungava, Sugluk, Matapédia, Tadoussac, Arvida. Amen. »

Je ris de bon cœur à son énumération, fasciné par une telle mémoire. Elle sourit, fière de sa prestation. Tous ces noms, toujours vivants en elle.

Nous revenons rue de Pontoise. Elle retrouve Petit Chat qu'elle caresse avant même d'enlever son manteau pendant que je ferme les persiennes de la cuisine, du salon et de son bureau. Rituel vespéral. Elle s'assoit dans son fauteuil, moi sur la chaise droite. J'attends en la regardant flatter son chat qui a sauté sur ses genoux.

— Je vais m'ennuyer du quartier. Avant de demeurer ici, je restais au 68, boulevard Saint-Germain depuis octobre 1966. J'étais venue au Québec au début de l'automne pour la présentation du Temps sauvage. Dès mon retour à Paris, j'ai été très occupée à aménager mon nouvel appartement. Je l'ai habité jusqu'à ce que je trouve ici. Le Prix des Libraires de France m'a permis de louer cet appartement.

Elle cesse un instant ses caresses. Elle glisse dans son monde. Avant qu'elle ne soit plus avec moi :

— À part votre court séjour avenue du Président-Wilson, vous avez toujours habité la rive gauche ?

Elle lève lentement la tête, comme si elle hésitait à revenir au salon.

— Oui, on dit à Paris : « La rive gauche pense, la rive droite dépense. »

Elle sourit.

— En faisant le tri des manuscrits que vous avez remis, j'ai noté que vous aviez plusieurs débuts de nouvelles. Vous ne les avez pas terminées ?

— Non, parce que je voyais que quelque chose n'allait pas. Il en a été de même avec Les Fous de Bassan. J'en avais écrit une cinquantaine de pages, mais ça n'allait pas. Je l'ai abandonné. Je n'y suis revenue que quelques années plus tard. En relisant ce que j'avais écrit, j'ai compris que j'étais trop éloignée de mes personnages à cause du récit à la troisième personne.

— Vous avez écrit plusieurs nouvelles pour la revue Châtelaine ?

— Oui, c'était avant Kamouraska dont j'ai commencé les recherches dès 1966, comme vous savez. J'ai eu beaucoup de difficulté à me remettre au travail à la suite de mon séjour au Québec et de mon déménagement boulevard Saint-Germain. Vous savez aussi bien que moi que l'écriture demande des sacrifices. J'aime la métaphore d'une retraite fermée qui m'aide à retrouver la paix intérieure pour mon travail de création.

Il est préférable de partir. Elle cogne des clous depuis quelques secondes. Je me lève.

Je prends les quais. L'air est frisquet. Sa rencontre avec l'éditeur l'indispose, je le sens. Elle replongera dans son roman dès demain matin, sans attendre les suggestions du Seuil. Où suis-je ? Quel est cet édifice devant moi ? Je reviens sur mes pas.

Je combats le sommeil malgré ma fatigue. Les mots que je lis, il me semble que je viens de les écrire. Les mêmes murs blancs, sauf l'attente. Ici, il y a longtemps que je n'espère plus ton téléphone, tandis que là-bas, à cette heure précise, ta voix me berçait le cœur. Nous nous sommes entendus pour alterner nos appels quotidiens en choisissant une heure qui plaît à notre complicité. Notre dernière entente avant que le silence s'insinue et interfère.

Louky est déjà au milieu de sa nuit. Il est temps que je commence la mienne, quitte à ce qu'elle devance le jour.

Pourquoi poursuivre une œuvre qui me fuit un peu plus chaque jour? Les pages écrites là-bas et celles-ci, encore fiévreuses, insérées les unes aux autres me font craindre le pire. Je suis pressé et mes jours déclinent. De la verrière, mes mots éclaireront-ils ceux de là-bas?

Louky s'empresse de rentrer quand j'ouvre la porte-fenêtre assiégée par le vent. Je m'assois. Je reprends la lecture de la veille.

Nous descendons du taxi, boulevard Saint-Michel. Madame Hébert me précède. Même si le local de France Télécom est surchauffé, elle refuse d'enlever son manteau. Elle prend une profonde inspiration. Va-t-elle craquer en fermant cette autre porte qui la rattache à Paris? Rien n'y paraît encore.

Elle veut faire quelques pas dans les jardins du Luxembourg au sortir de France Télécom.

— Ça a bien été. C'est déjà réglé, dis-je.

— Non, c'est en marche. Ce n'est jamais réglé avec la bureaucratie française.

Je n'insiste pas. Elle s'assoit sur un banc qui surplombe le bassin, sourit à un enfant qui joue au ballon, parcourt des yeux l'immense espace.

— Je préfère encore la vue sur la coupole de l'Oratoire que celle sur le cimetière Notre-Dame-des-Neiges.

Je respecte son silence. À quoi pensez-vous, madame Hébert?
Ce parc vous paraît tellement familier.` Veniez-vous écrire ici
parfois? Comme vous semblez à mille lieues d'ici, madame
Hébert. « Le cœur sarclé / En plein soleil / Cet amour qu'il faut /
S'arracher d'entre les côtes / À midi / Parmi le feu de l'été[1]. »

Parce qu'elle est « fatiguée, vidée, fourbue », nous dînons à son
appartement. Je vais chez le traiteur pendant qu'elle dépouille son
courrier.

À mon retour, elle est une autre. Elle parcourt une lettre qui
la fait sourire.

— Une bonne amie en Touraine m'écrit qu'elle a demandé à
sa classe de dessiner Petit Chat à partir d'une photo prise quand
elle est venue l'an dernier à Paris.

Elle mange avec appétit. L'après-midi est-il déjà si loin?

— Je crois que j'ai trouvé une bonne piste pour mon person-
nage faiblard. J'en parlerai à l'éditeur.

Elle semble en verve ce soir. Est-ce le vin ou son travail d'écri-
ture?

— Chaque fois que je prends la rue Jacob, je pense à mon
premier séjour à Paris en 1954; j'habitais rue Bonaparte, tout
près du Seuil. Je ne croyais pas qu'un jour j'y serais publiée.

Une certaine nostalgie transparaît sur son visage depuis
qu'elle a regagné son fauteuil de lecture, Petit Chat sur ses
genoux.

— La concierge était si fouineuse et indiscrète qu'elle ouvrait
les lettres qui m'étaient adressées.

Elle me dit qu'elle n'avait pas de téléphone les deux premières
années.

— Quand on me téléphonait du Canada, je descendais les
quatre étages en courant, je traversais la cour intérieure et j'en-
trais dans la loge de la concierge qui restait à mes côtés pendant

---

1. *Œuvre poétique, op. cit.*, p. 143.

que je parlais. Une fois que j'avais raccroché, elle tendait la main pour que je lui donne un pourboire.

Elle retrouve le silence qui lui est cher, le précieux silence qui l'inspire. Je n'ose briser la magie, la firme Grospiron attendra. À peine un mouvement de la tête vers les volets que j'ai oublié de fermer.

— J'ai pris le Liberty à New York. C'est sur ce bateau que j'ai connu Jean Paul Lemieux, précise-t-elle.

Ses souvenirs défilent, précis, entrelacés de courtes pauses comme pour mieux les revivre.

— Nous sommes arrivés, mon frère Pierre et moi, au quai Voltaire le 5 octobre après une traversée très calme. Le lendemain, nous partions pour Nice.

De nouveau, le silence. « Quelle mémoire ! » pensé-je en l'observant caresser Petit Chat. La voici qui lève la tête vers moi.

— J'aimerais un soir aller dîner au Lutetia. J'aime cet hôtel. Saviez-vous que ma grand-mère Clara y est descendue avec ma mère, alors jeune fille de 27 ans ?

Soudain, les soucis me gagnent. Pourquoi n'ai-je pas encore téléphoné à ma mère qui s'inquiète sûrement de ne pas avoir eu de mes nouvelles ? Je le ferai dès mon retour à l'appartement. Surtout, ne pas me laisser envahir par la nostalgie. Le futur est si près et je suis en retard. Ai-je bien entendu 27 ans ?

— J'ai promis à l'éditeur qu'il aura le tapuscrit corrigé avant mon départ.

Je la quitte à 22 heures. La rue du Four. Le vent me glace. Une équipe du SAMU est aux pieds d'un clochard enroulé dans une couverture. J'entends des mots lénifiants. Luc est si loin.

À mon tour d'être ailleurs. Je t'ai confié ma vie. Ne me tue pas. Mes nuits sont déjà peuplées de peurs et de fantômes.

Je fais quelques pas dans la verrière. J'avais oublié ces mots, mais pas ceux qui ont jailli de mes mains sur ton visage radieux quand je te confie : « Tu es loyal comme le soleil. »

Combien de reniements et de trahisons avant ton aveu? Je baisse les yeux sur Louky. C'est à toi que j'aurais dû dire cela, mon beau. À quoi bon revenir là-dessus, alors que le temps vacille en moi?

Je mets la journée du lendemain à me rassurer. Quand je sonne chez madame Hébert, j'ai le cœur apaisé. Elle m'accueille, tout sourire. Je devine que sa rencontre a été enrichissante.

— Ce soir, je vous invite au restaurant. Que diriez-vous si nous allions au Montebello ? J'aime regarder les tours éclairées de Notre-Dame.

Une fois qu'elle m'aura fait le compte rendu de sa journée, je lui parlerai de la firme Grospiron.

— J'ai reçu cet après-midi un téléphone de l'Académie des lettres québécoises qui m'avait invitée l'automne dernier à leur congrès qui se déroulera en avril. On m'a confirmé tout à l'heure que je prendrais un vol d'Air France le 15 avril, et qu'on m'a réservé un siège dans la classe affaires.

— Parfait, murmuré-je en gardant mon calme.

Je lui rends son sourire même s'il y a imbroglio et urgence. L'Université de Sherbrooke a déjà acheté les deux billets chez Air Canada, un partenaire de l'institution. Discrètement, je regarde ma montre : 21 heures ici ; 15 heures là-bas. Vite, avertir le secrétaire général avant qu'il parte. Je croise les doigts en espérant qu'il reste une place libre sur le vol qu'elle prendra.

Je mange sans appétit, l'esprit ailleurs.

— L'éditeur m'a donné de bonnes pistes aujourd'hui. Je me demande comment il se fait que je n'y ai pas pensé. Ce déménagement me rend idiote, résume-t-elle en souriant.

43

J'attends en vain des précisions de sa part. Elle s'informe plutôt de Luc. Je préfère détourner la conversation.

— *Dans les documents que vous m'avez remis, dont une version tapuscrite de* Kamouraska, *il y a en exergue deux phrases :* « Le moindre sursaut de vie sera décelé. Le cœur, maintes fois ouvert et pillé, sera capturé de nouveau ; vivant. » *Pourquoi ne les retrouve-t-on pas comme épigraphe dans le roman publié ?*

— *L'exergue que j'avais écrit n'allait pas avec l'histoire. Je l'ai enlevé. Vous qui connaissez bien mon œuvre, il n'y a que* Le Premier Jardin *qui en a un.*

— *En effet, et il est de Shakespeare :* « All the world's a stage. »

Elle revient à Luc. Je retourne à Kamouraska.

— *J'ai lu* Le Drame de Kamouraska *d'après les documents de l'époque, écrit par Sylvio Leblond. Tout coïncide : les dates, les heures, les actions, même certaines phrases, comme celle-ci écrite par le meurtrier Georges Holmes et reprise dans le roman par son vis-à-vis, George Nelson.* « Par la suite des temps vous laisserez le Canada, n'est-ce pas, dites-moi cela seulement ? Dites-moi comment il faudra vous écrire[1] ? »

— *J'ai suivi à la lettre le fait historique sans en déroger d'un iota.*

Tout à coup, je me rappelle que le secrétaire général aime travailler tard le soir dans la tranquillité de son bureau.

— *Beaucoup de chercheurs sont des fouineurs comme votre collègue. Ils aiment gratter, construire des théories qu'ils vérifient sur les textes des autres.*

J'ose une analogie avec les scientifiques et leurs recherches parfois étonnantes.

— *Eh bien, que les littéraires les fassent sur leurs propres textes ou leur propre vie ! Voilà !*

---

1. *Kamouraska, op. cit.*, p. 9.

Je détourne encore la conversation.

— Et votre rencontre avec l'éditeur ?

— Mon personnage d'Édouard aura plus de consistance. Je vais le gratifier de quelques kilos. Je suis assurée que vous l'aimerez, confie-t-elle en souriant.

Deux hommes à la table voisine. L'un est plus âgé que l'autre. Luc et moi. Mon séjour à Paris est court, mais l'amour craint le silence. Mes yeux cristallins sur les tours de Notre-Dame.

Une fois de retour chez elle, je ferme les persiennes. Je ne veux pas m'attarder. Je dois rejoindre au plus vite le secrétaire général de l'Université afin de l'informer sur les billets d'avion. Je m'assois. J'ose une question à propos de Kamouraska.

Elle caresse Petit Chat.

— Quelques mois après la parution de mon roman, j'ai été stupéfaite en constatant le genre de publicité que le représentant du Seuil au Canada voulait faire. Il était prêt à se servir de la photo d'une cousine pour illustrer sa publicité.

Je fronce les sourcils en signe d'incompréhension.

— Non seulement cette pauvre fille n'avait rien à voir avec mon roman, mais le procédé me semblait tout à fait odieux.

Je la sens en colère malgré les 27 ans qui la séparent de la publication de Kamouraska.

— Je désirais, par-dessus toute chose, que l'on annonce mon roman comme une œuvre d'imagination et non comme la relation d'un fait divers réel, plus près de la littérature à scandale que de la littérature tout court.

J'essaie de comprendre la présence de la cousine dans tout cela.

— La plupart des œuvres d'imagination prennent racine dans une réalité extérieure, plus ou moins complexe. Mon roman ne fait pas exception à la règle, presque générale. Voilà ! »

Elle cesse les câlins à Petit Chat. J'ai le regard interrogatif.

— J'ai téléphoné à Paul Flamand, l'éditeur du Seuil, pour lui faire part de ce que je viens de vous dire.

— Et puis ?

— Dès le lendemain, il avait sommé son représentant à Montréal de stopper toute publicité intempestive et il lui avait dit qu'il allait vérifier en personne si son ordre avait été exécuté. Voilà ! ajoute-t-elle au moment où Petit Chat émet un miaulement.

Elle tourne lentement son regard sur la bibliothèque comme si elle revivait ces moments.

— Paul Flamand m'a toujours très bien écoutée. Il n'est plus au Seuil depuis bientôt 10 ans. Michel Chodkiewicz l'a remplacé, lui et Jean Bardet.

Petit Chat saute par terre, s'étend de tout son long sur la moquette. Pendant quelques instants, elle n'a d'yeux que pour lui.

— Quand j'ai publié Les Fous de Bassan, même s'il n'était plus au Seuil, il m'a envoyé une belle lettre dans laquelle il a écrit combien mon œuvre l'avait touché. « Il y a dans ce roman une charge poétique, une puissance incantatoire, une déflagration sourde des images que j'admire sans réserve[1] ». Je me souviens.

J'attends son silence avant de me lever. Il est trop tard pour joindre le secrétaire général de l'Université.

---

1. Lettre de Paul Flamand à Anne Hébert, 4 septembre 1982, Archives de l'Université de Sherbrooke.

Le soleil illumine la pièce vitrée. Les feuilles que je tiens dans une main me rappellent à mon travail. Je viens d'avaler le cocktail qui prolonge ma fin. Le fidèle Louky a la tête posée sur mes pieds.

— Toi, tu es loyal et ta présence m'est si précieuse.

Je jette un œil sur la généalogie de madame Hébert en me rappelant le jour de ses funérailles, le 28 janvier 2000. Sur la croix, trônant au centre du cimetière, est indiqué l'emplacement du caveau des familles Hébert et Garneau à Sainte-Catherine-de-la-Jacques-Cartier.

— *J'espère que j'y serai enterrée avec toute ma famille. Il ne reste qu'une seule place, qu'on m'a dit, me confie-t-elle le lendemain soir en me montrant la photo.*

Autre indice que je n'ai pas saisi. Pourquoi ne serait-elle pas inhumée auprès de ses frères, de sa sœur et de ses parents ? Pourquoi cette étonnante interrogation ? Où craignait-elle de reposer ? Dans un cimetière à Québec ou dans celui de Kamouraska où, enfant, elle allait passer ses étés ?

Je me lève du fauteuil avec difficulté, cueille *Les Enfants du sabbat* dans la bibliothèque. La filiation de toutes ces femmes : « Félicité Normandin (dite la Joie), engendrée, d'une part, par Malvina Thiboutôt, engendrée, d'une part, par Hortense Pruneau, engendrée, d'une part, par Marie-Flavie Boucher, engendrée, d'une part, par Céleste Paradis (dite la Folle), engendrée, d'une part, par Ludivine Robitaille [...][1] », qu'elle revisiste dans *Le Premier Jardin*, cette fois sous l'évocation des filles du Roi. « Il faudrait les nommer toutes, à haute voix, les appeler par leur nom, face au fleuve d'où elles sont sorties au dix-septième siècle, pour nous mettre au monde et tout le pays avec nous[2]. »

Les familles Garneau et Hébert rassemblées pour l'éternité dans le lot familial acheté par ses ancêtres. Pourquoi sa peur de ne pas y être ensevelie? Son inquiétude n'a cessé tout le long de sa vie. Jusqu'à la toute fin, la même anxiété.

Très tôt le matin, j'entends la voix de madame Hébert au téléphone.

— J'aimerais que vous passiez à mon appartement; le chariot de ma machine à écrire est bloqué. Je ne vous réveille pas, j'espère?

Le déjeuner attendra, me dis-je en raccrochant.

— Il ne me reste qu'une page de mes corrections à dactylographier. Il aurait pu attendre de bloquer au point final.

Sa gaîté laisse présager qu'elle est satisfaite de la nouvelle version. Une double touche gèle le chariot.

— Je suis tellement étourdie que juste avant d'écrire le mot « fin » je deviens presque maboule.

Malgré sa fébrilité, elle m'invite à prendre un café. J'accepte à la condition que je le prépare pendant qu'elle tapera jusqu'au point final.

— Ne regardez pas le désordre dans la salle à manger. Quand j'écris, j'ai des feuilles partout, dit-elle de son bureau alors que j'entends les touches sur le papier.

---

1. Anne Hébert, *Les Enfants du sabbat*, Paris, Seuil, 1975, p. 103.
2. Anne Hébert, *Le Premier Jardin*, Paris, Seuil, 1988, p. 103.

Je ne peux m'empêcher de lire tant les pages sont éparpillées de la table aux comptoirs de la cuisine. « Qui, le premier, de Stéphane ou de moi, a aperçu Delphine au bord de la fontaine, dans la lueur des marronniers roses alignés sur la place ? » Je détourne la tête. J'ai l'impression de commettre une faute. Violer l'intimité de l'imaginaire. Je me lève, les yeux sur quelques volumes de sa bibliothèque. Berberova Nina, Berchtold Alfred, Bernanos Georges, Bertelé René, Billetdoux François. Un style à la fois lumineux et poétique. Une connaissance presque parfaite de la langue française.

— Voulez-vous vérifier pour moi si « chenapan » prend bien un seul « p ». Je n'ai jamais employé ce mot dans mes œuvres, me demande-t-elle.

J'ouvre le dictionnaire sur une étagère, lui donne la réponse avant de retourner à la cuisine. Les lierres couvrent le toit du garage. Par la fenêtre, je vois le bouleau, le frêne et le cyprès poussant sur le tapis de verdure, îlot bien plus magnifique vu de son bureau. Je n'entends plus le bruit des touches.

Je bois seul un court café en attendant qu'elle apparaisse pour partir. Je veux m'assurer qu'elle a tout tapé.

— J'ai enfin terminé. Merci de vous être déplacé pour une étourdie, me sourit-elle avant de nous donner rendez-vous comme chaque soir.

Je marche le long des quais jusqu'à la rue des Saints-Pères. Il n'y a plus de prétextes qui tiennent à repousser la visite de monsieur Villa. Quant à monsieur Poirier, j'ai la journée pour le joindre à son bureau.

De la verrière, l'hiver est dans tous ses états. Vent fou, poudrerie effarée et froid tueur. Que fait la mésange dans cet environnement ingrat ? A-t-elle faim au risque de mourir de froidure ? Voici Louky qui dresse des oreilles de compassion avant de lever les yeux vers moi comme s'il appelait à l'aide pour elle. Je détourne la tête, tristounet, et reprend ma lecture.

J'invite madame Hébert pour souligner la fin de son roman. Comme elle est fatiguée et que sa sciatique la fait souffrir, nous allons Chez Toutoune, rue de Pontoise, restaurant prisé. Elle s'informe de ma journée, bien qu'elle me semble nerveuse.

— Mon éditeur, confie-t-elle soudainement, peut être cassant parfois même s'il a toujours été gentil avec moi.

Je l'écoute parler au compte-gouttes entre deux bouchées.

— Quand il a remplacé ses prédécesseurs, il m'a invitée à déjeuner dans le but de me connaître mieux et de me questionner sur mes projets.

Elle craint qu'il n'ait encore des réserves, ce qui l'obligerait à retravailler son texte, cette fois-ci à Montréal, reportant ainsi la publication d'une année. Il ne sert à rien de la rassurer.

De retour chez elle, je ferme les persiennes. Je retrouve ma chaise, elle son fauteuil, le chat sur ses genoux. J'attends.

— Vous ai-je dit qu'on avait hésité à publier Kamouraska entre le printemps et la fin de l'été ?

Je réponds par la négative. Elle caresse lentement Petit Chat, prend tout son temps.

— Paul Flamand était convaincu que mon livre était digne d'un grand prix littéraire. Comme j'avais remis le manuscrit à l'automne de 1969, il m'a demandé si j'acceptais que mon roman soit publié plus tard, au tout début de septembre 1970 pour les grands prix de fin d'année. Il aurait ainsi plus de chance.

J'acquiesce, tout en pensant à la réponse du secrétaire général de l'Université de Sherbrooke. J'espère vivement qu'il reste au moins un billet en classe affaires. Je n'ose imaginer...

— Vous êtes dans la lune, comme papa me disait parfois quand je le regardais sans entendre ses paroles.

Je souris en faisant un signe de tête.

— À la fin de sa vie, papa souffrait beaucoup. Il disait qu'il ressentait des douleurs dans les plèvres, pires que celles des plus mauvais jours.

Je mets une main sur Petit Chat. Aussi bien lui faire comprendre tout de suite que c'est moi qui m'occuperai de lui durant le trajet.

— Papa a fait un peu comme moi. Il a donné au Musée de la Province[1] des portraits de Thomas Lang et de Maria Poulin de Courval qui étaient ses arrière-grands-parents maternels.

Je pense de nouveau à la « galerie des ancêtres » dans Les Fous de Bassan.

— Vous savez sans doute qu'il prononçait beaucoup de conférences sur nos écrivains. Je me rappelle celle qu'il a donnée à l'Université de Montréal dans le cadre du centenaire de François-Xavier Garneau.

Je calmerai ta maîtresse le mieux que je pourrai durant la traversée, mais j'aurai besoin de ton aide, Petit Chat. Ne la terrorise pas par tes déchirants cris de panique. Tu m'entends ?

— Saviez-vous qu'il a été président de la section française de la Société royale du Canada ? C'est sous son mandat qu'on a attribué la médaille Lorne-Pierce à Félix-Antoine Savard.

Où veut-elle en venir ? Pourquoi, soudainement, son père, Maurice Hébert ?

— Est-ce que vous connaissez Le Cycle de Don Juan qu'il a écrit ?

Je fais signe que non.

— C'est une œuvre très émouvante. La Société royale du Canada l'a publiée.

Pourquoi insiste-t-elle ?

— Il a fait beaucoup pour nos écrivains d'alors, les Léo-Paul Desrosiers, les Victor Barbeau, les Blanche Lamontagne, les Alfred DesRochers, etc.

---

1. Aujourd'hui, le Musée national des beaux-arts.

Je me souviens vaguement de ses critiques. Entre autres lors d'un cours universitaire qui portait sur la critique littéraire au Québec. J'ai lu quelques-uns de ses essais.

— « *Je suis toute petite, / Mais je grandirai vite, / Si le bon Dieu le veut ; / Et, dans un an ou deux, / À force d'être sage, / Je serai haute comme un page.* »

Je fronce les sourcils, attendant la suite.

— *C'est un poème que papa a écrit et qu'il nous a offert à l'occasion de Noël. Il y a une strophe qui englobe toute sa famille.* « *Fidèle à Père et Mère, / À Grand'Maman si chère ; / À Jean, Anne, à Pierrot, / Le plus mignon frérot, / À l'oncle Paul, aux tantes, / À mes cousins, – j'en compte trente !* »

Mais qu'a-t-elle ce soir ? Elle se racle la gorge.

— « *Certain nigaud, un jour, rencontra par hasard / Certain compère. / Le nigaud était riche d'un liard / Et le compère plus pauvre que pauvre hère. / – Écoute, risqua le premier, / Je n'ai pas un denier, / Et j'enrage de fumer, sacrédié !* »

Je souris malgré moi.

— *Papa n'était pas que sérieux. Il s'est amusé à écrire cette fable avec Jean.*

Elle me déstabilise.

— *Il y a quelques années, j'ai reçu une lettre d'une commission scolaire du Québec me demandant l'autorisation de donner mon nom à une de leurs écoles. J'ai suggéré le nom de papa parce qu'il a été un critique très important à l'époque.*

Je l'interroge du regard.

— *Ils ont préféré qu'elle porte mon nom.*

Selon elle, son père est un auteur qui n'a pas eu toute la renommée qu'il aurait dû avoir. Je me demande pourquoi.

— *Saint-Denys lui a écrit de très belles lettres à l'occasion de son entrée à la Société royale du Canada et lors de l'attribution de la médaille de vermeil de l'Académie française.*

Petit Chat est à peine remonté sur ses genoux qu'elle recommence son ballet de caresses avant de tourner son regard vers sa bibliothèque. Je la sens pensive.

— Mon père a rédigé une lettre de remerciement au secrétaire perpétuel de l'Académie, monsieur René Dussaud, qui, touché par ses mots, l'a lue devant tous les académiciens pendant une de leurs séances, ce qu'il ne faisait jamais.

Je doute qu'elle écoute les ronrons de Petit Chat. Elle accueille plutôt ses morts aimés. « Les morts me visitent[1]. »

— Saint-Denys lui a proposé d'écrire dans les Cahiers des Poètes catholiques.

Son cousin, maintenant. Je n'ose poser la question qui m'éclairerait. Elle la devine probablement.

— Si cela vous intéresse, je pourrais vous montrer ce que lui a écrit Saint-Denys à ce sujet.

Je fais signe que oui. Petit Chat saute par terre. Aussitôt elle se lève, entre à peine dans son bureau pour en sortir avec un paquet de lettres qu'elle me remet. Rapidement, je compte quatre enveloppes dont une semble contenir plusieurs pages.

— Je vais les lire avec la plus grande attention et vous ferai part de mes impressions.

Elle étouffe un bâillement. Je me lève.

— Je vous laisse. Bonne chance demain avec votre éditeur. Reposez-vous bien.

Nous nous embrassons.

Dès que je suis dehors, je presse le pas en touchant la poche intérieure de mon veston, comme pour m'assurer que j'ai bien les quatre lettres. Heureux.

Le vent a tu son hymne à l'hiver. À peine quelques bourrasques blanches et sinistres. Je me lève en pensant à Petit Chat, car il est temps de nourrir Louky qui aussitôt me suit. Elle n'a

---

1. Œuvre poétique, op. cit., p. 31.

jamais voulu lui donner de la nourriture sèche, ni à son premier chat, Gros Minou, qu'elle a perdu en 1982, ni au dernier, cela malgré les conseils de son vétérinaire.

Le bruit des croquettes qui tombent dans le plat de Louky me rassure désespérément. Je jette un œil par la fenêtre de la cuisine, espérant apercevoir la voisine pour qui la bise est un cadeau du ciel.

De retour dans la verrière, j'hésite entre m'offrir une courte sieste ou poursuivre ma lecture devenue de plus en plus difficile tant mes yeux brûlent après quelques minutes seulement. Est-ce un effet secondaire ignoré?

Je m'étends sur la méridienne, les bras ballants de chaque côté. Je choisis le repos même si mon sablier se vide. Les ombres de ma nuit savourent déjà leur victoire.

3 janvier 1938
Félicitations, mon cher Maurice!
J'apprends que ton portrait fut dans les journaux et que tu as reçu une belle médaille. Je n'ai pas eu beaucoup de détails sur le sujet. Tu m'en donneras, ou Anne, quand je passerai à Québec. De toute façon, j'approuve cordialement qu'on t'ait choisi. Les gens de goût, les gens qui goûtent, eh bien, sont rares; je suis content qu'on t'ait distingué. Révérence!
De Saint-Denys[1]

Je prends une autre lettre.

Jeudi 24 mars 1938
Mon cher Maurice,
Un mot à la hâte. Tu m'as dit avoir l'intention de t'abonner aux Cahiers des Poètes catholiques. *[...]* Les numéros que j'ai lus sont très intéressants. Patrice de la Tour du Pin, par exemple, qui a publié là Le Don de la Passion, est sans doute l'un des plus grands poètes vivants. Et l'on nous annonce du Rilke, du Claudel, etc.*
Et puis, ces messieurs des Cahiers des Poètes catholiques *sont très accueillants et sympathiques. Si tu voulais leur envoyer des*

---

1. Lettre de Saint-Denys Garneau à Maurice Hébert, Archives de l'Université de Sherbrooke.

poèmes, un extrait peut-être de ton Don Juan, *je crois bien qu'ils aimeraient le publier dans l'une de leurs anthologies, peut-être.*
De Saint-Denys[1]

Je sors une troisième lettre, non datée celle-là.

Mon cher Maurice, salut.
Je te félicite de ta jolie causerie sur Verlaine. J'ai beaucoup aimé cela, surtout qu'il « est monté aussi haut par le cœur que Bach par l'esprit ». C'est très juste.
J'ai reçu un mot de Pierre-Louis Flonquet, directeur-fondateur des Cahiers des Poètes catholiques, *qui m'invite à lui soumettre des poèmes qu'il publierait dans les* Cahiers du Journal des Poètes. *Pour ma part, je n'ai rien à lui envoyer, d'autant moins que je n'ai pas une confiance sans ombre dans ma poésie ! Mais cela me plairait beaucoup de lui envoyer de tes poèmes. [...]*
De Saint-Denys[2]

L'écriture de la dernière lettre, elle aussi non datée, est serrée. Je compte rapidement une vingtaine de pages.

Mon cher Maurice,
Admire le papier sur lequel je t'écris ; cela ne te sera pas donné tous les jours. Je l'ai pris dans mon arsenal de dessin. [...] Je fais des frais ; l'occasion en vaut bien la peine.
Je te félicite de ta nomination à la « société royale » ou quelque chose comme ça. À vrai dire tu aurais dû m'en avertir. Je ne lis pas habituellement les journaux (c'est un tort), seulement quelquefois par accident. Or j'ai vu dans Le Canada *que René*

---

1. Lettre de Saint-Denys Garneau à Maurice Hébert, Archives de l'Université de Sherbooke.
2. *Ibid.*

Garneau te présentait de pair avec Jean Charbonneau. Si tu as lu du Charbonneau comme devrait le faire tout patriote qui se respecte, tu as dû priser l'honneur à sa juste valeur. [...]

Cela me fait bien plaisir que tu sois ainsi reconnu, et consacré, comme on dit. On rit beaucoup, et depuis fort longtemps, au sujet des académies et décorations. Ceux principalement qui n'en sont pas se vengent par des mots d'esprit, et l'on parle de René Domire, secrétaire perpétuel « d'académique » mémoire. [...]

Et puis, je serais curieux de savoir si tu vas avoir un certain contact avec les membres de cette société. Si cela forme un groupe, un milieu, c'est un avantage inappréciable, ici surtout. Je sais quel est l'isolement des intellectuels, surtout ceux de ta génération, et combien agréable ce serait pour toi d'être en relations avec des gens qui s'occupent des choses de l'esprit.

[...] Tu sais que j'aime les quelques extraits de ton Don Juan que tu m'as lu. Cependant, mon impression est très superficielle ; j'ai hâte que tu l'aies publié, pour le connaître dans son ensemble et y pénétrer plus avant. Quand est-ce que ce sera ? J'ai bien aimé aussi parmi tes études critiques, celle que tu consacres à DesRochers, un des seuls que je connaisse un peu de ceux que tu y étudies. Je trouve fort juste ce passage, et qu'il rend bien le caractère de la poésie de DesRochers dans son meilleur. « Ce réalisme est sain, robuste, et d'une qualité telle qu'il s'élève aussitôt à la poésie, où il s'établit de plain-pied, paré des meilleurs prestiges du style. »

Cela s'établit à une conviction qui s'installe de plus en plus en moi que le grand art est dans le sens du réalisme ; qu'on dise devant une œuvre : « C'est cela ! Comme c'est cela ! » et qu'on soit forcé de dire aussi que c'est plus que cela, par où l'œuvre accède à l'art. Cela me fait penser au Moyen Âge, à ses artisans qui apprenaient d'abord à faire « cela » justement et fortement et dont les meilleurs ayant traversé « cela » atteignaient de l'autre côté à l'immatériel, au spirituel, à la poésie.

J'aime la formule où tu as établi cela à propos de DesRochers.

Je ne me souviens plus où Baudelaire dit à peu près : « Soyez témoin que j'ai fait mon devoir… comme un parfait chimiste. »

C'est ce qui nous reste à faire où que nous soyons. Quant à moi, je me sens en état de fin du monde, et comme le naturel rejeton de cette écrasante vieillesse, avec des éclairs de jeunesse enfantine, d'élans premiers, ce qu'il faut pour me bien rendre compte de ma momification ! Je me prends en exemple sans ironie et sans orgueil ; un petit équilibre géométriquement agrandi reste le même équilibre.

Mais tout ceci est bien pessimiste. Nous finissons, d'autres recommenceront.

[…] Il y a ce sursaut de jeunesse fraîche dont je parlais en moi qui grandira peut-être avec les générations, à mesure que la mort mourra. Ce qu'il faut, c'est conserver le feu. Et je t'assure qu'au fond de moi le feu ne manque pas.

Je pourrai probablement cet été te présenter un de ces jeunes qui possède au plus haut point cette chaleur, l'enthousiasme et la générosité, l'élan et l'élévation de l'âme. C'est Robert Élie ; il fait partie du groupe de La Relève. […]

De Saint-Denys[1]

Je fais quelques pas dans la verrière, les yeux rougis par ma lecture. Louky ne cesse de me suivre du regard comme s'il craignait que je perde pied. Je contemple le désert de blanches dunes gelées qui s'allongent ou grossissent aux caprices des vents. J'entends les craquements de la neige sous mes pas. Souvenir qui n'en sera plus un très bientôt.

---

1. Lettre de Saint-Denys Garneau à Maurice Hébert, Archives de l'Université de Sherbrooke.

Pourquoi ne pas en finir tout de suite? Pourquoi imposer à ceux que j'aime le cirque de la mort? Je n'ai qu'à ingurgiter tout mon cocktail, et on parlera de moi à l'imparfait. Tourner la page comme je l'ai fait le 12 janvier 2000, mais cette fois-ci, la dernière. La seule qui vaille.

Je crains de me regarder dans le miroir comme si le reste de mes jours y était inscrit, je redoute qu'il me réfléchisse le visage aimé de Luc, j'appréhende d'y lire la phrase que madame Hébert m'a écrite dans une lettre alors qu'elle rédigeait *Aurélien, Clara, Mademoiselle et le lieutenant anglais* : « J'ai parfois l'impression que mon projet est trop grand pour moi, et que je n'arriverai pas à le terminer. »

Je reviens au salon en pensant que ces mots étaient un autre indice que je n'ai pas su relever. Pourquoi ce roman et non pas un autre? En quoi sa facture lui était si exigeante?

« Je crois que l'histoire de Clara et du lieutenant anglais termine pour moi l'occupation d'un certain paysage habité depuis *Le Torrent*. Je crois avoir tout dit de ce paysage, je l'ai vécu, je l'ai aimé à bras-le-corps, et voilà sans doute que je le quitte comme un lieu qui m'a livré tous ses secrets de vie et de mort[1]. »

Malgré ma fatigue, je reprends ma lecture. On m'attend rue de Pontoise.

∾

— *Mon éditeur m'a promis de lire mon manuscrit durant la fin de semaine et de me donner des nouvelles lundi matin. S'il l'accepte, il le publiera au début de 1998. Il ne peut faire mieux, car le Seuil est déjà en pleine préparation des prix littéraires de l'automne prochain. Je ne suis plus dans la course. Je suis trop*

---

1. *Les Cahiers Anne Hébert*, op. cit., n° 2, p. 6-7.

âgée, commente-t-elle avant d'ajouter qu'elle a été très gâtée dans l'attribution de prix de toutes sortes, surtout au Québec.

— Tenez, voici quelques brochures et dépliants publicitaires que je suis allé chercher.

— « Hôtels-appartements Les Citadines », lit-elle. Vous ai-je dit que j'ai habité à l'Hôtel de Lutèce de la rue Jules-Chaplain, tout près du boulevard Montparnasse ? Le quartier a bien changé depuis 1955. C'était un peu le Pigalle de la rive gauche. Sur le trottoir, je me faisais souvent accoster. Les hommes croyaient que j'étais une fille de joie.

Je souris en imaginant la scène.

— Vous y êtes demeurée longtemps ?

— Jusqu'à la fin de mon voyage. J'avais déjà commencé mes séjours à Menton. Gabrielle Roy descendait souvent à cet hôtel.

— Vous la connaissiez ?

— Je l'avais rencontrée lors de la publication du Tombeau des rois. Elle était chez Jeanne Lapointe avec Madeleine Lemieux, Suzanne Rivard et, bien entendu, Roger Lemelin et sa femme. Elle m'avait écrit une très belle lettre à la suite de la publication de Kamouraska.

— Justement, j'ai lu celles de Saint-Denys, votre cousin.

Elle sourit. Visiblement, elle espère mes commentaires. Par où commencer ?

— Vous savez, madame Hébert, expliqué-je en déposant les lettres, même si le Centre porte votre nom, rien n'interdit qu'on y retrouve d'autres écrivains. Vous avez influencé des générations d'auteurs. Votre père vous a beaucoup aidée, m'avez-vous dit plusieurs fois.

— Oui, et papa avait une grande rigueur intellectuelle. Il nous a enseigné l'importance du travail bien fait.

— Si vous désirez que ses écrits soient conservés au Centre, je n'y vois aucun inconvénient. Au contraire, je suis assuré que *les chercheurs enrichiraient votre œuvre en étudiant celle de votre père.*

La voilà qui se fige. Qu'ai-je dit que j'aurais dû taire? Tout à coup, je devine le mot qui la met dans cet état: «chercheurs», en pensant à mon ex-collègue. Pourquoi cette appréhension soudaine?

— Les commentaires que Saint-Denys porte sur la poésie d'Alfred DesRochers à la suite de la critique de votre père sont intéressants. Trouvez-vous qu'il est un poète important?

Je respecte son silence. De longues minutes avant qu'elle reprenne:

— Nelligan a marqué la littérature du XXe siècle. Après lui, il y a un grand trou. Alfred DesRochers prônait le régionalisme. Rina Lasnier est plus importante. C'est dommage que, dans la foulée de l'anticléricalisme du début des années 1960, on continue à l'ignorer parce que ses poèmes parlent de Dieu.

— Et Alain Grandbois?

— Saint-Denys Garneau avant. Il a publié avant Grandbois même si les critiques en ont fait peu de cas.

Elle se tait quelques secondes, semble chercher Petit Chat qui est couché dans son fauteuil.

— Bien sûr il y a le Maria Chapdelaine de Louis Hémon. Tous les romanciers qui ont suivi se sont inspirés de ce roman qui défendait un retour à la terre, y compris Ringuet.

— Et Anne Hébert?

— Gabrielle Roy a été le premier auteur à situer exclusivement ses personnages à la ville. Suivront Lemelin et tous les autres. Vous saviez que c'est lui qui a publié Le Tombeau des rois? Tous les autres éditeurs l'avaient refusé. Il a accepté de le publier à la condition que je lui remette tous mes droits d'auteur jusqu'à ce qu'il rentre dans ses frais de publication, qui s'élevaient à 2000 $. J'ai tout remboursé, me confie-t-elle avec fierté.

Je ne reviens pas sur la question laissée sans réponse. Je lui parle plutôt de son avant-gardisme, bien que je la sente ailleurs, plongée dans un passé secret. Sans me regarder, comme pour elle:

— La même chose était arrivée à Saint-Denys: sa poésie a dérouté les critiques.

Elle se lève de table. En la voyant s'approcher, Petit Chat saute sur la moquette.

— Quand Saint-Denys soulève dans une lettre « l'isolement des intellectuels », il fait référence aussi au sien.

J'acquiesce en me demandant quelle direction prendra la conversation. Il faut absolument que je la ramène à la nécessaire visite de monsieur Villa, me dis-je en pensant à Électricité et Gaz de France que je dois régler demain.

Oh, comme vous semblez loin, madame Hébert! À des années d'ici! Seriez-vous en train de répéter Les Vivacités du capitaine Tic *d'Eugène Labiche avec votre cousin et des amis? Ou peut-être est-ce* Le Malade imaginaire? *Ou encore* Boubouroche *de Georges Moinaux dit Courteline? Ou tout simplement de relire une lettre que Saint-Denys vous a envoyée?*

« Je joins à cette lettre quelques poèmes. Naturellement, ce n'est pas une forme parfaite. Mais je considère que la perfection n'est pas le commencement, mais la fin. Le commencement, c'est la vie. Il s'agit d'abord de trouver la liberté; puis on s'acheminera vers la rigueur de cette liberté. Je crois avoir trouvé la liberté, ma liberté, le jeu. Ce n'est pas parfait, mais c'est joyeux[1]. »

Poursuivre la discussion serait dérisoire. Je délaisse son passé qui se love. Le plus difficile est à venir. Je me lève. Devrais-je rester encore quelques minutes? M'assurer de son présent avant de partir. Aborder la visite pressante de monsieur Villa?

---

1. Lettre de Saint-Denys Garneau à Anne Hébert, hiver 1937, Archives de l'Université de Sherbrooke.

— Saint-Denys était conscient « de la forme assez inusitée »
[de ses poèmes] au Canada. Même s'il appréhendait les critiques,
il a voulu publier son « volume en vers », comme il l'appelait.

J'hésite au centre de la pièce. Elle retourne la tête vers la
photo de son cousin.

— Avez-vous lu son article sur Chateaubriand ? Il y avait
beaucoup travaillé. L'angoisse l'a tenaillé tout le temps qu'il en a
approfondi la philosophie. Il se trouvait fort peu préparé pour
aborder les questions mises en jeu par Chateaubriand.

Ma veste dans une main, je tergiverse toujours.

— Des questions essentielles qu'on ne résout pas à la légère,
mais qui supposent des discernements très définis, poursuit-elle.

Je me rassois.

La *bureaucratie française est une institution fort complexe dont Kafka aurait pu s'inspirer. J'ai passé la journée de vendredi à me promener d'un bureau à l'autre, à rencontrer une dizaine de fonctionnaires qui me renvoyaient à un suivant, comme si chacun craignait qu'en prenant une décision il outrepassait son pouvoir ou empiétait sur celui de son collègue. Les précieux et innombrables tampons de l'État français, oblitérés avec ferveur et gravité par le fonctionnaire sur un simple relevé de téléphone, de gaz ou d'électricité, me font sursauter et sourire. La manière dont la personne attitrée saisit le manche et appose avec force et conviction, deux fois plutôt qu'une, le même tampon sur la même fiche relève du grand art. L'expression d'un pouvoir incommensurable sur le visage du préposé saisit le client et lui rappelle qu'il n'est rien sans le précieux tampon encreur. Et juste avant de partir, un dernier coup bien senti sur le formulaire écrasé d'encre, le regard fureteur du fonctionnaire sur mes yeux incrédules et ma bouche entrouverte.*

— Mais comment avez-vous fait pour parvenir à vos fins ? me demande-t-elle.

Je croise les bras. Me passent par la tête l'accent rocailleux et diphtonguant québécois, sacres et autres impropriétés, mais je me ravise en imaginant madame Hébert scandalisée. Déjà, ses yeux écarquillés quêtent la tolérance. Je la rassure en lui parlant de patience, de sourires et de flatteries, gardant pour moi mon agacement, mon irritation et ma colère d'avoir perdu une précieuse journée à m'envoyer bouler comme une balle de ping-pong.

— Connaissez-vous Le Pactole ? Il est tout près d'ici. Ma jambe me fait souffrir et la journée humide n'a pas aidé.

Malgré la douleur qui se lit sur son visage quand elle fait un pas, je la devine de bonne humeur. Je lui demande comment elle a occupé sa journée.

— J'ai fait du classement. J'aimerais que vous m'aidiez dans mes papiers. Je ne sais pas quoi jeter ou quoi garder. Vous savez, j'ai encore toutes mes quittances de loyer. Une amie m'a conseillé de ne pas m'en débarrasser.

Je pense à ma mère et à ses nombreux reçus dont elle ne voulait se départir.

Assise à une table près d'un radiateur, elle m'annonce que l'Ambassade et la Délégation veulent la fêter.

— Je voulais garder secrète ma date de départ le plus longtemps possible, mais lors de l'hommage posthume à Gaston Miron, j'ai été contrainte de la dévoiler au ministre responsable du Centre culturel canadien parce qu'il voulait m'inviter en mai. Je crois maintenant que plusieurs personnes la connaissent... et pas nécessairement celles que j'aurais mises au courant.

Elle consulte le menu et lit, comme elle le fait presque toutes les fois, la page des desserts. Je la taquine en lui rappelant qu'elle voulait suivre un régime avant son retour au Canada.

— Je crains qu'il ne soit trop tard, me confie-t-elle avant de m'informer qu'elle a demandé à Paule, une amie qui connaît bien le personnel de la Délégation, combien coûte un déménagement au Québec.

Le garçon prend notre commande. De nouveau, l'image de ma mère qui a tenu les brides de la maisonnée sa vie durant et qui, encore maintenant et bien qu'elle soit diminuée physiquement, éprouve de la difficulté à s'abandonner, si peu soit-il, à l'autre qui lui offre aide et soutien.

— Je trouve élevé le montant. Mais il est vrai que les vêtements et les meubles du délégué doivent coûter plus cher à assurer que les miens, ironise-t-elle en souriant.

Je retiens sa préoccupation. J'en parlerai au secrétaire général de l'Université de Sherbrooke.

Un autre repas agréable. Un crachin tombe. Nous n'avons pas de parapluie et ne pouvons marcher plus vite. Je lui prête mon foulard en guise d'abri.

— Voulez-vous entrer quelques instants, le temps de vous sécher?

Je retrouve ma chaise après avoir fermé les volets.

— Quelque chose semble vous préoccuper, madame Hébert.

— On m'a téléphoné hier. Quelqu'un viendra demain constater l'état des lieux. Cette visite m'angoisse.

— Ne vous inquiétez pas, je serai ici. Tout ira bien, vous verrez.

Elle caresse Petit Chat. Je repousse une fois encore la requête de monsieur Villa. Ce n'est pas non plus le moment de lui demander où sont les pages 24, 28 et 95 manquantes de La Mercière assassinée. Je me tais en pensant à Luc qui devait m'appeler hier soir. À mon tour de m'affoler.

Elle m'offre un pousse-café que je refuse.

— Les séjours à l'étranger sont bien terminés. Je suis devenue trop vieille pour qu'on m'invite.

Je fronce les sourcils en tentant de comprendre ce à quoi elle fait allusion tout en la regardant flatter son chat.

— Je me rappelle qu'en 1984, les universités d'Édimbourg, de Birmingham et d'Arhus au Danemark m'ont invitée à rencontrer leurs étudiants. J'ai dû refuser d'autres invitations, car j'avais commencé la rédaction de mon roman suivant, sans compter celle du scénario des Fous de Bassan.

Je l'écoute distraitement. J'ai les paupières lourdes d'ennui. Qu'est-ce que je fais ici alors qu'il est là-bas? Je suis en retard dans le classement des manuscrits qu'elle m'a confiés. L'appeler pour me rassurer. J'ai besoin d'entendre sa voix riante. J'en suis presque rendu à compter les jours. « *Le temps, le temps dure, s'étire, m'enveloppe, me traîne avec lui. Le silence double le temps, lui donne sa mesure impitoyable[1].* »

Je délaisse un instant ma lecture en songeant qu'alors notre séparation n'avait pas encore eu lieu. Les courtes, les trop courtes minutes, pendu à sa voix, auront résonné jusqu'à la fin comme des acouphènes. À travers les tabatières, je perçois la course du soleil sur ma peau tavelée.

Je reprends ma lecture, suspendu cette fois-ci à la voix de madame Hébert.

Depuis quelques instants, elle a les yeux sur La Liseuse, *une toile de son cousin.*

— *Saint-Denys pouvait peindre parfois des journées entières même si cela l'écrasait, le vidait. Il découvrait des harmonies, il entrevoyait des possibilités, mais souvent, tout se brouillait dans sa lassitude et il se trouvait face à son impuissance.*

J'ose à peine respirer tant je la sens en communion avec son cousin. Je les imagine au manoir ou dans les jardins, en plein midi.

— *Souvent, il avançait par bonds, disait-il, mais parfois il lui était impossible d'exploiter les quelques trouvailles qu'il y faisait. Ces incertitudes le rongeaient.*

Elle détache son regard du tableau.

— *Il est allé voir une exposition au magasin Eaton en 1936. Les toiles de David Milne, un peintre ontarien, l'avaient beaucoup impressionné, davantage que celles de Marc-Aurèle Fortin ou de Paul Caron. Dans une lettre, il me parle longuement de ce*

---

1. *Kamouraska, op. cit.,* p. 247.

peintre. Selon Saint-Denys, chacun de ses tableaux prenait une vie individuelle, se résumait de façon autonome et rayonnait hors de son cadre. Il trouvait que le sujet avait si peu d'importance que la plupart des toiles étaient réversibles. Les tourner de haut en bas ne ferait que changer leur centre de gravité et le sens de leur équilibre, écrivait-il.

Je l'écoute en saisissant fort peu de chose à ce qu'elle me raconte, car je ne connais rien à la peinture.

— Saint-Denys y voyait l'impression accumulée de la nature sur un homme. Pour lui, l'art de Milne n'était pas intellectuel; il gardait un goût sauvage, une certaine fatalité dans son étendue. Il le trouvait d'une grande intensité et d'une ardente profondeur.

Malgré moi, je suis distrait.

— Je crois que je vous ennuie avec Saint-Denys.

Mes explications ne tiennent pas la route. Elle se lève, mettant un terme à la soirée. Je lui rappelle que je serai de retour, demain à 13 heures.

Comme j'ai pu être inconscient, me dis-je en déposant les pages sur la table. Pourquoi cette absence alors qu'elle me faisait part du commentaire de son cousin? Que j'ai été irréfléchi! J'éprouve une vague douleur en moi. Il est l'heure de mon cocktail.

Je reviens dans la verrière en pensant qu'à cette époque-là, j'ignorais tout. L'expression de mon ennui l'a peut-être protégée car, en poursuivant son commentaire emprunté à Saint-Denys, elle aurait peut-être pu me donner un autre indice, cette fois-ci facilement déchiffrable.

Je tends l'oreille pour mieux saisir une idée naissante. Je monte lentement les marches. Arrivé devant ma bibliothèque, je cherche *Parcours d'une œuvre*, que je trouve entre deux romans de madame Hébert. Je redescends, étourdi de médicaments. J'empoigne la main courante en reprenant mon souffle.

Je la retrouve toute souriante sur la page titre alors que je suis à la Sorbonne dans le cadre du colloque qui lui est consacré et où je m'apprête à lire ma communication. Ils sont tous là, pairs et critiques, délégué du Québec et ambassadeur du Canada, entourant madame Hébert qui encaisse depuis une heure apologies et encensements.

Ma nervosité est à son comble quand je prends la parole. J'évite de la regarder en imaginant la centaine de regards curieux. Les yeux sur mes feuilles, j'entends des murmures à peine ai-je commencé ma lecture. Une silhouette passe devant la tribune surélevée. J'ignore encore à qui elle appartient, comme je néglige l'instant de son départ. Aujourd'hui, je sais à quelle minute précise elle a quitté l'amphithéâtre, sous l'envolée de quelle phrase elle s'est levée, aux sons de quels mots elle a cru bon de déserter.

Mon doigt, tel un signet entre deux pages. « J'ai quitté le colloque pendant que vous donniez votre exposé, car je savais que je n'aurais pu le faire à un autre moment », se justifiera-t-elle quand j'irai la rejoindre à son appartement.

Je reprends la lecture de ma communication, là où sa silhouette glisse devant moi. « En fait, nous pouvons repérer trois motifs littéraires visités dans chacun de ses ouvrages [...] Ces points d'ancrage sont d'abord l'enfance face à la situation parentale, puis l'enfance dans un isolement géographique, enfin l'enfance devant l'étranger et/ou l'étrangère[1]. »

Je cligne des yeux. Louky n'attend que je m'étende pour faire de même au pied de mon lit improvisé.

---

1. Actes du colloque de la Sorbonne, *Anne Hébert. Parcours d'une œuvre*, Montréal, l'Hexagone, 1997, p. 120.

Le lendemain midi, elle m'attend au rez-de-chaussée.

— Si vous voulez bien aller au sous-sol chercher le bidet dans mon casier et le monter à l'appartement.

Quelque peu surpris de sa requête, je m'exécute tout de même. Dans son casier sombre, des exemplaires de ses romans, des feuilles éparses comme si quelqu'un les avait lues puis jetées plus loin, une jarre, etc. Je remonte avec la cuvette que je dépose à sa place d'origine, sans boulons, sans écrous.

— Je n'ai pas demandé la permission de l'enlever, mais la salle de bains est si petite que j'en ai pris l'initiative à l'époque.

Je souris en imaginant la personne qui s'en vient s'y asseoir.

— J'ai aussi repeint plusieurs fois sans demander l'autorisation. Je vais probablement perdre mon dépôt de 2000 francs.

Le carillon de la porte du rez-de-chaussée résonne. Elle sursaute.

— Si le propriétaire pose des questions sur votre présence ici, vous lui direz que vous êtes un ami de passage. Il ne faudrait pas qu'il pense que je vous loue une chambre. Je n'ai pas le droit. C'est écrit dans mon bail.

— J'ouvre la porte qui donne sur le palier; madame Hébert s'y précipite. Du vestibule, j'entends des pas et une respiration oppressée. Une femme d'une cinquantaine d'années entre. Les salutations d'usage sont à peine terminées qu'elle arpente les pièces, déplace les meubles, vérifie l'état des murs, coche à plusieurs endroits les formulaires qu'elle presse sur elle. Arrivée dans le bureau de travail, elle ouvre toutes grandes les tentures. De temps en temps, elle nous jette un œil inquisiteur en plissant le front, car madame Hébert et moi avons décidé de la suivre comme son ombre, partout où elle ira. Dans la salle de bains, elle ouvre les robinets de la baignoire et du lavabo. Madame Hébert me consulte du regard, visiblement troublée.

— C'est un nouveau bidet? C'est comme s'il n'avait pas servi. Il est neuf? demande-t-elle en le touchant.

— Non, c'est l'original. Je ne m'en suis jamais servi. Vous savez, au Canada, le bidet…

La voilà qui s'agenouille, regarde sous la baignoire sabot, promène une main sur le plancher, coche sur de nouvelles fiches. Elle se relève lourdement, ânonne quelque chose avant de passer à la cuisine. Nous la suivons. Elle demande un verre d'eau, nous jette un regard furtif, expire bruyamment, s'essuie le front. Madame Hébert et moi pensons à la même chose.

— Votre appartement est surchauffé. On voit que ce n'est pas vous qui payez le chauffage, madame, commente-t-elle en écrivant une longue note. Vous partez quand?

Elle revient au salon, dévisage madame Hébert, pointe un doigt vers le tapis.

— Il n'y avait pas de moquette quand vous avez emménagé. Vous remettrez l'appartement comme vous l'avez pris. Signez ici, ordonne-t-elle en lui tendant un formulaire noirci de notes.

La locataire s'exécute. Une question, qu'elle ne posera pas, lui brûle les lèvres. La femme range ses papiers, s'apprête à partir. Madame Hébert cherche dans mon regard une réponse.

— Qu'advient-il du dépôt que madame Hébert a versé au propriétaire lors de la location, il y a 26 ans?

Elle m'examine de la tête au tronc avec une moue boudeuse.

— Il faudra nous faire savoir où on vous l'enverra, une fois la moquette enlevée et le plancher remis dans son état d'origine. Je reviendrai le jour de votre départ. Bonne fin de journée, madame.

Madame Hébert me fait signe de me taire avant de fermer la porte.

— Une épervière ! Une vraie épervière ! Vous avez vu ? Elle a fouiné partout sauf sous mon lit, s'exclame-t-elle en souriant, heureuse d'avoir réussi ce passage obligé.

Elle me demande de redescendre le bidet à la cave.

Des cris d'enfants montent de la cage d'escalier. La concierge, accompagnée de ses petits, vient aux nouvelles.

Je vis dans un no man's land entre le passé et le présent. Je vague entre un amour perdu et une mort imminente. « Le passé raisonnable, revécu à fleur de peau. Respecter l'ordre chronologique. Ne pas tenter de parcourir toute sa vie d'un coup[1]. »

Obsédé, je suis obsédé jusqu'à l'agonie. Devant la glace, je réentends ta longue diatribe contre ton amour encagé pendant que je glisse dans un futur fermé.

Je quitte la salle de bains, requinqué pour quelques heures. Je dois dresser la liste des documents que madame Hébert a donnés au Centre, comme me l'a demandé le secrétaire général de l'Université. Je m'assois, crayon à la main, réalisant tout à coup que ce travail a été fait il y a 13 ans. Vite, je suis en retard, madame Hébert s'inquiète déjà.

---

1. *Kamouraska, op. cit.*, p. 97.

Nous nous retrouvons au restaurant le lendemain. Plus calme,
elle m'informe d'une nouvelle traduction de Kamouraska, cette
fois-ci en grec.

Je lui fais remarquer qu'il manque les 24 premières pages de
la version finale de Kamouraska.

Elle réfléchit quelques instants.

— Je les ai données à Châtelaine pour qu'elles soient publiées
dans la revue juste avant la sortie du roman, en septembre
1970.

J'enchaîne avec une autre de ses œuvres théâtrales.

— Il manque presque un acte à La Mercière assassinée.

Cette fois-ci ma question lui demande une plus longue
réflexion.

— À la fin des années 1970, je crois, j'ai reçu une lettre du
conservateur en chef de la Bibliothèque nationale qui m'annon-
çait, à mon plus grand étonnement, que le manuscrit de La
Mercière se trouvait rue Saint-Denis à Montréal. Je lui ai
répondu que je ne m'expliquais pas par quel hasard ce texte était
entre ses mains puisque ce n'était sûrement pas moi qui le lui
avais confié.

Elle fait une longue pause. Rapidement, elle est ailleurs. Je
devine qu'elle n'a pas terminé son histoire. Ne rien brusquer.

— Je ne comprends pas très bien ce nouveau culte que l'on
voue au Québec au moindre chiffon de papier tombé des mains

d'un écrivain. Le culte des reliques prend parfois de drôles de détours. Personne encore chez nous, que je sache, n'est Victor Hugo ou Rimbaud.

Vite changer de sujet. Je vérifierai plus tard. Est-ce vraiment le manuscrit ou le tapuscrit de la pièce ou tout simplement le scénario tapuscrit de Radio-Canada? Il me semble avoir aperçu une chemise sur laquelle est écrit le titre de sa pièce.

Aborder absolument la visite du déménageur. Tout de suite. Advienne que pourra.

— Monsieur Villa, le déménageur, aimerait venir évaluer le nombre de conteneurs dont il aura besoin. Vous avez sûrement hâte de connaître le coût de l'opération, dis-je sur un ton léger.

Et sa réponse fuse, d'abord avec un calme qui laisse transparaître l'évidence de cette formalité, puis avec un dépit qui instille une résistance à un nouveau déracinement.

— J'ignore encore ce que j'apporte et ce que je laisse ici. Je sais que Stéphanie, vous savez, la fille de Patricia, une grande amie qui est décédée l'automne dernier, prendra la cuisinière et le réfrigérateur, la concierge emportera la laveuse, la balayeuse et le lit escamotable de mon bureau. Mais concernant les autres choses, je ne suis pas encore décidée. Il me semble qu'il est un peu tôt pour faire venir le déménageur. Je ne suis pas encore fixée. Voilà!

Le ton est ferme. Sans appel. Elle me rappelle qu'elle décidera du moment et de la façon de faire. En d'autres termes: « Ne parlez plus de ce sujet tant que je ne l'aborderai. Voilà! » Demain, je passerai chez Grospiron.

Flottement. Je ne peux partir sur un malentendu. L'image de deux adolescents qui font la moue.

Elle aimerait regarder Suspect numéro 1 à la télévision. Je la laisse en lui promettant de revenir le lendemain.

Je fais le point en marchant. Elle gagne du temps, repousse les décisions difficiles. Dans son appartement, rien n'y paraît, rien n'est déplacé. Et pourtant... Les démarches entreprises seront-elles vaines? Quand fera-t-elle le tri de ses papiers? Je crains un instant le pire sur un coup de tête. Elle en est bien capable. « Juste penser à ce que j'ai à faire, cela me secoue, cela me trouble », m'a-t-elle confié l'automne dernier.

Je tourne rue du Bac. Mes fantômes me précèdent. Je les entends virevolter, semblables à des farfadets. Déjà 18 heures à Montréal. Il mange plus tard. Une bière dans un bar. Pourquoi pas une deuxième?

Je hèle un taxi pour l'accompagner chez son médecin où elle a rendez-vous. Je l'ignorais. Nous sortons de la clinique une trentaine de minutes plus tard.

— Mon médecin me conseille du repos.

J'entends : « Mon déménagement me stresse ; il est préférable que je le reporte. »

À notre retour, elle a un message du Seuil. L'éditeur accepte ses corrections. Il lui demande de la rencontrer pour la signature du contrat. Elle jubile.

— Je vous invite à déjeuner, m'annonce-t-elle avant de me demander quand le déménageur aimerait passer chez elle.

Sa formulation, à la fois mêlée de complaisance et de réalisme, me plaît. On s'entend sur un « le plus tôt possible ».

— J'aimerais voir Pelléas et Mélisande avant mon retour au Canada. J'aime beaucoup les scénographies de Robert Wilson, me confie-t-elle en lisant la publicité dans une des vitrines de la librairie Dédale, tout près de chez elle, où le propriétaire expose ses œuvres.

Je lui promets de m'informer.

Dès que nous entrons dans l'immeuble, la concierge ouvre la porte de sa loge, offre à madame Hébert de l'aider dans son ménage. Quelque peu surprise de son soutien pressant, elle la remercie en lui assurant que cela ira.

Je m'assois quelques minutes. Petit Chat vient de monter sur ses genoux. Elle lui caresse le dos. Ses ronronnements la font sourire. Lequel des deux est le plus heureux ? Je lui propose de prendre quelques clichés de son appartement en guise de souvenirs.

— Ce soir, si vous le voulez bien, avant que nous allions au Lutetia. Quand ma grand-mère Clara y est venue passer quelques mois juste après la mort de son mari, mon grand-père Eugène-Étienne Taché, l'hôtel venait d'ouvrir.

J'ai à peine le temps d'acquiescer de la tête qu'elle enchaîne.

— Mes parents y ont séjourné quelques années plus tard, lors de leur voyage de noces.

Nous convenons de nous retrouver autour de 17 heures.

La douleur me tenaille. J'hésite. Il me semble que je viens d'avaler une longue cuillerée de mon médicament. Il serait préférable que je note l'heure et les minutes précises où je le prends.

Soudain, une crampe au mollet droit monte le long de ma jambe tout doucement. Je suis sa lente course avec ma main en espérant qu'elle lâche sa tenaille avant d'atteindre la hanche.

Je lève les yeux sur mon cellulaire tout près. Une seule touche et la voisine accourt. J'ouvre l'appareil alors que je sens la douleur diminuer avant de s'évanouir.

Cet assaut dans mon corps, devenu champ de bataille, n'est que le premier. Le temps presse, je le sais, mais je suis incapable de reprendre ma lecture. À peine ai-je fermé les yeux que je m'abandonne à un profond sommeil.

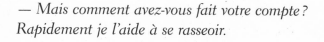

— Mais comment avez-vous fait votre compte ?

Rapidement je l'aide à se rasseoir.

77

Elle met la compresse de glace sur sa cheville enflée, plisse quelque peu le front en disant le plus sérieusement du monde : « Je meurs, je meurs. » Je dodeline de la tête. Repousser le plus tard possible le tri de ses papiers.

— En revenant de faire une course, j'ai perdu pied ; j'ai voulu doubler une grosse madame qui n'avançait pas assez vite pour moi. Voilà !

Le revers de ma main sur la bouche pour masquer mon sourire. J'accentue mon geste en fermant les yeux pendant quelques secondes.

— J'ai téléphoné tout à l'heure à mon physio ; selon lui, c'est à cause de mon nerf sciatique.

Je respire profondément pour maîtriser mon impatience.

— Voulez-vous m'apporter le sachet bleu dans la pharmacie de la salle de bains ? Ce sont des granules qu'il m'a prescrites l'an dernier quand je suis tombée. Je dois en prendre si j'ai trop mal.

Je m'exécute en pensant à ma mère devant l'armoire pleine de petits pots et de bouteilles, de flacons et de fioles, de sirops et de gouttes, de crèmes et d'onguents, la plupart périmés, en train de lire les posologies. Je jette un œil sur le sachet. Aucune date. J'hésite. Sa voix me rappelle vers elle. Adieu Lutetia.

Je cours chercher de quoi nous sustenter. Le cafard m'envahit tout à coup. Je ralentis la cadence. Qu'est-ce que je fais ici, rue de la Geneviève ? Je perds mon temps dans l'écoute et dans l'attente. Je voudrais tant me voir ailleurs, là où la vie m'appelle. Marcher. Délaisser les rues du Bac et de Pontoise. Marcher jusqu'à la mer. Survoler le golfe et l'estuaire, nager à contre-courant dans le fleuve, me laisser traîner à la poupe d'un cargo jusqu'au port. La rue des Érables est si près. Une douce pente à monter avant de me réchauffer dans tes bras.

— Est-ce que vous êtes croyant ?

Sa question me surprend. Je balbutie une réponse improvisée qui ne la satisfait visiblement pas.

78

— *Parfois, la foi m'aide à traverser les jours et, parfois, la bêtise humaine me la fait perdre. Et vous?*

— *Non, je ne crois plus, me répond-elle d'une voix calme et assurée.*

Elle s'aperçoit de la surprise qu'elle me cause. Qu'une personne de ma génération ait perdu la foi, cela se comprend mieux que... Je fais un sophisme si je poursuis.

— *Comment faites-vous pour vivre avec un Dieu d'amour qui permet guerres, massacres et viols de femmes et d'enfants? s'enquiert-elle en me dévisageant.*

— *Comment faites-vous pour vivre avec le vide?*

Elle tourne lentement son regard vers Petit Chat qui dort sur le fauteuil.

— *J'ai perdu la foi tout doucement, comme une difficile libération. Nos ancêtres ont affronté toutes les souffrances, celles du feu, du froid et des épidémies. Il y a eu tant de vies décimées dans ce pays à faire. Les dogmes de l'Église ne sont rien face à leur courage. Des aïeux trempés. La vaillance n'a pas besoin de la foi.*

Elle retrouve son fauteuil.

Petit Chat est déjà sur ses genoux quand je m'assois après avoir renouvelé sa compresse et fermé les volets. Sur son bureau, que des pages noircies. Comment fait-elle pour s'y retrouver? Sur sa machine à écrire, un exemplaire du Tombeau des rois. *Je reviens au salon.*

— *Vous avez le manuscrit du* Tombeau des rois?

Elle me répond qu'elle l'a perdu dans ses nombreux déménagements ou lors d'un dégât d'eau à Québec.

— *Vous avez beaucoup travaillé avec Frank Scott sur la traduction, entre autres, de ce poème, si je me rappelle bien* Dialogue sur la traduction? *dis-je, fasciné par ses inlassables caresses qu'elle devra bientôt négliger quand Petit Chat émettra son miaulement.*

— *Oui, une belle expérience. C'était grâce à l'initiative de Jeanne Lapointe.*

J'acquiesce.

— *Elle a beaucoup fait pour les écrivains. On devrait davantage le souligner.*

Elle demeure quelques instants silencieuse. Je revois les deux femmes. Je suis à l'appartement de Jeanne Lapointe avec madame Hébert que je viens de reconduire à Québec, comme je le ferai maintes fois. Je bois un café en les écoutant évoquer un passé toujours présent.

— *Je me souviens qu'il avait traduit d'abord « gisants » par « bodies », puis par « recumbent dead » à la suite de mes commentaires.*

Elle lève les yeux sur sa bibliothèque. Où est-elle ?

— *Quelques années plus tard, le traducteur de Poèmes, Alan Brown, avait traduit « gisants » par « sleepers » qui ne rend absolument pas cette idée de statues funéraires et ne donne aucune impression de rigidité et de mort. Je lui ai fait remarquer que c'était pourtant très important pour la compréhension de tout le poème* Le Tombeau des rois, *qui est une lutte contre le désir de la mort. Et, juste avant, « l'immobile désir » qu'il avait traduit par « the still desire » ne convient guère plus, car il n'est pas question de personnages vivants et endormis qui désirent encore, mais de statues de pierre qui représentent la mort. Ce sont les morts qui appellent les vivants. C'est la tentation de la mort éprouvée par les vivants qui s'échappent des statues allongées dans la rigidité de la mort. « The motionless desire » de Frank Scott exprime plus justement cette idée. Voilà !*

Miaou. Elle se lève en boitillant.

Sa mémoire précise et tranchante. Elle n'a rien oublié : les noms, les événements, les joies et les peines, tout est là, intact, prêt à resurgir d'emblée, encore à fleur de peau, sa mémoire aussi vive que le soleil, comme elle me le témoignera une dernière fois le soir d'un 12 janvier.

    — Je vous appelle demain matin pour vous donner des nouvelles de ma cheville. Parfois, je me trouve si étourdie. Le déménagement m'angoisse tellement.

    De la verrière, je relis la dernière phrase. Son retour au Québec comme une cassure. Son nouvel appartement comme une prison. Passer le reste de ses jours entre quatre murs, confinée au 7ᵉ étage. « Un mur à peine / Un signe de mur / Posé en couronne autour de moi[1]. »

    Je repousse le sommeil que je crains.

---

1. Anne Hébert, *Poèmes*, Paris, Seuil, 1960, p. 37.

Elle préfère rester seule cet après-midi.

— Je suis en retard dans mon courrier, me confie-t-elle avant de me demander si je veux bien dîner à l'appartement, car elle a peur d'avoir froid si elle sort.

Je profite de ces quelques heures pour m'avancer dans le classement des manuscrits.

L'après-midi file ; 18 heures 30, je suis chez elle.

— Je sais que je vais me répéter, mais je n'y arriverais jamais sans vous. Tout est si compliqué ici.

À mon tour de sourire en pensant aux innombrables tampons requis pour fermer un dossier. Et soudainement :

— Je trouve que le pari de Pascal est piégé. La démarche intellectuelle des existentialistes est plus solide que celle de Marie de l'Incarnation, des Borgia, de Catherine de Sienne, d'Ignace de Loyola qui, supposément, auraient eu des visions. Ce ne sont que des hystériques, des névrosés ou des autodestructeurs comme Thérèse de l'Enfant-Jésus.

Je me mordille les lèvres face à une telle conviction. Je décide de la laisser épuiser le sujet avant d'aborder le mien.

— Pour moi, l'imprimerie est la plus grande invention de l'Homme, car elle a enlevé à l'Église l'apanage du savoir que celle-ci exerçait sur le savoir. Elle lui a fait perdre le monopole des connaissances qu'elle gardait jalousement depuis des siècles.

Je desserts.

— *L'Église n'a pas à nous dire comment penser. Le principe de la transcendance sur lequel elle se base est absurde.*

Comment aborderai-je la visite du déménageur sans qu'elle se sente bousculée?

— *L'Église a commis des dizaines de millions de meurtres pour imposer sa foi, ici comme ailleurs. Il y a eu la Réforme et la Contre-Réforme. Tout cela est grotesque. Ne trouvez-vous pas?*

Un conteneur devrait suffire. Ne pas oublier de lui rappeler qu'il est préférable qu'elle assure ses biens.

— *Anouilh a très bien saisi la farce du sacré dans sa pièce* Antigone, *conclut-elle en s'assoyant dans son fauteuil.*

Je fais signe que oui en pensant à l'invitation à la résidence du délégué dans le cadre de la visite de la ministre de la Culture et des Communications.

Je ferme les volets. Lui demander tout à l'heure quel jour elle préfère aller à l'opéra avant d'acheter les billets.

— *Saviez-vous que le premier doctorat qu'on m'a octroyé a été celui de l'Université de Toronto en 1967, le 2 juin? Je n'étais venue cet été-là que pour 21 jours, car je devais revenir en octobre chercher le prix Molson du Conseil des Arts du Canada. Juste avant, j'étais allée à Bruxelles quelques jours dans le cadre des festivités du centenaire de la mort de Baudelaire. Pierre Emmanuel avait insisté pour que je sois des célébrations, même si j'étais en pleine rédaction de* Kamouraska. *Je me rappelle, j'écrivais sans arrêt. Le Seuil m'avait conseillé de me reposer, mais moi, je voulais terminer mon roman avant l'arrivée de mes frères, Pierre et Jean, qui venaient passer le temps des fêtes avec moi.*

Je n'ai jamais tant espéré un miaulement de Petit Chat. C'est là que je ramène l'urgente visite de monsieur Villa sur le tapis. Miaou. J'attaque.

— *J'ignore encore ce que je vais apporter. Il est peut-être un peu tôt pour faire venir le déménageur parisien. Et je n'ai pas l'idée de tout apporter. Je vous l'ai déjà dit, il me semble! Le réfrigérateur, la cuisi…*

Je la coupe avant que la conversation ne dégénère. La première fois.

— Très bien! Je vais téléphoner demain à monsieur Villa pour lui parler de vos réticences à ce qu'il vienne évaluer le nombre de conteneurs nécessaires.

— Je ne comprends pas votre précipitation. Nous ne partons que le 15 avril.

J'insiste en lui précisant le nombre de jours de la traversée.

— Pourquoi tient-il à venir le 1er mars si la traversée ne prend qu'une dizaine de jours? Et puis Monique m'a invitée à passer une semaine à son appartement avant d'emménager dans le mien. Qu'il vienne la veille de notre départ. C'est amplement suffisant. Voilà!

Je décide de ne pas lâcher prise.

— Un cargo n'est pas un taxi qu'on hèle quand bon nous semble, madame Hébert. Encore moins un gros-porteur qui fait la navette deux fois par jour entre Paris et Montréal. Vous savez, il n'y a pas nécessairement un transatlantique chaque jour entre Le Havre et Montréal.

Quelques secondes qui m'apparaissent des minutes. Elle semble attendre le retour de Petit Chat sur ses genoux avant de réagir à mes propos.

Le voici qui approche en se léchant les babines. Va-t-il monter sur elle? Non. Je sais qu'elle est démunie à la voir promener lentement une main sur sa robe. Je me serre les lèvres. Je ne peux pas abandonner rendu à cette étape. Je dois partir ce soir avec une réponse.

— Bon, si vous croyez que c'est nécessaire, murmure-t-elle contre son gré.

— C'est nécessaire, madame Hébert. Je vous reviens là-dessus après en avoir parlé à monsieur Villa.

Plus aucun mot. Je m'apprête à partir quand, soudain, elle me demande :

— *Pourriez-vous être ici demain à 10 heures ? Vous videriez mon casier à la cave. Je n'y vais plus depuis plusieurs années. Il faudrait aussi que vous changiez l'ampoule qui est brûlée, mais je crois que je n'en ai plus de rechange.*

— *Ne vous inquiétez pas, je m'occuperai de tout.*

Je la rassure avant de l'embrasser.

Son regard voilé et son demi-sourire quand je la quitte m'arrachent le cœur.

Un tourbillon de vent encercle la maison. Je pense au *Magicien d'Oz*. Des branches cassées courent sur la neige glacée. Mes patins glissent sur l'étang gelé. C'était avant. « Il y a certainement quelqu'un / Qui m'a tuée / Puis s'en est allé / Sur la pointe des pieds / Sans rompre sa danse parfaite[1]. »

Louky me suit. Je note le troisième cocktail de la journée. De moins en moins espacé. Mes courtes ablutions en pensant à Winnie dans *Oh les beaux jours*. « Je n'ai pas pu refaire ma beauté, tu sais. Toi, tu es encore reconnaissable, en un sens[2]. »

Je reviens dans la verrière, épuisé par quelques pas.

— *Les pages de ces traductions sont cornées. Le Centre en voudra-t-il ? demande-t-elle.*

— *Le Centre prendra tout ce que vous lui donnerez.*

— *Ce n'est pas dans mes intentions que le Centre devienne un musée dédié à ma mémoire, ironise-t-elle en m'apportant trois doctorats honorifiques dont celui de l'Université de Sherbrooke.*

---

1. *Œuvre poétique, op. cit.*, p. 44.
2. Samuel Beckett, *Oh les beaux jours*, Paris, Minuit, 1963, p. 86.

La matinée croule sous les honneurs, les invitations, les parchemins, les prix et les médailles.

— Que diriez-vous si nous arrêtions pour aujourd'hui ? Il est
près de midi.

Devant moi, trois cartons à ras bords. J'en informerai le
secrétaire général de l'Université.

— J'ai apporté l'appareil photo.

— Quelle belle idée ! Que vous êtes délicat d'y avoir pensé !

— Votre déménagement ne sera pas une marche funèbre, je
vous l'assure.

— Le corbillard, est-ce votre conteneur ? demande-t-elle en
souriant.

Clic-clac sur elle qui vient de s'asseoir dans son fauteuil.
J'attends que Petit Chat la rejoigne.

— Votre premier voyage à l'extérieur du Canada, c'était en
France ? m'informé-je en photographiant sa bibliothèque.

— Non. Mon père, qui était parfois appelé à voyager en tant
que haut fonctionnaire, m'emmenait à l'occasion. C'est ainsi que
je l'ai accompagné à Cuba et aux États-Unis, me confie-t-elle en
souriant.

J'entre dans son bureau. Les photos affichées sur la porte de
l'armoire escamotable représentent les eaux et les forêts, les paysages et les saisons du Québec à travers les gens qu'elle a aimés
là-bas. Clic-clac.

— La bourse que la Société royale du Canada m'a accordée
en 1954 m'a permis de venir en France. J'y suis restée trois ans. À
mon retour, j'ai retrouvé l'Office national du film, mais pas très
longtemps, car grâce à une deuxième bourse que j'ai obtenue,
celle-là de la Fondation du Canada, je suis revenue à Paris, cette
fois pour quelques mois seulement.

Clic-clac de nouveau sur elle quand elle tire de la bibliothèque
la traduction américaine de Kamouraska, publiée à New York.

— *Vous ai-je dit que j'ai eu une bourse de la Guggenheim Foundation en 1963 pour écrire de la fiction? Je suis allée à la Nouvelle-Orléans, car je ne pouvais pas m'en servir pour me rendre en France, m'apprend-t-elle en ouvrant* Kamouraska.

Je m'approche des fenêtres du salon. Clic-clac sur le jardin.

— *Un jour, je prendrai en photo tous les lieux où vous avez habité à Paris, de même que les endroits que vous fréquentiez.*

— *Je vous épargnerai ceux que vous pourriez trouver mal famés, précise-t-elle en souriant.*

Je fronce les sourcils en me demandant si elle est sérieuse ou non. Elle le devine.

— *Les caves de Saint-Germain n'étaient plus ce qu'elles avaient été pendant la guerre. Certaines étaient devenues des boîtes de jazz, très fréquentées par les jeunes.*

J'ai à peine le temps de nommer Boris Vian, Juliette Gréco et Miles Davis qu'elle poursuit.

— *Contrairement à aujourd'hui, j'écrivais, à cette époque-là, l'après-midi, car le soir, je sortais avec des amis et souvent je rentrais très tard.*

Qui étaient-ils? Madame Gallant? Les Lemieux? Pauline Julien?

— *Vous connaissez sûrement* La Bohème *de Charles Aznavour.*

Cette fois-ci, je plisse les yeux et le front tout en l'envisageant le plus sérieusement du monde, ayant quelque difficulté à imaginer madame Hébert en romanichelle.

— *Montparnasse a été longtemps le quartier des Bretons qui débarquaient à Paris, puis celui de la bohème où Picasso, Modigliani et d'autres avaient leurs ateliers, comme vous le savez sûrement, avant de devenir le quartier des poètes et des écrivains. Un quartier chaud, à la hauteur de Pigalle, précise-t-elle en souriant.*

— *Où on vous accostait souvent sur le trottoir?*

Clic-clac sur sa figure lumineuse.

— Vous avez habité à plusieurs endroits à Paris ?

— D'abord l'avenue du Président-Wilson, puis à la Maison des étudiants canadiens à la Cité internationale universitaire, à l'Hôtel de Lutèce, rue Bonaparte, boulevard Saint-Germain et rue de Pontoise, énumère-t-elle, avant de me demander de prendre en photo Petit Chat qui dort sur le lit.

— Quand nous marcherons dans le quartier, je photographierai les endroits qui vous sont chers, comme la place Maubert, le marché, la librairie, la mercerie, le salon de coiffure, etc.

Clic-clac deux fois.

— À Montréal, je serai encore un peu à Paris.

Je range l'appareil, prends une profonde inspiration.

— J'ai téléphoné au déménageur de la firme. Jeudi, le 6 mars à 10 heures ferait son affaire, l'informé-je d'un ton sans appel, comme pour me rassurer.

— À 10 heures, répète-t-elle, avant d'ajouter un « Bon » résigné.

Elle se lève.

— Je vous donne congé cet après-midi. Quand apporterez-vous les cartons à votre appartement ?

— J'appelle un taxi sans tarder.

Je lis un certain soulagement sur son visage.

— Ce soir, je vous invite à dîner au Lutetia, m'annonce-t-elle.

Je suis attristé en regardant le désastre hivernal dont le nouveau propriétaire héritera. Je compte au moins une dizaine d'arbres tombés à l'orée de la forêt depuis que des vents déchaînés s'abattent sur la région, faisant de la verrière une sorte de figure de proue dans cette interminable tourmente.

Les yeux levés vers moi, Louky semble me supplier de ne pas le sortir. Une caresse le rassure. Dans la cuisine, j'avale une soupe que la voisine m'a apportée ce matin avant de me retrouver au Lutetia.

Elle promène une main sur la rampe de laiton qui sert de garde-fou à l'entrée de la brasserie en attendant qu'on nous assigne une table. Elle imagine peut-être que sa grand-mère a fait le même geste, elle aussi espérant qu'on lui fasse signe de s'approcher.

Elle demande une table éloignée d'une fenêtre, si possible près d'une bouche de chaleur.

— Croyez-vous que l'hôtel garde les registres depuis le début?

Je lui réponds que j'irai me renseigner à la réception. Tout en consultant le menu, je crains que son souhait ne soit exaucé, ayant lu quelque part que, sous l'Occupation, les Allemands en avaient fait leur quartier général. J'imagine son émotion si elle lisait dans un registre Clara Juchereau Duchesnay puis, dans un autre, Maurice Lang Hébert et Marguerite Taché Hébert.

— La police doit encore les avoir. Tous les noms des clients des hôtels sont envoyés là-bas, me signale-t-elle.

Je souris de sa naïveté. Elle comprend que sa demande est utopique.

Elle mange avec appétit son tournedos. Un jeune homme entre dans le restaurant. Sa ressemblance avec Luc me bouleverse. Avant qu'il ne devienne obsession, je le chasse de la main, comme un réflexe, sans qu'elle ne s'en aperçoive, mais geste insuffisant à effacer le sourire de Luc sur la figure du jeune étranger. « Je ne te vois plus. Je ne t'entends plus. Sur ma peau ton odeur s'efface. Avoir un vêtement de toi, une écharpe, une veste, je me coucherais dessus[1]. »

— Vous ai-je dit que ma grand-mère portait encore le deuil, le grand deuil, quand elle est montée sur l'Empire Express à New York? Elle étendait le soir sur un lit d'appoint ses longs crêpes noirs, m'a rapporté maman.

---

1. *Kamouraska, op. cit.*, p. 191.

89

Pas maintenant, madame Hébert. Laissez-moi savourer mes minutes avec Luc, ici, dans ce même restaurant, l'été dernier. Entendez les mots que je lui murmure. Voyez mes yeux heureux. Touchez à mes mains brûlantes de désir.

— *Je me rappelle, enfant, que ma mère me racontait ses beaux souvenirs avant de m'endormir : ses visites aux musées, ses longues marches sur les Champs-Élysées, ses soirées à l'opéra, aux concerts.*

Mon regard sur la neige folle, l'oreille assourdie par le hurlement des vents. La mémoire encore meurtrie par tes mots. L'air manque au cœur vomi, depuis. Je reviens près de madame Hébert qui m'offre le digestif au bar de l'hôtel.

— *J'ai eu un triste téléphone cet après-midi. La femme de Claude Hurtubise, mon premier éditeur, est morte ; elle avait le cancer. Claude ne pourra vivre longtemps seul et malade.*

Elle prend une gorgée de Perrier. Je ne pose pas de question.

— *Est-ce que vous savez qu'il voulait rééditer* Les Songes en équilibre *? Jeanne Lapointe était très favorable à une réédition. Elle avait éliminé une douzaine de poèmes, coupé plusieurs vers dans certains, parfois des strophes entières. Elle et Claude trouvaient que c'était un très beau livre de poèmes. Ils avaient l'intention d'insérer un avertissement ou une note de l'éditeur afin de situer l'ouvrage dans le temps. Ils ne voulaient pas répéter l'erreur qu'ils avaient commise avec* Les Voyageurs sacrés *de Marie-Claire Blais. Moi, je trouvais ce projet pernicieux, d'autant plus que le Seuil hésitait à publier* Kamouraska *au printemps ou à l'automne. J'avais beaucoup de réticences, même si Jeanne pensait que « l'œuvre ainsi présentée garde les accents parfois mal assurés de l'adolescence d'un poète. Mais il en émane un chant et une voix déjà uniques*[1] ».

---

1. Lettre de Jeanne Lapointe à Claude Hurtubise, 3 février 1970, Archives de l'Université de Sherbrooke.

Elle lève les yeux sur le lustre de cristal. Que voit-elle sous ses feux? Que revit-elle? Que relit-elle? Son poème Prières *dont elle était si fière qu'elle l'avait montré à son père? Ou* L'Oiseau du poète *qu'elle avait fait lire à son cousin Saint-Denys? Ou tout simplement une certaine tristesse que son amie Jeanne les ait enlevés dans la réédition qui ne verra jamais le jour tant elle craint les puérilités écrites à 26 ans.*

— *Pour écrire un poème aussi magnifique que* L'Origine du Monde *dans votre dernier recueil de poésie, il faut peut-être avoir rédigé auparavant* La Chambre d'enfant *qu'on lit dans votre premier recueil, lui dis-je.*

Elle ramène son regard sur moi en souriant.

— *Saviez-vous que je me suis inspirée d'une toile du même titre de Courbet que j'ai vue au Musée d'Orsay?*

— *Je l'ignorais.*

Elle semble soudainement pensive.

— *Tous mes amis meurent les uns à la suite des autres. Il n'est pas souhaitable de vivre trop vieux.*

Je lui offre de faire quelques pas dans le hall. Elle s'arrête devant les étalages des quelques vitrines.

— *Je rentrerais.*

De longs glaçons pendent tout au bout de l'avancée du toit, tels des barreaux givrés. «Ne reste plus que larmes de gel / Oiseau de givre à la voix cassée / Comme une vitre[1].»

⚭

— *J'ai reçu des appels de Montréal toute la journée.*

En ce 1ᵉʳ mars paraît dans Le Devoir *et* La Presse *un article annonçant son retour au Québec.*

---

1. Anne Hébert, *Le jour n'a d'égal que la nuit*, Montréal, Boréal/Seuil, 1992, p. 43.

— J'aimerais bien savoir qui a ébruité la nouvelle, me demande-t-elle en colère.

— Écoutez, madame Hébert, avec tous les cocktails qu'on donne pour souligner votre départ, cela n'est pas surprenant. Vous-même craigniez la chose, il y quelques semaines.

Elle entre dans son bureau. Elle en ressort, une lettre à la main.

— La Délégation, ne voulant pas être en reste avec l'Ambassade, profitera de la réception qu'elle offre dans trois jours pour souligner mon départ, m'annonce-t-elle en me tendant l'invitation.

— Une réception en l'honneur de qui ?

— Elle veut souligner le 30ᵉ anniversaire de coopération entre le Québec et la France.

Je lis que c'est dans le cadre du Congrès franco-scientifique organisé par le Centre d'études universitaires franco-québécoises.

— Je trouve cela grotesque. J'ai l'impression d'être une vieille diva qui n'en finit plus de mourir.

Je me mords les lèvres pour ne pas sourire. « Et moi, je suis une femme de théâtre[1]. »

— J'ai téléphoné à Claude. Il est défait, m'apprend-elle, plus calme.

Elle caresse son chat longuement avant de s'adresser à lui.

— Et toi, Petit Chat, est-ce que tes amis de la dynastie de Baudelaire meurent un à un aussi ? Bientôt, il ne restera que nous, Petit Chat.

Elle prend son bloc-notes.

— J'aimerais aller consulter deux avocats spécialisés en droit international que l'Ambassade m'a référés afin de savoir si je peux inclure dans ma déclaration française de revenus une partie de l'exonération que votre université m'a émise lors de mon premier don au Centre. Ils pourront me dire s'il y a une entente entre les deux pays. Si oui, l'exonération s'applique-t-elle dans sa totalité

---

1. *Kamouraska*, op. cit., p. 78.

ou est-elle exclusive aux gains du pays qui a émis le certificat?
Leurs bureaux sont à la Défense.

Je l'écoute disserter sur un sujet qui ne lui est pas familier,
fasciné par l'assurance et la clarté de son propos.

— *J'aimerais prendre rendez-vous avec ces messieurs le plus*
tôt possible.

Je n'acquiesce ni ne m'oppose, encore en train de décortiquer
sa période orale, et surtout de me répéter « premier don », mots
qui me remplissent de joie.

Le clignotant du téléphone à mon retour dans l'appartement.
Monsieur Poirier, le secrétaire général de l'Université, arrive
demain et logera à l'hôtel du Grand Suez.

Je m'apprête à aller déjeuner lorsque le téléphone sonne. La
responsable du Centre d'études universitaires aimerait me ren-
contrer en vue de l'hommage à madame Hébert.

— *On m'a dit que vous étiez très lié à l'écrivaine, que vous*
étiez même son secrétaire particulier. À ce titre, vous seriez la
personne la plus apte à lui rendre cet hommage. Je dois, cepen-
dant, vous demander que votre discours ne dépasse pas 15 minutes,
car deux autres avant vous, dont celui du délégué, auront souli-
gné ses grands mérites littéraires sans compter l'éloge que je ferai
en tant que responsable du Centre.

Je suis à ce point bouche bée d'entendre un pareil délire que
je me demande si on ne me monte pas un canular.

— *Nous serons environ 200 personnes à part les représentants*
des gouvernements français, canadien et québécois. Évidemment,
la presse internationale sera sur place.

J'en tremble au bout du fil en comprenant que ce n'est pas une
farce. Je raccroche tout de même. De nouveau la sonnerie du
téléphone. Sans prendre garde, je réponds.

— Je crois qu'on nous a coupés. J'en étais à vous faire part du moment et du lieu de l'événement.

Déstabilisé quelque peu par les propos de mon interlocutrice, je tente de rassembler mes idées.

— À mon tour d'être extrêmement honoré, chère madame, de la demande que vous me faites. Par contre, permettez-moi d'être un tantinet mal à l'aise en désavouant une assertion que vous avez émise et que je considère, ni plus ni moins, comme une élucubration extravagante de la part du « on m'a dit » dont vous tenez cette information farfelue.

Je respire profondément afin qu'elle entende mon exaspération au bout du fil et qu'elle sache que je devine qui est le porteur de cette rumeur.

— Si votre informatrice connaissait un tant soit peu madame Hébert, elle saurait qu'elle n'a besoin de personne pour lui tenir la main. Je ne suis ici que pour l'aider dans son déménagement. Que votre messagère écrive son apologie, ses mérites et sa gloire ! Je suis convaincu qu'elle en meurt d'envie. Quant à moi, je dois vous laisser pour des cartons. Bonne journée, madame.

Mon poing sur la table deux fois plutôt qu'une. Je fais quelques pas. Mon poing quand le téléphone resonne.

— Vous n'avez pas compris ce que je viens de vous dire ? Je refuse de…

Le propriétaire me demande quand je lui réglerai le dernier versement du loyer.

J'ai juste le temps de me rendre saluer le secrétaire général, qui m'attend au Centre culturel canadien, rue de Constantine, avant de rejoindre madame Hébert.

Les dernières pages glissent de ma main engourdie que je masse en vain. Malgré moi, je souris en revoyant madame Hébert faire ses exercices de physio, une balle dans la paume, gymnastique qu'elle trouvait davantage aliénante que ma mère.

Demain, je continuerai. Demain.

❦

— L'éditeur et son assistante ont relu attentivement Est-ce que je te dérange? Malgré les corrections apportées, ils ont de fortes réserves sur la distance, cette fois-ci, que le narrateur prend face aux autres personnages. Ils aimeraient que je le retouche en lui donnant une dimension plus humaine afin que le lecteur puisse mieux s'y reconnaître.

— Je ne comprends pas. Il l'avait pourtant accepté!

Bien que découragée par la nouvelle, madame Hébert, assise bien droite dans son fauteuil, a les yeux tournés vers sa bibliothèque.

— Je suis devenue trop vieille pour écrire des histoires. Avec mon déménagement, je n'ai pas la tête à ça, et je ne pourrai pas réfléchir à ce narrateur avant des mois.

Je me dis qu'on joue au yoyo avec elle. Pourquoi ce second refus? Pourquoi cette autre fausse attente? Le nom d'Anne Hébert ne veut-il plus rien dire pour eux?

— Françoise, son assistante, m'a demandé d'y penser. Elle aimerait manger avec moi au début de la semaine prochaine.

Je me tais et reste assis de crainte que, en m'approchant de son fauteuil, elle ne prête à mon geste une vaine pitié.

Nous sommes aux Batifoles, rue du Cardinal-Lemoine. Elle a insisté pour sortir.

— Ma rencontre avec Françoise décidera de la suite.

Plus aucune allusion à son roman pendant le repas.

— Une voiture de la Délégation viendra me chercher à 18 heures demain. Vous y serez?

Je tais le téléphone de ce matin. Même l'humour ne suffirait pas à la dérider.

Sa cheville la fait moins souffrir même si elle me demande de ralentir le pas.

— *La cérémonie de demain à la Délégation m'angoisse. Je crains je ne sais quoi. Et puis pourquoi faire tant de flaflas pour un départ?*

À mon tour de m'interroger à propos de l'image de ma mère qui s'impose. Est-ce parce que madame Hébert me tient le bras comme elle lorsque nous marchons? Ou parce qu'elle aussi me prie de diminuer la cadence? Ou tout simplement parce que la réception chez le délégué évoque le repas que ma mère m'a servi avant mon départ?

Je ferme les volets pendant qu'elle se dirige vers sa bibliothèque où elle semble chercher un livre. Après quelques secondes, elle y renonce pour retrouver son fauteuil, et Petit Chat, sa maîtresse.

— *Est-ce que vous saviez qu'il y a déjà eu un fort à Sorel?*

Je lui réponds que non, tout en m'interrogeant sur le pourquoi d'une telle question.

— *Il s'appelait le fort de Richelieu. Lorsque j'ai écrit* Kamouraska, *j'ai dû faire des recherches à ce sujet vu que le personnage de George Nelson est un Américain envoyé par son père au Canada, ce dernier jugeant que l'indépendance américaine était intolérable.*

J'évoque en moi les différents titres lus sur un rabat d'une version de son roman. Monsieur se meurt, Jusqu'à preuve du contraire, Le procès n'aura pas lieu, L'Alibi, C'est ainsi que les hommes vivent, Le Mensonge, Les Invités de la nuit, La Restitution. *Aucune allusion à ce fort.*

— *Je me demandais si, en 1839, il subsistait encore à Sorel des ruines du fort de Richelieu.*

Je fais appel à ma mémoire. Je confonds les noms du général Wolfe, de l'amiral Nelson et du maréchal La Fayette.

— *Je croyais qu'il y avait eu combat en 1812 au cours des batailles canado-américaines, mais il n'en fut rien,* ajoute-t-elle.

— *Et la rébellion de 1837? Et nos Patriotes de Saint-Denis et de Saint-Ours? Les Habits rouges n'ont-ils pas logé au Séminaire* de Saint-Hyacinthe juste avant la victoire des Patriotes à Saint-Denis ? On raconte que Louis Joseph Papineau s'y est caché pendant sa fuite vers les États-Unis. Burlington semblait une destination prisée en ce temps-là, dis-je avec humour.

— Là n'était point mon propos en écrivant Kamouraska. Vous avez lu comme moi le compte rendu de Sylvio Leblond. Il prend la peine de préciser : « Tout ce qui se passait alentour d'eux à cette époque troublée les laissait indifférents. Les mouvements de troupes qui se faisaient de Sorel vers la vallée du Richelieu, les massacres, les arrestations, les menaces d'envahissement de la ville par les troupes rebelles ne les dérangeaient pas. Ils vivaient un rêve[1]. »

J'admire sa force et sa vivacité. La revoici tout enjouée. Cette sorte de joute oratoire la requinque. Les phrases d'auteurs qu'elle écrit et réécrit ne sont-elles pas là pour nourrir sa mémoire ? Ne m'a-t-elle pas déclamé, pas plus tard que l'été dernier, la première strophe de L'Invitation au voyage de Baudelaire ?

Je me lève en me demandant si je dois lui parler de la visite du secrétaire général de l'Université, qu'elle avait rencontré en août dernier lors de la signature de papiers. Je décide de n'en rien dire.

Une dernière caresse à Louky avant la nuit. Débusquer la mort qui m'épie. Depuis quelques jours, je la sens qui fait son nid.

---

1. Sylvio Leblond, « Le Drame de Kamouraska d'après les documents de l'époque », *Cahier des dix*, n° 37, p. 251.

Madame Hébert est radieuse. En entrant dans le salon, je remarque des rayons de livres vides.

— J'ai commencé aujourd'hui le grand ménage. Dans mon bureau, il y a deux cartons pour le Centre. Je vais donner des livres aux Disciples d'Emmaüs.

Ce n'est pas le moment de comprendre.

Nous descendons les marches. La voiture de la Délégation nous attend. Le trajet des quais jusqu'à l'Assemblée nationale, le pont de la Concorde, avenue des Champs-Élysées, place Charles-de-Gaulle, avenue Foch.

— Rien de moins que le grand tour.

Elle me fait signe de me taire.

Il y a déjà foule au rez-de-chaussée. Nous prenons l'ascenseur étouffant. Dès que les portes s'ouvrent au quatrième, le délégué et la directrice du Bureau de la coopération franco-québécoise à Paris s'empressent de nous accueillir et d'entourer madame Hébert, ce qui me va fort bien.

Je n'aime pas les rencontres mondaines, peut-être à cause de leur manque de naturel. Je fais quelques pas près de la fenêtre du deuxième salon que j'ouvre. Sur le balcon, je regarde le soleil tomber. L'air frais invite certains à sortir. Ils sont une dizaine sur le balcon. En rentrant dans la pièce, une femme au dos courbé me sourit. Son visage ne m'est ni étranger ni familier. Je lui rends son sourire. La voici qui vient vers moi. Qui est-elle ?

— *Je ne connais personne ici. Je suis venue pour Anne. Je déteste ce genre de réceptions.*

Je lui réponds que je partage son opinion et me présente.

— *Je suis Mavis Gallant, me dit-elle en me donnant la main.*

Les magazines et les revues littéraires, les cahiers de La Presse et du Devoir. Voilà! Devant moi, un des plus grands écrivains du Canada anglais. Elle vient de gagner le prix Molson pour l'ensemble de son œuvre. Je la félicite tout en lui demandant pourquoi la France a tant attendu avant de publier ses œuvres en français.

— *Je vois que vous êtes informé. Vous êtes un critique littéraire?*

— *Ne me souhaitez pas un malheur.*

— *Vous semblez avoir la répartie facile. Est-ce vous le jeune homme qui aidez Anne dans son déménagement?*

Je la remercie du choix de l'adjectif.

— *Ah, vous savez, quand vous aurez nos âges, la très grande majorité des gens que vous rencontrerez seront de jeunes personnes.*

— *Et vous portez le vôtre merveilleusement bien.*

Son sourire exprime la gêne et l'amusement.

— *Dès que j'ai rencontré Anne à Menton en 1955, j'ai vite compris que j'étais en présence d'un génie littéraire. Cela s'est confirmé par la suite.*

Nous nous approchons de la fenêtre ouverte. La brise aère les salons enfumés.

— *Si ce n'est pas madame Gallant! Je viens de terminer votre dernier recueil de nouvelles. Magnifique! s'exclame monsieur Poirier de l'Université de Sherbrooke en se présentant.*

Je le salue à mon tour. Je les entends discuter de littérature et de peinture. Je retourne sur le balcon tout en pensant que je ne peux partir sans madame Hébert qui semble s'ennuyer à mourir.

Les discours commencent pour des invités pompettes. Vingt et une heures.

Une débauche de « je », de « me » et de « moi ». L'influence de madame Hébert irradie dans toutes les sphères : politique, religieuse et littéraire. Elle est debout, le corps droit, tendue. Le temps des photos l'épuise. Madame Gallant, qui est venue me rejoindre, me jette un œil entendu. Une fois la séance terminée, madame Hébert se rassoit. Deux journalistes pointent leur micro en sa direction, geste qui l'agresse.

Comment fait-elle pour sourire à toutes ces têtes ? Je pense à la réception chez l'ambassadeur dans deux semaines. Les mêmes personnes, les mêmes discours, le gouverneur général en sus. Mais pas tout de suite. D'abord, sortir madame Hébert d'ici.

— C'était simplet comme hommage, me confie-t-elle une fois de retour.

Malgré l'heure tardive et sa fatigue évidente, elle m'invite à m'asseoir. Petit Chat monte sur ses genoux, aussitôt elle le caresse.

— J'ai été une roue de leur carrosse, la cinquième.

Elle feuillette le livre sur le vieux Paris qu'on lui a offert. Son regard exprime la déception.

— Comment le trouvez-vous ? demande-t-elle en me le tendant.

Je le parcours à mon tour. Ses pages sont reliées en grappe de 16 feuilles et l'ensemble des 10 folios n'est pas collé. Les dessins sont tous en noir et blanc, à la pointe sèche.

— Croyez-vous qu'on l'a acheté dans un des étals des bouquinistes sur les quais de la Seine ? Il semble aussi âgé que moi, commente-t-elle en souriant. Vous avez rencontré Mavis ?

— Et vous le secrétaire général de l'Université de Sherbrooke ?

Sans me répondre, elle m'indique de nouveaux cartons qu'elle m'a préparés. Ils sont sur son bureau.

Je vais les chercher tout de suite et je téléphone à un taxi.

— Je rencontre les avocats demain à 11 heures. Vous l'ai-je dit ?

Non, vous ne m'en aviez pas soufflé mot, madame Hébert, car je n'ai rien écrit à ce sujet dans mon journal qui me sert de mémoire. Votre omission ne m'étonne pas, car il y en a eu d'autres et il y en aura encore. Ne suis-je pas ici pour vous aider, même si demain j'avais prévu déjeuner avec la responsable de la bibliothèque, rue Pergolèse ? Elle comprendra ce contretemps et nous reporterons la rencontre, mais de grâce, madame Hébert, la prochaine fois, tentez de me faire part de ce que vous avez décidé quelques jours avant. S'il vous plaît. En vain.

À 9 heures, coup de téléphone de la firme Grospiron. Monsieur Villa me demande de visiter l'appartement cet après-midi afin d'évaluer le nombre de conteneurs pour le déménagement. Je pense aussitôt à madame Hébert qui n'aime pas les surprises. Je m'enquiers si la visite peut être reportée à la semaine prochaine.

— On vient de m'informer qu'il y a un bateau qui quitte Le Havre pour Montréal le 10 avril. Je dois leur donner ma réponse aujourd'hui. Le prochain bateau part le 15.

Un ordinateur dans ma tête.

— Je vous téléphonerai au plus tard à 14 heures.

Un long silence au bout du fil avant son accord. Oh, boy!

À 10 heures, je suis chez elle. Rien ne paraît sur ma figure. Nous marchons jusqu'à la station de taxis boulevard Saint-Germain. Jour de marché, place Maubert. Elle salue la poissonnière, s'arrête devant la vitrine de la pâtisserie, échange avec la concierge qui revient de faire des courses. Direction : la Défense, tour Manhattan, 14e étage, 11 heures précises.

L'environnement est magnifique. La perspective, saisissante. Comment le lui annoncer? Elle va se cabrer. J'attends, un café sur la petite table. Aborder le sujet avec désinvolture, comme une simple formalité? Les minutes s'étirent démesurément. L'urgence dans la voix de monsieur Villa. Une question de mètres cubes, c'est tout. Je regarde ma montre. Presque une heure déjà. Je m'entends soupirer. Comment le lui dire?

Quand je lui propose de déjeuner sur place, elle me répond sèchement qu'elle n'aime pas ce quartier aux édifices américains. Nous mangeons donc près de chez elle. Le sourire plein les yeux.

— Le marché Jean-Talon est trop loin et trop grand. La place Maubert va me manquer, annonce-t-elle.

La bruschetta du chef est tiède. Un va-et-vient sans fin. J'ai les mains moites. Advienne que pourra. Moi aussi, je suis au bord de l'exaspération.

— Monsieur Villa, le déménageur, m'a téléphoné ce matin, lui dis-je en lui faisant part de sa pressante demande.

— Avec certaines personnes, tout est urgent. Nous nous étions entendus, il me semble, pour le 6 mars, donc pour demain.

— Il y a un bateau qui part le 10 avril et un autre le 15.

— Eh bien, mes affaires partiront sur l'autre cargo. Voilà !

Et en plus, « Voilà ! » pour ponctuer. Je n'ai plus faim ; 13 heures 30. Je reviens à la charge.

— Cessez avant de devenir désagréable !

Je le suis, peu importe ce qu'elle pensera de moi.

— Mais je n'ai pas encore fait le tri de mes choses ! Vous savez autant que moi ce qu'il reste à faire, me répond-elle d'une voix forte.

— Je sais tout ça, mais c'est sans importance !

Notre ton attire les yeux fureteurs de la table voisine. Sciemment, elle m'évite du regard. Le silence entre nous jusqu'à son appartement. Je suis profondément malheureux de lui faire vivre une situation qui lui est insupportable.

— Tout est sens dessus dessous dans mon appartement ; moi-même, je ne m'y retrouve pas, me dit-elle en ouvrant la porte.

Mon humour s'y engouffre.

— Le contraire serait inquiétant vu la date rapprochée de votre déménagement.

Elle fait comme si elle n'avait rien entendu. Je lui précise que monsieur Villa n'a besoin que d'une évaluation sommaire.

— Les déménageurs ne sont que des brutes. Un de mes amis a déménagé du Canada à ici l'an dernier. Quand il a ouvert les cartons qui contenaient la vaisselle, il a constaté que plusieurs morceaux étaient cassés.

À quoi bon commenter! Elle est irascible. Elle m'avait prévenu.

— Pas avant 16 heures.

La frustration se lit sur son visage. Je vous remercie en silence.

D'une cabine téléphonique, j'informe monsieur Villa. Son soulagement à mon oreille. Il connaît bien la rue. Pas la peine de retourner chez moi. Déjà 15 heures 30. Un café quelque part.

Du rez-de-chaussée où je m'apprête à pénétrer, j'entends la voix aiguë de la concierge qui gonfle et m'assourdit, une fois rendu sur le palier devant la porte entrouverte.

— Je vais prendre aussi la moquette que vous devez enlever. Je vais la donner à ma sœur. Elle la fera nettoyer.

J'attends.

— Vous n'apportez sûrement pas les tentures au Canada? Je les prendrais. Je les donnerais à ma belle-sœur. Elles conviendront parfaitement aux fenêtres de son salon.

Je distingue à peine la voix de madame Hébert. À 15 heures 55, je frappe quand la sonnerie de la porte retentit.

Une fois qu'il est reparti, elle commente.

— On ne dirait pas que c'est un déménageur. Il est très aimable.

Je souris. Monsieur Villa a respecté ce que je lui avais demandé au téléphone. Une vieille personne qui retourne au Canada contre son gré, un « conteneur » de réticences et de tracas en elle, une immense tristesse de quitter à jamais la « douce France ».

Sa visite n'a duré qu'une quinzaine de minutes, ponctuée de mots rassurants.

— Quel homme courtois et poli ! Il me promet que rien ne sera brisé et est même prêt à signer une lettre à cet effet.

De retour à mon appartement, je poursuis mon travail de clerc. Sur certaines pages, je lis : « coiffeuse à 17 heures, mardi le 13 juin ». Sur une autre : « déjeuner chez Roger ». Ici, comme dans les premiers lots remis, tout est classé et daté. Les nécessités de la vie, insérées dans les marges de ses écritures : « acheter café et lait » ; « manteau prêt chez la mercière » ; « porter jupe verte chez le nettoyeur ». Je quitte à regret les dernières pages de Kamouraska à la sonnerie du téléphone. Le secrétaire général de l'Université nous invite à dîner demain soir.

Elle semble plus reposée que lorsque je l'ai quittée. Elle aime le Pescatore. La soirée est froide. Je devine l'entrée qu'elle prendra. À peine quelques mots sur le trottoir. Le restaurant est bondé en ce mercredi.

— J'espère qu'il reste une table.

Je crains que non à voir l'affluence. Nous entrons pour nous protéger du vent.

— Monsieur François travaille ce soir, dit-elle en le saluant de la tête.

À peine ai-je le temps de lui demander qui est ce serveur qu'il vient vers nous, tout sourire, après avoir jeté un regard circulaire dans la salle.

— Bonsoir, madame Hébert. Vous allez bien ? Donnez-moi deux minutes, je vais vous dresser une table.

D'humeur soudainement badine, elle se tourne vers moi et, d'un sourire entendu, me touche l'épaule, un sentiment de satisfaction sur son visage. Visiblement, madame Hébert est plus qu'une simple cliente pour lui à le voir se presser de nous aménager une table dans la mezzanine du restaurant, près du chariot roulant de desserts qu'il pousse au fond. Je ne pose aucune question.

— *Il m'a vue à* Apostrophes, *chez Bernard Pivot. Il m'a dit qu'il avait lu tous mes romans, chuchote-t-elle, impressionnée.*

D'un ample geste de la main précédé de quelques pas gracieux jusqu'à la rambarde, il nous invite à le rejoindre.

— *Hélas, je n'aurai pas l'honneur de vous servir, mais je veillerai sur vous comme sur la prunelle de mes yeux. Madame Hébert, bon dîner. Monsieur, bonne soirée.*

Nous trônons au centre du restaurant, à la vue de tous que nous regardons de haut, n'ayant ni menu à lire ni eau à boire.

— *Au moins, nous sommes au chaud.*

De retour chez elle, elle consulte son agenda.

— *Une journaliste des studios de Radio-Canada à Ottawa m'a téléphoné pour que j'accorde une entrevue dans le cadre de la Journée de la femme samedi. Je n'ai pas la tête à cela. Mon roman est plus important. J'ai pensé que vous pourriez me remplacer.*

Quelque peu étonné de sa requête, je balbutie une réponse qui s'apparente davantage à un grognement.

— *Soyez très à l'aise, mais si vous acceptiez, vous m'enlèveriez une épine du pied. Vous savez, je devine qu'on va me poser davantage de questions sur le pourquoi de mon déménagement que sur la journée en tant que telle.*

J'hésite. Quelque chose me dit que... Je finis par accepter. Elle est tout sourire.

— *La journaliste doit me rappeler demain au milieu de l'après-midi. Je lui donnerai votre numéro de téléphone.*

À mon tour de lui demander la faveur d'accepter l'invitation de monsieur Poirier de l'Université de Sherbrooke.

— *Je l'ai à peine vu, mais il me semble affable si je me fie à l'autre soir. J'accepte avec plaisir son invitation. On pourrait aller chez Abélard et Héloïse. C'est tout près d'ici.*

Rien ne présage le désastre à venir. Leur rencontre à la Délégation, trop brève et mondaine pour prédire l'inimitié. À la voir ainsi sourire quand je lui demande ce qu'elle aimerait dire pendant l'entrevue à travers moi, qui aurait pu imaginer son visage renfrogné, ses yeux de feu, ses gestes secs et sa voix, sa voix aigre à ses questions, les tours de Notre-Dame comme témoins lors de ce repas qu'il voulait de reconnaissance ? Mais en attendant, retourne souhaiter une bonne nuit à madame Hébert. Vite, Petit Chat vient de sortir de la chambre. N'oublie pas de la rassurer.

∽

Je mets les bouchées doubles. Sur ma table, les différentes versions de Kamouraska qu'elle m'a remises.

Comme elle a travaillé son roman ! Je compare les variantes des textes. Un prologue dans une version. « Un jour il en a été décidé ainsi. Une fois pour toutes. Entre Élisabeth d'Eau et sa belle-mère. Madame Tracy a regardé sa belle-fille dans les yeux. »

Je le retrouve remanié au début d'une autre version : « Il en avait été décidé ainsi entre maître Duval, madame Tracy et sa belle-fille, Élisabeth d'Eau. »

Avec ravissement, je lis quelques lignes de la troisième version qu'elle a bien identifiée.

« Dans la maison de la rue du Parloir, madame Rolland, âgée de 45 ans, veille son mari Jérôme qui est très malade. »

J'ouvre la quatrième version.

« L'été passa en entier. Madame Rolland, contre son habitude, ne quitta pas la maison de la rue du Parloir. Il fit très beau et très chaud. Mais ni Élisabeth ni les enfants n'allèrent à la campagne cet été-là. » À quelques mots près de la publication. L'émerveillement.

Je saute à la dernière page.

« Madame Rolland, le visage en larmes, se raccroche à la main amaigrie de monsieur Rolland comme à un fil fragile qui

la rattache encore à la vie et risque de casser d'une minute à l'autre.

« Madame Rolland pleure sa jeunesse perdue.

« FIN.

« Montréal, le jeudi 13 mars 1969. »

Je relis la dernière phrase, qu'on ne retrouve pas dans la version définitive. Qui lui a conseillé de l'enlever ?

Déjà 18 heures, je retourne rue de Pontoise.

— Oui, oui, la journaliste m'a téléphoné. L'entrevue aura lieu dans les bureaux de Radio-Canada de l'avenue Matignon à 17 heures 15.

Je la sens très sereine ce soir. Elle s'informe de ma journée. Je lui parle de Kamouraska, de la mouvance du texte, de son style chatoyant, finement ciselé, du mot toujours juste, de la beauté de ses versions.

Nous attendons monsieur Poirier qui doit arriver à l'instant. À mon tour de me renseigner sur sa journée.

— J'ai eu un téléphone d'amis en Touraine qui m'invitent à passer quelques jours là-bas. Vous connaissez la région ?

— C'est la route des châteaux, je crois.

— Toutes les routes de France ont leurs châteaux, répond-elle en souriant.

— Certaines en sont plus encombrées que d'autres…

Je suis à mille lieues de ce qu'elle va m'annoncer.

— J'ai accepté avec plaisir leur invitation. Ils viennent me chercher demain pour passer quelques jours dans leur gentilhommière. À défaut de Menton ce sera Chambord, conclut-elle, radieuse, au moment où le carillon de la porte sonne.

Je repousse la lecture du dîner. Treize ans plus tard, le souvenir est aussi pénible que le soir même, quand monsieur Poirier et moi nous nous retrouvons dans un café, la mine déconfite, incapables de comprendre le dérapage de la soirée.

Je me lève avec effort. Les tabatières chantent la fin février sous le grésil. Quelques heures ont suffi aux vents fous pour se gorger d'air chaud et déverser ensuite leurs notes glacées sur un horizon de neige.

Même si la douleur se tait, je prends mon cocktail avant de me rendre rue de Pontoise où le temps s'obscurcit.

L'air est frais. Elle porte un court manteau au col de four-rure et une jupe carrelée, noire. Dès qu'elle aperçoit l'homme sous la lumière crue dans le tambour de l'immeuble, elle se fige. Qui revoit-elle en lui? Après de brèves salutations, nous nous engageons sur le trottoir étroit. Le secrétaire général lui demande depuis quand elle vit ici. Elle lui répond en se retournant. Une autre question fuse derrière nous, un deuxième regard vers lui. Une nouvelle question, cette fois-ci, à peine un regard. Boulevard Saint-Germain, il est à sa gauche. Je la sais nerveuse par la pression qu'elle exerce sur mon bras. Elle m'interroge sur l'entrevue à venir en précisant qu'elle connaît madame Brigitte.

— Vous en aurez sûrement des nouvelles puisque qu'on la diffuse au Canada.

Le secrétaire général veut connaître le titre de son nouveau roman. Elle ne l'entend pas ou le néglige, car elle revient sur ma journée.

En croisant la rue Bièvre, j'entends monsieur Poirier dire que François Mitterrand y demeure. Aucune réaction de madame Hébert. Ce n'est qu'en s'engageant rue Maître-Albert qu'elle lui adresse la parole.

Elle me précède dans l'escalier en colimaçon lorsque je me tourne vers le secrétaire général qui plisse le front en relevant la tête vers elle. Je hausse les épaules en signe d'incompréhension.

Ils sont assis l'un en face de l'autre, moi à sa gauche, un coude sur le dormant de la fenêtre. La nuit a beau être tombée,

Notre-Dame demeure en pleine lumière. Elle consulte le menu pendant que son vis-à-vis l'interroge sur sa vie littéraire. Comme elle ne répond pas, je le fais à sa place.

— Madame Hébert consacre tous ses jours à l'écriture, même quand elle est en vacances.

Elle est satisfaite de ma réponse si je me fie à son sourire.

— Consommé de homard aux perles noires. Ce brouet me semble délicieux.

— Vous allez aux cocktails littéraires parfois ?

— Quand j'y suis obligée, répond-elle en tournant une page.

Je n'ose lever les yeux sur monsieur Poirier. La tension est déjà palpable.

— Vous avez vu ? demande-t-elle en me regardant. Ballottine de bar et de saumon à la bisque de langoustines.

— Notre université vous est très reconnaissante de vos précieux dons.

Un demi-sourire et un bref regard sur lui et elle revient au menu.

— Il y a aussi le traditionnel tournedos, ajoute-t-elle.

Je demande de l'eau. On m'apporte aussi la carte des vins que je remets au secrétaire général.

— Le Québec et sa nature sont très présents dans votre œuvre, commente-t-il.

— Ah, oui ! Je l'ignorais.

Elle emprunte l'ironie, tourne presque en dérision le propos de l'autre. Quelque chose ne va pas. Mais quoi ?

— Voulez-vous du rouge ou du blanc ?

Question courtoise, sans malice. Pourtant.

— Je ne prends pas de vin ce soir, répond-elle d'une voix tranchante, le dos touchant à peine le dossier de sa chaise, les mains sur ses genoux.

— Un brouilly, ça ira ? me demande-t-il.

L'entrée est mangée en silence. Monsieur Poirier et moi parlons de grands crus, d'arôme et de robe. Elle avale son consommé, visiblement ailleurs. J'attends qu'elle dépose sa cuillère.

— *Je ne vous ai pas dit, mais l'entrevue portera surtout sur l'article du compte rendu de la réception chez le délégué.*

Elle ne réagit pas à mes propos mais à ceux du secrétaire général.

— *L'hommage a été très touchant, dit-il.*

— *Non, monsieur, il fut simplet! tranche-t-elle, un regard dur sur lui.*

Rien à faire. « *Cette femme à sa fenêtre / La place des coudes sur l'appui / La fureur vermeille jointe à côté / Bel arbre de capucines dans un grès bleu*[1] ».

Toute concentrée sur son geste, elle poivre sa ballottine.

— *J'ai feuilleté quelques pages de vos manuscrits; je suis agréablement étonné de la qualité de leur conservation.*

— *J'aurais dû les brûler, affirme-t-elle en me regardant.*

Et de poursuivre:

— *Il y aura trop de fouineurs et de fureteurs qui guigneront mes papiers.*

Monsieur Poirier et moi échangeons un regard furtif.

— *Il n'y aura que les chercheurs attitrés qui auront accès à vos manuscrits, précise-t-il.*

Elle s'essuie les lèvres, prend une gorgée d'eau, dépose lentement son verre.

— *On avait dit la même chose pour le fonds Hubert Aquin acquis par l'Université de Montréal. Il suffit que la secrétaire ait le dos tourné pour que des chercheurs malhonnêtes farfouillent dans les papiers.*

Le secrétaire général et moi nous nous dévisageons longuement, stupéfaits par sa mauvaise foi.

---

1. *Poèmes, op. cit.,* p. 44.

La rassurer est insuffisant. Quel autre sujet aborder pour détendre l'atmosphère ?

— J'ignore comment on fonctionne là-bas, mais chez nous tous vos manuscrits, tapuscrits, documents de toutes sortes seront conservés dans la voûte du Bureau des archives qui n'est accessible qu'aux archivistes de l'Université. Jamais vos papiers ne quitteront les archives. Les chercheurs les consulteront sur place dans un local spécialement aménagé à cet effet.

Le ton se veut moins sécurisant que solennel. Le débit rapide de son propos témoigne d'un certain agacement comme si les réserves de madame Hébert remettaient en question la capacité de son institution à gérer un tel fonds.

Il termine son assiette visiblement déçu de la tournure du repas, pendant que madame Hébert, méditative depuis quelques minutes, contemple les tours de Notre-Dame.

Le garçon nous laisse terminer notre vin. J'entends souffler un vent fou sur Paris, l'atmosphère est glaciale.

— Le Centre d'études Anne-Hébert relèvera de la Faculté des lettres et communications, mais tous les documents que vous nous confierez seront dans la voûte du Bureau des archives, comme je vous le précisais tout à l'heure.

Elle se raidit. Je pressens la suite tout en cherchant la cause. A-t-elle accepté l'invitation pour m'être agréable ? Ne m'a-t-elle pas dit qu'elle le trouvait « affable » ?

— Quand avez-vous l'intention de nous donner le reste de vos manuscrits ?

Attend-elle sa question maladroite pour enfin éclater en une violente remontrance et lui faire sentir toute l'antipathie et le mépris qu'elle éprouve pour lui ?

— Cessez avec toutes vos questions, monsieur ! Je me sens agressée ! lance-t-elle en se cachant la figure.

Le silence nous écrase. Elle regarde sa montre. Je ne comprends toujours pas. Qui de nous deux se lève le premier ? Le secrétaire *général est atterré. Il s'excuse en vain. Cette fois-ci, je la précède dans l'escalier. Une fois au rez-de-chaussée, je l'aide à enfiler son manteau. Le temps de glisser un mot à monsieur Poirier, que nous quittons.*

À ma surprise, elle m'invite chez elle.

— Qui est cette personne si désagréable?

Je suis étonné de sa question. Je bredouille une réponse à laquelle je ne crois guère, m'informe en quoi il a été déplaisant.

— Son insistance à vouloir savoir, à m'interroger sans cesse comme si j'étais coupable de quelque chose. Je me suis sentie violée dans mon intimité.

Ce soir-là, je ne saisis pas le pourquoi de cette violence de sa part. L'expression qu'elle emploie à la toute fin, juste avant que je ne la quitte, me semble exagérée. Rien, selon moi, ne justifie sa réaction. Ce n'est que quelques années plus tard, en regardant de vieilles photos, que je comprendrai enfin son désarroi ce soir-là. Longtemps j'ai examiné l'image troublante d'un membre de sa famille qui ressemblait à celui qui partageait sa table. L'abîme, dressé entre elle et lui dès le départ, n'a pas suffi. Le souvenir cruel a émergé d'un passé qu'elle croyait mort comme une algue pourrie au fond de l'eau.

« Roulée dans ma rage / Comme dans un manteau galeux / Je dors sous un pont pourri / Vert-de-gris et doux lilas / Les douleurs séchées / Algues, ô mes belles mortes, / L'amour changé en sel / Et les mains à jamais perdues[1] ».

Parce que je suis dépourvu de compréhension, madame Hébert m'apparaît exténuée, assise dans son fauteuil, une main immobile sur Petit Chat, visiblement dans un ailleurs où je ne suis pas le bienvenu.

— À quelle heure voulez-vous que je sois ici demain?

---

1. *Poèmes, op. cit.*, p. 56.

Quelques secondes avant de me répondre.

— Je vous appellerai de Chambord.

Quand j'entre à l'hôtel du Grand Suez où m'attend le secrétaire général, j'ai le cœur sur les lèvres et les yeux de sel.

Une neige tombe, apaisante, dans un matin sans vent. La gueule grande ouverte, Louky s'amuse à avaler des flocons entre deux roulades. Je m'approche de la table et retrouve mon *Journal*.

Je renoue avec hier soir. Tout en jetant un coup d'œil à Louky, je revois la scène du restaurant, je réentends nos pas nerveux sur le trottoir, je ressens son empressement à se tapir chez elle. « Je serai reconnue coupable à la face du monde[1]. »

Le temps de mon médicament même si j'appréhende le miroir. À quoi bon fixer les yeux sur mon visage émacié ? Je n'ai rien à craindre. La maladie fait son travail de sape, un court regard sur mon teint hâve suffit à le constater.

Je reviens dans la verrière une tasse de thé à la main. Louky insiste pour rentrer, sachant qu'un bol de nourriture l'attend. « Les blessures du cœur sont les plus longues à guérir », me confierez-vous un jour. Ne se cicatrisent-elle jamais, madame Hébert ?

« La séparation entre nous a déjà eu lieu[2]. » Malgré toutes ces années, le temps n'a pas éteint le feu. Et vous et moi, notre

---

1. *Kamouraska, op. cit.*, p. 23.
2. *Ibid.* p. 223.

vie durant, avons pris sur nous la faute de l'autre. « Coupable !
Coupable ! Madame Rolland vous êtes coupable[1]. »

*J'ignore le temps que madame Hébert passera en Touraine. Je
reprends mon travail de clerc, les yeux sur le calendrier, en espérant qu'elle ne séjournera pas là-bas trop longtemps, quand le
téléphone sonne.*

*Madame Gallant, à qui j'ai donné mon numéro lors de la
réception, m'invite à casser la croûte au Sélect, non loin de chez
elle. Je décide de ne pas souffler mot du voyage de madame
Hébert.*

*Deux chemises encore non dépouillées sur le coin de mon
bureau, les autres seront bientôt dans l'avion qui ramène le
secrétaire général de l'Université de Sherbrooke. J'hésite à ouvrir
celle qui contient un manuscrit de la pièce* Le Temps sauvage.
Les yeux sur ma montre. J'ai le temps d'un premier regard.

*Une lettre datée du 30 mai 1963, adressée à monsieur Henry
Allen Moe, président de la John Simon Guggenheim Memorial
Foundation à New York. Je fronce les sourcils en imaginant que
la bourse qu'elle a reçue lui a permis d'écrire cette pièce. Mais
est-elle vraiment allée en Nouvelle-Orléans ?*

Cher Monsieur,

*J'ai bien reçu votre lettre du 21 mai, et je vous en remercie de
tout cœur. C'est avec joie et gratitude que j'accepte l'honneur qu'a
bien voulu me faire la Guggenheim Foundation.*

*La confiance de la Foundation me touche beaucoup. C'est
avec le plus de ferveur et d'élan possible que j'entreprendrai mon
travail.*

*Le temps, la possession du temps, la liberté du temps, cette
grâce si précieuse pour tout travail créateur, vous me l'offrez,*

---

1. *Kamouraska, op. cit.*, p. 31.

avec la sécurité matérielle. Je vous en suis profondément recon-
naissante.

Veuillez croire, cher Monsieur, à l'expression de mes senti-
ments les meilleurs.

Anne Hébert[1]

Mon regard est soudainement intrigué par une carte postale
de Menton dont je reconnais l'église Saint-Michel et datée du
10 septembre 1963. Je fronce de nouveau les sourcils en me rappelant ce qu'elle m'avait dit lors de ma séance de photos à son
appartement.

Juste avant de partir pour le restaurant, je note en gras l'heure
de l'entrevue de ce soir après avoir tenté en vain de joindre Luc
à Montréal. Sa boîte vocale est remplie de ma voix.

Je suis boulevard du Montparnasse. Le temps est splendide en
cette fin d'hiver. Par délicatesse, je m'assois dans la « section non-
fumeur ». Je vois madame Gallant marcher d'un pas lent, plus
courbée, il me semble, qu'il ne m'a paru chez le Délégué. Elle
entre dans le café, étire le regard, me reconnaît. Je me lève, vais
à sa rencontre, puis nous nous embrassons.

— Pourquoi êtes-vous assis dans la section non-fumeur ?

Quelque peu surpris de son approche, je hausse les épaules.

— Les non-fumeurs sont ennuyants. Venez.

Une fois installée chez les fumeurs, elle s'informe de l'état
psychique de madame Hébert.

— Je vais vous poser une question très directe : croyez-vous
qu'il était nécessaire qu'Anne retourne maintenant au Canada ?

J'évite la réponse en lui précisant qu'elle a profité de l'invitation de l'Académie des lettres québécoises pour revenir au
Québec.

_____

1. Archives de l'Université de Sherbrooke.

— Vous n'avez pas répondu à mon interrogation, précise-t-elle en me dévisageant.

Cette ancienne journaliste du Montreal Standard n'a pas perdu son souci d'obtenir une réponse claire à une question précise.

— Probablement qu'on a fait pression sur elle. Mais elle ne m'en a jamais parlé.

Mon explication ne la satisfait pas. Elle revient à la charge. Je pense au secrétaire général et à madame Hébert.

— Je crois que son retour est précipité, commente-t-elle, lassée que je tourne autour du pot.

Elle se lance dans un long soliloque sur ce qui attend Anne Hébert là-bas avant de conclure :

— Montréal est pauvre culturellement en comparaison de Paris. Tout le monde sait cela. Anne va s'y ennuyer à mourir. Mais je dois constater que depuis sa chute le printemps dernier, elle est plus peureuse. Elle sort de moins en moins, elle craint de tomber.

Je l'écoute en pensant aux désaccords entre ces deux femmes aux puissantes personnalités, heurts dont plus tard je serai témoin. Nous choisissons tous les deux un sandwich au poulet.

— Vous connaissez madame Hébert depuis le milieu des années 1950, je crois ?

Sans chercher dans ses souvenirs cet événement, elle me précise que c'est grâce à Jean Paul Lemieux et à sa femme qu'elle l'a rencontrée.

— Les Lemieux m'ont dit qu'une de leurs amies canadiennes cherchait une petite maison à Menton. Comme j'appréciais la région, entre autres pour son climat, je lui en ai trouvé une. C'est ainsi que j'ai connu Anne. Quand j'ai vu cette femme maigre, grande, au long cou décharné, j'ai pensé tout de suite qu'elle était malade, et que l'air salin lui ferait le plus grand bien. Quelques mois plus tard, j'ai compris l'origine de sa maladie quand elle a reçu une lettre de son père qui la félicitait d'avoir loué une maison dont les propriétaires étaient de bons chrétiens. Anne avait tout de même 39 ans à cette époque-là.

Je suis quelque peu mal à l'aise de recevoir tant de confidences en si peu de temps d'une personne que je connais à peine. Je n'insiste pas. J'oriente la conversation sur son écriture.

— Vous venez de gagner le prix Molson du Canada, et pourtant, vous écrivez depuis plus de 50 ans.

Elle acquiesce. Est-ce que j'ose ? Ce que j'avance est énorme. Je plonge tout de même.

— Et que dire maintenant de la France qui a boycotté vos œuvres alors que vous vivez ici depuis 1952, si je ne m'abuse ?

Elle prend une gorgée de Perrier pendant que nos assiettes sont servies. Elle attend que le garçon se soit éloigné.

— La France ne m'a pas boycottée, comme vous dites, puisque j'y ai vécu dans le plus grand anonymat. Vous faites plutôt allusion à la traduction tardive de mes œuvres en français.

À mon tour d'approuver.

— Non, c'est le Canada, mon pays, qui m'a ouvertement boycottée parce que j'étais publiée à New York et que je vivais de surcroît en France.

Il y a moins d'amertume dans ses propos que de passion. Entre deux bouchées, je lui demande si elle revient souvent au Canada.

— J'ai mis cinq ans la première fois, puis huit ans après. Maintenant, j'y retourne au moins une fois par année.

Mon sandwich dévoré, je prétexte les toilettes. Je dois me lever. Tout cela va trop vite. Au rythme où elle débite ses confidences, j'aurai droit à sa vie entière. Du fond de la salle, j'attends qu'elle ait terminé avant de rappliquer.

— La première université canadienne à m'inviter a été celle d'Edmonton en 1986. Ils ont été odieux avec moi du début à la fin. D'abord, on m'avait logée dans une chambre d'hôtel minable. Un sous-sol ! Le professeur qui était venu me chercher à l'aéroport avait précisé qu'ici on n'était pas en France, et que les choses se faisaient simplement. Pendant le colloque, on ne s'est pas gêné pour faire des allusions méchantes à ces écrivains qui quittent leur pays pour s'installer ailleurs, comme s'ils reniaient leurs origines par snobisme ou ambition. Au repas de clôture, je n'en pouvais plus. J'ai pleuré à la table, ce qui a mis tous les convives mal à l'aise. «She wants a party», ai-je entendu. Je me suis promis de ne plus jamais remettre les pieds là-bas.

Discrètement, je fais signe au garçon qui est à la table voisine.

— Ce fut un Écossais qui m'a fait connaître au Canada. Aujourd'hui, toutes les universités canadiennes aimeraient m'inviter. Encore tout à l'heure, j'ai reçu un téléphone du directeur du Conseil des Arts du Canada qui était prêt à me payer un billet classe affaires pour que je participe à je ne sais quel anniversaire du Conseil. J'ai refusé. J'ai une communication à donner le 26 de ce mois à New York sur l'affaire Dreyfus.

— Écoutez, madame Gallant, je dois passer à la librairie du Québec. J'aimerais à mon tour vous inviter à déjeuner ou à dîner, comme il vous plaira.

— Très bien. Vous savez que j'ai déchiré tous mes manuscrits. Je ne peux pas supporter l'idée que d'autres fouillent dans mes brouillons. L'Université de Toronto a quelques papiers sur lesquels j'ai mis un scellé jusqu'à 20 ans après ma mort. L'Université de Sherbrooke a-t-elle seulement des manuscrits d'écrivains? On se verra à l'Ambassade lors de la réception en l'honneur d'Anne au début d'avril.

Elle m'embrasse puis, sans plus attendre, part vers la rue de Rennes alors que je lui tourne le dos.

Le flot de voitures me calme. Contre mes habitudes, je décide de faire une courte sieste avant l'entrevue de tantôt. Moi aussi, je quitterais bien quelques jours Paris qui me devient pénible. La lassitude me gagne, je me sens comme un pantin.

Louky jappe à l'approche de quelqu'un dont la silhouette au loin m'échappe. Longtemps, le matin, je discerne à peine des ombres tant mes yeux sont gonflés. Les heures aidant, mes pupilles accueillent un peu plus les rayons lumineux, moment de grâce où je peux enfin laisser la loupe gênante dont madame Hébert se servait pour lire les petits caractères.

— *Parfois, j'aime feuilleter la Bible. C'est un livre extrêmement riche sous plusieurs aspects. Je me suis acheté cette loupe lumineuse, car je m'arrachais les yeux. Vous connaissez sûrement l'admirable Cantique des Cantiques du roi Salomon ?*

Le regard mouillé, je lui lis, à sa demande, quelques versets tout en remarquant ses lèvres qui psalmodient en silence.

Ici, je ferme aussi des yeux humides, car je suis près d'elle en ce 28 décembre et, comme une antienne, je récite à haute voix la dernière strophe de son poème *Noël*. « Noël. Amour. Paix. Quel chercheur d'or, dans le courant, rince le sable et les cailloux ? Pour un seul mot qui s'écale comme une noix, surgit l'éclat du Verbe en sa naissance[1]. »

Je reconnais la voisine aux bras chargés de victuailles.

— *Je vous téléphone de Chambord. Je reviens demain. Quel temps fait-il à Paris ? Ici, il fait un temps des dieux.*

Sa voix, six jours plus tard. Tout enjouée comme celle d'une enfant qui s'amuse alors que je suis exaspéré.

Je fais les cent pas dans l'appart respirant pronfondément pour me calmer. Il ne reste que trois semaines avant le déménagement. Soudain, un glissement de sens en pensant à Luc qui ne retourne pas mes appels.

---

1. *Le jour n'a d'égal que la nuit, op. cit.,* p. 25.

Une longue marche jusqu'à la Défense. Sur son parvis, une saisissante perspective du Paris des touristes, insuffisante à m'apaiser.

Le lendemain, je retrouve notre rituel. À peine quelques mots sur son séjour en Touraine. Surtout, je ne pose aucune question. À la sienne, je réponds que ma semaine a été faite de travail.

— Voyez tout le courrier que j'ai reçu, et j'étais déjà en retard dans ma correspondance!

Elle boitille toujours. Je lui en fais la remarque.

— Je suis devenue une vieille personne. Je ne peux plus dire: « J'ai de beaux os », cite-t-elle en souriant, l'un des vers de son poème La Fille maigre.

Même si je la sens très en forme, j'hésite à lui donner la réplique, mais après quelques secondes de silence, je la cite à mon tour.

— « Parmi les troncs griffus des citronniers / Sous les feuillages chantants / Piqués de fruits d'or / Ils promènent leurs os cassants / D'un air faussement distrait[1]. »

Quelque peu empruntée, elle se lève de son fauteuil en m'annonçant qu'elle m'invite à dîner, mais après quelques pas, se ravise. Vivement chez le traiteur.

À mon retour, elle dépouille son courrier, Petit Chat sur ses genoux. Je mets la table.

— J'aimerais, une fois le ménage fait dans mes affaires, partir non pas pour Montréal mais pour Menton.

— Pourquoi pas en Touraine?

Je reviens avec les plats.

— Écoutez, madame Hébert, ce n'est que partie remise ; vous reverrez Paris et Menton.

— Vous savez, je crois que je ne pourrai plus jamais revenir à Paris. Cela me fera trop souffrir.

---

1. Le jour n'a d'égal que la nuit, op. cit., p. 50.

Je lui rappelle les Citadines et les feuillets publicitaires qu'elle a regardés, de même que son intérêt pour le concept.

— J'y ai bien réfléchi depuis ; je ne retrouverai aucun plaisir à venir à Paris comme une touriste. Non, Paris, c'est fini à jamais !

Je pense à ma mère qui, lors de ses marches, évite de passer devant la maison où elle a vécu pendant des années, préférant un long détour plutôt qu'un court pincement au cœur.

Singulier raisonnement que le leur. Mais la somme de leur vie, visible dans leurs yeux embués, dans leurs gestes hésitants et dans leurs petits pas, me touche.

J'imagine votre appartement à Montréal, madame Hébert. Et comme ma mère dans le sien, vous déplorerez un espace trop grand, un lieu trop lumineux, un vent trop capricieux, un temps trop incertain, des saisons trop longues, des jours trop courts, un âge trop grand...

Quel sujet pourrais-je bien aborder pour qu'elle retrouve le sourire, et moi ma bonne humeur ? Je plonge dans son passé, voit défiler poèmes et romans, pièces et nouvelles, bourses et prix.

— Parmi tous les prix que vous avez reçus, lequel considérez-vous comme le plus prestigieux ?

Elle prend lentement une gorgée de vin comme si elle en établissait un ordre de grandeur.

— Quand on m'a décerné le prix du Prince-Pierre-de-Monaco au printemps de 1976, mon éditeur m'a écrit pour me rappeler que cette récompense pour l'ensemble d'une œuvre est une des plus belles qui puisse être attribuée en France à cause de la composition du jury.

Elle pose son regard sur Solitude, une toile de Roland Giguère au mur du salon, concentrée dans ses souvenirs.

— Quelques années plus tard, après la mort de Jean Bruchési, la Fondation Prince-Pierre-de-Monaco m'a demandé de faire partie de leur Conseil littéraire en qualité de représentante des lettres canadiennes d'expression française.

— *Vous avez accepté ?*

— *Oui, mais en leur précisant que je faisais de nombreux séjours au Canada.*

— *Et comment se déroulaient les délibérations ? Cela m'intrigue.*

— *Nous avions deux sessions annuellement : l'une à Paris et l'autre à Monaco, généralement au printemps. C'est pendant celle-ci qu'était attribué le prix littéraire.*

J'essaie de l'imaginer, dans les séances de discussions, défendre son point de vue en argumentant, insister sur la qualité d'une œuvre par rapport à une autre, débattant entre Maurice Druon, Hervé Bazin, Michel Tournier, Maurice Rheims, François Nourissier et les autres.

— *Il y avait beaucoup de mondanités autour de nos rencontres : dîners d'apparat, invitations chez le prince et la princesse, cocktails dînatoires, soirées mondaines, tout ça pendant trois jours, le temps de durée d'une session à Monaco.*

Je l'imagine dans les salons du prince, vêtue d'une robe à paillettes, coiffée d'une capeline et portant en bandoulière un sac en soie dorée, entre le prince de Polignac, le comte du Boisrouvray, Son Excellence monsieur Reymond, ministre plénipotentiaire et conseiller diplomatique de la principauté, et Son Excellence monsieur Valery, discuter de politique internationale.

— *Je me suis retirée du Conseil littéraire Prince-Pierre-de-Monaco, car il me devenait de plus en plus difficile de concilier mon travail d'écriture et mes séjours à l'étranger. J'avais raté la première session de travail en mars 1982 parce que j'étais à l'extérieur ; il ne restait que la deuxième prévue pour le début de mai. Or à la première session, le Conseil avait déjà choisi les noms admissibles. Et puis, il y avait toutes ces activités sociales avec lesquelles je n'étais pas à l'aise. Alors j'ai écrit à monsieur Novella, le secrétaire général de la Fondation, pour lui demander la liste des noms et lui annoncer que je me retirerais du Conseil littéraire. Voilà!*

Miaou. Alors que je grille une dernière cigarette, cette fois-ci, c'est moi qui suis ailleurs.

— Vous semblez préoccupé?

Que répondre à la vérité? Ce sourire chez elle, de la tendresse à l'ironie. Je tourne légèrement la tête en écrasant mon mégot. Je ne veux pas qu'elle voie mon regard. Du moins, pas tout de suite. Je me lève en me forgeant un piètre sourire. Et juste avant de partir:

— Demain, j'aimerais que nous traversions Paris en autobus à partir de la rue Vaugirard, comme je le faisais souvent autrefois.

— J'ai très mal dormi. Je sais maintenant que je ne peux plus revenir sur ma décision. Il faut me faire une raison, me dit-elle en montant dans l'autobus.

Elle hésite, se demandant s'il est préférable de s'asseoir côté soleil ou côté ombre. Elle choisit une banquette à droite.

— Quand j'ai vu monsieur Villa ouvrir tous les placards, les portes d'armoires, puis me dire le nombre de cartons qu'il lui faudrait pour emballer mes choses, j'ai compris que je partais, me confie-t-elle, les yeux sur l'Odéon.

Assise près de la fenêtre, elle regarde défiler les édifices serrés les uns contre les autres. Je la devine plongée dans des années heureuses à voir sa mine réjouie et sa tête abandonnée au châssis.

Nous descendons route du Clos-Feuquières, qui donne sur le square Desnouettes.

— À chaque dimanche, je venais ici au tout début de mon séjour en France. Venez, je vais vous montrer.

Je la suis. Elle repère un banc sur lequel elle s'assoit.

— J'ouvrais mon cartable et j'écrivais en regardant les enfants jouer au ballon, mime-t-elle de ses mains et de ses yeux.

Elle se tait quelques secondes comme pour mieux réentendre leurs cris et leurs rires.

Nous déjeunons là où elle a souvent mangé.

— Avant, c'était un estaminet. On l'a reconverti en restaurant trois étoiles. J'écrivais aussi au fond, là-bas, qui est devenu la cuisine.

Nous marchons dans le passé. Parfois, elle s'attarde devant une façade, étire son regard plus loin, poursuit son chemin. L'après-midi coule doucement en ce printemps précoce.

Nous sommes de retour vers 15 heures. Sa cheville la fait souffrir. Avant de la laisser, je lui conseille une sieste alors que je retourne à mon appartement m'avancer dans mon travail.

Une surprise m'attend quand on se revoit à 19 heures.

— J'ai commencé à faire le tri des livres que j'apporterai et de ceux que je donnerai. Il faut que j'aie terminé la semaine prochaine. Je crains de ne pas arriver à temps.

Des livres sont empilés par terre dans le salon. Je la félicite du bout des lèvres, car je pressens que quelque chose s'est passé entre le moment où on s'est laissé et celui où j'ai sonné. La figure de la concierge à mon arrivée dans l'embrasure de la porte me saisit.

— Je vous ai quittée fatiguée, je vous retrouve énergisée. Votre sieste a été bénéfique, à ce que je vois.

Tout de suite, je remarque la pile de bouquins.

Elle me sourit, visiblement satisfaite d'elle.

— Non. Madame Gomez est venue me voir dès votre départ et m'a offert de m'aider. Vous savez, elle aime beaucoup la lecture.

J'appréhende le pire. Le Centre Anne-Hébert risque de n'être que virtuel si je ne veille pas au grain.

— J'en donnerai aussi aux Disciples d'Emmaüs, à la Délégation et à La Roue, une association de vieux comédiens.

Ne rien laisser paraître. Mon désarroi, pour moi. Il y a urgence. Parmi toutes les phrases qu'elle dit, une me revient à l'esprit.

« Je ne voudrais plus connaître ces années au cours desquelles j'ai vécu dans une grande pauvreté à Paris », m'a-t-elle confié un jour.

Son raisonnement est le suivant : en rapportant le moins de livres possible, je diminue le coût de mon déménagement. Idée que partage la concierge, je suppose. Je dois contacter dès demain le secrétaire général de l'Université et lui faire part de ma solution pour éviter que les rayons du Centre ne demeurent vides.

Ragaillardie par son après-midi, elle me propose le restaurant. En descendant l'escalier qui mène au rez-de-chaussée, la porte du réduit de la concierge s'ouvre, comme par hasard. Je la vois dans toute sa splendeur, vêtue d'un tissu éponge mauve rosé, les cheveux écrasés sous un turban oriental, couleur bleu canard.

— Je viendrai demain matin chercher les autres boîtes.

Je me pince les lèvres. Aucun mot avant plusieurs secondes.

— Si je me fie au nombre de livres que vous donnez à gauche et à droite, votre déménagement ne vous coûtera presque rien, dis-je d'entrée de jeu en prenant le menu.

Elle paraît surprise de mon commentaire. Je lui fais part de mes inquiétudes. J'enfonce quand même le clou, quitte à compromettre l'ambiance du repas.

— Il me semble que remplir les étagères du Centre de livres achetés à gauche et à droite parce que les vôtres sont éparpillés un peu partout dans Paris, cela ne se fait pas, dis-je, gêné moi-même de mes propos.

Elle me donne quand même le bras à la sortie du restaurant. Nous gardons tous les deux le silence. Quelque chose, peut-être, de brisé entre nous.

— Je vous appelle demain, murmure-t-elle devant chez elle avant de s'engouffrer dans le tambour.

Aucune embrassade, aucune accolade.

Je dépose les feuilles sur le coin de la table. Tout est silence. Le vent est tombé en cette fin de journée. Je fais quelques pas dans la verrière.

Pourquoi mon sarcasme ce soir-là ? Elle pouvait faire ce qu'elle voulait de ses livres. De quoi me mêlais-je ? J'avais résolu de m'excuser le lendemain. L'ai-je fait ?

— *Dressez-moi une liste des livres que madame Hébert pense donner au Centre. Vous me l'enverrez. L'Université de Sherbrooke émettra un chèque de 3000 $ à son nom. Ça amortira le coût de son déménagement,* me propose monsieur Poirier.

Aucune question ni allusion quant au souper raté. Il me précise simplement que je recevrai par la poste mon nouveau billet d'avion de retour.

Il fait trop beau, je sors.

Je lis ce dont je me rappelle en ce même jour du 17 mars, mais 13 ans plus tard.

— Il fait trop beau pour mourir, hein, Louky ?

Superposer les deux dates pour qu'elles n'en fassent qu'une seule. L'illusion parfaite que la mort n'a aucune emprise à Paris. Vivre jusqu'à notre retour, le 15 avril. Après ? Ce sera suffisant.

La concierge emporte des cartons.

— *Elle va prendre les étagères sur lesquelles étaient les livres.*

Je décide de régler le tout, ici, avant le dîner, devant le désastre du salon vide. Je l'informe du montant que l'Université, par le recteur, – surtout ne pas mentionner les mots « secrétaire général » –, lui offre pour l'aider dans son déménagement et la dédommager pour les volumes qu'elle prévoit donner au Centre, liste que nous pourrions établir ensemble.

— *Que c'est gentil de sa part!*

Je pousse un peu plus loin mon raisonnement retors.

— *Les livres que vous donnez à droite et à gauche, ne croyez-vous pas qu'il serait préférable qu'on les retrouve au Centre? Si, un jour, vous le visitez, ne serez-vous pas touchée de les voir tous là? Ne m'avez-vous pas dit qu'il est important que les œuvres d'un auteur soient en un même et seul endroit?*

L'emploi d'une phrase négative n'est-il pas le plus convaincant? Ne force-t-il pas son interlocuteur à emprunter la voie tracée par le locuteur?

— *Vous avez raison. J'en ferai part à la concierge. Je lui demanderai qu'elle me rapporte les boîtes.*

Elle préfère dîner à l'appartement. La douleur à sa jambe a repris.

De retour de chez le traiteur, je remarque que les cartons de la concierge sont au pied d'une étagère vide.

Nous mangeons avec appétit. Elle me décrit la gentilhommière où elle est allée quand soudainement elle me parle de son après-midi.

— *Mon éditeur de Montréal est venu me consulter en vue d'une publication de luxe de mon dernier recueil de poésie. Il m'a montré des sérigraphies que je trouve trop figuratives. Je vais plutôt lui suggérer de s'inspirer de la sobriété qui caractérisait la première édition du* Tombeau des rois.

Elle me demande de lui donner un exemplaire du recueil dans le rayon tout en bas à gauche.

— *Regardez, c'est moi qui avais choisi la couleur rouge sang coagulé pour le titre du livre. Voyez, on retrouve la même teinte pour chacun des titres des poèmes.*

Je feuillette l'exemplaire jauni. Je devine qu'elle veut connaître mon opinion, même si sa décision est déjà prise.

— *Vos mots n'ont pas besoin d'un support visuel, madame Hébert.*

Elle me sourit avant de m'annoncer qu'elle téléphonera demain à l'éditeur pour lui faire part de son choix.

Je dessers. Elle retrouve son fauteuil et Petit Chat.

— Voulez-vous me donner mon agenda sur mon bureau ? J'ai oublié de noter mon déjeuner chez l'ambassadeur le 10 avril. Vous voudrez bien m'accompagner ce jour-là ?

Dans son bureau, je remarque une feuille posée sur sa machine à écrire. Je lis : « Un bruit de clef qu'on tourne dans la serrure. Le milieu de la nuit. Delphine a ouvert toute grande ma porte sur le palier. Sa fatigue sur le dos comme une pierre. »

— Je sais que je me répète, mais tous ces repas d'adieux sont ridicules. J'ai l'impression d'être une diva à la fin d'un opéra qui n'en finit plus d'agoniser.

Elle ferme son agenda. Quitter la France est si pénible pour elle que le lui rappeler sous forme de réceptions ou d'hommages ne fait que rendre son départ plus difficile.

Je pense à la phrase de madame Gallant : « Je crois que son retour est précipité. » Comme elle a raison !

Sur la petite table près de son fauteuil, les dépliants publicitaires des Citadines. Je sais qu'elle les a encore regardés, car ils étaient, pas plus tard qu'hier, sur le guéridon à l'entrée.

— Une amie m'a téléphoné pour me dire, entre autres choses, qu'une tempête de neige souffle sur Montréal.

Sous ses mots, une résistance ou, tout au moins, une appréhension à quitter. Avec grande maladresse, je veux la réconforter.

— Je vous l'ai déjà dit, il me semble : venir à Paris en touriste, ce n'est pas comme y vivre, soutient-elle d'une voix cassante.

Je me tais. Ne m'a-t-elle pas averti que plus on approcherait de la date fatidique, plus elle serait irascible et désagréable ?

— Vous ai-je dit que je déjeune demain avec Françoise, du Seuil ? Ma rencontre avec elle décidera de la suite du roman.

Je la sens angoissée, à voir sa main glisser par à-coups sur le bras du fauteuil.

La forte musique qui joue à la Mutualité et qu'on entend jusque chez elle l'indispose.

Je lui confie que le hard rock me stresse et que les pulsations des basses me donnent des palpitations. Elle évoque alors ses jeunes années où elle dansait chez elle à Sainte-Catherine.

— Je m'étais confessée au curé de la paroisse parce que j'avais dansé un samedi soir. La danse était défendue à l'époque par l'Église, mais certains prêtres la toléraient, comme le curé de Sainte-Catherine, si on dansait à la maison en présence de nos parents.

Je m'informe du type de danse de l'époque, moins par intérêt pour la chose que par souci de l'écouter, sentant qu'elle a besoin de se rappeler.

— Le tango et la samba. Nous déplacions les meubles et enlevions la moquette ; ensuite, nous mettions de l'acide borique sur le plancher afin qu'il soit plus glissant. Mais après la soirée, il fallait tout remettre en ordre. Que d'excitation !

Je respecte ses silences et son regard sur Petit Chat qu'elle ne cesse de caresser. Même si plusieurs questions me brûlent les lèvres : Avec qui dansiez-vous ? Étiez-vous nombreux lors de ces soirées ? Et la fréquence de celles-ci ? Saint-Denys participait-il à ces soirées ? Je n'en fais rien. « La vraie vie est ailleurs[1]. »

— Sainte-Catherine a beaucoup changé aujourd'hui. Vous avez vu l'affreuse grande surface construite juste en face de la maison où je suis née ? Avant, c'était un champ où Saint-Denys et moi allions jouer. Aujourd'hui, Sainte-Catherine est une banlieue de Québec. Il y a quelques années, j'ai acheté le terrain adjacent à la maison, côté rivière, de crainte qu'un promoteur n'y construise quelque chose, ce qui aurait obstrué la vue sur la rivière. Vous connaissez l'endroit puisque vous y êtes allé quelques fois.

— Oui, oui.

---

1. *Kamouraska, op. cit.,* p. 133.

— *Mes visites à la maison où je suis née me secouent chaque fois. Il y a trop de fantômes là-bas. Je crois que les garçons dans une famille sont plus attachés que les filles à la maison familiale. Mon frère ne vendrait jamais Sainte-Catherine pour tout l'or du monde. On lui a fait plusieurs fois des offres qu'il a refusées.*

Presque minuit. Malgré l'heure tardive, madame Hébert semble en meilleure forme qu'au début de la soirée. Je pense à sa rencontre demain au Seuil.

— *Faites attention à vous, lui dis-je avant de l'embrasser.*

Et sa question et sa réponse qui surgissent, tranchantes :

— *Pour mon retour à Montréal ? J'ai l'impression que je mettrai davantage un point à ma vie qu'à une partie de ma vie.*

Et me glacent.

Malgré une inquiétante douleur qui me force à économiser mes pas, je m'entête. Je veux marcher.

Un vent froid s'infiltre par la porte que je laisse entrouverte, le temps que Louky revienne. Je lève les yeux sur un long glaçon accroché à la gouttière. Pourquoi d'abord l'image d'une épée et non celle d'une fuite de chaleur ?

Mon regard ne peut se détacher du long cristal rosé qui brille sous le soleil naissant. Sa pointe acérée s'enfonce dans ma poitrine à la recherche du cœur qu'elle consume. Mes yeux agacés par des larmes que je croyais taries à jamais, alors que je sens le corps de Louky m'effleurer la jambe et entends son soupir d'aise à mes pieds.

Je reviens près de la table jonchée de papiers, quand soudain la voix de Luc surgit : « Ne m'as-tu pas dit que je suis loyal comme l'épée ? » De la main, je chasse tes mots empruntés aux miens. Ton visage buriné sur la stalactite ambrée.

L'épée fend, l'épée tranche, l'épée tue quand mon étreinte t'est devenue insupportable.

J'ai délaissé mon Journal pendant quelques jours, épuisé par les événements qui se sont bousculés, et fragilisé par les propos parfois déroutants de madame Hébert au sujet de son retour au Québec.

Un « goût de sel et de mort sur la langue[1] » la semaine durant.

Je sers de relais dans l'immense vide que Paris m'apprend. Mais notre rituel vespéral m'apporte bien-être et joie après une journée à courir pour des oui et des non entre des connaissances et des quidams alors que madame Hébert m'inquiète. Sa priorité, et je la comprends, est davantage de terminer son roman que de remplir des cartons. Pourtant, les déménageurs seront ici dans moins de 15 jours et rien n'y paraît à mon goût. Au rythme où vont les choses, nous ne serons pas prêts au jour J.

— Madame Hébert a donné plusieurs de ses livres tout au long des années, me répond la responsable de la bibliothèque à la Délégation.

Je l'informe de la création du Centre à Sherbrooke et des bouquins que madame Hébert aimerait plutôt donner ici avant son départ.

— Je vous les remettrai, me promet-elle.

Je me rends rue de Pontoise avec appréhension. Je me croise les doigts en pensant à sa rencontre avec Françoise du Seuil.

— Il y a trop d'ellipses dans mon roman. Je dois ajouter davantage d'informations qui aideront à la compréhension du lecteur.

— Vous a-t-elle suggéré des pistes ?

— Oui, répond-elle, énigmatique, avant d'ajouter qu'elle a même trouvé une phrase à insérer dans un paragraphe.

---

1. *Kamouraska, op. cit.,* p. 187.

Elle me fait languir quelques secondes en caressant Petit Chat.

— « À croire qu'elle n'était plus à Paris[1] », *récite-t-elle, la main libre, balayant l'espace.*

Je me réjouis tout en me demandant si elle a pensé à elle ou à son personnage quand elle a écrit ces mots.

— *Je crois que je m'en faisais inutilement. Je pourrai lui remettre la nouvelle version avant de partir pour Montréal.*

Elle prend un bristol sur la petite table.

— *Vous ai-je dit que je déjeune avec l'ambassadeur demain ?*

Je fais signe que non.

— *Je me serais bien passée de ce repas, mais comme l'ambassadeur ne me connaît pas et que l'Ambassade veut, comme la Délégation, souligner mon départ lors de la visite à Paris du gouverneur général... Je comprends qu'il veuille me rencontrer avant. Vous vous imaginez l'embarras dans lequel se trouverait l'ambassadeur si le gouverneur général lui demandait s'il me connaît ! Il ferait une réception pour quelqu'un qu'il n'a jamais rencontré !*

Je souris devant sa candeur.

— *J'ai reçu un téléphone cet après-midi de l'Université de Tokyo. On veut m'inviter là-bas. J'ai refusé. Je suis trop vieille maintenant pour un si long voyage. Quand je suis allée en Australie en 1976, j'avais trouvé le vol long comme une éternité.*

Le lendemain matin, très tôt, elle me demande de passer chercher ses souliers chez le cordonnier.

— *J'avais pensé les porter pour le déjeuner avec l'ambassadeur.*

Elle ajoute qu'elle veut consacrer le plus de temps possible à ses corrections.

J'ai dans les mains des souliers usés jusqu'à la corde. Ma mère et ses mêmes chaussures retapées année après année.

---

1. Anne Hébert, *Est-ce que je te dérange ?*, Paris, Seuil, 1998, p. 64.

— *Ils sont passés de mode, mais je les trouve très confortables, me dit-elle en les chaussant.*

Je bois le café qu'elle vient de faire. Elle est particulièrement coquette dans sa robe qui lui caresse les chevilles.

Le téléphone ne cesse de sonner. Des amis québécois de passage à Paris aimeraient lui rendre visite. Une étudiante de la Sorbonne veut la rencontrer avant son départ. On aimerait traduire Aurélien, Clara, Mademoiselle et le lieutenant anglais *en russe.* On l'invite à dîner chez Jean-Marie.

— *Depuis que mon départ est connu, je reçois un tourbillon de demandes.*

Elle retrouve son fauteuil.

— *Dans la poste de ce matin, il y avait cette lettre d'une femme que je ne connais ni d'Ève ni d'Adam. Cette personne m'écrit que, vu mon âge canonique et vénérable, j'aurais sûrement besoin d'une secrétaire qui pourrait aussi être une dame de compagnie. Elle me précise en plus qu'elle pourrait me servir d'infirmière, le cas échéant, et me donner des injections si j'en avais besoin, même si elle a une sainte horreur de la maladie.*

Elle joue avec l'enveloppe en s'en servant comme d'un éventail.

— *Il y a quelques années, quand j'ai eu le prix Femina, j'ai reçu une demande en mariage avec photo d'un fervent admirateur, fraîchement veuf de son état, qui me proposait ni plus ni moins que le mariage parce que je ressemblais comme deux gouttes d'eau à sa femme qui venait de mourir.*

Je porte une main sur mon visage, comme pour cacher mon étonnement. Entre les doigts, mon regard devine son amusement. Elle en remet.

Elle me tend une autre lettre en me demandant de bien vouloir la lire pour elle, car elle en est incapable à cause de l'encre dorée dont s'est servie sa correspondante. Je lis avec difficulté, j'ânonne ; la couleur du papier est d'un jaune serin.

— C'est ridicule ! On dirait qu'elle souhaite ne pas être lue.

— L'harmonie des couleurs semble plus importante pour cette Rose que les mots qu'elle écrit.

Petit Chat ronronne à mes pieds.

— On m'a demandé si j'acceptais qu'on mette en musique certains poèmes qu'on retrouve dans mon prochain recueil de poésie, Poèmes pour la main gauche.

À mon expression, elle devine ma surprise.

— Quelqu'un a sûrement dit à ce compositeur que je publiais un nouveau recueil ce printemps.

— Ce n'est pas moi, dis-je la main sur le cœur.

Elle s'amuse de mon geste théâtral.

— Il y a plusieurs années, au début des années 1980, je crois, on m'avait fait une demande similaire pour une douzaine de mes poèmes. Au tout début, j'étais réticente, mais j'avais fini par donner mon accord.

— Et puis ?

Elle réfléchit quelques secondes, comme si elle réécoutait l'enregistrement.

— J'ai été agréablement impressionnée. La musicalité de mes vers est tout autre. Le support musical donne un reflet différent à ma poésie.

À ma question, elle répond qu'elle ne ferait pas cela avec tous ses poèmes, prenant comme analogie l'adaptation cinématographique de ses romans.

— On m'a demandé plusieurs fois la permission d'adapter au cinéma Les Enfants du sabbat. J'ai toujours refusé, de crainte qu'on en fasse un film pornographique.

Je pense au roman de Flaubert, Madame Bovary, dont certaines adaptations diffèrent beaucoup du récit.

— Je dois passer à la Sécurité sociale lundi à 15 heures. Est-ce que vous accepteriez de m'accompagner ?

Elle me remercie au moment où Petit Chat monte sur elle. Elle fouille dans ses papiers, trouve la carte du vétérinaire.

— *Il faudra prendre rendez-vous pour les vaccins de Petit Chat.*

J'ai les yeux épuisés par la lecture. Le tic-tac de l'horloge m'assourdit, mais je refuse d'en arrêter la course.

À tâtons, je cherche *Chacun sa vérité* que j'ai déposé, pas plus tard qu'hier, sur la desserte près de la table. J'ai besoin de vérifier une phrase de madame Hébert, puisée dans la pièce de Pirandello lors d'une de nos rencontres.

Ma main prend un livre trop épais pour que ce soit l'œuvre du dramaturge. Je lis : *Missel quotidien des fidèles*. Aussitôt, le visage de la voisine bondieusarde s'impose. Si je ne freinais ses suppliques et ses prières, la maison empesterait l'encens et la verrière serait convertie en lampe de sanctuaire ardent.

J'ouvre à un des signets fixés à la tranchefile. « *De profondis clamavi ad te Domine : Domine exaudi vocem meam.* » Il me semble que c'était hier. Ses funérailles à Sainte-Catherine, dans une nef enfumée d'encens, vibrante de chants a cappella et...

Ne va pas trop vite. « Cela ne fait que commencer. Le pire n'est pas encore arrivé[1]. »

---

1. *Kamouraska, op. cit.*, p. 105.

Pendant que madame Hébert déjeune chez l'ambassadeur, j'accompagne une amie à la remise du prix France-Québec dans les salons du Sénat.

— Racontez-moi la réception au Sénat, sollicite-t-elle après nos retrouvailles quotidiennes.

Je lui retourne la question.

— Et votre déjeuner avec l'ambassadeur ?

Une courte réponse de sa part, sans plus. Petit Chat sur ses genoux, elle attend que je lui relate ma journée. Je la sens curieuse en pensant que c'est un des rares prix littéraires qu'elle n'a pas reçus.

Je lève les yeux de la page lue. Je suis à l'Hôtel-Dieu en cette fin de décembre 1999, au chevet de madame Hébert. La radio vient d'annoncer qu'elle est la lauréate du prix France-Québec / Jean-Hamelin… Ne bouscule rien. Fais d'abord le compte rendu de ce qui la scandalisera.

— En premier lieu, mon amie et moi étions les plus jeunes de cette noble assemblée de gérontes.

Madame Hébert sourit de bon cœur.

— La benjamine de l'Association des écrivains francophones, qui n'a que 84 ans, a reçu une médaille pour son inlassable travail auprès des auteurs. Un monsieur de 95 ans, dont j'ai oublié le nom, a reçu, lui, la décoration du Mérite du président de la République française.

Les yeux rieurs, madame Hébert porte une main à ses lèvres.

— *Bref, on a attribué 18 prix littéraires, du prix France-Afrique au prix France-Calédonie, en passant par les prix France-Pyrénées et France-Québec.*

Madame Hébert caresse Petit Chat avec un plaisir évident.

— *Ce n'est pas tout.*

Telle une enfant, elle est prise par l'histoire qu'on lui raconte.

— *Tu as entendu, Petit Chat ? Le plus beau reste à venir, lui dit-elle.*

Je passe sous silence les baisemains tout en jetant un œil à madame Hébert qui a cessé ses caresses comme pour mieux écouter mon récit aux cent intonations.

— *Je vois une femme s'approcher de moi. Une fois les présentations faites, je lui demande si elle vient d'arriver, car je ne l'ai pas vue lors de la remise des prix. Écoutez bien sa réponse : « Ce n'est pas étonnant que vous ne m'ayez pas vue puisque j'étais à l'accueil à côté d'une grosse négresse qui me faisait ombrage. »*

Madame Hébert est outrée.

— *Ce genre de commentaires est fréquent chez certains Français qui ont la nostalgie de leurs colonies perdues. Il en va de même des quelques hommes politiques qui louangent le Québec et leurs cousins, ne se gênant pas de prendre carrément parti pour la séparation du Québec. Ici aussi, il y a une nostalgie des temps anciens mêlée à une vieille culpabilité qui refait surface.*

— *Bref, nous sommes sortis du Sénat à 17 heures, lassés de longs discours ennuyants, mais heureux d'avoir vu les salons et les jardins.*

— *Les Français aiment ce genre de réceptions et ils en sont même fiers. Quand j'ai eu le prix de l'Académie française, il y a eu des discours, des discours, un protocole qui n'en finissait plus. Lorsque j'ai reçu le prix Canada-Belgique, je crois, j'ai refusé d'y aller à cause de cela, entre autres choses.*

Elle quitte lentement son fauteuil. Elle semble tout à coup fatiguée.

— *J'ai eu un après-midi harassant. Je dois regarder chaque volume que je vous donne, un à un, afin de vérifier s'il n'y a pas de dédicace. Si j'en trouve une, je la déchire.*

— *Pourquoi faire cela ?*

— *Parce que les chercheurs n'ont pas à connaître les liens qui existent entre nous en lisant les dédicaces. Voilà !*

Elle a pris un ton sans appel, une voix, doublée dans ses gestes, d'une grande lassitude.

À mon tour de me lever, le temps de faire quelques pas dans une verrière assombrie par la neige qui couvre les tabatières.

Je pose les yeux sur un court horizon blanc.

La fatigue vous en a fait oublier, madame Hébert. Dans les lots de livres que vous avez donnés au Centre, j'en ai retrouvé plusieurs avec une dédicace. J'ai pris l'initiative de ranger ceux-ci aux archives, de même que ceux de l'appartement de la Côte-des-Neiges, à l'abri de bien de regards. En tout, 181 dédicaces. Pourquoi cette crainte ?

Un autre indice que je n'ai su décoder, préférant y voir une simple foucade de votre part. Mais aujourd'hui, en les lisant une à une, des vies émergent sur la page de garde, des amitiés jaillissent, des attachements se nouent, mais, dans toutes les dédicaces, l'immense estime et affection que l'on vous porte.

— *Vous mangez peu. La réception au Sénat vous a été pénible ?*

Le soleil se couche bientôt à Montréal. Que fais-tu en ce Samedi saint ? Tes Pâques ? Fais-moi rire, mon beau.

— *Vous semblez préoccupé ? s'informe-t-elle.*

Je sors aussitôt de ma léthargie. Ce n'est ni l'endroit ni le moment. Sauver la face.

Malgré l'heure tardive, une journée éreintante dans les livres et un besoin de se coucher tôt, elle m'invite à rester.

— *Vous prendriez sûrement un pousse-café ou quelque chose d'autre ?*

Bien qu'une morosité m'habite, j'accepte. Pourquoi gâcher ses dernières heures de la journée ?

— *Tous ces cartons par terre me rappellent les bazars que nous organisions pour les soldats à la guerre.*

— *Vous organisiez des bazars ?*

C'est comme si elle attendait la question, les yeux rivés sur moi.

J'appuie un coude sur la table et écoute religieusement sa longue réponse sur cette époque qui m'est obscure, même si mon père suivait attentivement l'avancée des Alliés sur une mappe-monde épinglée à un mur.

— *Nos soldats étaient à la guerre. Dans les villages, on faisait des bazars pour eux. Ils servaient à leur acheter des cigarettes et à leur offrir des cadeaux afin qu'ils sachent que leurs concitoyens pensaient à eux. Je me rappelle que je cousais des poupées qu'on vendait ensuite dans un bazar le samedi soir.*

Je compte rapidement dans ma tête. Elle a entre 24 et 29 ans.

— *Quand je suis née, comme on était en pleine guerre, le médecin qui accouchait maman devait passer par la base de Valcartier pour se rendre à notre maison de campagne. On l'a arrêté et interrogé pendant une heure. Quand il est arrivé, le travail était déjà presque tout fait. Maman a été très courageuse.*

Elle demeure silencieuse pendant quelques secondes. La voici qui me récite des réponses du Petit Catéchisme, qu'elle a appris très jeune. Elle formule la question et donne la réponse.

— « *Qu'est-ce que la l'impureté ? L'impureté est l'amour désordonné des plaisirs sexuels.* » « *Qu'est-ce que la paresse ? La paresse est l'amour désordonné du repos.* » « *Qu'est-ce que la transsubstantiation ? La transsubstantiation est le changement du pain et du vin en corps et en sang de Notre-Seigneur Jésus-Christ.* »

Sa mémoire m'éblouit. Aucune hésitation de sa part. Une assurance comblée.

— *J'avais le premier prix en catéchisme à chaque année. L'examen se passait devant le vicaire de la paroisse. On était seul avec lui. Je me souviens que la veille de mon examen, je ne dormais pas. Je craignais de ne rien me rappeler le lendemain, même si j'avais beaucoup étudié.*

Je ne bouge pas de ma chaise, envoûté. Sa main sur Petit Chat et son regard attendri sur moi me font prendre conscience de l'immense faveur qu'elle me fait d'être près d'elle. Pour la première fois, peut-être, je sens en moi une acuité d'esprit si vive que j'en frissonne. Un trop-plein de bonheur, est-ce possible ?

— *Une de mes camarades de classe a échoué son examen de catéchisme parce qu'elle confondait les péchés. Le vicaire n'a pas jugé bon de la faire passer, confie-t-elle d'une voix amère, comme si son commentaire englobait plus que l'anecdote.*

Elle se tait quelques secondes.

— *À l'époque, l'Église avait encore droit de vie et de mort sur les fidèles, même sur les enfants. Aujourd'hui, les gens ne craignent plus d'accuser certains prêtres d'abus sexuels. Mais dans mon temps, les prêtres étaient des hommes sacrés.*

De nouveau, le silence.

— *Plusieurs des prêtres, des religieux et des religieuses de cette époque entraient en religion pour ne pas aller à la guerre ou parce qu'ils avaient peur des femmes, et les religieuses des hommes, ou encore parce que leur famille les y forçait. Fort peu avaient la vocation. Il n'est pas étonnant que le clergé de ces années-là ait été si...*

Elle s'arrête au milieu de sa phrase pour me demander :

— *Avez-vous appris, comme moi, le Petit Catéchisme ?*

Sa question me surprend. Elle serine les définitions de tantôt, ce qui n'est pas dans ses habitudes, mais ce soir, elle passe du coq à l'âne, comme un jeu.

Je lui réponds par l'affirmative en m'appropriant une de ses expressions que j'accole au Québec « fermé comme un poing » en pensant à mes années de séminaire, aux bruits étouffés des sommiers à ressorts et à l'inquiétant veilleur de nuit qui traînait ses savates sur le plancher de bois du grand dortoir, s'arrêtant près du lit du jeune Gauthier. Quelques minutes plus tard, les pas de l'adolescent vers la chambrette du prêtre.

— Papa était à la fois très religieux et très moderne. Il a assisté à tous les accouchements de maman et il embrassait ses fils, ce qui consternait presque ceux qui en étaient témoin, précise-t-elle en jetant un regard en direction de son bureau où sont collées les photos des siens.

Elle me redemande si je veux un digestif tout en me montrant la médaille que son père a reçue. Le cardinal de Richelieu figure sur une face avec la devise de l'Académie, de l'autre côté est inscrit « Maurice Hébert 1937 ». Je la remets dans son écrin.

— Vous savez, papa allait souvent au Mexique à cause de sa maladie. Il habitait chez ma tante Henriette. Il y séjournait parfois de longs mois.

Pourquoi encore son père ? Qu'est-ce que je n'ai pas saisi le soir où elle m'a remis les lettres de Saint-Denys pour qu'elle revienne sur le sujet ?

— Il m'écrivait, par exemple, pour m'annoncer la visite de tel écrivain à Montréal, ou encore pour me conseiller d'assister à telle conférence.

Elle prend une photo sur la petite table qu'elle regarde longuement.

— J'ai trouvé cet après-midi une photo de grand-maman Clara. C'était une belle femme. Quand la grand-mère de Saint-Denys est morte, elle s'est occupée de la petite Hermine, la mère de Saint-Denys, comme si c'était sa fille. Elle l'a envoyée étudier chez les ursulines. On dit que je lui ressemble.

J'examine la photo jaunie. Comment répondre que je n'y vois rien, sinon par un pieux mensonge dont elle a besoin ?

— Votre mère et celle de Saint-Denys s'entendaient bien toutes les deux ?

Pourquoi hésite-t-elle à me répondre ? Les deux familles ne fréquentaient-elles pas Sainte-Catherine pendant l'été, de même que les amis de La Relève ? Pourquoi tout à coup l'image de la mère dans ses romans surgit-elle ?

— Quand je suis revenue de Cuba avec papa au printemps de 1937, le 10 avril plus précisément, Saint-Denys, qui avait publié le mois précédent Regards et jeux dans l'espace, avait eu une très bonne critique de Henri Girard dans Le Canada.

Je ne la suis plus. Que vient faire son cousin dans sa réponse ? Et pourquoi cette attention particulière à sa grand-mère dont elle regarde une fois de plus la photo ?

— Tante Hermine souhaitait que je passe une semaine chez eux à Montréal, lors de mon retour, avant de revenir à Québec. Elle voulait que je partage la joie de Saint-Denys. Vous vous rappelez sûrement que Claude-Henri Grignon avait écrit des vacheries quelques jours plus tôt dans En Avant sous le pseudonyme de Valdombre.

Je l'écoute sans comprendre.

— J'aimais beaucoup les parents de Saint-Denys. Ils ont énormément compté pour moi au cours de mon enfance et de mon adolescence. Leur affection me demeure toujours très chère. Compte tenu du milieu social et religieux de l'époque, ils m'apparaissent encore aujourd'hui comme deux êtres exceptionnels remplis de bonté, infiniment dignes de respect et d'amour.

Quel chagrin sur son visage ! Mais pourquoi cette longue circonlocution à une question si simple ?

— Quand je pense à tante Hermine, je ne peux m'empêcher de croire que son enfance de petite fille orpheline lui avait laissé *au fond du cœur une tristesse et une angoisse qu'il m'arrivait de percevoir.*

Tout de suite, je fais un lien entre elle et la petite orpheline, Pierrette Paul, alias Marie Eventurel, alias Flora Fontanges dans Le Premier Jardin. *« La petite fille, sans père ni mère, assise aux pieds de la vieille dame, souhaite très fort s'approprier l'arbre des Eventurel, comme on s'empare de son propre bien dérobé par des voleurs, dans des temps obscurs d'injustice extrême[1]. »*

— Ma mère et elle étaient très près l'une de l'autre, par la force des choses, murmure-t-elle les yeux toujours sur la photo.

Un autre indice dont j'ai été incapable de saisir la teneur. Ses sujets décousus et ma fatigue ont obnubilé mon attention.

— Si Saint-Denys avait vécu, on aurait pu le guérir, me répète-t-elle.

J'ajoute presque pour moi : « Comme bien d'autres », en pensant à Nelligan et à Gauvreau.

Elle reprend son rythme de caresses, absorbée, ailleurs.

— Dans une lettre qu'il m'a envoyée et que j'ai relue cet après-midi, il parle de sa lassitude, mais précise qu'il continue malgré tout à chercher son « cœur en vers », en espérant trouver sa voie.

Un long silence; un court miaulement. Petit Chat décide de mon départ.

— Saint-Denys aurait aimé passer une couple d'années en Europe pour se « nourrir de tant de choses merveilleuses avec lesquelles un contact personnel est si nécessaire pour la culture, pour la libération de l'homme en nous. Tout cela est un château de cartes; on n'est même pas sûr en toute certitude qu'il s'écroulera[2]. »

---

1. *Le Premier Jardin, op. cit.*, p. 124-125.
2. Lettre de Saint-Denys Garneau à Anne Hébert, s.d., Archives de l'Université de Sherbrooke.

Me revoilà encore au milieu du salon, hésitant à partir. Je la sens si près de lui.

— *Il disait qu'il avait trouvé la forme de sa liberté et qu'il sentait monter en lui une grande audace. Ses amis, Claude, Robert et Jean, l'ont encouragé à présenter son recueil au prix David. Il a tenté l'aventure, en vain.*

Sa parole à peine audible à la fin de sa phrase. Je ravale mon émotion. Quelques secondes avant qu'elle se lève à son tour. Je l'embrasse et l'enlace tendrement et longuement.

Je suis parti trop tôt ce soir-là. Elle serait sûrement revenue sur cette folle visite faite à Sainte-Catherine en plein hiver, en ce début de janvier 1941 où Saint-Denys, après avoir répondu à son invitation du samedi soir chez elle à Québec, l'invite au manoir le lendemain. « *Prépare tes bagages : je te ramènerai avec moi dans mon village. Ne te rebiffe pas ! Seul le titre de citoyen d'hiver, et non plus vulgaire et quelconque citoyen d'été, donne droit au terme de possession*[1]. »

Je relis dans *Kamouraska* la promenade en traîneau du docteur Nelson et d'Élisabeth. « Nous évitons de nous regarder. Tous deux dans une même bonne chaleur. Sous les robes de fourrure. Très droits. L'air indifférent. Sans aucune émotion visible. Aveugles. Hautains. De profil sur le ciel d'hiver[2]. »

J'entre dans la salle de bains. Et si je retrouvais ta voix et ton souffle, tes yeux et tes mains ! J'avale mon cocktail en vitesse.

De retour dans la verrière bleutée du crépuscule où ma seule aube est la blondeur de Louky, couché sur mes pieds glacés, j'en viens à espérer ma fin. Que mon agonie soit courte pour ceux qui me veilleront. Brève, comme celle de madame Hébert, quelques jours tout au plus avant le funeste silence.

---

1. Lettre de Saint-Denys Garneau à Anne Hébert, le 2 janvier 1941, Archives de l'Université de Sherbrooke.

2. *Kamouraska, op. cit.*, p. 136.

Mon café a un goût de morphine dans ma prison de verre. J'y ai élu domicile comme le marquis à l'asile de Charenton. Je souris moins à Louky qui roule sur la neige pourrie en ce printemps hâtif qu'à hier, là-bas, alors que je demande à madame Hébert si Nelligan l'a influencée. Et sa réponse de surgir comme un éclair. « Nelligan m'a autant influencée que le marquis de Sade. Voilà ! »

Je pignoche un morceau de toast, mon regard régénéré à la vue de roselins, de merles et de juncos qui s'ébrouent et folâtrent sur la glace noire de l'étang. Je savoure mon dernier printemps.

À 10 heures, le lendemain, madame Hébert me téléphone.

— Pouvez-vous passer ? J'ai quelques courses à faire et la concierge n'est pas là.

Je suis étonné de sa demande.

— À quelle heure ?

Une demi-heure plus tard, je suis devant une Anne Hébert qui boitille fortement.

— Je me suis encore tourné la cheville ce matin en voulant répondre trop rapidement au téléphone. Je crois que ce n'est qu'une enflure, m'annonce-t-elle avant même que je lui pose la question.

Je l'aide à s'asseoir. Elle est encore en robe de chambre et pas coiffée. Je revois ma mère le lendemain de son séjour à l'hôpital

quand je vais prendre de ses nouvelles. Le choc en la voyant, elle,
pourtant si fière de sa personne. L'Astragale d'Albertine Sarrazin,
Poèmes pour la main gauche *d'Anne Hébert. Je fais le rapproche-*
ment entre les deux œuvres. N'a-t-elle pas déjà écrit : « Albertine
Sarrazin, écrivain-vedette », chronique publiée dans Le Magazine
Maclean *en janvier 1966 ?*

Elle sourit malgré la douleur qui la tenaille. Elle replace la
compresse de glace sur sa cheville en me faisant remarquer qu'il
n'y a pas d'enflure, comme si elle voulait banaliser l'incident.

— Imaginez si vous arrivez à Mirabel en boitant. Que diront
ceux qui vous auront reconnue ? Que vous êtes malade ? Ne
désirez-vous pas éviter que les gens n'associent votre retour au
Québec à la maladie ?

Mon ton voulait évoquer sous forme de taquinerie la même
chose survenue sur le boulevard Saint-Germain quelques semaines
plus tôt. Au lieu d'en rire, elle se raidit dans son fauteuil, brusque
mouvement qui fait tomber la compresse.

— Les gens auront raison de penser que je suis une vieille
femme qui revient dans son pays pour mourir. Ce n'est pas moi
qui vais les contredire. Voilà !

À genoux près d'elle, je m'excuse si je l'ai heurtée. D'une main,
elle me touche la tête tandis que les miennes enveloppent celle
qui est pendante. Je sens une détente des articulations. Pendant
quelques secondes, chacun garde la pause en silence, moi, impré-
gné d'une paix que je sais fragile et éphémère, elle, plus calme
qu'à mon arrivée.

— Bon, maintenant, vous me dites ce que vous voulez que
j'aille vous chercher.

L'événement est clos.

Je m'étire avec douleur. Je sens mes ganglions enflés. Aujourd'hui je me rappelle de cette scène. Aucun de nous ne reviendra sur ses deux précédentes foulures quand elle se tournera la cheville une troisième fois, celle-là, à Montréal.

Elle me tend la liste qu'elle a préparée.

— Je crois que tout est sur ce papier. Je vais téléphoner à la Sécurité sociale pour reporter mon rendez-vous.

Je sors en croisant la concierge. Sur le trottoir, je vérifie ce que j'ai à acheter en dépliant le feuillet sur lequel je retrouve au verso un début de poème. « Un soleil jaune sur la pierre grise / Le dessin noir méticuleux de la rampe de fer / Ses fleurs travaillées définitives / Sa ressemblance avec le cœur foudroyé / Sur ces tours et détours fixés / Sans que... »

À mon retour, je lui remets le feuillet.

Je me lève de la méridienne. De simples gestes qui me deviennent de plus en plus difficiles. Je décroche du mur le poème *Renaissance* que j'ai fait encadrer.

« Quand les morts auront tout à fait disparu / Roulés en boules sèches / Au plus creux des tourbes noires / Cliquetant dans leurs os rompus / Comme castagnettes folles / La ronde terre amère comme l'onde / Terre, terre obtuse et sacrée / Dans l'immensité opaque remise / Recommencera tous ses tours / Tandis que s'allumeront des étoiles inconnues[1]. »

— L'homme n'est que massacre. Seule sa disparition libérera la terre ensanglantée.

Certaines émissions du *Journal télévisé*, plus meurtrières que d'autres soirs, la tourmentaient, surtout quand les enfants en étaient le sujet.

Quelques pas suffisent à m'épuiser dans la courte verrière. Mon regard suit un couple de cardinaux dans un ciel pommelé. Bientôt, tyrans, moucherolles, martinets, engoulevents, geais bleus, vachers, étourneaux et tous les autres envahiront le printemps, symphonie de couleurs et de chants semant la vie dans les conifères et les feuillus, dans les cabanes et sur le sol pendant que je m'apprêterai à partir sans bagage.

---

1. *Moebius*, n° 78, Montréal, automne 1998, p. 116.

Quand je suis de retour, elle porte une robe longue et s'est coiffée. Elle marche plus lentement et semble moins souffrir. Je dépose les emplettes sur le comptoir de la cuisine.

— Laissez, je vais tout ranger.

Je retourne à mon appartement. Je replonge dans Le Temps sauvage *le reste de la journée.*

Dix-neuf heures. Elle semble plus en forme que lorsque je l'ai laissée ce midi.

— Vos corrections avancent?

Elle me répond par l'affirmative puis, regardant le vin et le légumier:

— « Plus une goutte dans la bouteille, plus une miette dans l'assiette¹ », prononce-t-elle avec contentement.

L'idée que notre quotidien puisse l'inspirer m'effleure l'esprit.

— J'ai encore trouvé des lettres, cette fois en haut du placard.

Je remarque le petit escabeau près de l'entrée. Quelle imprudence d'y avoir monté!

— J'ai reconnu l'écriture de ma grand-mère. Mais plusieurs parmi celles-ci ne sont sûrement pas intéressantes ou sont d'amis disparus, comme celles de Jean. Demain, j'en ferai le tri.

Jean. Est-ce Jean Lemoyne? Elle nous avait demandé, à Monique et moi, d'aller à ses funérailles à Ottawa le 8 avril 1996, lundi de Pâques, afin de la représenter. J'avais sollicité Luc de nous reconduire, appréhendant trop, comme elle, la neige et la glace.

Elle s'informe de mon après-midi. Je lui parle de la lauréate au Sénat et du tour de ville que nous avons fait.

— Vous pourriez vous proposer comme guide touristique à la mairie de Paris, ironise-t-elle.

— J'emmènerais les touristes au 24, de Pontoise, à la librairie Dédale, à la place Maubert, au 27, rue Jacob.

---

1. *Est-ce que je te dérange?*, op. cit., p. 85.

— Et pourquoi n'ajoutez-vous pas le Pescatore dans votre pèlerinage ? Rappelez-vous qu'un soir, nous y avons trôné ! riposte-t-elle.

Je lui demande si je peux fumer. Elle ne boite presque plus. Le même rituel à chaque soir. Petit Chat attend des caresses, mais sa maîtresse tient entre ses mains un volume.

— Je viens de terminer la biographie de Marguerite Duras écrite par Michèle Manseau. Toutes les deux s'étaient brouillées un certain temps, mais elles se sont réconciliées, confie-t-elle en regardant la quatrième de couverture.

Je lui demande si l'auteur parle de Yan en termes élogieux.

— Il était en adoration devant elle. Il lui pardonnait tout, ses colères, ses infidélités, son alcoolisme, tout.

Sans préambule, j'entre dans le vif du sujet : l'écriture d'une biographie.

— Les gens n'ont pas à connaître autre chose de l'auteur que ses œuvres, précise-t-elle.

Je réplique en argumentant que, parfois, la biographie aide à mieux traverser l'œuvre.

— Je conçois que certaines références biographiques peuvent aider à comprendre une œuvre, mais je refuse qu'on s'appuie sur celles-ci pour expliquer l'œuvre en entier, insiste-t-elle.

— En quoi la biographie d'un auteur peut-elle supplanter son œuvre ? Au contraire, le lecteur sera piqué de découvrir ou de relire l'ensemble de son œuvre. Vous ne pensez pas ?

— Les critiques souvent ne cherchent que des détails croustillants dans la vie d'un auteur qui expliqueraient certains paragraphes d'une œuvre. Bien sûr que l'on retrouve des allusions, des souvenirs et même des événements que l'auteur a vécus, mais se borner à ces anecdotes restreint la portée de l'œuvre et frise la malhonnêteté.

J'attends le « Voilà ! » qui ne vient pas. Je peux donc poursuivre.

— *Vous vous doutez bien qu'un jour, quelqu'un écrira votre biographie.*

— *Les informations ne viendront pas de moi parce que je serai décédée, lance-t-elle, cinglante.*

Elle a commencé à distribuer ses caresses à un Petit Chat impatient. Elle n'a pas encore lancé l'interjection qui conclut. J'ose approfondir le sujet.

— *Il me semble qu'une biographie autorisée protège l'auteur contre les faussetés qu'on lit parfois dans ce genre d'essais.*

Elle flatte lentement le dos de Petit Chat qui ronronne sans retenue.

— *Une biographie, qu'elle soit autorisée ou non, éloigne le lecteur des œuvres de l'auteur.*

Surtout ne pas la contredire dans son assertion. Même si elle n'a d'yeux que pour son chat, je sais qu'elle est concentrée sur sa réponse. Je devine que son « Voilà ! » se pointe. Ne vient-elle pas de prendre une profonde inspiration pour mieux clore un sujet qu'elle estime tabou ?

— *Contrairement à ce que vous dites, je ne crois pas que le lecteur sera intéressé à découvrir l'œuvre. Au contraire, il aura l'impression de n'apprendre rien de nouveau dans les fictions de l'auteur. En privilégiant telle piste plutôt que telle autre ou en insistant sur un aspect quelconque de la vie de l'auteur, le biographe dirige la compréhension du lecteur d'une manière que je qualifierais d'indélicate. Voilà !*

Je fais quelques pas dans la verrière en revoyant les nombreuses biographies qu'elle lisait. De Proust à Claudel en passant par Colette, Yourcenar et tant d'autres. Je n'avais rien relevé, à peine une singularité, tout au plus une faible antilogie entre l'œuvre de Simenon qui côtoie celle de Shakespeare. Pourquoi s'intéressait-elle à un si grand nombre de biographies alors qu'elle refusait qu'on écrive la sienne ? À cette époque-là, je ne comprenais pas.

Un dernier sursaut de l'hiver. Prisonnier, je suis prisonnier du froid et du vent. Il m'est impossible de mettre un pied à l'extérieur. Trop de neige ! « Dehors, l'immensité de la neige à perte de vue[1]. » La voisine m'a promis que son mari viendrait déneiger. Je reprends ma lecture.

— *Je vous ai dit que j'avais déjeuné avec Nathalie Sarraute dans la foulée du prix Femina ?*

Je fais signe que non.

— *J'étais très nerveuse à la table. Je craignais qu'elle n'ait pas aimé* Les Fous de Bassan *puisque mon écriture ne ressemble en rien à la sienne, qui est beaucoup plus hermétique. Mais non, elle avait adoré. Je crois qu'elle était sincère.*

— *En quel honneur Nathalie Sarraute s'est-elle retrouvée à votre table ? Elle faisait partie du jury ?*

— *Non. C'est encore grâce à Jeanne Lapointe. Quand celle-ci enseignait à l'Université Laval, elle l'avait invitée à venir donner un cours sur le* Nouveau Roman. *Elle est restée au Québec toute une année. C'est là que je l'ai connue.*

Petit Chat saute de ses genoux, fait un détour vers moi, s'étire au milieu de la pièce avant de retourner sur sa maîtresse au regard amusé.

— *Le* Nouveau Roman *a été un échec. Ces écrivains ont été incapables d'appliquer sous forme de fiction leurs recherches théoriques. Je crois que c'est Nathalie Sarraute qui a réussi le mieux ce passage. Il est dommage que le prix Nobel ait été attribué à Claude Simon qui, selon moi, le méritait moins que Sarraute.*

Quelques instants de silence avant de faire le lien avec les grands prix littéraires accordés aux différents écrivains depuis le début du siècle.

---

1. *Kamouraska, op. cit.*, p. 211.

— *Après* À *la Recherche du temps perdu de Proust, je n'en vois pas beaucoup d'autres.*

Je lui rappelle Le Roi des aulnes *de Tournier.*

— *Vous savez sûrement qu'il était en compétition avec moi pour le Goncourt?*

— *Je l'ignorais.*

— *Avant même que le jury délibère, on lui avait attribué le prix, m'a appris quelques semaines plus tard, mon éditeur.*

— *Ah, oui! Il est quand même surprenant que* Kamouraska *ait raté tous les grands prix littéraires, sauf le Prix des Libraires?*

À *vouloir étaler ma culture, je lui révèle ma profonde ignorance.*

— *Le Prix des Libraires est un prix prestigieux, même si la presse en parle peu. Ce sont des centaines de libraires, environ 500 je crois, qui votent sur les romans qui viennent de paraître. Cette façon de procéder est beaucoup plus représentative des goûts des lecteurs en général que l'autre manière où quelques personnes votent sous la pression des trois grands éditeurs que sont Gallimard, Grasset et le Seuil. Voilà!*

Je ne sais que répondre. Reformuler la question ou la préciser ne fera que confirmer ma bêtise. Je m'en veux.

— *J'ai raté l'Interallié par une voix, m'a dit encore quelques semaines plus tard mon éditeur. J'ai oublié qui l'a gagné cette année-là*[1].

Petit Chat vient d'entendre un bruit. Il saute par terre, monte sur la table, se poste devant la fenêtre qui donne sur le jardin intérieur.

— *J'aurais quelque chose à vous demander. Petit Chat n'a presque plus de nourriture. Vous seriez gentil si demain vous*

---

1. Michel Déon, *Les Poneys sauvages*, Paris, Gallimard, 1970, Note de l'éditeur.

alliez lui en chercher au Carrefour à Bercy. Je crois qu'une trentaine de boîtes suffirait jusqu'à son départ pour Montréal.

Elle appelle son chat, qui est à l'affût d'une proie. Il miaule,
les deux pattes de devant appuyées contre la vitre.

— J'ai rendez-vous à la Sécurité sociale, mercredi, le 19,
m'annonce-t-elle en se levant.

Nous convenons de nous revoir le lendemain à 10 heures.

Le vent est grand. Je marche sur Saint-Germain.

Jusqu'à la fin de ma vie, le noir de la nuit m'aura indisposé,
moins le vent que l'obscurité poisseuse.

Presse le pas. Une surprise t'attend là-bas, une joie longtemps
espérée. Entends la voix de Saint-Denys te lire une strophe de son
poème Accompagnement.

« Je marche à côté de moi en joie / J'entends mon pas en joie
qui marche à côté de moi / Mais je ne puis changer de place sur
le trottoir / Je ne puis mettre mes pieds dans ces pas-là et dire
voilà c'est moi[1] ».

Je me love dans la voix de mon amour à Montréal, de mon
amour qui repeint l'appartement de Côte-des-Neiges. Ta voix est
chère à mon oreille quand j'ai retourné ton appel et que j'ai
entendu : « Allô ». Enfin, ai-je pensé, je te rejoins, je t'ai, je te
garde. La nuit durant j'aurais écouté tes mots, inoffensifs ou
cruels, me serais gavé de tes paroles.

Et la chaleur de ton souffle que j'entends encore d'ici, tout
près de ma mort, face à la forêt qui renaît sous l'aurore.

— N'achetez que du poulet. Petit Chat n'aime plus le saumon,
et je crois qu'il commence à se lasser de l'agneau.

Elle me donne la liste des achats de même que les francs
qui sont sur le guéridon. Je la trouve en meilleure forme qu'hier
matin.

---

1. Regards et jeux dans l'espace, op. cit., p. 85.

— Je suis dans mon roman depuis 8 heures, m'annonce-t-elle fièrement.

Je la félicite tout en pensant à la quantité de boîtes de nourriture que je dois acheter.

— J'aimerais m'avancer dans mes corrections. Que diriez-vous si nous nous voyions pour le dîner?

Quelques secondes me sont nécessaires pour comprendre qu'elle veut consacrer sa journée exclusivement à ses écritures. Je ne lui apporterai les boîtes pour Petit Chat que ce soir. Bon!

— Très bien, dis-je d'un ton détaché.

Ne suis-je pas ici pour vous aider dans votre difficile tâche, madame Hébert, quitte à traverser Paris avec une provision de victuailles pour Petit Chat?

De retour rue du Bac, les bras lourds, je prends mes messages. D'abord, monsieur Bolduc me précise que sa firme et celle de monsieur Villa se sont entendues sur le coût total de l'opération. Puis, le secrétaire général de l'Université me demande de le rappeler, ce que je fais à l'instant même. Il m'annonce qu'il m'a posté des documents que madame Hébert doit signer afin d'officialiser ses derniers dons et que dans le même envoi se trouve le chèque pour les volumes. Je lui parle des livres qui s'accumulent ici. « Je te reviens là-dessus. »

— J'ai oublié de vous dire ce matin que Luc a commencé à peindre votre appartement, lui dis-je fièrement en entrant chez elle les bras chargés.

Elle m'embrasse, visiblement heureuse.

— Vous m'aidez dans des tâches qu'il m'aurait été impossible de faire seule tant elles me dépassent. Luc fait en sorte que j'entrerai dans mon nouvel appartement frais peint et Monique se donne beaucoup de mal pour que je sois heureuse là-bas, au Canada, reconnaît-elle avec son sourire lumineux.

Elle préfère dîner chez elle. J'ouvre le vin pendant qu'elle met les couverts.

— *Et vos corrections ?*

— *« Baguette. Café. Jambon-beurre. Gros rouge. Fromage. Petits fruits d'été*[1]. *»*

— *C'est presque le repas de ce soir ! Et votre journée ?*

— *Mes corrections n'avancent pas à mon goût. Je suis dérangée par des téléphones, des invitations de toutes sortes, par la concierge qui sonne à toute heure du jour, je suis en retard dans mon courrier. Voilà !*

Je répète intérieurement son énumération de contretemps. Son « Voilà ! » vient trop tôt. Il y a autre chose qu'elle cache. Ne pas la bousculer. Surtout ne pas changer de sujet. Elle va poursuivre, j'en suis sûr, son envolée. Elle dépose couteau et fourchette sur le bord de son assiette qu'elle repousse.

— *Et puis, il y a toutes ces lettres que je reçois depuis que les gens savent que je reviens au Québec. Encore ce matin, j'ai reçu deux lettres de personnes que je ne connais pas. L'une m'offre de me trouver une maison. Je crois que c'est un courtier immobilier. L'autre vient d'un assureur qui me propose ses services et me demande même mon numéro de téléphone. Je ne serais pas étonnée de recevoir un matin une demande en mariage d'un pur inconnu. Comment voulez-vous que j'écrive à Montréal ? On ne me laissera jamais en paix !*

Votre « Voilà ! » de tout à l'heure va ici, madame Hébert.

Le précieux anonymat que Paris lui apporte, perdu en déménageant à Montréal.

— *Je me sens piégée, avoue-t-elle d'une voix paniquée.*

À mon tour de repousser mon assiette. Je devine surtout qu'il ne faut pas la toucher, voire effleurer sa main. Je croise les bras.

Après quelques secondes d'un long silence, j'essaie d'atténuer ses appréhensions en lui conseillant de ne pas leur répondre.

---

1. *Est-ce que je te dérange ?*, *op. cit.*, p. 96.

— Je connais ce type de personnes ; elles vont me harceler tant qu'elles n'auront pas de réponse.

Inutile de poursuivre la conversation sur le sujet.

Une fois assise dans son fauteuil, j'ose lui demander :

— Pourquoi devez-vous passer à la Sécurité sociale ?

— Pour tenter de régler une fois pour toutes les dernières redevances qu'on me doit à la suite de mes traitements chez le chiro. Je leur ai envoyé des duplicatas de mes factures, il y a un mois. Ils les avaient perdus. Ils les ont enfin retrouvés. On m'a promis que je recevrais ce qu'ils me doivent dans 10 jours. Voilà !

Je juge préférable de partir après lui avoir précisé que je serai de retour à 14 heures, le lendemain.

Dès que je rentre, je reçois un message du secrétaire général de l'Université. « Téléphonez à la Délégation. Quelqu'un viendra chercher les livres. » Comme efficacité, ne cherchez plus.

Nous nous rendons d'abord à la gare de Lyon où sont situés les bureaux de la Sécurité sociale. Une douzaine de personnes attendent.

— Entre la lettre que j'ai reçue et maintenant, ils peuvent très bien avoir reperdu les duplicatas. Cela m'est déjà arrivé, m'explique-t-elle avec ironie.

Le local est bleu de fumée de cigarettes.

— Est-ce que l'attente est aussi longue au Québec ? demande-t-elle après une quinzaine de minutes.

— Cela dépend du fonctionnaire !

Nous sortons de l'édifice à 16 heures 45. Elle est épuisée mais heureuse que tout soit enfin réglé.

— Vous avez entendu comme moi ce que le fonctionnaire m'a dit ? s'enquiert-elle, comme pour se rassurer.

— « *Si dans 10 jours vous n'avez rien reçu, revenez avec tous les papiers.* » *Avez-vous compté le nombre de coups de tampons ?*
— *J'avais la tête ailleurs.*
— *Treize.*
Je l'entends murmurer que ce chiffre porte malheur.
Je vais à la salle de bains, les yeux sur la cuillère près du flacon. Évitez le miroir. Remplir toute une cuillerée. Pas plus. « Une seule attention effrénée, une seule vie ramassée, une seule crainte, un seul désir, une seule prière : bien mesurer les gouttes. Surtout ne pas trembler. Les laisser tomber une à une, bien espacées et nettes, comme des larmes rondes[1]. »
Je retrouve la méridienne. Où en étais-je dans ma lecture ? Ah, oui ! Ici.
— *J'ai une connaissance qui viendra prendre le thé à 17 heures 30. J'aimerais que vous me téléphoniez vers 18 heures 30 car cet homme tarde longtemps à partir de chez moi. Je lui dirai qu'un ami vient me chercher pour dîner.*
Chemin faisant, je réfléchis. Qui est cet individu pour qu'elle soit incapable de mettre un terme à une rencontre avec lui ? Est-il si près d'elle qu'elle craint de le blesser ? Pourquoi le mot « connaissance » et non un autre ?
Je collige les notes accumulées depuis mon arrivée, il y a près trois mois. Malgré moi, j'ai les yeux sur l'horloge plus qu'il ne faut. Je laisse tout et vais me doucher.
— *Écoutez, venez me rejoindre chez moi, cet ami nous accompagnera au restaurant si vous n'y voyez pas d'inconvénient,* m'annonce-t-elle.
Madame Hébert vient de changer la donne. En quelques heures, cet homme est passé de « connaissance » à « ami ». Je suis curieux de le rencontrer.

---

1. *Kamouraska, op. cit.,* p. 21.

J'hésite à lui prendre le bras, car j'ignore le degré d'intimité entre cet homme et elle. Je marche bras ballants sur Saint-Germain, côté rue alors qu'elle, entre nous deux, l'écoute discourir.

Cet Yves, c'est ainsi qu'elle me l'a présenté, a une cinquantaine d'années, et est Québécois à n'en pas douter. Les quelques bribes de son soliloque que je réussis à saisir laissent deviner qu'il est un écrivain en quête d'inspiration. Le flot de voitures est incessant.

J'ai de la difficulté avec les bavards qui prennent à peine le temps de respirer entre les questions, n'écoutant pas la réponse avant de passer à une autre, se nourrissant sans cesse de leurs propres commentaires, pérorant et pontifiant ad nauseam.

Je trouve admirable, après deux heures de verbiage, que madame Hébert soit encore capable de suivre le fil des idées de cet Yves et de répondre à ses interrogations alors que moi, j'ai cessé de l'écouter après une quinzaine de minutes.

— Qu'en pensez-vous? me demande-t-elle devant mon assiette vide alors que la sienne reste toujours intouchée à cause du babil de l'autre.

De par le regard qu'elle m'adresse, je devine qu'elle a faim. Comment faire taire cet individu?

— Tout cela est très complexe, lancé-je sans réfléchir.

Le phraseur se tourne vers moi, plisse le front, attend que j'explique mon commentaire pendant que madame Hébert mange allègrement.

La confusion de mon propos ne le gêne aucunement. Au contraire, il semble fasciné par mon raisonnement que moi-même je ne suis plus. J'accole un mot à la suite de l'autre avec intonations et gestes bien marqués. J'entends, venant de lui, des « Ah, oui! », « Ah, non! » entre deux gorgées de vin, pendant que je jette un œil sur l'assiette de madame Hébert.

Après deux heures de palabres et deux bouteilles, je n'en peux plus. Je me lève.

— *J'ai réglé l'addition. On s'en va. Je suis fatigué et j'ai une grosse journée demain, décrété-je, lassé, le regard sur madame Hébert*

Une fois devant chez elle, l'homme reste planté sur le trottoir, attendant, je suppose, qu'elle lui offre un pousse-café.

— *Je ne vous invite pas chez moi, messieurs, car je suis fatiguée. Bonsoir.*

Avant même que je saisisse la situation, elle nous embrasse et entre dans l'immeuble.

— *Vous connaissez Anne Hébert depuis longtemps? Moi, je la connais depuis* Le Premier Jardin. *À son lancement à Québec. Je viens de Québec. J'ai beaucoup aimé quand vous avez dit...* « *On va prendre un dernier verre?* »

Mais elle a fui, me dis-je en levant les yeux vers la fenêtre de sa chambre. Mais elle a fui pour se défaire de lui!

— *Je vous invite. Je connais une brasserie tout près.*

Je répète que je suis fatigué et lui tourne le dos sans autre commentaire.

« *Sauvez la face! Il faut sauver la face, ma fille!* » *dit madame Tassy dans une version de* Kamouraska.

Je suis perclus de mille fatigues en cette fin du jour qui m'invite au repos. Mes quelques pas entre la verrière et la salle de bains suffisent à traverser les années de ma vie aveuglées de mensonges et de mirages. Comment ai-je pu croire si longtemps les boniments de Luc?

Quelques gouttes dans la cuillère apaiseront ma nuit. Je reviens dans la verrière où Louky, bien sage, attend que je lui rouvre la porte. Je sors sur le patio qui jouxte la pièce pour contempler la voûte céleste qui s'éclaire sous le lever de la pleine lune, toute laiteuse en ce jour d'équinoxe. Les mains sur la balustrade, j'observe les arbres émerger de la forêt, habiter quelques secondes la boule opaline qui s'arrache à la terre avec lourdeur sur un horizon blanchi.

Je nous revois tous les deux dans le silence du soir naissant admirer les astres qui s'allument un à un. Le plaisir que nous prenions à identifier les constellations et les planètes, à compter les étoiles filantes lors des perséides, étendus sur la pelouse, au temps des mille vœux.

Je lève les yeux sur un firmament piqué d'étoiles. Mon bras tendu en direction du Grand Chariot. Bientôt, la barque de Charon, cocher des Enfers chez qui...

Un dernier regard sur la lune qui a pris son envol.

Je passe une partie de la journée à classer les scénarios des films qu'elle a écrits à l'époque où elle travaillait à l'ONF : La Canne à pêche et Saint-Denys Garneau et le paysage. Je lis le guide pédagogique qui accompagne le premier film. Quelque chose ne va pas. Le film a été tourné en 1959 alors que le guide est daté de 1982. Aucune erreur possible puisqu'on fait allusion à son roman, Les Fous de Bassan, publié cette année-là. Pourquoi 23 ans entre les deux ? Je lui poserai la question ce soir.

Je regarde ma montre. J'ouvre une version de Kamouraska. « Les deux femmes côte à côte sous les peaux de bison, secouées par le mouvement du traîneau cahotant dans les rues défoncées, demeuraient aussi défendues l'une contre l'autre que des noix entrechoquées dans un sac. De petites fumées vigoureuses s'échappaient dans l'air glacé, à chaque respiration. »

J'échappe le paquet de pages qui glissent sur le plancher du salon. Je les ramasse à la va-vite. Elle qui classe avec grande minutie tous ses brouillons, paginés et annotés, voilà que j'ai brisé l'« ordre du monde ». Des centaines de pages à replacer selon une pagination complexe qui lui est propre. Plus tard.

Les heures tombent. Je ne me suis accordé aucun répit depuis ce matin. Je décide de faire une longue marche avant de retrouver madame Hébert.

Dès qu'elle ouvre la porte, je sais qu'elle ne va pas. Sa voix éteinte me le confirme.

J'ai à peine le temps de m'asseoir qu'elle revient sur la soirée d'hier.

— Comment avez-vous trouvé cet ami avec qui nous avons dîné hier soir ?

Pourquoi veut-elle savoir ? L'estime-t-elle à ce point qu'elle craint que je ne l'aie trouvé encombrant ou tout au moins importun ?

— Vous avez été très généreux hier soir de régler l'addition pour les trois. Je ne savais que faire. Je me suis dit que si je payais pour lui et non pour vous, il interpréterait mon geste comme un signe de pitié, car il m'avait avoué dans l'après-midi qu'il était sans le sou, et je n'avais pas apporté assez d'argent pour vous inviter tous les deux. Quand vous avez quitté la table pendant quelques minutes, j'espérais que vous ayez été régler l'addition. Je crois que cet ami a aussi apprécié votre générosité, me raconte-t-elle.

Je ne sais que répondre à cette confession bien qu'elle me le demande. À quoi bon m'informer de sa situation sociale ou professionnelle ? Je préfère changer de sujet.

— Vous avez travaillé votre roman ?

— Non. La concierge a pris congé pour m'aider. Voyez la pile d'épitoges, les médailles et la sculpture. Il me reste encore un placard à vider. Je ne me sens pas bien. Je voudrais m'avancer dans mon roman.

Le dîner d'hier en est la cause, j'en suis sûre. À la minute même, Petit Chat grimpe sur elle.

— Votre ami a besoin de parler, je crois, et ce qu'il énonce, pour paraphraser Molière : « Comme tout cela est bien dit. »

— J'ai été incapable de le laisser partir. Je savais que vous comprendriez, précise-t-elle.

Un long moment où tous les deux nous revoyons ce poète dépourvu.

— Je crois que je ne dînerai pas, ce soir, m'annonce-t-elle.

Je ferme les volets en pensant à La Canne à pêche.

❦

J'ai pris congé aujourd'hui, même si je suis en retard dans mon classement. Le printemps ouvre sa saison dans toute sa splendeur: crocus, tulipes, jacinthes et muguet se chauffent au soleil. Squares et jardins embellissent un Paris déjà beau.

Je flâne sur les Champs-Élysées, loin des rues du Bac et de Pontoise, la mémoire libérée. Je marche côté soleil, lassé de l'appartement.

Je rentre au bercail autour de 16 heures. Madame Hébert, de qui j'ai un message, m'attend à 18 heures. Sa voix m'a semblé plus joyeuse.

Dès mon arrivée, je remarque qu'elle a fait d'autres cartons.

— Je vois que vous avez beaucoup travaillé.

Elle prend une profonde inspiration et me lance avec satisfaction:

— J'ai enfin fini tous les placards.

Je m'approche des cartons ouverts. Des traductions, des invitations officielles, des encarts publicitaires, des livres.

— Et vos corrections? Elles avancent?

Je deviens impatient devant le temps qui file. Du fouillis sur son bureau, elle tire une feuille qu'elle me lit.

— « Entre nous aucune conversation possible. Elle a trop sommeil, semble-t-il, pour entamer un de ses longs monologues habituels. Et je suis trop sur mes gardes pour l'écouter[1]. » En relisant avec attention mon tapuscrit, je comprends mieux les réserves de l'éditeur, admet-elle.

Elle s'informe de ma journée.

— Je vous invite au Lutetia. J'aimerais que nous passions avant au Bon Marché acheter un séchoir à linge comme celui

---

1. *Est-ce que je te dérange?*, op. cit., p. 112.

que j'ai dans la salle de bains. Je crains qu'il n'y en ait pas à Montréal.

— Quoi? Un séchoir à linge?

— On va y aller si on ne veut pas arriver trop tard au restaurant, décide-t-elle en regardant sa montre.

Comme le temps s'est refroidi, elle met son manteau d'hiver « moins chic mais plus chaud ». Nous nous rendons place Maubert. Elle me prend le bras.

— Quelques jours avant mon départ, je viendrai saluer les gens du quartier ; je n'irai pas chez mon coiffeur car je viens tout juste de le connaître, mais j'irai saluer ma mercière, mon presseur, mon pâtissier, mon boucher, ma poissonnière, mon libraire, ma vendeuse de journaux et ma pharmacienne. Ils ont tous été très gentils avec moi.

Nous montons dans le taxi. Je pense au séchoir à linge. Cela n'a aucun sens qu'il veille à nos côtés au restaurant. Le trajet m'est nécessaire pour qu'elle revienne sur sa décision. Je lui rappelle que je demeure tout près.

— Si vous voulez, nous pouvons aller au Bon Marché choisir celui que vous aimeriez avoir à Montréal.

— Je crois que je serai la seule Montréalaise à avoir un séchoir à linge acheté à Paris.

— Probablement !

Une heure plus tard, nous entrons enfin au Lutetia. Elle demande la section non-fumeur. Je sais maintenant que ma fumée l'indispose. À partir de ce moment, je ne fumerai plus à son appartement, même si elle a placé le cendrier sur la table, juste en face de là où je m'assois.

Je remarque qu'un homme à sa droite la regarde, quelque peu surpris, tout en la désignant à la femme qui l'accompagne.

— Vous ai-je dit que Mavis et moi sommes allées manger à quelques reprises dans la plus vieille brasserie de Paris, qui se trouve place de la Bastille? Je vous y emmènerai avant mon départ.

Un garçon de table nous apporte le menu de même que la carte des vins. Comme à son habitude, madame Hébert lit en premier la page des desserts qu'elle commente. L'homme à la table voisine s'en amuse.

— J'ai décidé de ne plus faire attention à ma taille. Je rentrerai au Canada grosse comme une toutoune, c'est bien cela que vous dites au Québec?

Cette fois-ci, l'homme me sourit avec complicité pendant que, de nouveau, les yeux sur le menu, elle s'interroge sur la liste des desserts avant de poursuivre le plus sérieusement du monde :

— Je ne sais pas si le prétendant qui m'a écrit aime les grosses toutounes.

L'homme se contient afin de ne pas éclater de rire.

— S'il y a beaucoup de grosses toutounes à Montréal, je passerai inaperçue.

L'homme s'esclaffe. Bien sûr qu'il a reconnu madame Hébert.

Elle, si discrète dans les lieux publics, semble ce soir ne plus en faire grand cas. Quelque chose est sûrement arrivé pour qu'elle agisse ainsi. Je récapitule les derniers événements. Je n'en vois aucun qui suscite une telle loquacité.

— Par l'entremise de l'Ambassade du Canada, lors de mon premier séjour, j'ai trouvé une chambre avenue du Président-Wilson, près du pont de l'Alma. Je me rappelle que la propriétaire m'avait demandé si j'étais une danseuse et si j'étais catholique. Je lui avais répondu que je n'étais pas une danseuse et plus tout à fait une catholique, ce qui l'avait choquée.

Je me pince les lèvres pour ne pas m'esclaffer. Elle mange avec appétit.

— La propriétaire s'était aussi informée si j'avais beaucoup d'amis. Elle m'avait avertie que sa mère, qui demeurait chez elle, se couchait à 9 heures le soir. Quand je recevais des téléphones après 9 heures, elle répondait que je n'étais pas là et à ceux qui *voulaient me parler intimait de ne plus appeler à une heure aussi tardive.*

Elle boit lentement une gorgée de vin, l'air espiègle. Mais que s'est-il passé pour qu'elle ait une telle faconde ?

La voilà maintenant qui raconte ses premiers mois à Paris. Pourquoi ?

— *Après quelques mois, je suis déménagée rue Chaplain, près du boulevard Montparnasse. Cette propriétaire était tellement chiche qu'elle avait voulu que je paie la literie. C'est mon frère, qui était à Paris, qui lui a rappelé le contrat qu'elle avait signé avec l'Ambassade. Cette femme était si radine qu'elle avait voulu me convaincre que j'avais besoin d'une femme de chambre pour nettoyer la petite pièce qu'elle m'avait louée et, comme de raison, elle s'offrait à le faire pour une somme d'amie, m'avait-elle précisé.*

Je la laisse remonter dans ses souvenirs. Ce n'est pas le temps de lui parler de La Canne à pêche.

— *J'avais 38 ans alors, et je crois que j'avais un certain charme vu les nombreuses fois qu'on m'a abordée pour m'offrir à boire. C'est vrai que, comme je vous le disais l'autre fois, ce coin était chaud à l'époque.*

— *À ce moment-là, vous écriviez* Les Chambres de bois *?*

— *Non, j'y travaillais, répond-elle simplement avant de me demander si je désire un pousse-café.*

Sa question me surprend car elle sait que je ne prends jamais de digestif. Je lui suggère de nous diriger vers le grand salon de l'hôtel et que là, peut-être, je pourrais changer d'idée. Ma suggestion lui plaît.

— *Ce salon ressemble à celui du Liberty, vous savez, le paquebot sur lequel je suis montée en 1954, avec ses grands rideaux de velours rouges.*

Assise dans une causeuse, elle caresse d'une main la place inoccupée à côté d'elle. Elle est pensive.

— Peut-être que papa et maman se sont assis sur ce canapé quand ils sont venus au Lutetia, imagine-t-elle.

Elle balaie maintenant de son regard l'immense pièce. J'hésite à lui poser la question qui me turlupine depuis quelques minutes. Son départ de Paris évoque sûrement celui de 1957.

— Cela n'a pas dû être facile de revenir au Canada à ce moment-là ?

— Je n'avais pas vraiment le choix car je n'avais plus d'argent. J'avais vécu trois ans grâce à ma bourse, et il était temps de retourner à l'ONF, qui avait eu la gentillesse de reporter au moins deux fois mon retour au travail.

Je profite de la période qu'elle aborde pour lui poser la question du guide pédagogique de La Canne à pêche. Aussitôt, elle se raidit. Je poursuis quand même.

— Vous avez donné le scénario du film La Canne à pêche, qui date de 1959, alors que le guide pédagogique qui l'accompagne est de 1982. Pourquoi un si grand écart entre les deux documents ?

Est-elle sur le Liberty ou au Lutetia ? Je sais qu'elle a entendu la question. Son regard est intérieur, perdu au loin. Je ne montre aucun signe d'impatience. Je devine une blessure.

— Je n'étais pas d'accord que ce soit ce comédien qui joue le rôle du père. Il n'avait pas la physionomie d'un Indien, mais le réalisateur me l'a imposé. Et puis il y avait aussi la prononciation du comédien. On ne comprenait rien à ce qu'il disait, mais parce que c'était un ami du réalisateur... Quand vous en lirez le scénario, vous verrez que c'est très différent de ce qui se passe à l'écran. Par contre les images sont belles et poétiques.

Elle ponctue sa réponse d'un long silence.

— Malgré un deuxième montage... De toute façon, il y a longtemps que j'ai renié ce film, confie-t-elle.

Près de 40 ans plus tard, elle n'a toujours pas oublié. Comme je n'ai pas entendu de « Voilà ! », je poursuis.

— Vous avez revu ces gens ?

Elle attend quelques secondes ; son visage trahit un mauvais souvenir.

— Le réalisateur, à Paris. Il cherchait une marraine pour son fils Bernard. Il avait trouvé un parrain en la personne de Claude Jutra, qui séjournait à Paris. Comme il ne connaissait personne, j'ai accepté. Voilà !

Elle promène un regard nerveux dans le grand salon. J'hésite à lui demander si elle désire que…

— Je crois que pour faire du cinéma, il faut parler fort et tenir son bout de bâton. Je m'en suis rendu compte avec Héloïse et Les Fous de Bassan.

J'avais suivi dans les journaux de cette époque, comme beaucoup de personnes, la saga qui avait entouré ce projet de film. Je l'ai brièvement rappelée à madame Hébert, qui m'a tout de suite corrigé.

— D'abord, j'avais eu beaucoup de propositions dont une de l'ONF, que j'avais acceptée. J'ai donc vendu mes droits à l'Office national du film pour lequel j'avais déjà travaillé. Or, l'Office les a vendus à quelqu'un d'autre qui a d'abord écrit le scénario en anglais. Comme Québec refusait de lui allouer des subventions, la personne l'a traduit en français. J'ai refusé le scénario parce qu'il était trop vulgaire. J'en ai écrit un autre. Francis Mankiewitz devait le réaliser. Je me rappelle encore être devant lui au restaurant et le lui lire, sans qu'il ne dise rien. J'ai attendu six mois avant que j'apprenne ce qu'il en pensait. Ce fut Simoneau qui l'a remplacé. Dans toute cette saga, le Seuil m'a bien défendue. Voilà !

Madame Hébert paraît soudainement fatiguée. J'ai à peine le temps de terminer le coca que j'ai commandé qu'elle met son manteau. Nous sortons.

Dans la voiture, je la remercie pour le repas.

— *C'est fort peu pour l'aide que vous m'apportez. Sans vous, je me demande ce que j'aurais fait. Tout est si compliqué avec les Français,* commente-t-elle une fois de plus d'une voix lasse.

J'entends le chauffeur maugréer quelque chose d'à peine audible en se tournant vers nous. Pourquoi si peu de retenue dans ses propos ?

Arrivée à son appartement, son manteau encore sur le dos, elle se dirige vers Petit Chat qui dort dans son fauteuil. Malgré l'heure tardive, elle me demande de m'asseoir quelques minutes.

— *Je ne vous ai pas dit, je crois, que j'avais reçu un téléphone d'un ami français, aujourd'hui ? Les médecins viennent de lui annoncer qu'il a un cancer généralisé. Il ne lui resterait que quelques mois à vivre. Il a perdu sa femme, il y a à peine un an. Il est seul car le couple n'a pas eu d'enfant. Je l'ai assuré que je passerais le voir la semaine prochaine.*

J'évite tout commentaire. Je connaîtrai très bientôt la raison de sa bonne humeur et de ses propos drolatiques au restaurant, de même que sa réflexion dans le taxi.

— *Je crois que j'ai pris la bonne décision de revenir au Québec. Là-bas, je sais que je serai entourée et qu'on prendra soin de moi s'il m'arrivait quelque chose. J'ai des amis à Montréal, à Québec, à Ottawa et surtout à Sherbrooke. Cet ami français n'a personne pour s'occuper de lui. Ses frères et ses sœurs ont été tués à la guerre. Voilà !*

Le silence s'installe dans la pièce. Même Petit Chat respecte la paix qui enrichit ces secondes si précieuses et pour elle et moi. Je sens chez elle une grande commisération pour cet homme.

— *Mais je sais que mon retour au Québec ne sera pas facile.*

Je comprends sa peine. Est-ce la maladie de son ami qui l'a aidée à mieux accepter son départ ?

J'attends un geste ou une parole de sa part pour partir. Elle pose un long regard sur Petit Chat, puis sur moi.

— L'Ambassade du Canada m'a beaucoup aidée au cours de toutes mes années en France. Elle m'a trouvé un appartement, acheté des billets d'avion, fait en sorte que je sois invitée dans plusieurs universités à travers le monde. Je lui dois beaucoup.

Elle ferme un instant les yeux.

— Je me rappelle qu'elle nous avait contactées, Mavis et moi, pour que nous animions une rencontre à l'Université de Caen en mai 1975. J'avais refusé, car je partais pour le Canada.

Que dire à part répéter : « Je l'ignorais ».

— Et c'est encore l'Ambassade qui s'est chargée de mon voyage en Suède à la suite du prix Femina.

Le poids à porter dans les semaines à venir sera-t-il dorénavant moins lourd ? Je l'espère de tout cœur.

— Faites-moi penser de remercier l'ambassadeur lors de la réception donnée en l'honneur du gouverneur général.

Je le lui promets.

— Accepteriez-vous de m'accompagner dimanche après-midi aux appartements-hôtels, Les Citadines, dont vous m'avez parlé pour une visite des lieux ?

Ai-je bien entendu ? Elle ne met plus une croix sur Paris. Elle accepte d'y revenir en touriste ! Au lieu de passer un mois au Québec et retourner en France pour le reste de l'année, elle consent à vivre l'inverse.

— Je vous préciserai l'heure demain.

Je me lève en n'ayant en tête que des mots de joie.

— Vous allez adorer, madame Hébert.

Ce soir, je prends de Pontoise jusqu'au quai de la Tournelle, où je longe la Seine. De la place du Parvis-Notre-Dame, j'admire les deux tours éclairées de la cathédrale. Assis sur un banc, je m'émerveille devant les trois portails et leurs statues.

Tandis qu'ici, dans la verrière, je contemple l'heure bleue au cœur de ma nuit.

En ce matin printanier, Louky se vautre sur une étroite langue de neige, cherchant un peu de fraîcheur sous un soleil assassin qui noircit et enfonce la glace poreuse du grand étang.

Je lève les yeux sur les inukshuks dressés ici et là sur la propriété, gardiens de pierre que Luc et moi avons montés en un temps plus serein. J'aimerais, une dernière fois, faire le tour du domaine, toucher au dolmen, au cairn, au tumulus, tous ces monuments que nous avons érigés au fil du bonheur.

Pourquoi le temps tarde-t-il à t'effacer? « Je suis profondément occupée, de jour comme de nuit, à suivre en moi le cheminement d'une grande plante vivace, envahissante qui me dévore et me déchire à belles dents[1]. » La faim a raison de Louky qui vient chercher sa pitance juste avant que je me mette au travail.

Je compte le nombre de feuilles que je note aussitôt. J'inscris titres, éditeurs et années de publication. Je poursuis mon travail de clerc en identifiant épitoges, épinglettes, rubans, médailles et livres.

À 17 heures, j'arrête. Douche. Je traverse le Luxembourg. J'ai besoin de couleurs et d'odeurs printanières. Quelques rues avant de Pontoise.

---

1. *Kamouraska, op. cit.*, p. 117.

— J'ai trouvé des mémoires et des thèses qui datent, je crois, de la rue Bonaparte, me dit-elle dès que je mets le pied dans son appartement.

En effet sur la table, huit essais. J'ai à peine le temps de lire « Université de Bourgogne » qu'elle me montre une médaille. Sur l'avers sont gravés un flambeau, un parchemin et des feuilles d'érable.

Je lève les yeux, plus personne. Je lis : Bene Merenti de Patria, Prix Duvernay, Mademoiselle Anne Hébert, 1958, La Société Saint-Jean-Baptiste de Montréal. Mais où est-elle partie ? Je la vois entrer au salon, un carnet à la couverture noire à la main.

Elle s'assoit dans son fauteuil, moi sur la chaise droite. Elle s'informe de ma journée. À mon tour de lui poser la question.

— Je n'avance pas assez à mon goût. Une seule phrase que j'ai eu le temps d'insérer dans mon roman. « La chaise de ma grand-mère continue de se balancer derrière moi[1]. »

Elle semble nerveuse. Pourquoi une seule petite phrase dans toute sa journée ?

— J'ai pourtant dit à l'assistante de mon éditeur que je lui remettrais mon manuscrit avant mon départ. Je ne sais pas comment je vais y arriver. Et tout ce fouillis ! se désole-t-elle en montrant les cartons.

Impuissant devant son désarroi, je me réfugie dans un humour fort déplacé.

— Vous êtes, c'est le cas de le dire, en plein ménage du printemps.

Et alors de me répondre avec toute la profondeur d'une Anne Hébert :

— Le ménage que je fais ressemble davantage à un grand branle-bas d'automne où je me débarrasse de tout ce que j'ai ramassé au cours de l'été de ma vie.

---

1. *Est-ce que je te dérange ?*, op. cit., p. 120.

Je me retire dans la cuisine. Je m'en veux. Comment puis-je être si insensible à ce qu'elle vit? Je reviens au salon auprès d'elle.

— Je ne suis pas sortie aujourd'hui. Mon éditeur de Montréal est venu. Je lui ai montré la couverture du Tombeau des rois. Il a accepté que mon dernier recueil ait à peu près la même facture, m'annonce-t-elle de but en blanc.

J'ai décidé de ne faire aucune remarque pour ne pas répéter mon impair.

— Je n'ai pas cessé d'être dérangée dans mon travail par des téléphones. Mes amis de Chambord aimeraient que je retourne là-bas avant mon départ. Et puis cet ami qui va mourir m'a invitée à déjeuner pendant qu'il peut encore sortir de chez lui. L'assistante de mon éditeur parisien m'a aussi téléphoné au sujet des arrhes que le Seuil va me verser pour mon dernier roman. Comment voulez-vous que je travaille dans ces conditions?

Elle caresse nerveusement le bras de son fauteuil pendant que je me demande où est passé Petit Chat.

— Et puis la concierge est venue me demander si j'avais besoin d'aide. Elle voulait prendre tout de suite ce que j'avais mis de côté pour elle dans des cartons. Je l'ai renvoyée; je préférais avoir terminé avant tout le tri de mes vêtements. Voilà!

Elle veut oublier cette journée pourrie.

Voici que le prince des lieux entre dans le salon en miaulant tout en se dirigeant vers moi. Il me frôle les jambes puis rejoint sa maîtresse. Je m'informe si elle a des nouvelles de la Sécurité sociale?

— Tout est lent en France, même dans le domaine littéraire, soupire-t-elle.

Je sourcille. Mais qu'a-t-elle ce soir? Pourquoi ce ton?

— Au début des années 1970, je me rappelle, je venais d'emménager rue de Pontoise, je reçois une lettre qui m'apprend que le comité de la Société des gens de lettres de France m'a élue sociétaire. Eh bien, ça n'a été que quelques années plus tard, après plusieurs échanges épistolaires, que je suis devenue sociétaire à part entière !

Je plisse le front, car je ne comprends rien à ce qu'elle raconte, ce qui ne l'empêche pas de poursuivre.

— À la même époque, j'avais eu une commande de France Culture pour l'écriture d'une pièce radiophonique. Ici encore, j'ai dû rédiger bien des lettres afin de savoir si ma pièce serait diffusée. On me renvoyait d'un réalisateur à l'autre. La même chose est arrivée quelques années plus tard avec L'Île de la Demoiselle.

À travers ses gestes saccadés et ses mots acerbes, je cherche à comprendre. Je reprends son résumé de la journée et n'y vois rien qui puisse justifier pareille virulence. Il manque un deuxième « Voilà ! ».

Elle ouvre le petit cahier à la couverture noire, tourne quelques pages.

— Je traînais partout mon carnet de notes manuscrites quand j'écrivais Kamouraska. J'ai pensé que cela pourrait être intéressant pour le Centre. Ce sont des phrases de certains auteurs, des pensées, des idées, des réflexions qui m'ont aidée tout au long des écritures du roman, confie-t-elle en me le tendant.

J'ouvre le cahier noir avec une certaine émotion. Une écriture serrée, plusieurs notes interrogatives, des vérifications à faire, une série de dates qui font référence au fait divers dont elle s'est inspirée, deux citations dont une de Proust : « Les vrais livres doivent être les enfants, non du grand jour et de la causerie, mais de l'obscurité et du silence » et une de Kafka : « Un livre doit être la hache qui brise la mer gelée en nous. » Je retrouve certains passages du roman, des phrases biffées, d'autres aux verbes changés.

Fasciné par ce travail de mise en forme, je tourne les pages une à une, tentant de tout lire.

— *Je le reprends. Je vous le donnerai plus tard. J'aime de temps en temps le regarder*, commente-t-elle en allongeant le bras.

Quelque peu dérouté par son raisonnement singulier, je tente de décoder ses paroles et ses gestes. Pourquoi me montrer le calepin qui me fait saliver, si elle désire le garder? «*La belle idée fixe à faire miroiter sous son nez. La carotte du petit âne. La pitance parfaite au bout d'une branche. Et le petit âne affamé avance, avance tout le jour. Toute sa vie. Au-delà de ses forces. Quelle duperie*[1]!».

Elle me demande de la rejoindre dans son bureau. Je prends une profonde inspiration afin de maîtriser mon impatience.

— *Croyez-vous que je devrais apporter à Montréal mon petit bureau de travail, ou le laisser à la concierge qui aimerait bien l'avoir pour sa fille?*

Je fulmine, mais je dois lui donner une réponse raisonnable.

— *Si j'étais vous, je l'apporterais afin de ne pas le regretter, une fois là-bas.*

— *Vous avez raison. Bon!* dit-elle en retournant au salon.

Je la suis vers sa bibliothèque d'où elle tire une plaquette à la couverture bleue.

— *Vous connaissez Sète, la patrie de Valéry, de Jean Vilar et de Georges Brassens, entre autres?*

— *Une patrie aussi riche en génies littéraires que celle de Portneuf avec Alain Grandbois, de Saint-Denys Garneau et Anne Hébert!*

Elle me gratifie de son sourire, quelque peu intimidée.

— *L'association des Amis de la lecture publique de la Ville de Sète, à la suite de la parution des* Fous de Bassan, *m'avait envoyé*

---

1. *Kamouraska, op. cit.*, p. 9.

un résumé de mon roman qui m'avait beaucoup touchée, car on l'avait écrit en vers.

Après un silence, elle poursuit.

— *Je l'ai appris par cœur, me précise-t-elle avant de commencer. « C'est un lointain rivage / Entre mer et forêt, / Un tout petit village / Dans un pays farouche tout à l'orée / De la rude taïga. / Frères durs et sauvages, / Durant deux siècles ont vécu là, / Tout au creux de leur crique, / Chasseurs, pêcheurs, obstinés, prolifiques. / De petit peuple élu, frustre et candide, / A pris racine entre Cap Sec, Cap Sauvagine, / Bercé par l'haleine des vents, / Le rythme des marées et des houles marines, / Aux lancinants accents / Qu'ont les oiseaux de mer et les fous de Bassan. / Vie et mort ont coulé à l'ombre de la croix / Et du petit clocher de l'église de bois. / Et tous les habitants, fidèles aux yeux bleus, / Sont imbibés du Verbe et de l'Esprit de Dieu. »*

J'applaudis malgré moi. Soudain, l'idée me vient qu'elle repousse quelque chose. Mais quoi ? Encore et toujours.

— *Il y a une autre longue strophe, mais je vous épargne ma voix enrouée.*

Elle reprend ses caresses. Je la sens ailleurs.

— *Avez-vous déjà été un « écrivain résident » ?*

Une autre question déroutante. Je réponds par la négative.

— *L'Université d'Ottawa m'avait demandé si je voulais poser ma candidature comme « écrivain résident » pour le trimestre de janvier 1983. J'ai beaucoup hésité avant de refuser. Même si je n'avais aucun cours à donner, je devais quand même être disponible aux professeurs qui pouvaient m'inviter dans leurs cours et aux étudiants qui se pointaient à mon bureau pour discuter de problèmes de création ou d'écriture. Je craignais trop de ne plus pouvoir apporter toute mon attention à mon travail personnel qui devenait de plus en plus pressant et exigeant.*

Elle réfléchit quelques instants.

— J'ai très bien fait, car à l'automne de 1982, je recevais le Femina.

J'essaie en vain de rattacher aux dates qu'elle avance des publications ou des voyages. Tout est emmêlé. Je décide d'en avoir le cœur net.

— Vous semblez avoir eu une journée épuisante, madame Hébert. Préféreriez-vous que nous restions ici?

— Je ne voulais pas vous en parler, mais j'aimerais mieux. De toute façon, je n'ai pas très faim. Je me contenterai d'une soupe.

— Cela me conviendra aussi, dis-je en fermant les volets.

Elle n'a pas bougé de son fauteuil, plongée qu'elle est dans son univers.

— Vous semblez triste, madame Hébert. Quelque chose ne va pas?

Elle cesse ses caresses, de longues secondes tombent dans la pièce feutrée de silence.

— J'ai eu un téléphone du Canada.

J'appréhende le pire. Même si elle ne dit rien, je comprends mieux ses propos à bâtons rompus.

— Mon frère Jean ne va pas bien. Il ne va pas bien du tout. Voilà!

Vu d'ici, que la mort semble douce! Certains souvenirs pèsent autant qu'une punition. La nécessaire cassure de la vie pour libérer l'âme blessée.

Je fais quelques pas dans la verrière en pensant que les années sont impuissantes à effacer ton souvenir. J'avais les yeux aveugles à ce moment-là.

Je relis en diagonale cette soirée du coq à l'âne alors qu'elle répond à un appel d'une amie au Canada. Je regardais ma montre, comme maintenant. Je n'entendais pas madame Hébert. Je craignais les confessions au téléphone quand elle est entrée dans la pièce pour me donner congé avant de retourner parler avec cette amie d'enfance.

Le lendemain après-midi, juste avant de sonner, du tambour je vois la concierge, une brassée de vêtements dans les bras, descendre les dernières marches de l'escalier. J'ouvre la porte d'entrée en même temps qu'elle claque celle de son réduit.

— J'ai fait le ménage de mes robes et du reste. J'ai l'impression que je me dépouille même de ma peau, me dit-elle en m'embrassant devant la penderie presque vide. Voyez, il ne me reste que deux manteaux. Il fait froid?

À ma réponse, elle choisit sa gabardine.

— Je vous montrerai où je logeais rue Chaplain, m'annonce-t-elle en descendant du taxi.

— J'ai apporté mon appareil photo.

Aux Citadines, on nous fait visiter quelques appartements sur plusieurs étages, tous du côté jardin. Elle privilégie ceux qui communiquent entre eux.

— Je préfère celui-ci. Nous ouvrons la porte et nous sommes dans un autre appartement. Idéal si nous voulons manger à l'hôtel. Nous poussons la table ici, et regardez comme c'est spacieux.

Elle s'approche de la fenêtre, toute souriante. Le magnolia est en fleurs. Elle demande à l'hôtesse si on retrouve ce genre d'appartement au rez-de-chaussée qui donne accès au jardin.

— Est-ce que nous pouvons le louer tout de suite? À défaut d'aller à Menton, je resterais à Paris. Je serais un peu chez moi avec le jardin, me confie-t-elle d'une voix mi-figue, mi-raisin.

Nous en visitons quelques autres. Je m'informe s'il faut réserver longtemps d'avance.

Nous prenons la rue Chaplain. Elle s'arrête devant le numéro 5, regarde la façade de l'immeuble de bas en haut, de haut en bas, comme si elle s'apprêtait à y louer une chambre. En ce mois de mars 1955, plantée sur le trottoir, elle hésite. Clic-clac.

Nous empruntons la rue Vavin.

— C'est ici que j'achetais mon pain, me précise-t-elle devant les étals de livres derrière la vitrine.

Clic-clac.

J'épouse son rythme, qui est lent, en cette fin d'après-midi. Nous entrons au jardin du Luxembourg. Clic-clac.

— Je venais écrire souvent ici, place des Quinconces, comme j'ai appelé l'endroit. Je m'assoyais sur ce banc.

Des enfants jouent près du bassin, des ados frappent la balle sur un court en terre battue, des amoureux se bécotent. Madame Hébert sourit. «Le soleil luit / Le soleil luit / Le monde est complet / Et rond le jardin[1]. » Clic-clac.

---

1. Poèmes, op. cit., p. 35.

Nous traversons lentement le parc après plusieurs pauses nimbées de silence. Nous descendons le boulevard Saint-Michel. Vous préférez manger à l'appartement. Vous me paraissez fatiguée à cause de la longue marche.

— *Et vos corrections de cet avant-midi ?*

— *Je n'ai presque pas écrit. Je suis dans mon courrier. J'ai trouvé une lettre que René Char m'avait envoyée à la suite de ma lecture du* Tombeau des rois. *J'étais très émue quand je l'ai reçue.*

— *Où aviez-vous fait cette lecture ?*

— *Je crois que c'était à la Société des poètes français. Pierre Emmanuel, qui demeurait près de chez vous rue de Varenne, avait déjà beaucoup aimé le recueil.*

— *Où l'avez-vous connu ?*

— *À Québec. Il était venu donner une conférence. Mais c'est à Montréal qu'il a lu mes poèmes en même temps que ceux des poètes français. Une fois à Paris, je suis allée le rencontrer chez lui où il m'avait invitée. Je m'étais trompé d'heure et je suis arrivée beaucoup trop tôt. Les enfants couraient dans l'hôtel particulier où il demeurait. Pierre Emmanuel était sorti. J'étais assez gênée. Je ne savais que faire. Quand il est revenu, il m'a simplement dit :* « Tiens, mademoiselle Hébert, vous êtes déjà là. Quelle joie ! »

Une fois revenus chez elle, elle me demande d'aller chercher la chemise sur son classeur.

— *Vous me direz si ces invitations et ces comptes rendus peuvent intéresser le Centre.*

Je lis les premières feuilles.

— « *Invités de la table ronde du 24 juillet : Anne Hébert, René Depestre, Édouard Glissant, Ernesto Sábato et Naïm Kattan, invité de la Communauté radiophonique des programmes de langue française. Guitherme Figueiredo animera la table ronde.* » *Rio de Janeiro, 1981*[1].

---

1. Archives de l'Université de Sherbrooke.

— Dans ce genre de rencontre, je préfère répondre à des questions plutôt que de lire un texte. Je me rappelle, j'avais fait un lapsus en parlant du Torrent. J'avais dit : « J'étais un enfant dépossédé du démon » au lieu de « J'étais un enfant dépossédé du monde », ce qui a suscité de nombreux échanges.

Je n'ai plus la tête à poursuivre la lecture des documents qu'elle me présente. Je la quitte.

En descendant l'escalier, j'entends des éclats de voix, des coups et des larmes dans le réduit de la concierge. Un homme crie, une femme hurle, un enfant pleure.

Vite, retourner chez moi et essayer de dormir.

La flore québécoise m'est précieuse, si loin de mon pays. J'ai l'impression d'en humer le parfum en lisant les mots de madame Hébert. «À perte de vue des sapins, des épinettes s'étouffant les uns les autres, de-ci de-là un pin solitaire, des mélèzes quasi transparents, quelques bouleaux sur des flaques de mousse verte[1]. »

Je reçois du secrétaire général le chèque pour madame Hébert de même qu'un mot dans lequel il prend des nouvelles d'elle et planifie avec moi une rencontre la semaine suivant mon retour.

Alors que j'ouvre la porte de l'immeuble, rue de Pontoise, je vois la concierge descendre l'escalier avec deux sacs. Nos regards se croisent. Tombe d'un sac joufflu une paire de bas noirs qu'elle s'empresse de ramasser.

— Je retrouve des choses dont je ne me rappelais plus, comme ces coupures d'argent venant de différents pays. Il faudra passer à la Banque de France pour les convertir en francs, m'annonce-t-elle une fois assise.

J'en profite pour lui remettre le chèque de l'Université.

— La concierge, que vous avez sûrement croisée dans l'escalier, m'a dit de ne pas me gêner si j'avais autre chose qui m'embarrassait.

---

1. Anne Hébert, *Aurélien, Clara, Mademoiselle et le lieutenant anglais*, Paris, Seuil, 1995, p. 41.

— *Et vos écritures? Avez-vous eu le temps de vous pencher sur elles?*

Elle se lève, toute souriante. Je devine la suite.

— *« Ne suis-je pas libre. de me débarrasser de Delphine comme d'un objet encombrant? Trier ses images, une à une, avant de les jeter en vrac par-dessus bord[1]? »*

J'ignorais que la concierge l'inspirait à ce point.

Je prends le parapluie vu que le temps est incertain. Nous tournons dans la rue du Cardinal-Lemoine.

— *Il faut se rendre à la Banque de France du boulevard Raspail ou à celle des Champs-Élysées pour l'échange. Voudriez-vous le faire pour moi?*

J'appréhende l'attente et les tampons.

— *Je vous ai préparé une lettre pour Électricité et Gaz de France. On m'a téléphoné ce matin pour me demander d'écrire un mot attestant que je quitte définitivement mon appartement. Je crois que tout est parfait. Vous pourriez aller leur porter demain. Cela accélérerait les choses d'autant plus qu'avec le congé pascal, la poste fonctionnera au ralenti.*

Quelques gouttes avant l'averse quand nous entrons Chez Toutoune.

— *J'ai reçu la facturation de France Télécom. Je crois qu'ils n'ont pas écouté ce que vous leur avez dit l'autre fois. Vous vous rappelez: avec la bureaucratie française, rien n'est jamais réglé, tout n'est qu'en marche? Nous irons ensemble demain vers 16 heures.*

J'acquiesce en serrant les poings sous la table.

De retour à son appartement, les volets à peine fermés, elle me montre une lettre de son éditeur de New York qu'elle relit en silence.

---

1. *Est-ce que je te dérange?, op. cit.,* p. 133.

— Je ne comprends pas l'envoûtement que certains éditeurs manifestent pour Les Songes en équilibre. Claude Hurtubise aimerait une réédition remaniée, comme vous le savez, et il en ferait une traduction. Pourtant, quand je l'ai rencontré à Montréal, l'an dernier, j'avais été très claire à ce sujet. Je ne tiens absolument pas à ce que les Songes soient réédités, ou en français ou en anglais ou en n'importe quelle langue. Je voudrais pouvoir les oublier tout à fait, quoi qu'en pense Jeanne.

— Ou Georges Duhamel.

À son tour de froncer les sourcils. Elle cesse ses caresses, hésite à me demander de préciser, quand tout à coup elle se rappelle.

— À l'époque, j'étais jeune, facilement impressionnable. Les commentaires qu'il m'avait faits m'avaient extrêmement touchée. Qu'un grand écrivain comme lui prenne la peine de lire les Songes et de m'en faire une critique, lors de la réception chez le consul français à Québec, m'avait beaucoup émue.

— Vous croyez qu'il ne pensait pas ce qu'il vous a dit ce soir-là?

Elle reprend son ballet de caresses, songeuse. Je décide de poursuivre.

— Ne lui aviez-vous pas envoyé l'année suivante votre nouvelle L'Ange de Dominique, qui venait d'être publiée dans la revue Gants du ciel? Et de lui, en retour, n'aviez-vous pas reçu La Musique consolatrice, qu'il vous avait dédicacée? Cela ne signifie pas que...

— Écoutez, c'est papa qui lui a donné les Songes. Il s'est empressé de le lire; il savait que je serais à la réception le soir. En effet, il n'a eu que des beaux mots pour mon recueil, mais avait-il le choix?

J'imagine la scène se répéter à la queue leu leu avec chaque écrivain invité par le gouvernement, le Consulat français ou l'Université Laval. Maurice Hébert était incontournable à Québec.

— *J'avais 29 ans, ajoute-t-elle.*

Pourquoi le nom d'Auguste Viatte émerge-t-il ? Je me rappelle avoir assisté à une de ses conférences dans le cadre d'un cours sur la littérature francophone. Je replonge dans mes années universitaires. Je revois sa tête blanche. N'enseignait-il pas à l'Université Laval, comme Maurice Hébert ?

Est-ce que je lui fais part de la chance qu'elle a eue de grandir dans un tel milieu littéraire, encouragée par tous et chacun à poursuivre dans cette voie ? Comme je vous envie d'avoir rencontré très tôt des écrivains de renom, discuté avec eux, échangé vos ouvrages !

— *Je ne renie pas les Songes ; je les regrette. Voilà !*

Le sujet est clos ; inutile de tenter de la convaincre du contraire. Petit Chat saute sur la moquette ; aussitôt elle promène lentement une main sur le bras du fauteuil.

*Pourquoi vouloir effacer ce premier recueil de votre mémoire ? « Ô mon père, / Ô mon ami, / Ô mon petit enfant[1] ! » Votre père a sûrement donné son imprimatur pour la publication à l'époque de M*gr* Camille Roy. Autre temps, autres mœurs. Vous le savez mieux que moi, madame Hébert.*

— *Avec Les Chambres de bois, la première traduction qu'on m'a proposée était beaucoup plus terre à terre et prosaïque que dans mon roman, à cause du choix des mots, du style et du ton même, précise-t-elle comme pour justifier son refus.*

Ce n'est pas nécessaire de poursuivre, madame Hébert, j'ai compris.

— *Je me rends bien compte de la difficulté à traduire un texte poétique…*

Je décide de jouer le jeu.

---

1. Anne Hébert, *Les Songes en équilibre*, Montréal, Les Éditions de l'Arbre, 1942, p. 101.

— *Et comment savoir si la traduction en japonais du* Torrent *et de* La Robe corail *vous satisfait? Je fais allusion à votre correspondance entre le traducteur japonais, vous et votre éditeur, monsieur Viellard, de chez Hurtubise, que nous avons regardée? Ne répondez-vous pas à votre interlocuteur japonais que c'est avec grand plaisir que vous acceptez? La traduction rend-elle justice à vos deux œuvres? Comment s'en assurer quand il y a la barrière de la langue?*

Quels sont ces cris lugubres dans un ciel en attente de la lune? La tête levée, le museau à l'affût, Louky gronde, comme si des intrus envahissaient son territoire sacré.

Je le rassure. Autre signe du printemps que le retour des oies blanches dessinant mille ondulations dans un firmament incertain.

Viens, mon beau, la nuit nous attend.

Malgré un sommeil agité, je suis debout dès 7 heures, en même temps que le soleil qui se lève derrière l'épaisseur de la ville. Le regard endormi, café à la main, je feuillette la cinquième version de Kamouraska.

Dès 10 heures, j'attends devant la Banque de France, boulevard Raspail. Dans ma serviette, des enveloppes contenant des billets d'Australie, d'Allemagne, d'Angleterre, du Brésil, d'Algérie, du Danemark, de Hollande, d'Espagne, d'Italie, de Suède.

Depuis une heure, je poireaute. Les billets passent d'une main à l'autre. On les regarde, on les touche, on les tâte. On me toise, on me dévisage, on m'examine. Soudainement, je fais le lien. Ils s'interrogent davantage sur le porteur que sur les coupures. Qui est cet homme qui voyage à travers le monde? Je trouve qu'il ressemble à cet acteur dont j'ai oublié le nom, non? Vous aussi, n'est-ce pas? Plaît-il? Personne ne lui a demandé une pièce d'identité?

Voici que deux employés font des salamalecs à chaque biffeton remis. Je souris quand je signe l'acquit en prenant tout mon temps, lisant deux fois plutôt qu'une le court document. Mon paraphe impressionne. Il ne manque que les tampons.

À 16 heures, nous partons pour France Télécom.

Assise près de la grande fenêtre dont le soleil inonde la pièce, elle consulte sa montre. Nous attendons depuis une trentaine de minutes. Un défilé de clients avant nous. Une lassitude palpable des deux côtés du comptoir.

— Oui, oui, je me rappelle de vous avec votre accent paysan. Je ne retrouve pas votre demande dans nos fichiers. Vous dites que la vieille dame qui vous accompagne retourne au Canada ? Elle est muette ?

— Non, madame, je ne suis pas sourde et encore moins muette.

La préposée à la clientèle ne dit mot en lisant les fiches.

— Nous couperons le système ce jour-là. Et bon retour ! ajoute l'employée d'un ton sec.

Elle me prend le bras. Je lui conseille une courte sieste avant le dîner. Elle refuse.

— Mais où sont vos tentures ? demandé-je d'une voix incrédule en entrant dans le salon.

Déstabilisée, elle se dirige quand même vers les autres pièces, pour en vérifier les fenêtres, alors que j'attends l'explication que je devine.

— La concierge est venue les décrocher. Comme sa sœur est en visite chez elle et qu'elle repart demain dans son pays, elle m'a demandé de les enlever tout de suite.

Je suis décontenancé.

— Vous pouvez fermer les volets ? J'ai l'impression de ne plus être chez moi.

Je m'exécute en pensant aux jours qu'il reste, n'osant lever les yeux sur les sombres persiennes.

— Le Seuil m'a téléphoné ce matin ; il va me verser un à-valoir de 50 000 francs pour mon roman que je finirai à Montréal. Cette nouvelle me rassure.

Je suis intrigué. Est-ce l'acompte qu'elle recevra ou le fait qu'on lui accorde plus de temps pour ses corrections ? J'hésite à lui demander.

— J'ai mis de l'argent de côté avec Kamouraska et Les Fous de Bassan. Et puis, le prix Gilles-Corbeil, un cadeau princier, m'assure une grande sécurité financière pour le reste de mes jours.

Sa cadence de caresses sur Petit Chat est plus lente et sentie. De la tête jusqu'à la queue. Déjà, un début de ronronnement.

Elle étire le bras, sort une lettre de son enveloppe.

— J'ai reçu ceci aujourd'hui du Canada. Un écrivain me demande d'écrire une lettre de recommandation pour sa candidature au prix David. Il me dit être arrivé deuxième l'an dernier. Il a décidé cette année de monter lui-même sa candidature. Je ne sais que faire. Il sera là au mont Gabriel le 25 avril dans le cadre de la Rencontre internationale des écrivains.

— Connaissez-vous son œuvre?

— Je n'ai lu qu'un roman de lui et je n'aurai pas le temps de lire ses autres œuvres quand je serai à Montréal. Que me conseillez-vous?

Cette requête l'ennuie d'autant plus qu'elle passera plusieurs jours en sa compagnie.

— Je ne pourrai pas l'éviter. Je ne sais que faire, ajoute-t-elle d'une voix anxieuse.

— Écrivez-lui et dites-lui combien vous êtes bousculée par votre déménagement et qu'en plus votre éditeur parisien attend les corrections de votre dernier roman. Je suis assuré que votre destinataire comprendra la situation.

L'ai-je convaincue? Elle me sourit.

Nous descendons. Les cris et les larmes d'un enfant dans la loge de la concierge. À peine tournons-nous la tête.

— J'ai refusé qu'elle vienne demain, jour de ménage. Mon appartement est un capharnaüm.

Elle marche lentement, les yeux sur le trottoir, comme si elle craignait la glace ou un nid dans la chaussée.

— *Demain, j'ai un thé à 17 heures avec un ami qui était ambassadeur à l'UNESCO avant de prendre sa retraite. Je crois que je ne dînerai pas.*

Je n'insiste pas.

— *Je crains que Petit Chat ne trouve le trajet long, enfermé dans sa cage pendant plus de sept heures,* s'inquiète-t-elle quand nous entrons au restaurant.

— *Avez-vous planifié un rendez-vous avec le vétérinaire ?*

— *Petit Chat a besoin de la signature du président de l'Association des vétérinaires de France,* m'annonce-t-elle en s'assoyant.

Je ne commente pas ; je suis convaincu qu'elle blague, vu l'affection qu'elle porte à son chat.

Louky m'arrache à ma lecture. En ce début d'avril, j'ai oublié que le jour a gagné une heure.

Quelques pas dehors, mes pieds sur une pelouse ravagée de taupinières qui intriguent mon beau.

J'avance vers l'ancien potager dont tu étais si fier, maintenant en friche. Je m'amuse à repérer le coin des tomates et des concombres, celui des fines herbes et des immortelles.

Encore quelques pas vers la cascade au chant estival qui me berçait dans la gloriette verte. Mon fils m'a dit qu'il s'occupera de tout. Que la mort accapare ceux qui restent !

Nous rentrons malgré la douceur du temps. « Le ciel n'est pas plus pur que le fond de mon cœur[1] », pourrais-je répéter à l'instar d'Hippolyte en cette fin du jour qui rosit la forêt.

Je me noie d'un amour le plus fou, d'un amour le plus droit, avant que tu m'affliges du mal le plus dur, du mal le plus noir.

C'était hier, Louky, c'était hier.

---

1. Jean Racine, *Phèdre*, acte IV, scène 2, v. 1112, Garnier-Flammarion, n° 859, Paris, 1995.

❧

— Je les ai reçues par la poste ce matin. Je voulais vous en faire la surprise.

— Que c'est gentil de la part de Luc d'avoir pris des photos de mon appartement! s'exclame-t-elle en les regardant.

Elle semble ravie. Elle s'interroge sur le nombre de placards, la propreté de la salle de bains, le parquet de la cuisine.

— Et de quelle pièce verrai-je la coupole de l'oratoire Saint-Joseph? De la salle de bains ou du salon? ironise-t-elle.

Elle revient sur la photo de la cuisinette.

— Le plancher semble être recouvert d'un linoléum. Je vais mettre des carreaux et en profiter pour refaire la cuisine. Les armoires paraissent démodées et je n'ai pas besoin d'une si grosse cuisinière ni d'un si grand réfrigérateur. En ayant des appareils ménagers plus petits, je pourrai avoir un lave-linge et trouver une place pour la litière de Petit Chat.

Je suis à la fois ravi et inquiet de ses intentions.

— Vous serez obligée d'obtenir la permission du propriétaire, comme en France.

— Je referai la cuisine quitte à en appeler au pape. Voilà!

Je m'enquiers de sa journée. Je la sens fatiguée et tendue.

— Une amie de Montréal m'a téléphoné cette nuit pour me dire qu'elle avait recommencé à boire parce qu'elle avait des problèmes avec ses yeux. C'est triste d'avoir si peu de volonté. Elle a toujours refusé de l'aide, me confie-t-elle.

Elle promène son regard sur les étagères à demi vides de sa bibliothèque.

Elle se saisit de la petite balle de caoutchouc sur la table.

— Et puis le kinési m'a fait mal. Il craint une régression si je ne fais pas tous les exercices quotidiens qu'il m'a prescrits. Passer une heure par jour à masser une balle avec mes doigts en regardant la télévision, je trouve cela aliénant. Voilà!

J'ignorais qu'elle avait repris ses traitements chez le thérapeute.

Elle pétrit avec application la balle dans sa paume, le regard sur sa main. Je pense à ma mère à qui on a prescrit le même exercice après son accident cérébral.

— Avez-vous déjà visité la nécropole royale ? demande-t-elle à brûle-pourpoint.

J'essaie en vain de me rappeler le nom de la basilique.

— Il était temps que la monarchie prenne fin en France, car les Français n'auraient plus su où enterrer leurs rois. Saint-Denis déborde de gisants ! commente-t-elle d'un ton amusé.

Je vais fermer les persiennes en remarquant sur la table un volume de son encyclopédie médicale. Je lis sur le dos du livre les lettres « A à D ». De quoi pense-t-elle souffrir ?

— Croyez-vous un jour que le Québec aura son indépendance ?

Encore une fois, elle me déstabilise.

— Le Québec n'est pas viable seul. Il a besoin du gouvernement fédéral.

Je ne commente pas, bien que l'envie soit là. J'ai remarqué qu'elle fait parfois un lien entre un Québec replié sur lui-même et un passé religieux étouffant. Je me demande si elle ne craint pas, qu'en devenant indépendant, le Québec ne revienne aux années de la Grande Noirceur. Pour elle, l'indépendance du Québec est un recul politique. Il n'y a qu'un pas à franchir pour que ce recul soit aussi religieux, voire intégriste.

— Beaucoup de Canadiens français oublient qu'il y a d'authentiques héros anglais, plus grands que Dollard des Ormeaux ou Madeleine de Verchères, quoi qu'en pense le chanoine Groulx. Murray, Dufferin ou Carleton ont fait davantage pour nous que Bigot, Vaudreuil ou Montcalm ! Voilà !

Non, madame Hébert, vous ne m'entraînerez pas dans cette voie. J'estime que ce n'est ni le moment ni l'endroit. Mieux vaut changer de sujet.

— *Avez-vous pris rendez-vous avec votre médecin comme vous vouliez le faire avant votre départ ?*

Elle lève les yeux sur les persiennes qui retiennent toute son attention. « *Je songe à la désolation de l'hiver / Aux longues journées de solitude / Dans la maison morte / Car la maison meurt où rien n'est ouvert / Dans la maison close, cernée de forêts[1].* »

— *J'ignore si j'aurai le temps, répond-elle.*

Du regard, elle embrasse à regret les cartons empilés les uns sur les autres, les étagères à demi vides et les fenêtres dénudées. Lentement, elle tourne la tête vers son bureau. « *Ça ne vaut pas la peine de retarder mes corrections pour une visite chez mon médecin* », *pense-t-elle. Je le devine bien.*

Je lui rappelle le courage qu'elle démontre.

— *Cela en prend pour vivre, certains jours plus que d'autres. Depuis quelque temps, je ne fais que survivre, murmure-t-elle sans me regarder.*

Petit Chat entre au salon, saute sur ses genoux.

— *Pauvre vieux Petit Chat, tu ne sais pas ce qui t'attend, toi. Dans deux semaines, tu ne te retrouveras plus dans cet appartement vidé de ses choses. Et puis, il y aura l'avion que tu prendras pour la première fois. Pauvre vieux Petit Chat, tu ne sais pas ce qui t'attend, et ta vieille maîtresse non plus.*

Je l'encourage en lui disant qu'elle adorera la « *grande inconnue* », *expression qu'elle a trouvée pour parler de son nouvel appartement.*

— *Tout cela est encore pour moi de la science-fiction. J'aimerais que vous ayez raison.*

Quelqu'un frappe à la porte. Je vais ouvrir.

— *Je viendrai demain vous aider à vider vos tiroirs. J'apporterai de grands sacs pour mettre les choses, dit la concierge.*

---

1. *Regards et jeux dans l'espace, op. cit.,* p. 54.

— N'arrivez pas avant 10 heures. J'aimerais m'avancer dans mes corrections.

Je m'étonne qu'elle se soit remise à son roman. Je croyais que…

— Madame Gomez m'aide à voir clair. Elle me conseille sur les vêtements à apporter au Canada et sur ceux que je devrais laisser ici. Croyez-vous que je devrais prendre toute ma literie ? La concierge trouve que mes draps et mon édredon ne seront pas assez chauds pour le Canada.

Je me lève et fais quelques pas dans le salon, cachant mon exaspération.

— J'aimerais me coucher tôt ce soir, m'annonce-t-elle.

Sans un mot de plus, je revêts mon manteau et lui souhaite bonne nuit en pensant au Québec qui me manque de plus en plus.

Les parois vitrées de la verrière me renvoient l'image d'un homme amaigri mais au regard lucide. J'ai la mémoire brûlante d'un insouciant bonheur.

Je baisse les yeux sur Louky qui dort à mes pieds en pensant à la vie qui me quitte. Je me convaincs qu'elle a été heureuse. En ce début de nuit émergent en moi illusions et mirages, reports et sursis. Je m'enfonce dans un amour perdu. Il est l'heure de nourrir le Minotaure.

Je dois ramener mon regard sur mes notes et ne plus les quitter même si la nuit du 12 janvier se profile à l'horizon. L'affronter une dernière fois avant de partir.

Dès qu'elle ouvre la porte, je vois le changement. Elle est passée chez le coiffeur et a revêtu sa jupe gris perle. Je la complimente sur sa coupe de cheveux.

— Je les trouve un peu courts. Il me semble que cela ne me va pas.

— Au contraire, cette coupe vous donne un air taquin.

— C'est ce que je vous disais aussi : cela ne me va pas, ajoute-t-elle avec un large sourire.

Notre rituel la rassure de même que les questions revisitées. Je suis fort aise qu'elle le prenne ainsi.

— Je ne peux joindre le vétérinaire ; il est en vacances jusqu'à la semaine prochaine. Petit Chat doit avoir reçu son vaccin avant qu'on aille voir le vétérinaire en chef.

Je m'informe sur la nécessité de rencontrer le second vétérinaire. En guise de réponse, elle hausse les épaules.

— Il y avait dans ma boîte aux lettres, ce matin, mon dernier relevé de compte de EDF et GDF. Je crois que vos démarches n'ont rien donné. Il est évident qu'il faut que j'aille en personne leur dire que je déménage, sans cela, je crains que mon dossier ne soit jamais fermé. La bureaucratie française est lourde comme du ciment.

Dans sa voix, je sens qu'il y a urgence. Je lui offre de l'accompagner quand je remarque que les deux cartons près de la table ont disparu.

— La bibliothécaire de la Délégation est venue les chercher cet après-midi. Il y a beaucoup d'étudiants québécois qui viennent y travailler. Je trouve que leur bibliothèque est pauvre en livres québécois.

Je garde mon calme tout en pensant que je passerai demain là-bas. Nous descendons.

— Je me demande bien où elle range tout ce que je lui ai donné. Leur appartement est grand comme un mouchoir, murmure-t-elle devant la loge de la concierge.

Pendant que j'étais dehors, Jean a appelé. « Je m'en viens dîner avec toi. Je me charge de tout », laisse-t-il comme message. Combien j'ai négligé mon fils, trop occupé à aimer ailleurs.

J'ai les doigts engourdis. Je regrette la balle de caoutchouc que je n'ai pas.

— *J'ai l'impression que ça ne finira jamais, chuchote-t-elle dans la voiture qui nous emmène aux bureaux de EDF et GDF.*

Pensive, elle presse d'une main son relevé de compte.

— *Vous avez des francs ? J'ai oublié mon chéquier. On ne sait jamais, ils peuvent me demander un montant pour résilier mon contrat, s'inquiète-t-elle d'une voix nerveuse.*

— *J'ai assez de billets pour soudoyer la demi-douzaine de fonctionnaires derrière le comptoir.*

Elle porte une main sur ses lèvres pour cacher un sourire.

Deux heures plus tard, nous sortons de l'immeuble. Elle a en sa possession un document signé de la main du fonctionnaire qui stipule qu'un préposé de la compagnie viendra le 15 avril à 10 heures du matin faire le relevé des compteurs et que la facture sera acheminée à Montréal.

— *Avez-vous compté le nombre de tampons apposés sur la lettre ? demande-t-elle tout heureuse de m'avoir précédé dans la question.*

À ma réponse négative, elle conclut avec un sourire.

— *C'est très français.*

Sur le chemin du retour, elle me raconte qu'elle a parlé à la secrétaire du vétérinaire. Son patron a écourté ses vacances à cause du mauvais temps qui sévit sur la côte. Il passera demain pour une injection à Petit Chat.

— *Il m'a dit que pour le Canada, le vaccin contre la rage suffit. J'espère que Petit Chat ne souffrira pas trop.*

En passant devant la Salpêtrière, elle s'arrête.

— *Plusieurs filles du Roi venaient de cet hôpital pour peupler la colonie, faute de paysannes.*

Je lui rappelle que j'ai lu cela quelque part dans Le Premier Jardin.

— *Il faudra ensuite aller au bureau principal de l'Association des vétérinaires de France afin d'officialiser le vaccin que le vétérinaire donnera demain.*

— *Que vient faire l'Association des vétérinaires de France avec Petit Chat?*

— *Pour rendre plus efficace le vaccin de Petit Chat, ironise-t-elle.*

Je décide de ne pas insister.

Comme mon après-midi est libre, j'en profite pour passer à la Délégation et rencontrer la bibliothécaire.

— *À la demande de madame Hébert, je suis allée chercher deux cartons de livres. J'ai regardé rapidement le contenu. Je crois que certains livres pourraient intéresser le Centre de Sherbrooke, d'autant plus qu'ils sont dédicacés.*

Quelle personne perspicace! Je l'embrasserais.

Les odeurs du sol qui dégèle éveillent chez Louky curiosité et agitation tandis que l'air frais de cette fin de matinée apaise quelque peu mes poumons brûlants. La page que je lis m'incite à retourner là-bas.

Mais avant, quelques pas sur la galerie, le temps d'apercevoir les courtes tiges de tulipes émerger de la plate-bande que tu as aménagée au temps de nos amours. À quel instant précis l'indifférence s'est-elle glissée entre nous ?

Elle a pris rendez-vous au bureau principal de l'Association des vétérinaires de France à midi. Craint-elle qu'on n'accepte pas le vaccin du vétérinaire ? Ou est-elle impatiente d'avoir la confirmation de sa validité ?

À 10 heures 30, le vendredi 4 avril, nous nous dirigeons vers la cour de la Ferme Saint-Lazare. Dans la voiture, elle vérifie trois fois si elle a bien le carnet médical de Petit Chat.

Après une course d'une heure et quart, nous nous retrouvons devant un édifice délabré. En marchant dans la cour, nous découvrons qu'il y a un hôpital, une préfecture de police et l'hôpital vétérinaire. Elle me semble extrêmement tendue.

— Marchez moins vite, s'il vous plaît.

Je ralentis le pas. J'essaie en vain de détendre l'atmosphère.

— Je n'aimerais pas être soigné ici… Je craindrais que mon dossier médical ne se retrouve par inadvertance à l'hôpital vétérinaire.

Nous entrons dans le bâtiment.

— Assoyez-vous, je vais aller m'informer, lui dis-je le regard sur l'enfilade de bureaux devant nous.

J'entre dans une pièce qui ressemble davantage à un débarras à qu'un bureau.

— Le président de l'Association des vétérinaires de France vient tout juste de partir pour déjeuner. Il sera de retour à 14 heures, m'annonce une employée.

Je reviens auprès de madame Hébert et lui fais part de cette information. Nous entendons alors des aboiements aigus.

— L'environnement est sinistre, commente-t-elle en regardant sa montre.

D'un commun accord, nous décidons de revenir plus tard.

À 14 heures, quelques voix sur l'étage, mais sans plus. Puis, tout à coup, une voix de stentor retentit au bout du corridor, s'amplifiant au fur et à mesure que les pas approchent.

— C'est sûrement le président. Regardez les courbettes que font les gens quand ils le croisent, marmonné-je.

Enfin, un sourire.

— Vous avez de la chance de me trouver ici. Ma fonction m'appelle souvent à l'extérieur.

Mais dès que madame Hébert prononce le mot « Canada », son attitude change du tout au tout.

— Quel beau pays, tabarnak! lance-t-il, fier de lui.

Madame Hébert ne semble pas apprécier. Tout en sortant les tampons d'un tiroir de son bureau, il nous raconte le voyage au Canada qu'il a fait, quelques années plus tôt, dans le cadre d'un congrès de vétérinaires.

— J'ai eu le bonheur de manger votre cochon dans une cabane à sucre. Il nous a été présenté sous forme de... de...

— Des oreilles de crisse, sans doute.

— Que vous avez de belles images, hostie, pis un bel accent, ciboire! ajoute-t-il, doublement fier de lui.

Madame Hébert ne sourit pas. Elle attend qu'il s'exécute, mais pense, me dira-t-elle plus tard, « qu'il est dommage qu'on associe les Québécois exclusivement à un patois, un accent ou un folklore ». Il ouvre le tampon encreur.

— C'est triste que la France ait perdu cette colonie, commente-t-il en tamponnant presque avec rage, et plusieurs fois, le carnet médical de Petit Chat.

Madame Hébert ne peut s'empêcher de le lui faire remarquer.

— Ah, vous savez, madame, les fonctionnaires sont partout les mêmes, peu importe le pays. Les tampons et les écritures illisibles les fascinent.

Il ajoute ostensiblement un dernier paraphe, vérifie une seconde fois si tout est en ordre avant de souhaiter à madame Hébert un bon voyage « en tabarnak ».

J'ai rarement vu madame Hébert aussi en colère lorsque nous quittons son bureau.

— Cet homme est un con. Tous les Québécois ne jurent pas ! Je ne vous ai jamais entendu jurer, ni Luc. Je ne lui ai rien répondu, car j'aurais craint qu'il refuse d'apposer les tampons qui sont nécessaires à Petit Chat. Et cette histoire de colonie ? Il est un peu tard pour le regretter. La France vit dans le passé. Je suis heureuse de rentrer au Canada, débite-t-elle une fois dans la première cour intérieure.

De nouveau, je sens le besoin de détendre l'atmosphère en lui faisant remarquer qu'il n'a pas parlé des Indiens et, qu'en ce sens, ce fonctionnaire est peut-être récupérable.

— Ce serait bien le seul ! conclut-elle en souriant.

Nous traversons la deuxième cour.

— Tous les papiers de Petit Chat sont conformes aux règles des douanes canadiennes, c'est ce qui importe, se rassure-t-elle.

De retour, elle me suggère de manger chez elle, ce soir.

Je contacte le secrétaire général de l'Université qui m'informe qu'un employé de la Délégation passera le 8 avril dans la matinée chercher les boîtes de documents que madame Hébert donne au Centre.

Malgré un temps splendide, je reste à l'appartement pour m'avancer dans mon travail de classement. À peine ai-je commencé que le téléphone sonne.

— Pourriez-vous venir? Il faudrait que je fasse quelques courses.

Je prends une longue douche qui ne réussit pas à me calmer. J'en viens à espérer le jour de notre départ.

Dès que j'entre chez elle, je sais que ça ne va pas. J'évite de la questionner.

— Le téléphone n'a pas cessé de sonner depuis ce matin. Boréal m'a proposé une date pour le lancement de Poèmes pour la main gauche, le Seuil m'a invitée à déjeuner la semaine prochaine et une amie veut absolument me voir avant mon départ. Voilà !

Dans l'espoir d'alléger l'atmosphère, je reprends sa comparaison à une diva sollicitée de toutes parts.

— Je préférerais que toutes ces invitations cessent. Elles me déconcentrent dans mon déménagement et il reste encore beaucoup de choses à vider dans les armoires.

Une courte pause avant de retrouver son fauteuil.

— *Et il y a Petit Chat qui semble malade. Il n'est pas allé dans sa litière depuis la piqûre du vétérinaire. Cela fait plus de 24 heures, se désole-t-elle d'un ton catastrophique.*

Ne m'a-t-elle pas parlé déjà de ses inquiétudes en ce qui concerne le voyage de son chat en avion ? Et des horreurs que des amis lui ont racontées ?

— *Avec toutes les invitations à manger que je ne peux refuser, il faudra avant mon départ que je saute quelques repas si je ne veux pas revenir au Québec avec une dizaine de kilos en trop.*

Elle pose un regard anxieux sur sa bibliothèque et les cartons.

— *Je suis assurée que votre université possède déjà tous les volumes que je leur ai offerts. Je ne vois pas en quoi mes livres peuvent intéresser les étudiants dans leurs recherches, affirme-t-elle d'une voix déterminée.*

Je tourne la tête vers le jardin, distrait par le chant d'un oiseau. Une alouette ? Pourquoi tout à coup je pense à ma mère ? Est-ce à cause du ton cassant qu'elle a pris ? Et pourquoi ce commentaire ? Quelqu'un de la Délégation lui a-t-il téléphoné ?

— *J'éprouve une profonde tristesse de laisser Paris, son architecture, ses places, ses avenues, ses boulevards. Je l'ai choisie dès 1954, et je dois maintenant la quitter. J'emménage dans un appartement que je n'ai pas choisi, que je n'ai jamais vu, dans une rue au nom hivernal, dans une ville dont la beauté se résume à la coupole de l'Oratoire que je contemplerai les soirs de grand ennui en m'imaginant les tours de Notre-Dame, dans un pays balayé par les vents et les poudreries où je demeurerai encabanée de crainte de tomber sur les trottoirs glacés. Voilà !*

Elle me dévisage comme si elle m'accusait. Je cligne des yeux. Être ailleurs, dans la neige et le froid. Vous redonner Paris que je vous ravis, je ne le peux. Votre déracinement est aussi mon deuil. Je me lève.

De but en blanc, elle me rappelle le sèche-linge que je dois acheter.

— Je ne peux apporter le mien, car il est fixé au mur. Quand reviendra l'épervière pour vérifier si j'ai enlevé la moquette, elle s'apercevra que j'ai dévissé quelque chose ; elle gardera sûrement une partie de la caution que j'ai versée il y a 26 ans.

— Expliquez-moi, madame Hébert, parce que je ne comprends pas : le meuble-armoire qui est dans votre bureau de travail est vissé au mur, m'avez-vous dit la semaine dernière. Et pourtant, vous le donnez à la concierge. Une fois ce meuble enlevé, il y aura plein de trous au mur.

Elle caresse Petit Chat, prend tout son temps avant de me répondre.

— Ce n'est pas la même chose. Ce meuble m'a coûté 20 000 francs quand je l'ai acheté. Je ne veux pas le laisser aux futurs locataires. Je préfère le donner à des personnes qui en ont besoin. Voilà !

Je n'insiste pas. Quel genre de courses aimerait-elle faire ?

— Il faudrait que j'achète des médicaments pour au moins six mois. Je ne suis plus sûre qu'il y ait des équivalences au Canada.

Est-ce possible ? Hier, c'était des réserves pour Petit Chat, aujourd'hui... Je respire profondément.

— Je ne reconnais plus mon appartement. C'est un vrai fouillis. Tout cela me déprime.

De mon regard, je fais le tour de la pièce. Les tables sont jonchées de livres et d'objets de toutes sortes, le manuscrit qu'un auteur connu lui a envoyé afin qu'elle le lise pour le recommander au Seuil dort par terre, sans compter le paquet de lettres qu'elle a reçues depuis plusieurs semaines, dans la foulée de l'annonce de son déménagement, qu'elle n'a pas encore décachetées et qui sont empilées pêle-mêle sur le guéridon.

— Les déménageurs viennent dans deux jours et je n'ai pas encore fait les tiroirs de ma chambre ni les armoires de la cuisine. J'ai l'impression que je n'y arriverai pas.

Elle prend soudainement conscience de l'urgence de la situation. Je fais quelques pas dans les autres pièces. Elle n'a pas encore touché à sa chambre. Quant à son bureau, elle n'a vidé aucun tiroir. Les photos des personnes chères sont toujours collées sur la porte du meuble.

D'abord et avant tout, la rassurer. Je lui propose un programme pour la journée.

— Et la concierge qui part demain avec sa famille pour le baptême de sa nièce dont les parents demeurent au Luxembourg ! m'annonce-t-elle d'un air paniqué.

Calmement, je lui répète le plan de match d'aujourd'hui.

— Que diriez-vous, madame Hébert, si nous passions tout de suite à la pharmacie et qu'ensuite nous allions déjeuner ?

— Bon ! Très bien ! En route !

Le repas la calme. Elle réussit même à blaguer. « Nous faisons l'andouille de père en fils », se rappelle-t-elle sur une publicité d'un charcutier en Normandie quand elle est passée par là.

Je la précède. Lorsque nous entrons dans son appartement, je remarque tout de suite le vomi sur les carreaux de la cuisine. Je prétexte un verre d'eau pour ramasser le dégât. Je décide de ne lui en dire mot.

Elle revient de son bureau avec une boîte remplie de lettres. Elle n'a quand même pas l'intention que nous les lisions une à une, me dis-je en allant à sa rencontre.

Une fois assise, elle en prend un paquet retenu par un élastique.

— La mère de Saint-Denys écrivait régulièrement à ma mère, parfois deux lettres par mois. Elle l'appelait sa sœur-cousine, me confie-t-elle en promenant une main sur la liasse. Tante Hermine était très croyante.

Qu'est-ce que je fais ? Passer l'après-midi à écouter ses souvenirs alors qu'il y a encore tellement de choses à boucler ?

— *Elle a lu tout le* Journal *de Saint-Denys et a enlevé les détails trop intimes, craignant qu'ils ne tombent dans des mains fouineuses. Elle disait qu'une fois épuré, ses amis Robert Élie et Jean Le Moyne auraient une meilleure vue de l'ensemble.*

Le soleil plombe dans les tabatières et réchauffe mon crâne chauve pendant que Louky dort sur une pelouse déjà verte.

Je relis le mot d'affection que mon fils m'a remis quand il est venu dîner. Ces mots que je lis, j'aurais dû les lui dire dès sa naissance. Pourquoi l'essentiel m'apparaît-il maintenant dans toute sa cruauté?

J'ose me regarder dans la glace sans crainte de voir surgir le visage de Luc. Je sais que celui que j'ai toujours aimé est mon fils. Quand il m'a enlacé, juste avant de me quitter, j'ai senti jaillir en moi cette tendresse qui berce le cœur et ce feu qui donne vie.

Je reviens à mes notes. Comment n'ai-je pas vu cet autre indice si présent dans ses mots? Où avais-je la tête pendant tout cet après-midi? «Elle a lu tout le *Journal* de Saint-Denys et a enlevé les détails trop intimes.»

Je sens le début d'une contraction. Jusqu'où étendra-t-elle sa souffrance? Vite, faisons entrer Louky.

Madame Hébert poursuit en silence la lecture d'une autre lettre pendant que je complète des cartons.

— *Elle a copié plusieurs articles avant de les faire dactylographier. Jean Le Moyne lui envoyait des notes qu'il avait prises sur Saint-Denys. « J'ai passé l'après-midi avec Saint-Denys. Sa voix seule maugréait », a-t-il écrit.*

Elle en prend une troisième qu'elle lit pour elle.

— *Saint-Denys avait dessiné un christ en croix. Il n'avait que 17 ans. Il avait aussi écrit une prière qu'il disait chaque soir. Voulez-vous que je vous la lise?*

— *Bien sûr, lui dis-je en pensant au temps qui fuit.*

— « *Je veux toujours garder mon regard sur ta sainte face /
Pendant que reluira par-dessus ta douleur / Ta résurrection et le
jour éternel / À te contempler je me sens plus fort / Dans mes
moments de détresse.* » *Tante Hermine était convaincue que sur
la plage son dernier regard s'était posé sur son christ. Voilà !*

Je n'ai jamais tant souhaité un « Voilà ! ».

— *Je peux vous aider ? dis-je en désignant le désordre.*

— *Vous ne pouvez pas m'aider. Je dois poursuivre le tri de mes
vêtements. J'ai besoin que la concierge soit là. Elle m'a dit qu'elle
prendrait ce que je n'apporterai pas, me répond-elle en remettant
les lettres dans la boîte.*

*Je la rassure ; lundi, elles pourront vider les tiroirs malgré la
présence des déménageurs. Après quelques phrases, je me trouve
ridicule en imaginant la scène. Les deux femmes triant culottes
et jupons pendant que les hommes démontent le lit.*

— *Tant pis pour la concierge, j'apporterai tout à Montréal et
là, je donnerai aux pauvres ce que je ne mettrai plus. Voilà !*

Je regarde ma montre.

— *J'ai une course à faire. Je serai de retour dans une demi-
heure.*

— *Bon ! commente-t-elle, déstabilisée.*

*Je fulmine quand je sonne chez la concierge. Une deuxième
fois avant qu'elle ne m'apparaisse en robe de chambre, les cheveux
ébouriffés. Visiblement, je la réveille en plein après-midi. Je lui
fais signe que je veux entrer chez elle. Je la sens mal à l'aise,
intimidée, incrédule devant mon comportement impoli. J'avance
dans le minuscule salon, prends une profonde inspiration en
espérant qu'elle me calmera. Il n'en est rien.*

— *Madame Hébert est dans tous ses états. Elle m'a dit que
vous allez à un baptême demain au Luxembourg. Je vous rappelle
que lundi, les déménageurs seront là. Il y a encore beaucoup de
choses à faire dont terminer le tri de ses vêtements, les armoires
de cuisine, le fond d'épicerie, etc. Croyez-vous que madame*

Hébert, si désespérée soit-elle, me laissera toucher à ses collants et ses dessous? Comme vous ne pouvez pas être là, demain et dimanche, elle a décidé de tout apporter à Montréal. Les pauvres de la ville auront ce qui vous était destiné. Vous comprenez ce que je dis?

La concierge acquiesce nerveusement de la tête.

— Il me semble qu'avec tout ce qu'elle vous a donné, vous donne et vous donnera, vous pourriez laisser tomber le baptême, et terminer ce que vous avez commencé avec elle. Baptême!

J'ai gueulé et je suis rouge de colère.

Elle me dévisage, figée. Elle est en plein dilemme. D'un côté, un affront à sa famille très croyante, de l'autre, la perte d'un avoir important.

— Si vous décidez de ne pas aller au baptême, ce que j'espère, montez immédiatement dire à madame Hébert que demain vous serez chez elle pour l'aider à terminer le tri de ses vêtements. Vous suivez?

Elle se mord les lèvres, les yeux brillants de larmes.

— Je dois en parler à mon mari, avant. Attendez-moi ici, je lui téléphone.

Je m'assois dans une espèce de fauteuil recouvert d'un drap fleuri aux couleurs du drapeau espagnol. Malgré la pénombre, je reconnais petite table du salon, coussins, porte-parapluie, bibe- lots, commode, chaises. Comment fait-elle pour vivre dans ce réduit encombré?

Après de longues minutes, la concierge sort de la chambre habillée, coiffée et maquillée.

— Je vais avertir madame Hébert que je serai là demain. Mon mari dit que nous irons au baptême, mais que nous voyagerons de nuit.

Nous sortons de l'appartement.

Pendant qu'elle parle à madame Hébert, j'entends sa joie quand elle lui apprend qu'elle sera là demain, dès 10 heures.

— Ne vous inquiétez pas, nous aurons terminé à la fin de l'après-midi.

— J'ai l'impression d'abuser de vous.

— Surtout pas, madame Hébert. Vous avez été si généreuse avec moi et ma petite famille pendant toutes ces années que c'est la moindre des choses que je vous aide. De toute façon, nous irons quand même au baptême de ma nièce. Nous partirons de nuit.

J'attends au bas de l'escalier que la concierge revienne. Je la remercie, sans plus. Je sors griller une cigarette avant de remonter.

— N'oubliez pas d'acheter le sèche-linge qu'on a vu au Bon Marché.

Je fais les cent pas dans mon appartement. Ma sœur vient de m'annoncer que maman est à l'hôpital. Un caillot au cerveau. Je pense à madame Hébert qui a le même âge. Surtout, ne rien laisser paraître.

Je me rends chez elle, l'esprit à Saint-Hyacinthe où on a hospitalisé ma mère.

— *Il faudrait que nous allions à la Sécurité sociale. Je n'ai pas eu de nouvelles d'eux.*

Visiblement, elle est heureuse que ses tiroirs soient vidés.

— *Petit Chat a été malade cette nuit. Il n'a toujours pas uriné. Cela fait maintenant plus de 36 heures. Ce n'est pas normal, s'inquiète-t-elle en s'assoyant.*

Au téléphone, je l'entends expliquer au vétérinaire les malaises de son chat depuis qu'il lui a donné l'injection. Je regarde la vieille bête qui s'alanguit de tout son long sur le sofa, le ventre gonflé. Je pense que si la zoothérapie aide les personnes seules, elle a aussi l'effet contraire quand l'animal est malade, accentuant alors leur angoisse et, éventuellement, leur solitude.

Elle revient vers moi, ravie de m'apprendre que le vétérinaire passera cet après-midi.

— *Ce n'est pas au Canada que j'aurai ce service, murmure-t-elle en flattant son chat.*

Pendant de longues minutes, elle répète ses caresses, gardant le même rythme lent, concentrée sur la bête qui ronronne.

— J'aimerais que nous vidions les rayons des petites bibliothèques dans mon bureau. Comme je ne les apporte pas à Montréal,
la concierge pourra les transporter chez elle quand elle reviendra
du baptême.

Je me lève aussitôt.

— Vous pourrez ranger les livres dans les rayons de la grande
bibliothèque du salon. Si vous n'avez pas assez de place, vous les
mettrez par terre, m'indique-t-elle.

Alors que je pensais faire ce travail seul, elle me suit dans
son bureau de travail. Elle me double et se place devant la
première petite bibliothèque. Je la vois plonger les deux mains
dans un rayon et en sortir une demi-douzaine qu'elle me présente. Je comprends que je ferai la navette entre le bureau et le
salon.

La relocalisation des bouquins dure environ une heure. Tous
les rayons du salon sont pleins. Parfois, elle fait un commentaire
sur un titre qui lui rappelle un précieux souvenir.

— J'ai acheté ce livre d'Aragon lors d'une séance de signatures
dans une librairie.

Elle relit la dédicace en souriant avant de me donner l'exemplaire.

— Cocteau m'avait dédicacé La Belle et la Bête, que j'ai
perdu dans un déménagement. J'ai acheté un autre exemplaire.

Cette fois-ci, elle prend Paulina 1880 de Pierre Jean Jouve et
lit sa dédicace en me demandant si je connais ce roman. Je lui
rappelle L'Enfant chargé de songes.

— Comment s'appelle, déjà, la dame des Billettes que Julien
espère tant revoir ?

Elle sourit.

Une fois son secrétaire vidé, je déplace une première bibliothèque que je transporte près de la porte d'entrée. Une enveloppe
tombe à mes pieds. Madame Hébert la ramasse.

— Je crois que c'est un doctorat honorifique. J'ai dû le mettre là parce que je ne savais pas où le classer, dit-elle en me présentant la grande enveloppe.

— Je peux ouvrir ?

Elle hoche la tête. C'est le doctorat honorifique de l'Université de Grenoble, Stendhal 3, qu'elle a reçu le 6 décembre 1966.

— Vous en trouverez sûrement d'autres derrière les bibliothèques. Je ne me souviens plus exactement où je les ai tous rangés.

En transportant les deux autres étagères, je découvre les doctorats honorifiques des universités de Toronto, de Laval et de McGill, de même que l'esquisse du décor du Temps sauvage présenté au TNM en 1966. Tout en remettant les distinctions dans leur enveloppe respective, je lui demande où est celui de l'Université de Montréal.

— Je n'en ai eu ni de Montréal ni d'Ottawa.

— Comment ? Aucune de ces deux universités ! Quel est leur problème ?

Ma surprise et probablement ma façon de l'exprimer la font sourire.

— En fait, on voulait m'en offrir un, mais à la condition que je paie mes frais de déplacement et d'hébergement de Paris à Montréal. Comme j'étais plutôt serrée financièrement, je ne pouvais pas faire le trajet jusqu'à Montréal si on ne m'allouait pas une somme suffisante. On a refusé ; je n'y suis pas allée ! Je n'ai donc pas de doctorat honorifique de l'Université de Montréal, se désole-t-elle en souriant.

— Et pour Ottawa, c'est la même chose ?

— L'Université d'Ottawa m'en a octroyé un en 1966. Mais à cause d'un règlement de leur Sénat, les grades honorifiques ne sont pas conférés in abstentia. Et le délai était beaucoup trop court entre le moment où j'ai reçu leur lettre et la date de la collation des grades.

Je bois ses paroles. Elle prend tout son temps.

— *Là aussi, comme à l'Université de Montréal, je devais assumer mes frais de déplacements. J'ai été quelque peu surprise, car c'était le premier doctorat* honoris causa *que je recevais.*

J'attends. Elle est là-bas.

— *On m'a proposé, en cas d'impossibilité de ma part, de me le remettre à une autre collation des grades, celle de l'automne ou encore à celle du printemps de 1967.*

Je devine le dénouement.

— *Je ne voulais pas révéler la vraie raison de mon refus. J'ai argué qu'il m'était impossible de me rendre à Ottawa le 29 mai. Je venais tout juste de revenir en France après un séjour de plusieurs mois au Canada. Comme je commençais à peine un long travail que je désirais remettre à mon éditeur de Paris le plus tôt possible, j'ai répondu au recteur que ce roman était encore trop jeune, trop fragile et incertain pour que je puisse en prévoir la fin d'une façon un peu précise.*

— *Il a dû être déçu?*

— *Je lui avais écris une longue lettre dans laquelle, je m'en rappelle très bien, je disais que j'étais profondément touchée du grand bonheur que me faisait le Sénat de l'Université d'Ottawa. Je poursuivais en soulignant que cela m'impressionnait beaucoup de penser que l'on m'offre si généreusement le grade de docteur ès lettres* honoris causa. *Je concluais qu'un tel témoignage de confiance venant d'une université canadienne demeurait pour moi le plus précieux et le plus extraordinaire encouragement à continuer mon œuvre littéraire. Voilà!*

Je suis abasourdi.

La sonnerie de la porte. Le vétérinaire. Il examine rapidement l'animal, lui presse la vessie, ce qui fait miauler Petit Chat.

— *Il a mal,* s'inquiète madame Hébert.

Ce qui n'empêche nullement le médecin de poursuivre son examen. Après quelques minutes à le tâter, il confirme que le chat fait bel et bien une infection urinaire et que, pour le guérir, il faudrait qu'il suive un traitement à sa clinique pendant deux semaines.

— Je ne peux pas vous le confier. Je pars dans une dizaine de jours, lui dit-elle d'une voix affolée.

Le vétérinaire lui propose un traitement intensif d'une semaine. Il devient évident qu'il abuse. Il connaît le degré d'affection qu'elle porte à Petit Chat qu'il soigne depuis des années. Il pousse la turpitude jusqu'à lui affirmer que le chat ne pourra pas supporter le voyage. Qu'il serait peut-être préférable de l'euthanasier tout de suite !

Madame Hébert lui répond d'un ton ferme qu'elle ne peut s'y résigner. Elle en tremble. Pendant ce temps, je suis dans la cuisine, où Petit Chat, calé dans sa litière, urine. Je reviens lentement au salon et m'adresse directement au vétérinaire.

— Docteur, votre traitement ne sera pas nécessaire. Voyez par vous-même.

Les deux se précipitent dans la cuisine. J'entends la voix de madame Hébert remercier son chat avec moult adjectifs, tandis que le médecin, quelque peu dépité au sortir de la cuisine, mais voulant sauver son honneur, estime que son massage de la vessie aura suffi à débloquer certains conduits.

— Il faut s'attendre à ce que son mal revienne, cette fois-ci plus violemment, insiste-t-il, les yeux ronds comme des pièces d'or.

Cette visite à domicile coûte 500 francs à madame Hébert. Je trouve que le vétérinaire exagère, mais je me tais.

Elle rayonne de bonheur, retourne dans la cuisine, se penche au-dessus de la litière pendant que Petit Chat s'étire sur la moquette.

— Je crois que ce sera tout pour aujourd'hui, m'avertit-elle en revenant au salon.

Je termine de placer la pile de livres sur les rayons.

— Je pense que je n'aurai pas assez de valises pour tout apporter. J'ai besoin de vêtements quand je serai à Montréal, d'autres pour la Rencontre internationale des écrivains dans les Laurentides, et puis mon imperméable, mon manteau d'hiver, car il fait encore froid au Canada.

Je la rassure. Demain matin j'apporterai ma grande valise dans laquelle elle pourra faire entrer sa garde-robe d'été, et même d'hiver si elle le veut. Je la sens moins tendue. Elle se dirige vers son bureau.

— J'aimerais vous donner quelque chose afin de vous remercier pour tout ce que vous faites pour moi, me dit-elle une fois de retour.

Elle me tend une espèce de boîtier.

— C'est le coffret de luxe de Kamouraska que vous avez beaucoup travaillé. On me l'a offert lors de la publication. J'en ai deux exemplaires. Les gravures sont d'Antoine Dumas.

Debout, face à elle qui s'est assise, je touche le velours de la couverture et la sculpture insérée dans le carton rigide. Je feuillette avec grand respect et émotion, découvrant les 11 sérigraphies de l'artiste. D'une figure admirative naît chez elle un sourire lumineux que je retrouve quand elle est sereine. Je la remercie longuement.

L'histoire de son chat réglée lui enlève un poids énorme.

— Avec un carnet de santé conforme aux lois canadiennes, les douaniers ne pourront pas saisir Petit Chat à Mirabel, observe-t-elle avec grand soulagement.

Je lui demande si elle veut manger ici ou au restaurant ce soir. Elle opte pour l'extérieur.

— Je crois qu'il n'y aura plus de repas dans mon appartement. C'est fini à jamais.

Je ne commente pas, préférant insister sur le travail que nous avons accompli.

— *Vous verrez, nous attendrons allègrement les déménageurs demain.*

Elle me corrige aussitôt.

— *Vous voulez dire que nous attendrons assurément les déménageurs demain.*

Je quitte la verrière. Louky, qui m'a précédé de quelques minutes, s'est lancé dans l'eau froide de l'étang à peine dégelé. Il semble avoir attendu cette occasion depuis longtemps, à le voir ainsi nager.

Je fais quelques pas sur la pelouse qui a besoin d'une première coupe pendant que Louky s'ébroue près de moi et se roule dans l'herbe tendre.

Je porte les yeux vers le ciel tacheté de bernaches et d'oies blanches qui n'en finissent pas de surgir de l'horizon tels des soleils levants qui chantent le jour.

Je m'assois sur le muret de pierre, face à la gloriette nue, savourant mon dernier printemps en me noyant de cris, de chants et de couleurs qui éclosent sous la frondaison naissante.

Louky tient dans sa gueule un rameau d'érable, invitation au jeu, qu'il voudrait bien que je lui lance. Je m'amuse comme un enfant.

Ma tisane sur la table de la verrière, je reprends ma lecture là où, juste avant d'entrer au restaurant, nous croisons un quidam éméché rue des Écoles, sortant du bar Le Paradis perdu, nom dont madame Hébert se servira dans *Un habit de lumière*.

De retour au restaurant, elle me demande de descendre ses valises de la tablette du placard. J'en sors quatre dont une presque aussi grande que la mienne.

— *Je crois qu'avec la vôtre, je pourrai apporter tout ce que je veux.*

— *J'en suis assuré, lui dis-je en comptant mentalement les bagages à main que je porterai le jour de notre départ.*

Elle fait une dernière fois le tour des pièces quand soudain elle s'exclame.

— Nous avons oublié de vider le casier à la cave !

Il fait sombre. Il faudrait une autre ampoule. Je trébuche sur le maudit bidet. Lentement, mes yeux s'adaptent à la pénombre. Des boîtes de livres, la plupart ouvertes, un matelas, des pots de fleurs en terre cuite, une jarre, des étagères, de vieux coussins, une malle entrouverte. Sur le dessus, deux rouleaux de carton rigide. Je les prends et me dirige sous un néon plus loin. Deux doctorats honorifiques, celui de l'Université de Carleton et celui de l'Université canadienne de France. Dans une mallette rouge, je découvre trois épitoges, des parchemins dont celui du prix Molson du Conseil des Arts du Canada, 1967 et celui de l'Ordre du Canada, 1968, des coffrets contenant des médailles dont celles de l'Académie royale de la langue et de la littérature de la Belgique, 1971, de la Société des poètes français le prix Desbordes-Valmore, 1968, de la fondation Prince-Pierre-de-Monaco, 1976, et du 125e anniversaire de la Confédération canadienne. Je dodeline de la tête en pensant au peu d'importance qu'elle accorde aux décorations, prix et honneurs dont on la gratifie.

Je monte un premier carton à l'appartement puis redescend. L'humidité s'est imprégnée dans les traductions et sur les parchemins. À défaut de cartons, j'emplis les sacs de choses éparses et inattendues comme le parchemin de l'Ordre de la Francophonie et du Dialogue des cultures – Pléiade, 1982, qui lui confère le grade de Chevalier, et la médaille du prix Athanase-David, 1978.

Une fois de retour, je lui fais la liste de ce qui reste.

— Je n'apporte pas au Canada la grande malle, le matelas, les pots à fleurs, les étagères et le petit escabeau. La concierge les prendra sûrement.

Pour une fois, j'apprécie la voracité de la gardienne de l'immeuble.

— Croyez-vous que le Centre serait intéressé par toutes mes traductions ? demande-t-elle en ouvrant un carton.

Je fais signe que oui. Elle inscrit, au feutre : « Université de Sherbrooke ». Je suis renversé par sa maîtrise.

— Avez-vous trouvé des doctorats honorifiques et des médailles ? Je me rappelle que j'en ai rangé là-bas.

Je cherche le sac qui contient écrins, cartons rigides et médailles. Elle me sourit quand je les lui montre.

— Je crois que vous aimez beaucoup les doctorats honorifiques ! commente-t-elle avec ironie.

Je descends une dernière fois vérifier si je n'ai rien laissé.

— J'ai oublié le parchemin du Collège poétique de la Ville de Menton que j'ai trouvé sur le dessus de l'armoire, me dit-elle en me le remettant.

— Il faudrait, peut-être, regarder dans la salle de bains. On ne sait jamais ! On pourrait trouver deux ou trois médailles.

— N'oubliez pas d'écrire « Université de Sherbrooke ». Je ne voudrais pas retrouver les choses du Centre chez moi, à Côte-des-Neiges. Je craindrais trop d'être envahie par vos chercheurs, plaisante-t-elle en me donnant le gros feutre.

Elle retourne dans sa chambre, dit quelques mots à Petit Chat, revient au salon.

— Pouvez-vous demain me téléphoner à 5 heures 30 ? Les déménageurs arrivent bien à 8 heures ?

J'acquiesce en lui répétant que tout ira très bien.

— L'hôtel Abbatial où je passerai ma dernière nuit me paraît aussi loin que Montréal.

À mon appartement, le clignotant rouge. Ma sœur m'informe que l'état de maman s'est aggravé.

D'ici, je réentends son message. Comme j'aurais voulu être à Saint-Hyacinthe ! Ma place était là-bas. Mon Dieu !

À 7 heures le lendemain, je la trouve dépitée. Elle n'a pas dormi de la nuit.

— Cette amie « sous influence » m'a téléphoné pour me dire qu'elle s'est brouillée avec sa copropriétaire.

Elle grignote à peine la madeleine que j'ai achetée en route.

— J'ai davantage mal au cœur que je n'ai faim.

Assise dans son fauteuil, Petit Chat couché encore sous l'édredon, elle me raconte sa soirée.

— Petit Chat a vomi toute la nuit. Le déménagement le traumatise. Il ne supportera pas le long trajet jusqu'à Montréal. Le vétérinaire a peut-être raison. Mieux vaut l'euthanasie que la souffrance.

Elle a enfilé les phrases les unes à la suite des autres, sans prendre la peine de respirer.

À 8 heures précises, branle-bas dans la rue. Nous nous regardons en pensant à la même chose. Des pas dans l'escalier. Trois hommes. La porte de l'appartement est grande ouverte. Le responsable du déménagement fait le tour des pièces, demande s'il y a autre chose, ailleurs, à déménager. Il donne des ordres aux deux autres qui commencent aussitôt à remplir les cartons de livres. Les boîtes s'empilent rapidement. La concierge attend que la bibliothèque soit vide pour la sortir de la pièce avec l'aide d'un ami, d'un cousin ou d'un frère avant de réapparaître aussitôt dans l'embrasure de la porte. Assise dans son fauteuil, Petit Chat sur ses genoux, madame Hébert est silencieuse. Aucun mot sauf des bruits de pas, de livres qu'on déplace, de boîtes qu'on ferme.

Les pièces se vident lentement. Le salon est devenu un vrai fouillis. Le bureau se retrouve nu lorsqu'un déménageur apporte le dernier classeur. Elle jette un regard désespéré sur moi, puis le reporte aussitôt sur Petit Chat.

La cuisine est vide à l'exception d'un carton de couverts qu'elle a décidé d'offrir à Stéphanie, la fille de son amie décédée. J'ouvre les portes d'armoires pour m'assurer qu'il ne reste rien.

Je reviens au salon, dernière pièce. Elle observe les déménageurs emballer le sofa, les lampes, le second fauteuil, la table, les chaises, le buffet, la desserte, le tabouret, le pouf. Il ne reste que le fauteuil sur lequel elle est assise. Le responsable s'approche d'elle. Je lui fais un signe de la main: attendez quelques secondes, le temps de... Elle me demande la cage de Petit Chat. Elle y dépose avec une infinie délicatesse son chat qui miaule. Je referme la cage. Elle se lève, va à l'autre extrémité de la pièce tout près de la fenêtre, se retourne quand le dernier meuble disparaît sous les alvéoles de plastique. Elle a à peine le temps de lever les yeux sur moi que le responsable du déménagement s'approche avec les trois formulaires à signer. J'entends presque un bruit de tampons.

Une fois les déménageurs partis, elle ouvre la cage de Petit Chat qui ne cesse de miauler. Il se promène d'une pièce à l'autre en longeant les murs.

— Voilà, c'est fait. Je ne peux plus revenir en arrière. Dans combien de jours le cargo arrivera-t-il à Montréal, déjà?

Je lui réponds doucement qu'il devrait être là-bas le 18 avril.

— Monsieur Bolduc m'a affirmé que le dédouanement ne prendrait que quelques minutes et que, si vous le désirez, il pourrait vous livrer vos choses dès la semaine suivante.

Quelques secondes avant sa voix étouffée.

— Je verrai.

Elle entre dans son bureau où elle a décidé de dormir, comme certaines nuits quand il y avait un trop grand bruit à la Mutualité. Bien que je ne sois pas d'accord avec son choix, elle a décidé de coucher à son appartement jusqu'à la veille de son départ, moment où le mari et le beau-frère de la concierge viendront démonter l'ensemble pour le donner à une quelconque belle-sœur.

Presque midi. Sur les murs, les traces des cadres, les marques des meubles, les taches noires laissées au-dessus des sources de chaleur. Il est impensable qu'elle passe ses grandes journées ici, sans chaise ni meuble, me dis-je.

— Allons déjeuner, nous verrons plus tard ce que nous ferons.

Sans nous consulter, nous nous dirigeons au Métro, choisissons la section du fond, la même table. Je la sens ailleurs, surtout pas à Montréal. Elle commande une glace pralinée.

— C'est ce que j'avais pris lors de mon premier séjour en France. La boucle est bouclée.

Nous rentrons. Elle prend son courrier. Une lettre de la Sécurité sociale. Sans attendre, elle l'ouvre.

— J'espère qu'ils ne me demandent pas d'autres papiers. Au Québec, je crois que cela sera plus simple.

Son visage se détend au fur et à mesure qu'elle lit. Un chèque y est agrafé.

— Enfin tout est réglé. Ils m'envoient ce qu'ils me doivent depuis des mois. Il n'est pas trop tôt !

Nous montons à l'appartement. De la cuisine, je l'entends m'appeler d'une voix agitée.

— Regardez ce que la concierge a fait.

Près de la fenêtre du salon, un genre de table sur tréteaux est dressée, recouverte d'une nappe fleurie sur laquelle il y a un bouquet de fleurs, une boîte de biscuits en fer blanc. Tout près du meuble improvisé, une chaise droite et à sa gauche, un fauteuil recouvert d'un drap aux couleurs du pays. On a même pris la peine de déposer le téléviseur, que madame Hébert a donné à la famille, sur une petite table afin qu'elle n'ait pas trop à se pencher pour l'allumer. Cette gentillesse me touche.

— Quelle attention délicate de sa part! Je vais aller la remercier. Je pourrai m'avancer dans mon courrier. J'aimerais être à jour avant de revenir à Montréal.

La réponse de la Sécurité sociale et ce décor dans son salon, deux petites surprises suffisent à lui redonner la parole et le sourire. Je crois qu'elle a besoin d'être seule quelques heures. Veut-elle que j'ouvre le meuble escamotable du bureau afin qu'elle se repose un peu?

— Je vais essayer, car ma dernière nuit a été courte, mais j'ai encore beaucoup de choses à régler, comme faire le tour du quartier pour leur annoncer que je m'en vais. Je ne peux pas partir comme ça, sans les saluer. Vous pourrez m'accompagner?

— Votre journée sera la mienne.

J'appréhende ce moment.

Je me rends rue de Constantine. J'ai besoin de vérifier si le Centre culturel canadien possède des documents audio-visuels sur son œuvre ou sur l'écrivaine, étant donné qu'elle a travaillé pour l'Office national du film pendant quelques années. Rien d'intéressant à l'exception d'une courte entrevue filmée qu'elle a donnée à l'occasion de la publication des Fous de Bassan. Je prends les coordonnées en note afin que le Centre puisse se procurer cette interview.

Je sonne. Pas de réponse. Une seconde fois avant que le bip de la porte ne se fasse entendre. J'entends la voix de la concierge très distinctement.

— Votre appartement paraît plus grand sans les meubles. Merci pour le pull et la jupe. Je vais les donner à ma belle-sœur qui vient de se séparer. Que votre appartement paraît grand sans les meubles!

Je dodeline de la tête quand elle me croise dans les marches en pensant à la lapalissade qu'elle a formulée.

— *Regardez, les déménageurs ont oublié la petite table de la cuisine.*

Comment se fait-il que je ne l'aie pas remarquée, pourtant si visible au milieu de la pièce? Le gros carton pour Stéphanie la cachait.

— *Que ferez-vous? Vous savez comment cette table m'est précieuse! Je l'ai achetée avec les droits de Kamouraska.*

Je pense à la concierge. Il faut que cette table aille au Canada, mais comment m'y prendre?

— *Ne vous inquiétez pas. Il n'y a aucun problème. Elle rejoindra les autres un peu plus tard. Je vous promets qu'elle sera au 4874, chemin de la Côte-des-Neiges, en même temps que toutes vos affaires.*

Nous quittons son sinistre appartement pour aller manger.

— *Je n'ai pu me reposer. Encore une fois, le téléphone n'a pas cessé de sonner, chacun s'informait si le déménagement a bien eu lieu.*

Elle semble chercher quelque chose, tourne et retourne le menu.

— *Tous y sont allés de leurs conseils. Certains m'ont même suggéré de ne pas attendre la visite pour l'état des lieux, et d'aller tout de suite à l'hôtel.*

L'homme à la table d'à côté me trouble et me distrait. Comme il ressemble à Luc. Le même bleu des yeux.

— *Je cherche le potage, dit-elle en tournant les pages du menu. Le chef l'a enlevé? C'est dommage.*

Je reviens à elle en plissant le front.

— *Mais madame Hébert, on ne sert pas de potage au Métro. Depuis le temps que nous y venons...*

Elle lève le regard dans la pièce.

— *Que je suis étourdie! Je croyais être au Pescatore.*

Elle est très déçue. Je lui propose que nous y allions en taxi. Elle hésite. Je sais qu'elle le souhaite.

Je prétexte un malaise pour nous esquiver. Nous nous engouffrons dans un taxi. Elle me remercie.

— Les gens ne peuvent s'imaginer ce que cela implique de déménager dans un autre pays. Tous ces liens qu'on a créés au fil des années, et qu'il faut briser par la force des choses. Je devrai en créer de nouveaux si je veux que cela soit vivable.

Je lui répète qu'elle est courageuse. Que ma mère, qui n'a déménagé que de quelques rues l'an dernier, trouve encore difficile d'avoir laissé sa maison, même si elle habite dans un complexe immobilier qui appartient à un de ses neveux.

Mon analogie est boiteuse, mais madame Hébert ne passe aucun commentaire. Elle revient plutôt sur les coups de fil qu'elle a reçus.

— Une amie du Midi, qui a déjà passé deux hivers au Canada à cause du travail de son mari, m'a dit que je ne pourrai plus supporter les rigueurs des hivers canadiens, que je mourrai d'ennui enfermée dans mon appartement surchauffé.

Malgré moi, je ne peux me taire.

— Vous êtes sûre que c'est une amie ?

Avec humour, elle me rappelle que certains amis exagèrent.

— Je crois que si nos ancêtres avaient pensé comme elle, le Québec serait davantage sous-peuplé qu'il ne l'est aujourd'hui, ajoute-t-elle en humant son potage.

Nous revenons chez elle vers 22 heures. Je ne peux la laisser seule tout de suite dans ce désert.

Je ferme les volets. Déjà le bruit sinistre des ferrures qui grincent donne le frisson. Je l'entends demander à Petit Chat s'il ne se sent pas trop perdu. Nous nous assoyons, elle dans le fauteuil drapé aux couleurs du pays, moi, sur la chaise droite. Petit Chat saute aussitôt sur ses genoux. Il n'y a aucun bruit dans le salon, pas même le ronronnement du chat.

— À cette heure, mes meubles sont déjà arrivés au Havre.

Je ne sais que répondre. L'écho de ses paroles emplit la pièce, donne un certain pathétisme à cette vérité. Je veux détourner la conversation.

— Demain, si vous le voulez, nous pourrions visiter d'autres Citadines. Il y en a une près du parc Monceau.

Elle caresse toujours Petit Chat qui s'est mis à ronronner.

— Je dois aller chez le coiffeur en vue de la réception chez l'ambassadeur, jeudi. Vous n'avez pas oublié, j'espère ?

Je lui mens.

— Il y a aussi ce déjeuner avec une amie qui m'a invitée. Je crois que c'est vendredi. Je vérifierai dans mon agenda. Et puis la rencontre avec l'assistante au Seuil afin de régler mes à-valoir avant de partir, une entrevue avec Lili de Lapsade. Non, je ne sais si nous aurons le temps de visiter d'autres Citadines.

Je me tais. Elle me demande de lui apporter son agenda. Machinalement, je me dirige vers son bureau. Il n'y a rien.

— Dans la cuisine, sur le comptoir près de l'évier, précise-t-elle simplement.

Ce carnet, seul lien palpable avec un passé qui s'estompe.

— Samedi dans la matinée, nous ferons le tour du quartier. Tous les gens seront là. Cela m'évitera d'y retourner une deuxième fois, dit-elle en ouvrant son agenda.

Elle me confirme le déjeuner aux appartements de l'ambassadeur, rue du Faubourg-Saint-Honoré.

Elle tente de réprimer un bâillement. Elle s'excuse. Je me lève. J'appréhende pour elle cette première nuit dans un appartement vide. Tout à coup, alors que je suis sur le seuil de sa porte :

— Il faudra aussi retourner à France Télécom, résilier mon contrat.

Je ne comprends pas ; je croyais le dossier fermé, mais le moment n'est pas aux palabres.

Je l'embrasse plus longuement qu'à l'habitude, la priant presque de repousser les fantômes s'ils se présentent durant la nuit. Elle me promet qu'elle les enverra au 110, rue du Bac s'ils se pointent.

Malgré l'immense abandon, son humour émerge de sa tristesse. Elle m'embrasse une seconde fois avant de fermer la porte. Sur le palier, j'entends: « Viens réchauffer ta vieille maîtresse, Petit Chat. Il ne me reste plus que toi dans ce néant. »

Mon unique bonheur dans ce quotidien métronomique sont mes pensées pour toi, en fin de soirée, quand j'estime avoir accompli ma tâche de la journée.

Jamais je n'ai autant répété les mêmes gestes, les mêmes écoutes, les mêmes attentes, les mêmes silences. Jamais je ne me suis senti aussi prisonnier dans une ville que j'aime pourtant.

Cette dernière semaine doit être aussi parfaite que les précédentes. M'oublier pour elle qui vit un drame mille fois plus important. M'oublier pour atténuer son épreuve. M'oublier pour qu'elle revienne entière à Montréal. Juste m'oublier.

De la verrière, comme ces jours sont une offrande en cette fin de vie. Viens réchauffer ton vieux maître, Louky. Il ne me reste plus que toi dans ce néant.

Très tôt le lendemain, je téléphone à monsieur Villa pour lui faire part de l'oubli. Il conteste tout de suite mon assertion en me spécifiant que cela n'est jamais arrivé en vingt ans et insinue que probablement madame Hébert a changé d'idée pendant la nuit. Je lui réplique que le déménageur qui s'est occupé d'emballer verres, coupes, assiettes et chaudrons a oublié la table sur laquelle il a passé l'heure à faire des cartons. Il rétorque que ses employés n'empaquettent pas sur des objets à déménager, mais sur des surfaces fixes comme les planchers ou les comptoirs. Je riposte que peut-être quelque chose lui échappe. Il récrimine contre mon sous-entendu et... Je le coupe en l'informant que je téléphonerai à monsieur Bolduc pour lui faire part de sa mauvaise foi.

— Que comptez-vous faire pour remédier à la situation, monsieur Villamêlé ?

Il est sans voix.

— Je vous rappelle que nous quittons Paris dans moins d'une semaine, monsieur. Devrai-je vraiment contacter Interglobe ?

J'entends ronchonner au bout du fil.

— Je vais voir ce que je peux faire.

Je raccroche sans être rassuré.

D'une des fenêtres ouvertes sur la rue, un puissant moteur de voiture. Je me penche. L'auto de la Délégation. Deux hommes. En quelques minutes, les dix cartons quittent mon appartement.

Décidément, le secrétaire général de l'Université ne s'entoure que de gens efficaces !

Je profite de la matinée pour aller au Centre international d'études françaises à la Sorbonne, rue Victor-Cousin, afin de me renseigner au sujet des universités françaises qui dispensent des cours sur les études canadiennes, en l'occurrence sur l'œuvre d'Anne Hébert. On me donne le Répertoire des études canadiennes en France. Les universités de Bordeaux III, de Stendhal Grenoble III, de Nantes, de Poitiers et de Rouen, entre autres, offrent des cours de littérature québécoise, certaines proposent même des programmes du deuxième et troisième cycle. Je prends plusieurs dépliants.

À 11 heures 30, je sonne. Elle a mal passé cette première nuit dans son appartement nu.

— J'ai rêvé que le cargo coulait et qu'il n'y avait pas de survivants.

Je n'ose pas la taquiner sur sa crainte.

— Petit Chat ne mange plus depuis ce matin. Cet appartement vide le déprime.

Aucun commentaire de ma part sur leur vie en osmose. Je lui parle de mon téléphone à monsieur Villa.

Au moment où nous sortons, Petit Chat vomit. Elle veut annuler sa visite chez France Télécom. J'essaie de la convaincre. Je crains le pire pour les prochains jours.

— Dis-moi ce que tu as, Petit Chat. Tu ne te sens plus chez toi dans cet appartement vidé de son âme ? Ta vieille maîtresse a aussi l'âme déchirée, murmure-t-elle en le caressant.

J'enlève mon manteau ; elle garde le sien. Je fais les cent pas en prenant de profondes inspirations. Me calmer.

— Que diriez-vous si nous allions déjeuner juste avant ?

Elle hésite. Je n'ai pas à insister. La laisser décider, je m'en porterai mieux.

— Il y a un casse-croûte tout près de France Télécom. Un sandwich me conviendrait.

À *ma grande surprise, elle décide de marcher en ce bel après-midi. Pourquoi accentuez-vous son deuil? Pourquoi d'autres tampons?*

Elle prend la rue Saint-Jacques. Nous longeons la Sorbonne, passons place du Panthéon. Je la devine quand elle s'engage rue Gay-Lussac. Logique, me dis-je, les bureaux de France Télécom sont à côté.

Devant la vitrine de la Librairie du Québec, elle regarde l'étal de livres. Va-t-elle entrer? J'aimerais. Je la suis. Une fois à l'intérieur, je la guide vers les rayons où se trouvent ses œuvres. Plusieurs sont là, mais pas Les Enfants du sabbat.

— Vous savez sûrement que ce roman avait été très mal reçu, surtout au Québec?

— Ah, oui!

— Quand j'ai siégé au jury international du concours Prométhée, certains jurés ont qualifié cette œuvre de scabreuse. Ils s'en rappelaient encore même si la publication remontait à une dizaine d'années.

— Moi, j'ai beaucoup aimé, même si vous ne nous avez pas habitués à une telle orgie... disons, d'images.

Elle sourit.

— Des réalisateurs de cinéma m'ont approchée pour que j'écrive le scénario. J'ai toujours refusé. Je crains trop qu'on en fasse un film porno.

— Vous avez parfaitement raison. Imaginez sœur Julie de la Trinité dans la chambre de l'aumônier du couvent, l'abbé Léo-Z. Flageole passer « sa robe par-dessus sa tête », arracher « d'un geste brusque sa guimpe et sa cornette », apparaître « un instant en jupon et cache-corset de sœur du Précieux-Sang », et se dénuder « complètement, le temps d'un éclair[1] »!

---

1. *Les Enfants du sabbat, op. cit.*, p. 102-103.

— *J'aurais l'impression de revoir le film* La Religieuse, *commente-t-elle en souriant.*

L'employé a reconnu Anne Hébert. Il s'approche d'elle, lui exprime sa joie de la rencontrer, fait allusion à son retour au Québec. Elle lui sourit. Je devine qu'elle veut sortir. S'imagine-t-elle déjà à Montréal? Salutations et autographes.

Nous regagnons le boulevard Saint-Michel. Devant nous, France Télécom. Nous prenons un numéro. Le soleil plombe et la pièce est déjà surchauffée.

Une demi-heure plus tard, madame Hébert montre sa carte d'identité, rappelle son départ une fois de plus. On lui présente une résiliation de contrat qu'elle signe. Quand nous voyons le fonctionnaire étirer le bras et prendre le tampon encreur, elle comme moi réprimons un sourire.

En la voyant assise au Café du Luxembourg, le regard sur les arbres en fleurs du jardin, je pressens qu'elle désire s'imprégner, une dernière fois, de ce coin de Paris.

— *Le printemps est la plus belle saison à Paris. Tous les arbres sont en fleurs : les magnolias, les marronniers, les glycines. Leur floraison dure beaucoup plus longtemps qu'au Canada.*

Elle contemple la fontaine, place Edmond-Rostand. Je la sens heureuse, ici.

— *Mes premières années à Paris, je n'avais qu'une chambre, je vous l'ai dit, je crois. J'aimais venir à ce café après avoir travaillé toute la journée. Il me semblait que c'était ma récompense. Je pouvais passer des heures à siroter le même café. Je fumais à l'époque. Vous avez sûrement vu des photos de moi avec une cigarette. Il y en a une ou deux dans le livre de Pagé. Je ne m'aime pas; je trouve que je fais vulgaire, confie-t-elle en mangeant sa glace.*

Je lui montre la cigarette que je viens d'allumer.

Même si ses jambes la font souffrir, elle veut descendre le boulevard Saint-Michel. Parfois, elle s'arrête devant une vitrine pour commenter la mode ou me rappeler qu'il y a déjà eu un cinéma là, un restaurant ici.

En passant devant la place de la Sorbonne, elle s'arrête quelques minutes, s'intéresse aux dessins que certains vendeurs offrent aux passants. Désire-t-elle revoir la cour intérieure de l'université? Elle se dirige vers le banc libre.

Pendant de longues minutes, elle promène son regard sur les murs de l'enceinte puis sur l'ancienne chapelle aux fenêtres romanes. Elle n'a d'yeux que pour des étudiants qui discutent sur fond de fresques médiévales. Elle est toujours silencieuse. Le bruit des pas sur les pierres. Elle est ailleurs. « Finis les invitations, les colloques, les séminaires, les rencontres et les voyages. Tout cela est bel et bien fini. Ce lieu et bien d'autres m'ont apporté d'incommensurables bonheurs. Il faut que je sois raisonnable. »

— Vous avez remarqué l'emplacement de la première chapelle sur les dalles de la cour? Je ne sais pas si monsieur Sorbon s'imaginait que son collège serait si connu dans le monde et à travers les siècles, et qu'il en sortirait de grands hommes et de grandes femmes.

Nous revenons par la rue des Écoles où elle jette un coup d'œil à la statue de Montaigne devant le square Painlevé, puis à celle de Ronsard devant l'École polytechnique.

À 17 heures, nous sommes de retour.

— Je vais me reposer avant le dîner. Je me sens très fatiguée.

Premier message sur le répondeur: monsieur Villa a joint monsieur Bolduc. « Je viendrai chercher la table vendredi matin, le 11, entre 9 heures et 9 heures 30. Elle quittera Le Havre cet après-midi-là. Monsieur Bolduc s'en occupera à Montréal. »

De la verrière, je souris en pensant à tant d'égards pour une table qui aura passé les trois années suivantes sur le balcon de l'appartement de madame Hébert, rue Côte-des-Neiges, à la merci des éléments, autour de laquelle elle ne se sera jamais

assise et qu'on oubliera de nouveau lors du dernier déménagement après sa mort.

*Deuxième message : Luc aimerait vérifier le numéro de vol et
l'heure prévue de notre arrivée à Montréal.*

Le temps d'une douche et je file.

— *J'ai eu un téléphone de Claude. La mort de Lucille l'affecte
profondément. Ils étaient très près l'un de l'autre. Il m'a promis
de venir me voir dans mon nouvel appartement.*

On meurt autour d'elle alors que moi, je décline dans la
verrière lumineuse. Et l'hécatombe de vivants aimés se pour-
suivra à Montréal, tandis que pour moi... Ne va pas trop vite.
Ne tente pas d'échapper au goulet d'étranglement.

— *Et puis la femme de Jean-Guy m'a appelée. Elle veut que
je vérifie si Air France a noté que j'apporte un chat. Je pourrais
avoir des problèmes, semble-t-il. Il ne faut surtout pas qu'on le
mette dans la soute à bagages, il ne le supporterait pas. C'est un
vieux chat.*

*Je la rassure en lui disant que demain je passerai dans une
agence.*

*À voir ses traits tirés, inutile de m'enquérir si elle s'est reposée.
Je lui précise que les déménageurs viendront chercher la table
vendredi et que je serai présent.*

— *Pauvre bête, se désole-t-elle en regardant Petit Chat, tu es
aussi vieille que ta vieille maîtresse. Tous tes organes sont usés. Il
n'est peut-être pas sage que je t'emmène au Canada. Pauvre
vieille bête.*

*J'écoute madame Hébert et je suis troublé. La possibilité qu'elle
le laisse derrière elle m'effraie. J'imagine le choc qu'elle aurait de
se retrouver seule dans une ville qu'elle trouve laide sans son vieux
chat de 14 ans. Je crains qu'elle ne décide de passer à l'acte.*

*Je tente de dédramatiser la situation en suggérant que lui
aussi est perturbé par tout ce branle-bas, mais qu'il ira mieux
dans quelques jours.*

— *Petit Chat est malade. Si vous aimiez les animaux, vous sauriez que certains se laissent mourir comme des adultes par suite d'un bouleversement trop grand. Voilà !*

Je me lève, entre autres choses, pour fermer les sinistres persiennes. La seule source de lumière de la pièce, le plafonnier, transforme les lattes des volets en de longs barreaux noirs.

— *Il est maintenant trop tard pour le traitement intensif d'une semaine, poursuit-elle.*

Je n'ose poser la question tant la réponse est claire. Il faut qu'elle cesse de penser à l'euthanasie. Surtout ne plus faire venir le vétérinaire cupide.

Je dors mal. Je rêve qu'on m'accuse de tous les maux, comme ce cauchemar où le Conseil d'administration de l'Université me reproche de détester les chats de gouttières. Je quitte la salle, humilié par le secrétaire général qui proclame haut et fort que je suis un bourreau.

Je bois un café à la course et engouffre un croissant.

— *Petit Chat a été malade toute la nuit. Le vétérinaire viendra cet après-midi vers 15 heures. J'aimerais que vous soyez là. Vous pouvez?*

J'espère que le but de sa visite n'est pas une euthanasie, me dis-je.

— *J'avais oublié mon rendez-vous chez la coiffeuse. J'ai téléphoné à votre appartement, mais vous étiez déjà parti, je suppose. Je déjeune avec une amie.*

J'écoute sans broncher l'horaire de sa journée, et un peu de la mienne, tout en pensant que j'ai la matinée libre.

— *Nous irons à la banque rue Monge après la visite du vétérinaire, précise-t-elle d'une voix assurée.*

Elle regarde sa montre.

— *Cet homme semble très insistant. Il ressemble sur ce point à votre secrétaire général.*

Et vlan!

Nous sortons ensemble. Je fais un bout de chemin avec elle avant de passer à l'agence de voyages.

À 14 *heures 30, je suis de retour chez elle. Elle m'ouvre, toute souriante. Je la complimente sur sa mise en plis quand on sonne à la porte.*

Le vétérinaire semble déçu que je sois présent, me salue à peine, commence son auscultation et, quelques minutes plus tard, tente encore de convaincre madame Hébert de l'urgence d'un traitement intensif pour son chat. Elle a beau lui répéter qu'elle part dans moins de cinq jours, le vétérinaire tient des propos alarmants, comme si Petit Chat était à l'agonie.

Je sens qu'elle hésite. Le médecin croit tenir sa proie. Je mets fin à la discussion et madame Hébert le paie pour sa visite.

Elle est ravie de mes démarches à l'agence.

La voilà qui met son manteau. Je suis étonné. Où va-t-elle, ou plutôt: où allons-nous?

— Rue Sauton, il y a une animalerie. C'est tout près d'ici. Vous m'accompagnez?

— Et la banque?

— Une autre fois.

Nous sortons. Elle devine mon interrogation.

— Je crains que nous n'ayons pas acheté assez de nourriture.

Je me tais pour ne pas être désagréable.

Une fois de retour, elle m'invite à déjeuner. Je n'ai pas vraiment faim. « Cela n'a aucun sens », me dis-je en pensant à la nourriture de Petit Chat.

Elle choisit les Batifoles.

— J'ai pensé à ce que vous m'avez dit l'autre soir chez moi.

Je garde un masque neutre. Surtout, attendre qu'elle précise.

— J'ai été choyée de baigner dès l'enfance dans un milieu littéraire stimulant. On parlait de littérature tout le temps. Pierre et moi, nous nous écrivions souvent. Il était pensionnaire. Je lui faisais part de mes lectures et de mes écritures.

Elle pose les yeux sur l'adolescent à une table non loin de la nôtre.

— *Mais comme vous le savez sûrement, je dois beaucoup à Saint-Denys qui m'a fait découvrir des auteurs comme Claudel et ses* Cinq Grandes Odes *qu'il considérait comme l'une des plus belles choses de la poésie, Baudelaire et* Les Fleurs du mal.

Son visage s'illumine d'un sourire. Elle a les yeux pétillants. Que va-t-elle me dire ?

— *Je n'avais que 18 ans quand Saint-Denys m'a apporté* Les Fleurs du mal *sans que papa le sache. Il pensait qu'il refuserait que je lise ce recueil.*

À mon tour d'esquisser un sourire en l'imaginant en train de lire en cachette le fruit défendu.

— *Sans compter Mozart, Bach, Couperin, Debussy. C'est lui qui m'a fait découvrir* Pelléas *et* Mélisande. *M'avez-vous dit qu'il y avait encore des billets pour l'opéra à la Bastille ?*

— *J'ai oublié de m'informer, j'en suis désolé.*

Elle ramène son regard sur l'adolescent.

— *Il a repoussé son voyage en France parce qu'il n'allait pas bien. Il disait que l'épuisement l'arrêtait à chaque pas. Quand l'exaltation le transportait, il avait toujours en arrière-plan l'appréhension que cela ne durerait pas, que cela l'userait. Il avait l'impression d'empiéter sur son capital, comme il disait. Et il avait raison. « Je n'ai jamais connu la surabondance qui déborde quand l'être est plein d'une plénitude solide, bien établie et durable*[1] », *confie-t-elle sans me regarder.*

Ce repas m'apaise et me réconcilie avec ma vie que je trouve parfois fastidieuse. J'accompagne ma mère, qui a le même âge, dans ses tâches quotidiennes en faisant ses courses et en lui prenant le bras. J'attends, que ce soit à Paris ou à Saint-Hyacinthe, qu'elles choisissent un shampoing, j'attends qu'elles s'assurent de

---

1. Lettre de Saint-Denys Garneau à Anne Hébert, été de 1939, Archives de l'Université de Sherbrooke.

la fraîcheur des légumes, j'attends qu'elles me donnent congé. J'attends!

— *Essayez de vous reposer demain après-midi même si la réception à l'Ambassade vous énerve, dis-je sur le seuil de sa porte.*

— *Nous partirons d'ici vers 18 heures 30, répond-elle simplement.*

Le temps se confond et les jours se mêlent quand j'entends l'écho de mes pas résonner dans la verrière où un visage émacié m'est renvoyé tandis que Louky sollicite une caresse.

Une pluie mêlée de grésil tombe depuis ce matin. Son grincement sur les tabatières agace Louky qui préfère la moquette du salon. Je regarde l'étang pétiller. Quelques hirondelles audacieuses rasent la surface de l'eau à la recherche d'insectes sous un nordet. La licorne en bois sculpté près du bassin d'eau veille les nénuphars aux tiges fragiles dont les courts boutons attendent les rayons du soleil.

Je parcours du regard l'immense terrain embelli de sculptures en pierre ou de celles en bois confectionnées à même des arbres morts au fil des ans, arrachés chaque printemps à la forêt bourgeonnante, sauf cette année. Elles empruntent les formes que la vie leur a données. Licorne, lapin, grand héron, pic flamboyant, maringouin géant, tête de cerf panaché, personnages africains aux figures riantes et aux corps ondulés, sirène serpentine et femme ailée, tous et toutes habitants d'une oasis de quiétude.

À mon arrivée, elle est prête pour la réception chez l'ambassadeur.

— Le cirque du téléphone n'a pas cessé, me dit-elle en mettant son manteau.

Elle hésite entre deux paires de gants.

— Roger aimerait que nous déjeunions dimanche avant mon départ. Jean-Guy veut savoir combien de temps je passerai à la Rencontre internationale des écrivains dans les Laurentides.

L'hôtel L'Aiglon à Menton souhaite que je réserve tout de suite pour l'hiver prochain. C'est beaucoup trop tôt.

Nous sortons. Je la sens tendue.

— Il semblerait que la réception soit organisée pour féliciter les lauréats des Prix du gouverneur général qui se trouvent à Paris. Je n'en vois pas beaucoup à part Mavis, Nancy Huston et moi. Je crois que c'est avant tout politique.

Si toutes les ambassades du Canada revêtent les mêmes richesses que celle de Paris, je comprends pourquoi le pays est en déficit. Les appartements de l'ambassadeur, situés rue du Faubourg-Saint-Honoré, sont un petit Trianon avec jardin à la française.

Évidemment, c'est la première fois que je participe à ce genre de réception officielle. Pour y entrer, il faut montrer sa carte d'invitation, mais comme personne ne connaît mon adresse ici, je n'ai rien reçu.

— Si les deux cerbères que voilà vous refusent l'entrée, je leur dirai que vous êtes mon garde du corps, me glisse-t-elle à l'oreille.

En passant près d'eux, elle me presse le bras en me chuchotant que certains invités la considéreront désormais comme une vieille dame indigne.

— Une vraie Élisabeth d'Aulnières-Tassy-Rolland !

Ma remarque la fait sourire.

La femme de l'ambassadeur nous reçoit au bas de l'escalier. Dès que l'on aperçoit madame Hébert, on vient la saluer. On veut surtout avoir la confirmation de son retour définitif au Canada. Je la laisse et descends au jardin où je fais quelques pas. Sous un marronnier, je pense tout à coup à madame Hébert dont les jambes se fatiguent quand elle est trop longtemps debout. Je reviens à l'intérieur et la retrouve entourée de politiciens.

Je fends littéralement la foule, avance tout près d'elle. Elle me sourit.

— Il y a des fauteuils libres sur la terrasse.

Elle s'excuse auprès de ses interlocuteurs et me prend le bras.

— Merci, je commençais à être fatiguée.

Je lui offre un verre d'eau. Quand je reviens, madame Gallant est près d'elle.

— Qu'est-ce qu'on peut s'emmerder dans ces réceptions! me dit-elle en m'embrassant.

J'approche un fauteuil. Un oiseau dans l'arbre tout près attire l'attention.

— Est-ce une fauvette qui chante? me demande madame Hébert en désignant le platane.

— Je n'en sais rien. Vous savez bien que je n'aime pas les animaux.

Elle me sourit en couvrant ma main de la sienne.

— Vous avez vu la nouvelle jeune femme de l'ancien responsable aux langues officielles? s'enquiert madame Gallant.

Je suis surpris de sa question. Je tourne la tête quand le ministre des Affaires culturelles du Canada s'approche de madame Hébert.

— Je voudrais vous présenter au gouverneur général.

— J'aimerais que vous m'accompagniez, me demande-t-elle.

Le ministre la présente au couple royal. Pas moi. S'ensuit une séance de photos officielles. Une fois la postérité assurée, l'ambassadeur la présente à son tour au gouverneur général et à un premier secrétaire d'une quelconque ambassade.

— J'aime beaucoup ce que vous écrivez. Mais que vos phrases sont courtes pour quelqu'un qui vient d'un si grand pays! s'étonne la femme du gouverneur général.

Madame Hébert la remercie en lui précisant qu'elle essayera dans ses prochains romans d'écrire de plus longues phrases.

— Je lis trop peu à mon goût, moi qui ai été élevée dans les meilleurs pensionnats d'Angleterre. J'ai longtemps fréquenté les plus grands auteurs anglais. Et le temps me manque pour lire nos auteurs canadiens, se désole-t-elle.

Madame Hébert et moi sympathisons avec elle.

— Qui me conseilleriez-vous de lire du côté francophone ? Mes études dans la langue de Shakespeare m'ont fait délaisser nos grands auteurs canadiens-français, à part vous, évidemment.

Visiblement mal à l'aise, madame Hébert risque quelques noms.

— Laure Conan, Gabrielle Roy, Marie-Claire Blais, sûrement.

— Et du côté des hommes, Hubert Aquin, Michel Tremblay et beaucoup d'autres. N'est-ce pas, madame Hébert ?

Le photographe nous interrompt.

— Votre Excellence, j'aimerais prendre une photo de vous et de madame Hébert.

— J'ignorais qu'on attribue aussi le titre d'« Excellence » à la femme du gouverneur général, dis-je à madame Hébert une fois les sourires figés pour la postérité.

— Ne donne-t-on pas au Québec le titre de « mairesse » à la femme du maire ? me demande-t-elle, mi-figue, mi-raisin.

— Qu'est-ce qu'on peut s'emmerder dans ces réceptions ! répète madame Gallant en s'approchant de nous.

Plus tard, à peine assise à une table, au Pactole, elle précise sa pensée :

— Ce genre de réceptions ressemble à s'y méprendre aux cours des siècles derniers que les grands maîtres ont peintes sur leurs toiles. Les sujets s'agglutinent le plus près possible autour de leur souverain bien-aimé en quête de faveurs.

Ma discrétion ne suffit pas à cacher ma gêne face à ces deux femmes qui se connaissent et se côtoient depuis plus de 40 ans. Je préférerais être ailleurs, non pas à cause de la lugubre atmosphère, mais parce que leur rencontre est la dernière avant le retour définitif de madame Hébert au Canada.

Elles s'interrogent, s'inquiètent, discutent, opinent et contestent.

— Ce n'était pas en 1956, mais en 1955 que nous nous sommes rencontrées la première fois. C'est moi qui t'avais trouvé le mas dans lequel tu as rédigé tes Chambres de bois.

— *Tu te rappelles la fois où tu avais éclaté de rire en plein colloque, à Limoges, je pense, parce que le conférencier avait dit que* Les Enfants du sabbat *était un roman riche en trucs de sorcellerie. Ce n'est pas possible d'être aussi con.*

Je ne peux que suivre le rythme d'une dernière rencontre.

— *Je vais faire une marche. Je serai de retour dans une demi-heure.*

La soirée est fraîche. Je les imagine parler d'avenir et de projets. « Penses-tu revenir un jour à Paris ? » « Et toi, c'est pour quand ton retour à Montréal ? »

Vous vous regardez dans les yeux en vous demandant laquelle partira la première, l'une, convaincue que son retour au Canada la brisera, l'autre, assurée qu'un jour, elle non plus n'aura plus le choix. « As-tu terminé ton recueil de nouvelles ? » « Et toi, tes corrections avancent ? »

Je vais directement à la caisse régler l'addition en prenant mon temps. Quand je reviens à la table, elles mettent leur manteau en me remerciant.

Nous nous dirigeons vers la station de taxis. Elles s'embrassent longuement.

— *Prends bien soin de toi.*

— *Écris-moi.*

Elles se sourient. S'enlacent. Restent ainsi, immobiles, quelques secondes. Qui la première se détachera de l'autre ?

— *Donne-moi de tes nouvelles, dit l'une en clignant des yeux.*

— *Toi aussi, murmure l'autre, le regard brillant.*

Madame Gallant fait quelques pas, se retourne.

— *Tu me précèdes de quelques années, Anne.*

J'ouvre la portière d'un taxi. Madame Gallant s'y engouffre. Nous attendons, là, que le taxi se faufile parmi le flot des voitures. Il s'y reprend trois fois avant de réussir. À chaque tentative, nous la saluons de la main. Derrière la vitre baissée, le même mouvement. Chaque fois, des yeux plus scintillants, un geste plus court. Enfin, quand l'auto réussit à s'engager dans le boulevard, je remarque une infinie tristesse chez madame Gallant.

Madame Hébert et moi regardons le taxi filer, immobiles et silencieux. Nous revenons sur nos pas, repassons devant le restaurant, marchons sans mot dire.

Je sais que je dois entrer chez elle. Cette phrase : « Tu me précèdes de quelques années, Anne », lourde de sens, dans le temps et l'espace, doit la remuer.

— J'ai presque hâte de quitter cet appartement qui n'est plus le mien.

Je me tais pendant qu'elle caresse son chat.

— C'est lundi à 14 heures qu'on vient constater l'état des lieux, n'est-ce pas ?

Je lui réponds par l'affirmative.

Que regarde-t-elle dans la pénombre du sinistre salon ? Que voit-elle sur les murs salis par les années ? Pourquoi plisse-t-elle le front ?

— Il faudra s'assurer qu'il ne reste plus rien, sauf mes valises et la litière du chat.

Je lui promets que je passerai au peigne fin chaque pièce.

— Tout est sous contrôle. Ne vous inquiétez pas, lui dis-je en pensant à la table oubliée.

Elle cesse ses caresses, ouvre et ferme plusieurs fois sa main engourdie.

— Il faut que je sois raisonnable, murmure-t-elle pour elle-même.

Je ne peux pas la laisser maintenant et l'heure n'est pas à l'humour.

— Je crois qu'il serait préférable que Petit Chat ne rentre pas au Canada avec nous.

Mon Dieu ! Que lui répondre ? Je sens l'angoisse en moi, farouche et violente.

— Je ne veux pas qu'il souffre.

Surtout ne pas paniquer. L'euthanasie n'est pas pour cette nuit. Je dois gagner du temps.

— *Écoutez, madame Hébert, que diriez-vous si nous attendions? La santé de Petit Chat s'améliorera peut-être assez pour qu'il fasse le voyage. Il reste encore quatre jours.*

Elle a repris le rythme de ses caresses.

— *Vous avez peut-être raison.*

Je l'embrasse en lui souhaitant une bonne nuit.

Je me lève pour Louky qui apprécie de moins en moins le confort de la verrière, préférant l'eau froide de l'étang et les odeurs des restes de l'hiver.

Les premiers pissenlits fleurissent près du muret de pierre, côté sud. Comment ne pas penser à madame Hébert? À une question de Suzanne Lévesque durant l'émission *La Bande des six* à propos de sa mort, elle avait répondu que son corps nourrirait pissenlits et autres fleurs.

J'appelle Louky qui rentre à contrecœur pendant que j'ajoute quelques phrases à ce que je viens de lire.

Anne Hébert et Mavis Gallant se reverront deux autres fois : la première à Montréal, en octobre de la même année, lors d'une visite de madame Gallant, la seconde à Paris, en mars l'année suivante, lors d'un séjour de madame Hébert aux Citadines, boulevard du Montparnasse.

Très tôt le lendemain, je sonne chez elle. J'attends. Je resonne. Que se passe-t-il? J'appuie une troisième fois avant qu'on me réponde. La porte de l'appartement est entrouverte.

Je frappe. C'est la concierge qui m'ouvre. Mauvais présage. Je la salue, sans plus. Je vais au salon. Madame Hébert est assise dans son fauteuil, Petit Chat sur ses genoux. Je me tourne vers la concierge.

— Je viens d'annoncer à madame Hébert que mon mari viendra démonter le lit, non plus lundi le 14 comme prévu, mais demain matin parce que mon beau-frère et un cousin qui devaient l'aider ne sont plus libres lundi.

Je fais signe à la concierge de sortir en lui faisant savoir que je passerai chez elle. Je ferme la porte.

— J'ai l'impression qu'on m'expulse de mon appartement. Il me semble qu'ils auraient pu trouver une autre personne que le beau-frère. Leur famille semble nombreuse à Paris.

Elle caresse trop rapidement Petit Chat.

— Il n'y a peut-être plus une seule chambre de disponible à l'hôtel, ajoute-t-elle.

— Attendez-moi une minute, je descends chez la concierge. Ne craignez rien, de son mouchoir d'appartement, je verrai le camion des déménageurs ou, tout au moins, l'entendrai.

Je descends les marches deux par deux, frappe à sa porte.

— Écoutez, madame, je m'offre de remplacer le beau-frère et le cousin en question. Ça vous convient?

Elle hésite, elle rougit, elle balbutie.

— Appelez-le tout de suite. Madame Hébert couchera à son appartement jusqu'à dimanche, comme convenu. Est-ce que c'est aussi clair dans votre tête que ça l'est dans la mienne?

Elle hoche la tête nerveusement. Je l'entends nasiller au téléphone, élever la voix, raccrocher.

— Il va perdre une journée de salaire si le déménagement a lieu lundi.

Je soupire et ferme les yeux. Nous sommes coincés. Ils nous tiennent. Nous n'avons pas le choix. Je lui demande sèchement:

— À quelle heure demain?

Son regard est fuyant. Elle est visiblement terrorisée.

— À quelle heure, crisse, demain?

J'ai crié d'une voix aigre, les yeux en feu et mon index sous son nez.

Elle doit prendre une décision sans avoir consulté son mari pendant que j'écume de colère. Apeurée, elle me bredouille une réponse. Je remonte à l'étage en pensant à ce que je dois taire.

Je pense qu'il est sûrement plus facile de traverser Paris avec une remorque chargée un samedi matin qu'un lundi.

— Son patron refuse qu'il prenne congé lundi, c'est pourquoi il vous propose de venir samedi.

Je déteste mentir ainsi.

— Vous pouvez aller à l'hôtel Abbatial réserver deux nuits supplémentaires pendant que j'attends les déménageurs.

— Bon! laisse-t-elle tomber, dépassée par les événements.

Je l'aide à enfiler son manteau et lui donne son sac sans rien ajouter. Une fois seul, j'essaie de voir un bon côté à ce désagrément. J'arpente les quatre pièces, me convainquant que plus vite madame Hébert partira, mieux elle se portera.

— Il va falloir que je fasse une petite valise pour l'hôtel, me dit-elle, une fois de retour dans son fauteuil.

Elle cherche son chat. Je le trouve sur un radiateur.

— Il me semble que la concierge exagère.

Je ne fais aucun commentaire, de crainte que mes paroles dérapent.

À 10 heures 30, j'appelle le déménageur à sa demande.

— Dès que mes hommes seront libres, je les envoie chez madame Hébert. Ils ont eu un ennui de mécanique.

À 18 heures, l'affaire est enfin réglée. Je suis en face d'elle qui ne me voit pas, tout absorbée dans ses pensées, une main immobile sur le dos de Petit Chat, l'autre sur le bras du fauteuil. J'attends, moi aussi, comme sa main figée.

— Bon! prononce-t-elle en poussant son chat par terre.

Elle se lève difficilement de son fauteuil où elle est clouée depuis le déjeuner. Je l'aide à retrouver son équilibre.

Nous sortons.

Je la sens moins tendue depuis que nous sommes au restaurant, assis à l'écart. Elle reste silencieuse quelques instants avant de me demander :

— *Étiez-vous au soir de la première au théâtre de l'Emérillon à Québec quand Flora Fontanges a joué Winnie dans* Oh les beaux jours ?

Oh, boy ! Elle est dans Le Premier Jardin. *Elle attend que je lui réponde. Je décide de jouer le jeu.*

— *Non, j'étais à Paris tout le mois de juillet. En touriste. Avez-vous déjà été à un concert dans la petite église des Billettes, rue des Archives ? dis-je en paraphrasant le personnage de Julien dans* L'Enfant chargé de songes.

Elle veut poursuivre le jeu. Jusqu'où pourrai-je la suivre ? La voici qui se racle la gorge.

— *« Oui, mais il y a longtemps qu'il ne croit plus à cette histoire, lui non plus[1] », me répond-elle, déjà heureuse de m'avoir perdu.*

Que faire, sinon hausser les épaules à défaut d'agiter un drapeau blanc.

— *Quelle pièce de théâtre propose-t-on à Flora Fontanges après son séjour à Québec ?*

J'ai besoin d'un indice qu'elle me fournit aussitôt. Avec assurance, je réponds :

— *Le personnage de madame Flora dans* Chacun sa vérité *de Pirandello.*

— *Et où a-t-elle joué cette pièce à Paris ? demande-t-elle avec le plus grand sérieux.*

Je plisse le front. Il y a quelque chose qui m'échappe. Je plonge dans ma mémoire confuse en me demandant quelle est cette œuvre dont j'ignore l'existence. De nouveau, je bats en retraite.

---

1. Luigi Pirandello, *Chacun sa vérité*, acte premier, Paris, coll. « Livre de poche », n° 2602, p. 72.

— Au Petit Odéon, dans le cadre du Théâtre des Nations.

— Je ne me rappelle pas que le narrateur précise l'endroit.

— Vous avez parfaitement raison, me dit-elle en souriant, mais comme je devais participer en mai 1968 à une série de soirées poétiques pour souligner le centenaire de la mort de Baudelaire, j'ai décidé que Flora Fontanges jouerait la pièce à l'Odéon, là où je n'ai pu lire mes poèmes à cause des événements que l'on sait. Voilà !

Je ne la reconnais plus et c'est tant mieux. Où est passée sa morosité ? J'ai à peine le temps de revisiter notre journée qu'elle déclame :

— « Le bel été stagne dans la cour et sur la ville, mûrit doucement, prépare en secret son déclin et sa fin[1]. »

Je fronce les sourcils. Mon incompréhension l'amuse.

— J'ai écrit cette phrase aujourd'hui en attendant les déménageurs, m'annonce-t-elle en souriant.

Elle savoure l'escalope au citron.

— Croyez-vous que mes meubles sont arrivés au Canada ?

Je fais un rapide calcul avant de prendre un ton badin.

— Ils flottent quelque part dans l'embouchure du Saint-Laurent entre Sept-Îles et Matane.

Un certain désarroi se lit sur son visage avant qu'elle saisisse ma plaisanterie.

— Je ne regrette pas d'avoir assuré la toile de Jean Paul Lemieux. On ne sait jamais.

Pourquoi ce commentaire ? L'assurance qu'elle a prise couvre tout.

— Avez-vous déjà vu une exposition de Lemieux ?

Je fais signe que oui.

---

1. *Est-ce que je te dérange ?*, op. cit., p. 103.

— Vous savez sûrement que c'est moi qui ai écrit le texte
d'introduction au catalogue de l'exposition parisienne au Musée
d'art moderne en 1974?

Je réfléchis quelques instants. Tout cela est flou. Elle précise.

— Le ministère des Affaires culturelles du Québec en collaboration avec le ministère des Affaires extérieures du Canada
avaient organisé une exposition des œuvres de Jean Paul dans des
pays de l'Est et à Paris. Il a été un des premiers peintres contem-
porains d'Amérique du Nord à bénéficier d'une exposition là-bas
et le troisième québécois après Pellan et Riopelle à être exposé au
Musée d'art moderne de Paris.

Lentement, ma mémoire se déploie. Je me rappelle avoir lu ce
texte quelque part. Mais où?

— C'est lui-même qui m'a demandé d'écrire l'introduction à
l'exposition. Il n'aimait pas l'idée d'une présentation par un
spécialiste, un critique d'art ou un muséologue.

Où ai-je lu son texte? Il me semble que ma lecture de...

— J'ai été profondément touchée qu'un grand peintre comme
lui ait songé à moi pour rédiger la présentation de son exposition.
Comme je demeurais très intimidée et confuse à la pensée d'avoir
à faire un travail aussi difficile et délicat, je me suis demandé si
j'arriverais, avec mes mots, qui ne sont ni ceux d'un peintre ni
ceux d'un critique d'art, à exprimer mon admiration pour son
œuvre.

C'est dans l'essai de Gaëtan Brulotte, L'Univers de Jean Paul
Lemieux, publié l'automne dernier. Il a repris l'introduction
qu'elle a écrite en 1974.

— Je me disais que je serais très heureuse si je parvenais à
entraîner quelques personnes le plus près possible de l'univers de
Lemieux, si riche de poésie et de vie, pour m'effacer ensuite,
n'ayant fait que provoquer le silence et le recueillement qui seuls
constituent la véritable introduction à toute œuvre d'art.

Ses mots me bouleversent. Ici, en plein restaurant, un vendredi soir achalandé où les bruits d'assiettes qui s'entrechoquent, les commandes criées vers les cuisines et l'incessant brouhaha des clients ne semblent pas l'embrouiller.

— Malgré mon inexpérience, j'ai répondu au désir de Jean Paul, avec beaucoup d'appréhension mais avec tout mon cœur. Vous savez, je crois que j'habite les toiles de Lemieux, avec ses personnages et ses paysages fraternels, comme on habite son propre pays.

Je secoue la tête, j'ai les yeux brillants, je serre les lèvres. Que ces mots restent gravés en moi à jamais! Que ces instants de pures délices me nourrissent jusqu'à la fin! Maintenant, nous sommes seuls au Pescatore, seuls quand elle précise:

— J'imaginais mon texte comme un poème en prose, peut-être à la façon dont Claudel a parlé de la peinture hollandaise.

Nous revenons à l'appartement, tôt, à 21 heures. À peine avons-nous enlevé nos manteaux qu'on frappe à la porte. Nous nous regardons en pensant à la même personne.

— Madame Hébert, mon mari préférerait commencer le travail à 8 heures plutôt qu'à 9 heures. Il craint de manquer de temps.

Du salon, je n'en crois pas mes oreilles. Il estime avoir besoin de la journée pour enlever les quelques vis qui retiennent le meuble au mur. Trois hommes! Je fulmine, mais décide de ne pas intervenir.

— Bon! À 8 heures, vous dites? Bon.

Elle s'assoit dans son fauteuil, laisse Petit Chat grimper sur ses genoux.

— Bon!

Je la sens affolée. Ce mot qu'elle répète comme pour taire l'offense. « Le cri filé d'un trait / Tendu droit / D'une seule volée / À la pointe du cœur[1]. »

---

1. *Œuvre poétique, op. cit.,* p. 127.

Elle caresse sans âme Petit Chat.

Brise le silence, et vite!

— *Au fond, cela vous laissera plus de temps pour rencontrer les gens du quartier demain matin.*

Aucune réaction. Lentement, elle cesse ses caresses.

— *Une journée comme celle-ci dans un mois suffit amplement. Depuis quelques semaines, je ne les compte plus, dit-elle sans me regarder.*

Je m'approche pour fermer les volets.

— *Il n'est pas nécessaire de fermer les volets de ma chambre. Je n'y vais plus.*

Malgré mille précautions, le grincement des panneaux et le couinement de l'espagnolette. Des cris et des applaudissements venant de la Mutualité nous rejoignent.

— *Tout à l'heure, en passant par la rue Saint-Victor, j'ai lu qu'il y a un spectacle de rock ce soir.*

— *Ces bruits ne me manqueront pas. Encore moins quand il y a des rassemblements du Front national. Le nationalisme mène à la xénophobie et au repli sur soi-même, comme le Québec des années 1950.*

Je ne commenterai pas. Nous sommes à mille lieues du Pescatore, mais j'aimerais y retourner.

— *Permettez une question, madame Hébert. Je reviens sur ce dont vous avez parlé tantôt au restaurant. Comment avez-vous fait pour écrire une présentation des œuvres de Lemieux sans les avoir sous les yeux? Vous n'êtes quand même pas retournée à Montréal pour vous en imprégner?*

— *J'ai reçu une série de diapositives qui avaient été faites lors de la rétrospective de 1967 et le catalogue s'y rattachant.*

Son texte émerge doucement en moi, moins celui de Claudel. Mais pourquoi le nom de Saint-Denys Garneau me vient-il à l'esprit? Je le chasse en vain. Il s'impose.

— Comme l'exposition, initialement prévue au début de 1974, avait été repoussée de six mois, j'avais pu approfondir mon introduction en y consacrant davantage de temps. Il y a chez Lemieux une transparence et un jeu sans fin.

Je claque des doigts. Je me rappelle.

— Votre introduction, très belle, et corrigez-moi si je me trompe, s'inspire du poème Le Jeu de Saint-Denys. Vous écrivez, je crois, que Lemieux pose un regard amusé d'enfant...

— ... un regard d'enfant ironique, reprend-elle.

Je suis fier de lui dire que j'ai retrouvé les « cubes de bois » dans le poème à travers le titre des toiles du peintre dont elle a choisi de parler et qui finiront par construire la ville de Québec.

— « Un enfant est en train de bâtir un village / C'est une ville, un comté / Et qui sait / Tantôt l'univers[1]. »

À son tour de sourire.

Le rythme de ses caresses est plus senti. Elle promène lentement sa main sur le dos de Petit Chat qui ronronne.

— Croyez-vous que Luc a terminé de tout peindre?

Je n'ai pas à lui imposer mes problèmes, quitte à mentir pour la suite du monde.

— Je lui ai justement parlé hier soir, il m'a dit que les couleurs étaient magnifiques. Le bleu de votre chambre est chaleureux, m'a-t-il répété. Quant au vert tilleul du salon, il irradie dans toute la pièce.

Elle cesse de caresser son chat qui s'étire.

— Ah, oui! Je croyais avoir choisi le bleu pour la chambre d'invités et le vert tilleul pour la mienne. Quant au salon, il devait être blanc comme mon bureau. Vous êtes sûr de cela?

Vite, corrige le tir avant qu'elle s'inquiète.

— Écoutez, je me trompe probablement.

1. Regards et jeux dans l'espace, op. cit., p. 21.

Mensonge sur mensonge. Le plus difficile est le premier.

— *Vous semblez fatiguée, madame Hébert, et demain nous avons une journée importante. Je vais vous laisser. Si cela vous convient, je serai ici à 7 heures 30 avant la famille de la concierge.*

Elle se lève avec difficulté. Elle boitille. Nous nous embrassons.

Les tiges des jonquilles pointent sous un soleil timide. Depuis qu'il est dehors, Louky fait le tour de l'étang à la recherche de grenouilles qu'il s'amuse à prendre dans sa gueule. Même s'il est trop tôt en saison, il poursuit sa quête comme s'il voulait me faire mentir.

La voisine est venue ce matin me porter de nouveaux petits plats. Elle trouve que j'ai meilleure mine depuis quelques jours. Un boniment aide parfois à traverser la journée.

Je m'étends quelques minutes sur la méridienne, un œil sur Louky en pensant au peu de jours qu'il me reste. Pourquoi cette sérénité face à la mort ? La paix de l'âme m'est-elle plus précieuse que la vie ? Peut-être.

Une autre nuit brève et agitée. Je marche dans un Paris engourdi de sommeil, rue du Four. Un court café à l'appartement.

Dès que je m'engage dans la rue de Pontoise, je remarque deux camions devant l'immeuble. Je vois un homme apporter une perceuse électrique. Sept heures et demi, j'entre dans l'appartement.

Je retrouve une Anne Hébert terrorisée par l'invasion et le vacarme. Trois hommes : le mari, le beau-frère et un cousin de la concierge. Bruits de marteaux, de scie, de toupie et maintenant de perceuse, assaillent son ancien bureau. Ils crient, gueulent et rient. Assise dans son fauteuil, Petit Chat sur ses genoux, elle le caresse nerveusement. J'éprouve à mon tour un sentiment de dépossession et de violence. De la fenêtre du salon, je vois le cousin et le beau-frère dans le jardin apporter un module du meuble qu'ils ont sorti par la fenêtre, guidés par la concierge qui s'époumone dans ce qui semble être des directives.

— Avez-vous mangé ?

Je me propose d'aller lui chercher un croissant.

— Je n'ai pas faim ; j'ai surtout mal à la tête avec tout ce bruit.

Je sors pour mieux entendre l'intendante, les bras levés au ciel, gueuler contre le beau-frère et le cousin qui viennent, par maladresse, d'érafler la mélamine en passant dans l'embrasure de la porte.

Je reviens, me dirige dans la chambre dont la fenêtre donne sur la rue. Cris de la pipelette quand les hommes disparaissent dans la boîte du camion. La voilà qui gesticule comme une marionnette, se prend la tête entre les mains, frappe le cousin dans le dos quand il sort du camion. Je retourne au salon.

— *Le matelas est encore bon, mentionne-t-elle à madame Hébert en traversant la pièce à toute vitesse.*

À travers le tapage se mêlent les braillements des enfants, tout juste réveillés. Ils courent, pleurent et crient à la recherche de leurs parents.

Madame Hébert presse les mains sur ses oreilles. Cela suffit! J'ordonne à la concierge de faire sortir les enfants.

Je jette un regard à madame Hébert qui n'a d'yeux que pour Petit Chat qu'elle protège de ses mains.

Une demi-heure plus tard, le silence s'installe dans l'appartement.

— *Bon! souffle-t-elle.*

Je l'aide à se lever. Elle va à son bureau, regarde les trous dans le mur, me demande si on ne doit pas les cacher. Je lui réponds que je n'en vois pas la nécessité puisqu'il y en a dans chaque pièce, particulièrement là où étaient accrochés les tableaux.

— *Je serai ici quand l'épervière viendra. Ne vous inquiétez pas. Elle vous a demandé d'enlever la moquette, regardez, elle n'est plus là, la concierge l'a emportée et probablement déjà donnée à sa sœur, sa belle-sœur ou sa cousine.*

Elle sourit enfin.

— *Que diriez-vous si nous allions prendre un café avant de faire mes adieux au quartier?*

J'acquiesce de bon cœur.

— *Quand j'aurai terminé, nous repasserons ici prendre ma valise que nous apporterons à l'hôtel, dit-elle en sortant.*

La place Maubert grouille de monde.

— J'aurais dû choisir une autre journée qu'un jour de marché.

Je n'ajoute rien. Je devine que cette cérémonie des adieux exige d'elle une somme d'énergie dont elle se croit maintenant dépourvue. Aussi, c'est l'ultime geste qui officialise au vu et au su de tous son départ imminent et définitif.

Elle repousse le plus possible le moment.

Elle sirote son café. Le dos droit, appuyé au dossier de la chaise, elle regarde les gens déambuler autour des étals. L'énorme détachement que sa sollicitude demande. La maîtrise absolue d'elle-même devant l'imminente adversité.

— Votre fils est un joueur de tennis, m'avez-vous dit ?

De nouveau, j'acquiesce. Elle prend une courte gorgée.

— Il fait des tournois internationaux, je crois ?

Son intérêt soudain pour Jean ne trompe pas. Elle retarde l'immense tristesse qu'elle vivra quand nous sortirons d'ici.

Depuis quelques secondes, ses yeux dans la même direction, assurément sur un étal que je ne peux voir, mais dont je devine l'importance pour elle.

« Mon Père, s'il est possible que cette coupe passe loin de moi. Cependant, non pas comme je veux, mais comme tu veux. » Son regard fixe et pénétrant sur la place Maubert.

— En route et pas de sentiment.

Elle se dirige avec assurance vers les marchands.

— Non, je ne prends rien aujourd'hui, je viens juste vous saluer avant mon retour définitif au Canada, mardi, annonce-t-elle à la poissonnière qu'elle connaît depuis 26 ans, d'une voix qui se veut sereine, mais dont le débit trahit l'émotion.

Visiblement saisie par la nouvelle, la femme d'une soixantaine d'années détourne les yeux pendant quelques secondes, cherche un appui, reporte son regard vers madame Hébert.

— Vous allez manquer au quartier, balbutie-t-elle avant d'appeler un de ses employés qui accourt.

— C'est si loin et c'est si froid le Canada, dit-elle, démunie, en enlevant ses gants de cellophane.

Elle examine madame Hébert, sachant que c'est la dernière fois qu'elle la voit, quitte son étal et, devant les clients, ouvre les bras, l'enlace presque de force. L'autre, le corps droit, se laisse caresser le dos par des mains puissantes et chaleureuses.

— C'est si loin et c'est si froid le Canada, répète-t-elle, le regard en eau.

Quand la poissonnière la prend par les deux épaules avant de l'embrasser, de grosses larmes coulent sur ses joues rosies.

— Vous allez me manquer, madame Hébert, vous allez tellement me manquer, articule-t-elle en s'essuyant le visage du revers de ses mains.

Madame Hébert sourit après lui avoir dit qu'elle s'ennuiera du goût fin du loup qui ne se trouve pas au Canada.

— En route et pas de sentiment, murmure-t-elle en me prenant le bras.

Quelques mètres plus loin, nous nous retrouvons devant l'étal du boucher.

— Non, je ne prends rien aujourd'hui, je viens juste vous saluer avant mon retour définitif pour le Canada, mardi.

Le même étonnement, le même trouble sur sa figure, les mêmes gestes que la poissonnière, mais davantage de personnes autour d'elle.

— Où comptez-vous vous installer à Montréal? Mon neveu travaille au marché Jean-Talon. Il y a plus d'étalages qu'ici.

Je suis ému de constater que, depuis toutes ces années, elle a créé des liens avec des gens simples et s'est attachée à eux, comme eux à elle. Je pressens que cette cérémonie des adieux la bouleversera au plus profond d'elle-même. J'en viens à souhaiter qu'elle salue le moins de personnes possible, tant moi-même j'en ai le cœur brisé.

— *En route et pas de sentiment.*

La mercière a droit à la même phrase d'introduction. Je suis témoin de son ébahissement. Après l'avoir longuement embrassée, elle retourne derrière le comptoir et choisit une écharpe.

— *Tenez, je vous l'offre; elle est en cheviotte. Elle vous sera très utile au Canada.*

Madame Hébert caresse l'étoffe, apprécie la laine soyeuse.

— *Je vais penser souvent à vous de mon lointain Canada.*

Le pâtissier, le presseur, le libraire, la vendeuse de journaux, chacun a droit à la même formule d'introduction et moi, à la même phrase de départ.

Je n'ose lui demander si ses adieux achèvent quand nous entrons à la pharmacie.

— *Non, je ne prends rien aujourd'hui, je viens juste vous saluer avant mon retour définitif au Canada, mardi.*

Aussitôt la pharmacienne, étonnée, écarquille les yeux. Elle hésite entre les larmes et la parole.

— *C'est vrai, madame Hébert? Vous retournez au Canada? Pour toujours?*

Elle fait signe à son assistante de la remplacer et rejoint madame Hébert.

— *Pourquoi ne m'en avez-vous rien dit la semaine dernière quand vous êtes venue chercher vos médicaments pour six mois? Je croyais que vous séjourneriez cette année plus longtemps à Menton. Pourquoi ne m'avez-vous rien dit? insiste-t-elle d'une voix tremblante en lui prenant les mains.*

Les deux femmes se considèrent avec affection, l'une pourrait être la grand-mère de l'autre.

— *Je ne peux pas le croire, madame Hébert, je ne veux pas le croire, ajoute-t-elle en la prenant dans ses bras, la voix cassée.*

Les clients spéculent sur les raisons de ces excès de tendresse. Seules les deux femmes savent ce qui les unit.

Le corps toujours droit, le sourire figé sur son visage, madame Hébert regarde, impassible, la pharmacienne s'essuyer les yeux devant plusieurs clients agglutinés dans le petit local.

— Je vous donnerai de mes nouvelles de mon lointain Canada, lui promet-elle simplement, comme si elle désirait mettre fin à ce trop-plein d'émotions.

Le visage défait, la pharmacienne enlace de nouveau madame Hébert qui, cette fois-ci, lui chuchote quelques mots en parcourant la quinzaine de personnes qui espèrent, sans doute, que le quotidien reprenne ses droits.

Une fois de retour à son appartement, elle s'assoit. Quelques secondes de silence, toute concentrée sur Petit Chat et, pour elle-même :

— C'est fait, c'est fini, on n'en parle plus !

Je suis saisi. Je détourne la tête. Son commentaire à la fois me glace et m'émerveille. Pour avoir fréquenté madame Hébert pendant plusieurs années, je sais qu'elle a un sens aigu de la réalité. Pour elle, il ne sert à rien de s'accrocher à un passé révolu quand la décision d'y mettre fin émane de soi.

Terminer ses adieux avec la pharmacienne, qu'elle connaît plus intimement que les autres et qu'elle sait plus émotive dans ses réactions, procède d'une logique qui me fascine. Commencer par elle aurait compromis sa tournée.

— Allons maintenant voir à quoi ressemble ma chambre d'hôtel. Ensuite, nous irons déjeuner, propose-t-elle.

J'en ai le souffle coupé tant il y a de l'indifférence dans ce qu'elle vient d'énoncer. Elle n'est déjà plus à Paris. Plutôt dans un no man's land en attente d'un avion. Où trouve-t-elle la force d'arrêter le torrent d'émotions en elle ?

Face à mon étonnement qu'elle n'ait pas encore visité la chambre, elle me répond qu'elle n'a besoin que d'un lit pour quelques jours.

— L'important, c'est que la chambre soit propre, conclut-elle.

Une fois sa petite valise faite, nous partons pour l'hôtel Abbatial.

La pièce est minuscule. La seule fenêtre, côté nord, est obstruée par l'escalier de secours, ce qui cache une grande partie du peu de lumière qui y entre. Nous nous dirigeons vers le Métro.

Nous mangeons peu. Je la sens fatiguée.

— Je retournerais bien dans ma chambre me reposer un peu.

Sur le trottoir juste en face de l'hôtel, nous nous donnons rendez-vous à 19 heures à son appartement, comme pour nous assurer que nous ne nous manquerons pas.

Un couple de bernaches se pose sur le grand étang dans une belle cacophonie printanière, rejoint quelques instants plus tard par des colverts sous les coassements des rainettes et les jappements de Louky.

Carouges, quiscales, sizerins, jaseurs et gros-becs envahissent le terrain dans une joyeuse renaissance. Des diamants d'eau sur l'étang.

Depuis quelques jours, la salle de bains me semble à des lieues de la méridienne. Les poumons en feu, je dois retourner là-bas où madame Hébert m'attend.

— C'est encore mon appartement jusqu'au 15 avril, me dit-elle, comme pour se rassurer.

Je jette un œil dans le jardin. Un couple de tarins se fait la cour sur le toit de lierres. Je m'informe de sa chambre.

— Elle empeste la fumée de cigarettes et j'ai été incapable d'ouvrir la fenêtre. Voilà !

De par son ton, je devine que quelque chose ne va pas, mais je ne pose pas la question.

— Cette amie sous influence s'est excusée de m'avoir téléphoné en pleine nuit.

Ah, c'est elle, la cause de son irritation !

— Elle m'a dit qu'elle emménagerait chez moi pour quelque temps.

Le rythme de ses caresses est brisé. Je ferme les yeux.

— Je lui ai répondu que je n'avais pas encore vu mon appartement et que j'ignorais s'il y a de la place pour elle.

Je me lève. Je dois improviser et vite. Je choisis l'humour.

— Je crois que votre amie serait plus à l'aise dans une maison de désintoxication. Tout est fourni, sauf la boisson.

Elle me sourit puis me montre la pile de lettres auxquelles elle veut répondre avant mardi.

— Je ne sais pas si j'y parviendrai. Certaines lettres demandent une longue réponse, mais je n'ai pas le temps.

Je lui suggère d'écrire un mot à ces personnes en leur précisant qu'elle leur répondra plus tard.

Elle retrouve le rythme de ses caresses.

Je la rassure alors que le téléphone sonne. C'est Stéphanie, la fille de Patricia. Elle l'invite à dîner avec son frère, Olivier, demain soir. Elle accepte avec joie.

— J'ai promis à Patricia de m'occuper de ses enfants comme une mère. J'ai offert à Stéphanie, qui vient d'emménager dans un appartement, les appareils ménagers, les bibliothèques, mes vêtements même, tout ce que je n'apporte pas à Montréal. Elle a refusé. Stéphanie ne veut rien devoir à personne. Elle est un peu comme moi en ce sens.

— Et son frère?

— Il vit déjà en appartement, meublé de pied en cap. De tout ce que je lui ai offert, il n'a pris que le téléphone sans fil qui fait moderne.

Elle n'a d'yeux que pour son chat, la tête près de la sienne.

— Je crains que Petit Chat ne puisse supporter le voyage, murmure-t-elle avant d'ajouter qu'entre elle et lui, il y a beaucoup de dialogues secrets.

La voilà maintenant qui revient sur l'hiver; ses appréhensions nourrissent ses inquiétudes.

— La saison froide me fait peur. Et puis, il y a les appartements surchauffés, le taux élevé d'humidité qui transit les os.
Je l'aide à se lever.

— Je crois que je souffre d'arthrose lombaire et cervicale
depuis le début des années 1990. J'éprouve une grande difficulté
à me lever, à me baisser. Les moindres petites choses me font
souffrir. Bon.

Elle va à la cuisine vérifier si son chat a assez de nourriture
pour la nuit alors qu'il est déjà couché sur le fauteuil. Elle lui
administre une dernière caresse. J'attends près de la porte. Elle
tient à fermer les lumières.

— C'est encore mon appartement.

Dès mon retour rue du Bac, je téléphone à ma sœur.

Je me réveille en sursaut. Haletant. J'ouvre les yeux. Je reconnais la chambre. Mon cœur est fou. Lentement, ses pulsations ralentissent au fur et à mesure que je m'éloigne de mon cauchemar.

Assis à ma table de travail, je rédige le journal commencé à mon arrivée ici. Je note nos conversations et nos visites. J'ignore encore pourquoi. Est-ce pour mieux me rappeler ? Me convaincre, le jour où ma mémoire défaillira, que l'homme qui tenait son bras, c'était bien moi ?

En lisant aujourd'hui mes interrogations d'alors, je me réjouis d'avoir écrit mes journées, malgré la fatigue ou la tension. Pendant 104 jours, j'ai accompli religieusement ce devoir que je poursuis.

Est-ce la page que j'ai sous les yeux qui m'arrache ce sourire ou ma fin prochaine ? Je passe à la salle de bains prendre mon cocktail avant que la souffrance m'atteigne.

Je lis à haute voix : « Un jour je saisirai mon amant / Pour m'en faire un reliquaire d'argent. / Je me pendrai / À la place de son cœur absent. / Espace comblé, / Quel est soudain en toi cet hôte sans fièvre[1] ? »

La forme de mes os sous le loyal soleil. Ma peau est une pellicule et un gage de quelques jours de sursis.

---

1. *Œuvre poétique, op. cit.,* p. 29.

Il me faut revenir rue du Bac. Ces heures plus calmes m'aideront à traverser ce que j'appréhende depuis un mois.

Le téléphone sonne.

— *Je suis très satisfaite. J'ai baissé de plus de la moitié la pile de mes lettres. Grâce à vous, il ne m'en reste qu'une vingtaine. Je crois que je pourrai répondre à tous avant mon retour.*

— *À quelle heure voulez-vous que je vous rejoigne?*

Je termine le paragraphe commencé. Je prends une douche et sors en pensant à la valise que je dois acheter. Le square des Missions-Étrangères est en fleurs depuis deux semaines. Le temps semble suspendu près de la maison de Chateaubriand.

Je m'y arrête quelques instants en imaginant Saint-Denys Garneau ici, tout près, comme moi, les yeux sur la façade de l'immeuble lors de son voyage en France.

— *J'ai trouvé dans ma pile de lettres une invitation à commémorer le centenaire de la mort de Baudelaire. J'ai dû l'avoir glissée là par inadvertance.*

Je la regarde, intrigué. Il me semble que Baudelaire est mort plus tôt. Elle devine mon scepticisme.

— *Voyez, elle est datée du 16 février 1968.*

Je lis la lettre en diagonale pendant qu'elle commente.

— *Pierre Emmanuel m'avait invitée l'année précédente dans le cadre des Journées Baudelaire à donner une communication, mais j'avais refusé parce que c'était à Bruxelles et que j'étais en pleine écriture de Kamouraska.*

Je remarque que Petit Chat n'est pas dans la pièce. Je ne pose pas de question, mais j'ai une vague intuition en l'observant caresser avec nervosité un bras de son fauteuil.

— *Comme c'était à Paris cette année-là, et qu'on me demandait non pas un exposé, mais simplement de lire mes poèmes, j'ai accepté de participer aux Soirées poétiques. Jean-Louis Barrault devait me présenter. Vous connaissez la suite.*

— C'est en quelque sorte Flora Fontanges qui vous a remplacée... vingt ans plus tard, dis-je avec bonne humeur.

Nous descendons du taxi en face de La Rotonde. Elle choisit une table près d'une bouche de chaleur.

— Croyez-vous que Petit Chat sera capable de supporter le voyage?

Elle ne me laisse pas le temps de répondre qu'elle enchaîne:

— Mon chat précédent, Gros Minou, était très indiscipliné. J'ai dû faire venir plusieurs fois les sapeurs-pompiers. Dès que j'ouvrais une fenêtre du salon, il s'y engouffrait et montait dans un des arbres du jardin.

Elle prend son temps et veut profiter de l'après-midi. Elle saute du coq à l'âne.

— J'aimerais marcher une dernière fois rue Jacob si vous n'y voyez pas d'inconvénient.

Elle tient à faire le trajet à pied en empruntant la rue Guynemer qui devient rue Bonaparte.

Elle reste plusieurs secondes devant les vitrines du Seuil, ses doigts touchant à peine la paroi de verre.

Un peu en retrait, je la laisse avec ses souvenirs : Paul Flamand, Pierre Emmanuel, Albert Béguin, Jean Cayrol, François-Régis Bastide, Jean Bardet, Françoise Blaise, Michel Chodkiewicz et tant d'autres.

Nous revenons par les quais. Elle lève souvent les yeux sur les tours de Notre-Dame dont elle admire la « dentelle de pierre ».

— Demain soir, pour notre dernier dîner, nous pourrions aller au Montebello, propose-t-elle.

Il est plus de 15 heures quand nous arrivons devant son hôtel où elle désire se reposer avant l'arrivée de Stéphanie et d'Olivier.

J'ai un message de madame Gallant qui aimerait m'inviter à déjeuner ou à dîner avant mon retour au Canada. Je la rappelle aussitôt. Ce soir, à 20 heures au Récamier, tout près de chez elle, rue du Cherche-Midi.

Louky pleure pour rentrer. Dès que j'ouvre la porte-fenêtre, il se dirige vers son écuelle en me regardant.

De retour dans la verrière, juste avant de retrouver madame Gallant le 13 avril 1997, je pense à toi, un cadeau de la vie, un ultime souvenir pour franchir l'agonie.

Je récite à haute voix dans la splendeur du jour: « Flamme vacillante / Rabattue par le vent / Ferme les yeux / Cligne et meurt / Tandis que la suie / Redessine tes traits absents / Fait de toi un paysage noir / De la pointe des orteils / À la racine des cheveux / Sombre paradis[1]. »

— *Je persiste à croire que le retour d'Anne arrive trop tôt. Elle m'a confié qu'elle ne voulait pas revenir tout de suite, qu'elle aurait préféré attendre encore un an. Je crois que certaines de ses amies ont abusé de son amitié.*

Je n'infirme ni ne confirme, car son idée est déjà faite. Le repas sera un monologue. L'orgie de confidences ne me sied pas. Banaliser l'intimité me blesse.

Pourtant, dans une lettre datée du 4 novembre 1996 adressée à son frère, madame Hébert lui annonce qu'elle rentre au Canada. « L'histoire de mon bras cassé et de ses complications si longues et pénibles a pesé très fort dans ma décision. Je me suis alors sentie si seule, si loin de ceux que j'aime le plus. Petit Chat quittera donc sa maison natale du 24, rue de Pontoise pour les vastes étendues du Canada. Ça ne sera pas facile de l'emmener en avion. Pas plus que pour moi d'ailleurs[2]. »

Dans une autre lettre à son frère, cette fois-ci datée du 13 janvier 1997, elle écrit: « Je suis plongée dans les paperasses afin de trier au mieux ce que j'emporte avec moi parmi tous mes manuscrits accumulés depuis 26 ans. Dur, dur[3]. » Mais jamais elle ne

1. *Le jour n'a d'égal que la nuit, op. cit.*, p. 41.
2. Archives de l'Université de Sherbrooke.
3. *Ibid.*

remet en question sa décision, même si elle termine sa lettre en écrivant: « Je parle souvent, souvent à Petit Chat de sa prochaine traversée de l'Atlantique [...] Mais Petit Chat n'entend rien et ne se doute pas de ce qui l'attend tandis que moi, j'y pense pour deux[1]. »

Déjà, en 1988, elle fait allusion à son prochain retour au pays. Dans une lettre adressée toujours au même frère, datée du 13 janvier, elle écrit: « De mon côté je pense à mes vieux jours et je me demande sérieusement si je ne serais pas plus en sécurité au Canada, entourée de mon frère et de mes amis et, en cas de maladie, aidée et secourue par la sécurité sociale canadienne et québécoise. Ici, si je tombe malade, je ne puis profiter de l'assurance-maladie du Canada... Je n'ai pas envie de rentrer tout de suite au bercail mais dans quelques années il faudra y songer sérieusement. Le temps passe si vite et je ne rajeunis pas[2]... »

Quelques mois plus tard, dans une lettre adressée à ce même frère, datée du 31 mai, alors que celui-ci déménage, elle écrit: « Je pense beaucoup à ton déménagement et je compatis de tout cœur avec toi. Quel boulot! Pour ma part, je frémis à la seule pensée qu'un jour j'aurai à ramasser toutes mes affaires et à quitter mon appartement de Paris, habité et aimé depuis dix-sept ans[3]. »

Je mange en silence le potage aux asperges qui est délicieux alors que madame Gallant grignote son entrée de saumon fumé.

L'après-midi coule doucement dans la verrière. J'hésite à poursuivre la lecture de ce repas tant j'ai délaissé l'amertume, même si j'aurais toutes les raisons de m'en faire une alliée.

L'hiver a jauni les cèdres qui entourent la terrasse. Le consommé que j'ingère est mon repas quotidien. Mes derniers jours coulent dans une monotonie rassurante.

---

1. Archives de l'Université de Sherbrooke.
2. *Ibid.*
3. *Ibid.*

— *Avez-vous vu l'appartement qu'elle habitera à Montréal?*

Louky, à peine sorti, prend dans sa gueule une vieille mitaine près du barbecue. Je lui fais signe que non.

— *Non.*

Comme pour me narguer, il court vers l'étang.

— *Je mange souvent ici – c'est à deux pas de chez moi – bien que la nourriture laisse parfois à désirer.*

Je passe à la salle de bains. Le miroir me renvoie une figure livide et émaciée.

— *C'est dommage que vous partiez après-demain ; je vous aurais invité au restaurant du Palais royal où habitait Colette, que j'ai eu le bonheur de saluer avec une amie à la fin de sa vie.*

Je bâille. Elle m'en fait la remarque.

— *Vous devez être épuisé avec ce déménagement ?*

J'offre d'aller la reconduire. Elle refuse.

Je retrouve madame Hébert à 10 heures 15. Elle est dans tous ses états.

— Parce que j'ai tardé à signer le contrat de mon dernier roman avec le Seuil, une partie de mes arrhes que la maison d'édition devait déposer dans mon compte bancaire à Paris ne peut s'appliquer par manque de temps. En conséquence, tous mes à-valoir seront déposés dans mon compte bancaire à Montréal. Or j'ai besoin de ce montant pour honorer les chèques que j'ai faits. Voilà !

L'exclamation qui suit le dernier mot exprime l'urgence de la situation.

— Et Petit Chat a été malade cette nuit. Voilà !

Ce deuxième « Voilà ! » révèle une panique qui gonfle en pensant à l'épervière de cet après-midi.

— Il n'y a aucun problème, madame Hébert. Si vous voulez, je peux vous avancer la somme dont vous avez besoin qui, j'en suis sûr, n'est pas exorbitante.

Ma solution la satisfait.

Elle s'assoit, caresse de ses mains les bras de son fauteuil. Elle hésite à me dire quelque chose, je le devine. Je me tais même si une question me brûle les lèvres.

— J'ai téléphoné au vétérinaire avant votre arrivée. Il doit me rappeler. Je crois que Petit Chat ne pourra supporter le voyage. Voilà !

Je me lève. L'euthanasie de Petit Chat est son suicide. Je me mords les lèvres.

On frappe à la porte. Je vais ouvrir. La concierge et le bidet.

— Qu'est-ce que c'est ça? dis-je d'un ton sec.

— C'est moi qui le lui ai demandé. L'appartement doit être laissé tel que je l'ai pris.

Je fais signe à la concierge de ne pas bouger. Je rejoins madame Hébert dans le salon. Ma voix se veut posée. Calmement, je lui rappelle la visite de l'épervière le 15 février et ses commentaires au sujet du bidet. Elle me tient tête.

Je le dépose dans la salle de bains.

— Vous voulez quelque chose?

La concierge est restée plantée là, les bras ballants.

— J'en profiterais pour rapporter le fauteuil que je vous ai prêté, de même que la table et les tréteaux.

Je regarde madame Hébert qui a déjà quitté son siège, tenant dans une main une liasse de lettres et dans l'autre son stylo.

En moins de deux minutes, le salon est vidé de tout objet, il n'y a plus qu'elle et moi. Et la litière et la cage de Petit Chat dans la cuisine.

— Bon! dit-elle.

Le téléphone sonne. Elle répond.

— C'était l'épervière. Elle s'en vient, lance-t-elle d'une voix nerveuse.

— Aussi bien que tout soit terminé le plus rapidement possible.

— Bon! répète-t-elle plusieurs fois en se promenant d'une pièce à l'autre.

De nouveau le téléphone sonne. Le vétérinaire. Elle lui explique que Petit Chat ne peut supporter la nourriture sèche. On sonne à la porte. Je vais ouvrir. Une jeune femme aux gestes brusques et à la démarche rapide grimpe les marches deux par deux. Une nouvelle épervière.

*Du palier, elle me dévisage. Debout sur le seuil de la porte,
j'attends que madame Hébert en ait terminé avec le vétérinaire.*

— Où est la locataire, Anne Hébert? lit-elle sur une tablette.

Je lui demande d'attendre.

*Madame Hébert s'excuse de ne pas l'avoir reçue. La femme
au visage de volatile la toise d'une moue dédaigneuse avant
d'entrer dans le vestibule.*

*— Quelle est cette odeur de pourri qui provient d'ici et qui se
propage jusqu'au rez-de-chaussée?*

*Madame Hébert et moi, nous nous regardons. Je hausse les
épaules derrière l'épervière quand Petit Chat sort de la chambre.*

*— Ah, un chat! Les animaux seront à l'avenir défendus dans
nos appartements. Ils salissent, transmettent des maladies et
provoquent des allergies.*

*Elle ouvre le placard de l'entrée, pousse sans ménagement
d'une main nerveuse les deux manteaux sur les cintres.*

*— Et cette odeur de renfermé qu'on retrouve partout n'invite
pas à la location, marmonne-t-elle en notant quelques mots sur
la feuille avant de passer au salon.*

*— Les murs ont grand besoin d'être rafraîchis ainsi que les
plafonds. C'est une horreur! Comment avez-vous fait pour vivre
dans une telle insalubrité?*

Je tombe des nues. Pour qui se prend-elle?

*La voilà maintenant qui compte les trous dans les murs. Je
souris en pensant au bureau de madame Hébert.*

*— Il y a quatre ans, j'ai fait repeindre tous les murs et pla-
fonds. Si vous le désirez, je peux vous montrer la facture.*

*La femme fait comme si elle n'avait rien entendu et se rend
dans la chambre à coucher, ouvre les fenêtres et vérifie l'état des
volets.*

*— Eux, par contre, n'ont jamais été repeints. C'est de la
négligence, commente-t-elle en le notant sur une fiche.*

— J'ignorais qu'il fallait que je m'occupasse aussi des objets à l'extérieur de l'appartement! déclare madame Hébert d'un ton sec.

J'admire son imparfait du subjonctif, le premier, je crois, qu'elle emploie devant moi. L'utiliser à ce moment-ci, alors que l'épervière est visiblement de mauvaise foi avec ses phrases assassines, crée une distance infranchissable entre les deux femmes.

Elle se dirige vers la salle de bains sans aucun égard pour nous. Elle remarque aussitôt le bidet en déséquilibre.

— Il faudra qu'il soit rebranché.

Elle le touche, voit tout de suite qu'il n'est pas à sa place originale, s'étonne en cherchant le renvoi d'eau.

— Où va-t-il? s'informe-t-elle auprès de madame Hébert qui lui répond aussitôt:

— À la place de l'armoire.

L'épervière doit le déplacer pour ouvrir les deux portes, à la recherche probablement de l'endroit pour le fixer.

— Les premiers évaluateurs que le cabinet Dépardieu ont envoyés le 15 février m'ont dit de ne pas rebrancher le bidet, car les gens ne s'en servent plus.

L'épervière a la tête dans l'armoire. Elle demande à madame Hébert une lampe de poche qu'elle n'a pas.

— Sachez, chère madame, que la majorité de mes futurs locataires ne louent que s'il y a un bidet dans la salle d'eau, dit-elle en se redressant.

La figure cramoisie, elle rédige une longue note.

— Ceux qui m'ont précédée venaient vérifier si vous deviez débourser une quelconque somme afin de faire des réparations avant de quitter; moi, je suis la responsable attitrée pour vérifier l'état des lieux. Nous assumons deux fonctions fort différentes, précise-t-elle en ouvrant les robinets du lavabo et de la baignoire.

Elle marmotte le mot « négligence » juste assez fort pour que nous l'entendions.

— *Il y a eu un bombardement, ici?* ironise-t-elle en entrant dans le bureau de travail, les yeux sur les nombreux trous qu'elle compte de vive voix.

Madame Hébert me jette un regard de panique. D'une main, je lui fais signe de rester calme.

— Cette pièce est à refaire entièrement. Voyez la peinture écaillée sous la fenêtre et tout le long des plinthes. Y a-t-il déjà eu un dégât d'eau dans cette chambre? demande-t-elle en la dévisageant avec des yeux de feu.

— Non, madame, il n'y a pas eu de dégât d'eau dans cette pièce.

Cette visite est pour elle une sorte d'humiliation.

— Je me sentais comme une petite fille qu'on réprimande parce qu'elle a fait quelque chose d'incorrect, me confiera-t-elle plus tard.

Nous la suivons à la cuisine où elle ouvre les portes des armoires tout en passant ses commentaires sur le remugle de la pièce et la propreté des lieux. Elle promène une main sur le dessus de la crédence, y trouve une grande enveloppe qu'elle présente sèchement à madame Hébert.

Nous nous regardons en pensant à la même chose. Elle ouvre lentement l'emballage. Elle sourit.

— Les carreaux du comptoir assombrissent la pièce qui est déjà peu éclairée, poursuit l'autre avant de demander si elle a un casier au sous-sol.

— Oui, mais le cadenas a été forcé par des voleurs, s'empresse-t-elle de dire.

Elle ne tient aucunement compte de sa remarque et descend aussitôt au sous-sol. Du palier, nous l'entendons pester contre les marches trop étroites et la saleté de l'immeuble.

— J'aurais dû faire rebrancher le bidet et ne pas écouter les premiers évaluateurs.

— *Ne vous en faites pas, elle n'a rien trouvé. Son travail est de bougonner.*

J'ai les yeux sur le parchemin. « Salon de la femme de Montréal, le 7 mai 1971. Anne Hébert. Femme de l'année. »

— *Il faudra faire réparer la porte de votre casier. Vous signez ici, au bas.*

Avec grande nervosité, madame Hébert appose son paraphe.

— *Vous me remettez les clés de votre appartement,* ordonne-t-elle en tendant la main.

— *J'ai payé cet appartement jusqu'à demain, j'ai le droit d'y demeurer. Il n'est pas question que je vous remette les clés maintenant. Je les laisserai demain à 13 heures à la concierge chez qui vous irez les chercher. Voilà !*

Elle n'a cessé de la regarder dans les yeux, le corps droit, les mains ouvertes, le nez légèrement retroussé.

— *Vous ne me facilitez pas un travail déjà pénible. En plus, j'ai d'autres appartements à visiter demain et je ne vois pas quand je trouverai le temps de venir chercher les clés.*

Madame Hébert la dévisage encore un instant avant de lui lancer :

— *Ça, madame, c'est votre problème ! Je ne vous remets pas les clés. Voilà !*

J'admire son sang-froid. Malgré une tension palpable, elle continue à l'affronter sans détourner la tête.

— *Est-ce que la concierge est chez elle ?* demande la jeune femme, visiblement contrariée de la tournure des événements tout en rangeant ses documents dans son attaché-case.

— *Je l'ignore. Vous n'avez qu'à frapper à sa loge. Voilà !*

Je me pince les lèvres. Madame Hébert n'a pas bougé d'un poil. La femme comprend que la locataire ne reviendra pas sur sa décision. D'une main ferme, elle ouvre la porte. Elle descend bruyamment les marches.

Une fois l'autre partie, madame Hébert déclare avec un sourire :

— Je n'aimerais pas l'avoir dans mes cauchemars.

— Que faisait ce parchemin honorifique en haut du dressoir ?

— En lisant le parchemin, je me suis souvenu que je venais d'emménager dans cet appartement. Le désordre y était aussi grand qu'avant l'arrivée des déménageurs. Je l'avais mis sur le dessus du meuble.

— L'épervière aura quand même été d'une certaine utilité.

— Pour vous qui aimez les parchemins honorifiques, plaisante-t-elle.

Petit Chat, qui s'était fait discret pendant la visite, arrive dans le vestibule en miaulant.

— Je dois rappeler le vétérinaire. C'était à lui que je parlais quand la chipie est arrivée. Il doit me prescrire de nouveaux médicaments. J'espère que ce ne seront pas des comprimés. Petit Chat n'aime pas ça.

J'entends des éclats de voix.

— Le vétérinaire a dû quitter d'urgence son cabinet. Il ne sera de retour qu'après le déjeuner. Plus rien ne nous retient ici, décide-t-elle d'une voix ferme.

Nous allons aux Batifoles parce qu'elle désire passer une dernière fois par le Jardin des plantes, non loin de là.

— Quand j'ai fait une mononucléose, il y a quelques années, mon médecin m'a mise au régime. Je me suis privée de pommes de terre, de riz, de pâtes, de pain, de fruits, de vin, tout ce qui contient un seul petit grain de sucre. Moi qui aime tant les desserts, comme vous le savez.

J'attends le mot « corpulente » qui tarde.

— Le régime m'a fait maigrir. Au début, j'étais contente de perdre du poids. Vous ne m'auriez pas aimée du tout, prend-elle la peine d'ajouter en souriant.

Elle attend en vain une remarque de ma part.

— J'étais épuisée. Je venais de terminer L'Enfant chargé de songes. Ma fin ne me satisfaisait pas du tout, ni mes éditeurs non plus, d'ailleurs. Il me fallait donc la réécrire. Cela m'a pris quelque temps avant de me replonger dans l'écriture après mes longues vacances au Canada et aux États-Unis. Vous vous rappelez ? Vous êtes venu me chercher.

J'acquiesce en me souvenant de son arrivée à Mirabel, son séjour chez Jeanne Lapointe, ses semaines à la mer, son départ. C'était en 1992.

— Plus tard, j'ai repensé à tout cela. Je crois que ma fatigue remontait au Premier Jardin, pour lequel j'ai travaillé comme une dingue tous les jours de la semaine. Quand j'ai eu terminé, je me suis sentie dépossédée de cette vie intense et passionnée qui m'avait habitée.

Elle lève les yeux sur l'enfant assise près de sa mère.

— Il me semble que cette dépossession a été plus profonde que pour mes autres créations. Est-ce juste une impression ? ajoute-t-elle.

Je lui rappelle son recueil, Le jour n'a d'égal que la nuit, publié quelques mois après L'Enfant chargé de songes.

— Cela faisait très longtemps que j'avais publié des poèmes, j'avais un trac fou, me précise-t-elle.

— Vous n'arrêtez pas de travailler, madame Hébert, même quand vous êtes en vacances à Menton.

— Si vous saviez comme je crains l'hiver au Canada depuis que je suis venue chercher le prix Gilles-Corbeil. C'est trop froid. J'ai perdu l'habitude.

Nous nous engageons rue Jussieu qui longe l'université du même nom et entrons au Jardin des plantes. Elle s'assoit sur un des nombreux bancs vides en ce début de l'après-midi. Elle regarde en silence le jardin à la française, fleuri sur toute sa longueur de tulipes rouges et jaunes. Au loin, des pommiers dont

les branches ploient sous leur floraison rose et blanche. Çà et là,
des forsythias et des spirées aux extrémités du parc.

Discrètement, je la regarde, impassible, les yeux sur le jardin.
J'imagine qu'elle s'imprègne de ce lieu où elle venait souvent
marcher, m'a-t-elle confié un jour.

Elle se lève. Un dernier regard panoramique avant de quitter.
En repassant par la rue Jussieu, elle s'arrête devant l'université.

— L'architecture de cette université est laide et sans style en
comparaison des édifices qui lui font face. J'ai remarqué qu'à
Montréal il y a beaucoup de constructions de ce genre.

Je ne passe aucun commentaire.

— Si le vétérinaire me prescrit des comprimés, je vais deman-
der à Christine qu'elle vienne les administrer à Petit Chat. Elle
a l'habitude, dit-elle quand nous tournons dans sa rue.

À peine entrée à l'appartement, elle téléphone au spécialiste.
Tout en lui parlant, elle me demande de noter le nom du médi-
cament qu'elle prend la peine de m'épeler.

— Dans combien de temps ce nouveau médicament fera-t-il
effet?

Elle le remercie longuement.

— Il m'a dit que demain matin Petit Chat ne devrait plus
vomir.

Elle cherche son sac à main, craint de l'avoir oublié au restau-
rant alors qu'elle le porte en bandoulière.

— Que je suis étourdie!

— Laissez, je vais payer. Cela sera ma contribution dans le
recouvrement de la santé de Petit Chat.

— Vous le trouverez chez la pharmacienne où nous sommes
allés samedi. Vous lui direz que c'est pour Petit Chat.

Dès que j'entre dans le local, la pharmacienne s'informe de
madame Hébert, qu'elle a trouvée amaigrie et courbée. Elle veut
savoir dans quelle partie de la ville, qu'elle connaît très bien, elle
va emménager.

— Côte-des-Neiges.

Avec enthousiasme, la pharmacienne me décrit le quartier, l'oratoire Saint-Joseph, le cimetière, la montagne, le lac des Castors, la croix. J'en suis ahuri.

— J'aime tellement Montréal! Quelle belle ville! J'y vais presque chaque année.

À mon retour, je rapporte l'anecdote.

— Je savais qu'elle venait parfois à Montréal, mais pas aussi souvent.

Je n'insiste pas.

Christine sonne. Avec une étonnante facilité, elle fait avaler au chat le cachet. Elle l'assure qu'elle reviendra demain à midi sans s'attarder.

— Croyez-vous que le comprimé sera efficace?

Je lui réponds, non sans humour, que nous devons faire confiance au vétérinaire qui, depuis le temps qu'il soigne Petit Chat, doit savoir quoi lui prescrire.

— Je me méfie de plus en plus de lui, mais comme je m'en vais, il est inutile d'en chercher un autre, commente-t-elle d'une voix désabusée.

La voilà qui se penche vers son chat.

— Dis à ta vieille maîtresse où tu as mal, Petit Chat. Tu es tout chaud. Je crois qu'il fait de la fièvre. Le comprimé qu'il vient de prendre ne sera d'aucune efficacité.

J'essaie de la rassurer. J'offre de rester avec elle. Elle refuse, à genoux en face de Petit Chat.

— Qu'allez-vous faire jusqu'au dîner? Demeurer ici? Il n'y a plus de chaise, plus de fauteuil, plus de table. Vous irez vous reposer à l'hôtel?

Sans me regarder, elle me répond qu'elle a beaucoup de coups de téléphone à passer avant de partir.

— J'aimerais les faire ici. En même temps, je surveillerai Petit Chat.

— *Mais, madame Hébert, où allez-vous vous asseoir ? Cet appartement déprimerait le plus grand des jovialistes. Ça n'a pas de sens ! Vous seriez beaucoup plus confortable à l'hôtel.*

— *Je m'assoirai par terre comme j'ai fait, il y a 26 ans, quand j'ai emménagé dans cet appartement, en attendant mes meubles, me répond-elle avec un sourire candide.*

— *Bon, dis-je.*

Je vais dans sa chambre ouvrir la valise rouge dans laquelle j'ai rangé deux coussins dont elle se sert parfois quand elle a mal au dos. Je les place près du téléphone.

— *Que vous êtes délicat !*

— *Essayez au moins de vous garder une heure pour aller vous reposer à l'hôtel, cette fois-ci.*

Pour la dernière fois, nous nous donnons rendez-vous ici à 19 heures.

Allongé sur la méridienne, je relis notre dernière soirée à Paris tout en levant les yeux sur Louky qui fait le tour de l'étang depuis ce matin.

Les bras croisés, assis sur mes talons, j'attends qu'elle me fasse le compte rendu de son après-midi.

— *J'ai moins fait de téléphones que j'aurais voulu, mais j'en ai reçu beaucoup du Canada. Tous demandaient si j'avais réussi à boucler mon déménagement, commence-t-elle, une main caressant le chat.*

Je m'amuse à deviner ses interlocuteurs. Je les imagine là-bas lui parler de la dernière tempête de neige ou de celle qui coïncidera avec notre arrivée.

— *Jeanne Lapointe m'a répété qu'elle me trouve très courageuse de quitter Paris, mais qu'elle ne comprend pas pourquoi je le fais à ce moment-ci, dit-elle en délaissant ses caresses.*

Je soupire.

— *Son téléphone m'a quelque peu remuée quand elle a évoqué Pierre Emmanuel, nos vacances à Old Orchard, son année sabbatique à Paris, ses séjours à Menton, nos voyages, les colloques, Nathalie Sarraute, tout ça. J'ai l'impression que c'était encore hier.*

Elle reprend ses caresses sous les ronronnements de Petit Chat.

— *Et puis cette amie « sous influence », qui est revenue avec son désir de partager mon appartement en attendant que sa situation se stabilise. Elle m'a demandé le numéro du vol; elle sera à l'aéroport pour m'accueillir. Elle est convaincue que sa présence me réconfortera. Elle sera à Mirabel demain après-midi et portera, non pas une fleur à la boutonnière, mais un gros bouquet de marguerites, comme son nom, a-t-elle spécifié.*

Notre arrivée promet. Il ne manque que la presse.

— Je ne sais que faire. Elle sera probablement « sous influence ». Moi qui voulais que mon retour se passe dans la discrétion.

Je tente de la rassurer.

— Quand elle est « sous influence », elle se bute si on la contredit et ses gestes sont... théâtraux. Les gens croiront vraiment qu'une vieille diva est de retour.

Je souris tout en pensant à différents scénarios qui nous permettront de l'éviter.

Assise sur les coussins, les jambes allongées, madame Hébert n'a d'yeux que pour son animal, étendu sur elle.

— Françoise, du Seuil, m'a souhaité un bon retour et attend les corrections finales cet été. Ce roman semble tellement loin de moi avec ce déménagement qui n'en finit plus, dit-elle d'une voix lasse, avant d'ajouter qu'elle se serait bien passée de tous ces tracas quotidiens.

Pour son dernier dîner, elle choisit le Montebello. Elle s'assoit près d'une fenêtre où elle peut admirer Notre-Dame.

Elle lève les yeux sur les tours.

— Et il est trop tard pour revenir en arrière.

J'aimerais que notre dernier repas ne soit pas teinté d'amertume.

— Après toutes ces années à Paris, qu'évoque cette ville pour vous?

Aucune hésitation dans sa réponse.

— L'état de grâce quand je croyais, puis, plus tard, la liberté. Je ne retrouverai pas cela à Montréal. Je vous en ai déjà parlé, je pense.

À peine a-t-elle détourné les yeux pour me répondre qu'elle revient sur Notre- Dame.

— Longtemps on a cru, et certains le croient encore aujourd'hui, qu'en 1954 et en 1965 je m'étais exilée du Québec. C'est faux. J'ai choisi de vivre à Paris, c'est différent, m'explique-t-elle.

Nous entrons chez elle. La concierge est dans tous ses états quand elle voit madame Hébert.

— Attendez-moi un instant, on est venu porter quelque chose pour vous.

Elle retourne dans sa loge, en ressort avec un énorme bouquet de marguerites derrière lequel elle disparaît.

— Juste après votre départ pour le restaurant, la boutique Interfolia est venue le livrer. Tenez, dit-elle, émue, en le lui présentant.

Je prends le bouquet, cherche la carte que je remets à madame Hébert.

Dès qu'elle se tourne vers moi, tout sourire, je devine qui lui a envoyé cette botte de fleurs digne d'une diva.

— Je ne peux pas l'apporter à Montréal. Je vous le donne. C'est mon cadeau d'adieu! déclare-t-elle à la concierge en le lui remettant.

— Vous n'aurez plus à vous inquiéter de sa présence à l'aéroport demain.

Petit Chat l'attend bien sagement sur un coussin par terre. Elle s'approche de lui.

— Je ne le trouve pas dans son état normal. On dirait que ce médicament l'a rendu K.O. Peut-être qu'il serait préférable qu'il n'en prenne pas un autre demain?

Pour faire diversion, je lui demande comment elle a déniché cet appartement-ci.

— Je venais de publier Kamouraska. Depuis longtemps, je voulais quitter mon studio du boulevard Saint-Germain. J'ai *découpé l'annonce dans le journal. Quand j'ai vu les arbres, les arbustes et les lierres dans la cour intérieure sur le toit vert du garage souterrain, je savais que je le louerais. Les bouleaux et les conifères que je voyais du salon et de la chambre, qui deviendra mon bureau, me rappelaient les forêts de Sainte-Catherine. J'ai donné la caution qu'on exigeait et je suis allée au Seuil, qui m'a consenti une avance sur les ventes de mon roman qui se montraient prometteuses, selon mon éditeur d'alors, monsieur Flamand.*

Sa voix plus calme se réfléchit tel un murmure dans les autres pièces.

Je reviens m'asseoir près d'elle.

— J'ai quelque chose à vous dire, que j'ai toujours tu.

Une certaine inquiétude dans ses yeux.

— Vous vous rappelez sûrement que mon mémoire portait sur Kamouraska.

— Quand j'ai dédicacé l'exemplaire dont vous vous êtes servi pour votre maîtrise, j'ai été impressionnée de trouver un roman tant annoté. Aucune page n'y échappait. Je vous en avais fait la remarque, je crois, dans mon envoi.

J'acquiesce avant de la lui réciter. Elle sourit.

J'hésite. Est-ce que cela vaut la peine après toutes ces années? Déjà 27 ans. Comment se fait-il que l'erreur n'ait pas été corrigée et le nom des deux villes biffé depuis le temps? Oui, le lui dire. D'abord, commençons par la date.

Elle attend que je poursuive.

— Les dates sont très importantes dans votre roman, car il y a meurtre. Chaque instant compte depuis qu'Élisabeth a écrit sur un calepin: « Il faut tuer Antoine[1]! » et que son amant lui répond sur la même page: « C'est une affaire entre Antoine et moi[2]. »

Madame Hébert semble impressionnée par ma mémoire.

---

1. *Kamouraska*, op. cit., p. 149.
2. *Ibid.*

— « *Rétablissons les faits et les jours aussi exactement que possible*[1] », *faites-vous dire à un des témoins lors du procès.*

Elle suit mon raisonnement avec attention malgré l'heure tardive. Je sens que mes mots l'apaisent, bien qu'elle se demande, me dira-t-elle plus tard, où je veux en venir.

— *Le docteur Nelson part à 5 heures du matin, le dimanche 27 janvier 1839, de Sorel en direction de Kamouraska. Vers les 21 heures, le mardi 29 janvier, il est à l'auberge de Saint-Vallier; vers les 23 heures, 2 heures après le meurtre, le jeudi 31 janvier, il couche à l'auberge Louis Clermont à Sainte-Anne-de-la-Pocatière; dans la nuit du vendredi 1er février, il est de nouveau à l'auberge de Saint-Vallier; dans la matinée, vers les 11 heures, il s'arrête à l'auberge de Saint-Roch-des-Aulnaies; très tôt, le matin du samedi 2 février, le village part à la recherche d'Antoine Tassy; vers les 2 heures dans la nuit du dimanche 3 février, les gens retrouvent le cadavre du seigneur de Kamouraska. N'écrivez-vous pas: « Sorel-Kamouraska, aller et retour, en dix jours. Quatre cents milles en plein hiver, sans changer de cheval*[2]. »

Elle est fascinée par l'énumération des dates. Petit Chat ronronne même sans ses caresses. Elle attend la question qui ne viendra pas, me soulignera-t-elle une fois à Montréal, celle qu'on lui a souvent posée: « Que s'est-il passé le lundi 28 et le mercredi 30 janvier alors que ces deux jours sont absents dans le roman? »

— *Il y a une erreur de date dans le* Kamouraska *publié.*

— *Ah, oui?*

Je fais signe que oui avant de poursuivre. Je sens que cet exercice l'amuse comme une devinette.

— *Dans les trois versions manuscrites que vous avez données au Centre, l'erreur ne s'y retrouve pas, la date est correcte. La coquille apparaît dans les deux tapuscrits annotés que le Centre*

---

1. *Kamouraska, op. cit.*, p. 106.
2. *Ibid.*, p. 201.

possède. En dactylographiant votre manuscrit, vous avez entre-mêlé une date avec une autre, un jour avec un autre.

Elle est très attentive. Je prolonge le plaisir en m'interrogeant à haute voix.

— Comment se fait-il qu'au Seuil personne ne se soit rendu compte de cette grave coquille qu'on lit depuis sa première parution ? Qu'aucun chercheur ne l'ait remarquée ?

Je la sens de plus en plus curieuse de savoir. Je m'amuse et l'amuse en cette veille de départ qu'elle a complètement oublié depuis quelques instants. J'en rajoute.

— Depuis 27 ans, je porte en moi ce lourd secret que je tais alors que j'aurais pu le dévoiler. Mais comme je suis un chercheur sérieux qui protège l'objet de sa recherche, je l'ai gardé pour moi.

Comme une enfant captivée par l'histoire qu'on lui lit, elle porte une main sur ses lèvres, a les yeux grand ouverts. Maintenant, la chute.

— À la page 199 de votre roman, dernière ligne, nous retrouvons non pas le vendredi 1ᵉʳ février, mais le vendredi… 3 février, ce qui ne correspond pas à ce qu'on a lu auparavant. La preuve est qu'à la page 208, vous corrigez votre erreur en écrivant « le 1ᵉʳ février qui était un vendredi », lors du témoignage de Jean-Baptiste Saint-Onge, de la Rivière-Ouelle. Voilà !

Elle applaudit.

— Mais vous vous rappelez de tout !

Je lui confie que j'apporte partout où je vais son roman, qui me sert de porte-bonheur.

— Tu as entendu, Petit Chat ? Dès la première heure, je vais avertir mon éditeur pour qu'il corrige cette erreur.

Elle reprend ses caresses pendant que je précise :

— À chaque manuscrit ou tapuscrit que vous me remettiez, je cherchais la coquille. Sur quelle version je la retrouverais ? Où s'était-elle glissée ? Comment se faisait-il que vous retrouviez la date et son jour correspondant quelques pages plus loin ? À cette

question, je n'ai pu répondre. Moment d'inattention ? J'ai remarqué que dans la quatrième version, il y a une série de dates, d'heures et de jours à rendre dingue. J'imagine le travail que cela a exigé pour démêler tout ça.

Elle réfléchit quelques instants avant de revenir sur l'article de Sylvio Leblond dont elle a suivi les indications à la lettre.

— Je vous ai dit que j'étais allée en Australie, je crois ?

À peine ai-je le temps d'un signe de tête qu'elle poursuit.

— Quand j'ai écrit cette partie, j'avais près de moi les dates, les jours, les heures que nous retrouvons dans Le Drame de Kamouraska. *C'était un casse-tête. J'ai un peu revécu cela quand je suis allée en Australie. J'avais deux montres, une à chaque bras, une à l'heure locale et l'autre à l'heure de Paris. Je n'en finissais plus d'avancer ou de reculer les heures et les jours. Tous ces calculs me cassaient la tête. Je ne savais plus quelle date nous étions. J'étais complètement anéantie quand je suis arrivée à Sydney !*

À mon tour de regarder ma montre. Je ne lui soufflerai mot au sujet du nom des deux villes. Ces erreurs sont plus graves.

— N'oubliez pas de réserver une familiale quand vous passerez près de la station de taxis. Qu'elle soit au 24, rue de Pontoise à 13 heures. À quelle heure déjà notre vol ?

— Seize heures quarante-cinq.

Nous nous souhaitons bonne nuit, sachant tous les deux qu'il n'en sera rien.

— Je serai à votre appartement à 10 heures précises.

Je sors quelques minutes à l'extérieur sous le crépuscule. Louky poursuit sa quête autour de l'étang. Le chant des rainettes a repris de plus belle en cette fin du jour. Je me rappelle cette dernière soirée là-bas, moi accroupi, elle assise, adossée au mur dans un appartement sinistre avec Petit Chat malade. Je souris à la question sérieuse de madame Hébert :

— *Où croyez-vous que la concierge a déposé les fleurs dans son appartement petit comme un mouchoir ?*

— *Elle a probablement divisé la gerbe en plusieurs bouquets qu'elle donnera à sa sœur, à sa belle-sœur et à sa cousine.*

Je retourne dans la verrière. Viens, Louky, rentrons, les heures qui viennent ne sont plus pour nous. Laissons la place au monde grouillant de la nuit dont tu sentiras les odeurs dès le jour levant.

L'arôme du café me rassure pendant que je ferme ma valise. « Range ta chambre comme si tu n'y revenais plus. » Les mots de ma mère, encore si présents.

Je n'ai pas besoin de sonner, la porte du tambour est grande ouverte. J'entends des voix à l'étage. Ce sont celles de madame Hébert et de la concierge.

— Que se passe-t-il ?

— J'ai téléphoné au vétérinaire. Le médicament n'a pas fait effet sur Petit Chat qui miaule sans arrêt à cause de sa souffrance.

Assise sur les coussins, elle le caresse. Je m'informe de sa réponse.

— Il m'a dit de ne pas m'en faire, que pour certains animaux, surtout ceux qui sont âgés comme Petit Chat, l'effet du médicament se fait attendre.

Elle s'adresse à son chat, lui demande de nouveau où il a mal.

— Petit Chat est très malade, peut-être trop pour faire le voyage. Je crois qu'il serait préférable que je le fasse euthanasier avant de partir, dit-elle en me regardant.

Que s'est-il passé durant mon absence ? J'essaie de comprendre.

— C'est ce qu'a fait une de mes cousines quand elle a quitté son pays pour Paris. Elle a fait tuer son chat qui était malade comme Petit Chat.

Je pense à l'irréparable qui se prépare. Il faut que j'intervienne et vite. Je considère avec colère les deux femmes.

— Il n'est pas question que vous fassiez euthanasier Petit Chat. Il vient avec nous à Montréal. Il passera les douanes canadiennes, comme nous.

Bien que surprise par mon ton tranchant, madame Hébert rétorque aussitôt qu'elle ne pourra supporter de l'entendre miauler pendant tout le voyage. Et d'ajouter :

— S'il est malade ? Vous ne savez pas comment la vomissure d'un chat est insupportable. Et les autres passagers qui devront...

Je la coupe d'une voix aussi forte que la sienne, me convainquant que je peux être aussi têtu qu'elle.

— Je ferai, s'il le faut, tout le trajet dans les toilettes avec Petit Chat, mais votre chat vient avec nous à Montréal. Un point, c'est tout !

Je vais à la fenêtre du salon, les mains sur le dormant. Je tente de me calmer en respirant profondément.

— Bon, marmonne-t-elle.

Je me retourne. D'une voix retenue, je l'envisage.

— Un deuil ne vous suffit donc pas, madame Hébert ? Vous en ajouter un second sur le cœur, c'est de la témérité.

Je retourne à la cuisine, les yeux en feu. Un pur silence dans le salon. La journée ne fait que commencer. Je reviens vers les deux femmes.

— Allez me chercher des chiffons, des torchons, des serviettes, des essuie-verre, des essuie-main, des essuie-tout, ordonné-je à la concierge qui semble n'attendre qu'une directive de ma part pour bouger.

Madame Hébert quitte la pièce pour son ancien bureau. Je retourne devant la fenêtre du salon. Je devine que, juste à côté, elle aussi regarde peut-être, comme moi, le bouleau qui ploie et à qui, un instant, je m'identifie.

La concierge revient les bras chargé de serviettes, de papiers de toutes sortes et de sacs de plastique.

— *Croyez-vous que ce sera suffisant? demande-t-elle en laissant tomber sa brassée que je jauge.*

Madame Hébert entre au salon, prend dans ses bras Petit Chat.

— *Je peux vous en apporter encore si vous le désirez, m'offre-t-elle.*

— *C'est bien gentil à vous, mais Petit Chat ne fait quand même pas le tour du monde. Ça ira, dis-je en allant chercher la cage dans la cuisine.*

À genoux, je lui fais un lit imperméabilisé en mettant un double plastique avant de choisir quelques serviettes et papiers. Je sens le regard de madame Hébert sur moi.

— *On pourrait lui mettre une couche? Ma cousine, quand elle avait son chat… risque la concierge.*

Je la coupe et la dévisage pendant plusieurs secondes.

— *Regardez la dimension de la cage, voyez l'épaisseur des serviettes qui couvrent les deux plastiques du fond, pensez maintenant à la couche de votre plus jeune emmaillotant Petit Chat. Voulez-vous qu'il meure étouffé dans son couffin avant son arrivée triomphale à Montréal?*

Un premier sourire chez madame Hébert.

La sonnerie du téléphone. Le vétérinaire s'informe de l'état de santé de Petit Chat. Madame Hébert répète qu'il ne fait que miauler à cause de sa souffrance.

— *Il est vraiment consciencieux, il va passer dans une quinzaine de minutes lui donner une injection, m'apprend-elle, ravie.*

Je regarde ma montre: 11 heures 45.

Je dépose la cage sur le comptoir de la cuisine. Je me rappelle que Christine doit venir à midi pour lui faire ingurgiter son comprimé. Le vétérinaire ne vient que pour être payé. Il y a les valises à descendre, les derniers adieux de la concierge et des enfants. Qu'est-ce que je fais? Je trouve qu'il y a beaucoup de personnes pour si peu de temps. Je prétexte une cigarette et sors.

Je ne lui laisserai pas le loisir d'ouvrir sa trousse, à celui-là! Je fais les cent pas sur le trottoir quand je le vois s'engager rue de Pontoise. Je me précipite à sa rencontre. Il me reconnaît. Je crois qu'il me devine à mon sourire crispé.

— Vous, retournez à votre clinique et ne tentez pas de joindre madame Hébert. Son téléphone sera débranché. Nous partons dans moins d'une heure. Le comprimé que vous avez prescrit hier est sûrement encore efficace aujourd'hui, à moins que vos médicaments ne soient que des placebos qui vous obligent à revenir chez vos clients et à facturer déplacement et injection.

Il me toise. Je l'observe.

— Vos propos sont injurieux, monsieur! Le chat de madame Hébert risque de mourir pendant le trajet si je n'interviens pas.

— Je crois que Petit Chat a plus de chance de survivre si vous ne le voyez pas. Adieu, monsieur!

À l'intérieur de moi, je tremble. Je marche d'un pas qui se veut assuré. Me dépêcher. Je jette un œil en arrière quand j'entre dans l'immeuble. Personne.

— Il est midi et dix et le vétérinaire n'est toujours pas venu, s'inquiète-t-elle pendant que la sonnerie de la porte retentit.

— C'est sûrement lui.

J'ai mal au ventre. Des pas dans l'escalier. Elle s'empresse d'ouvrir. Christine. Elle hésite. Je m'en mêle.

— Écoutez, madame Hébert, ce ne serait pas la première fois que votre vétérinaire a une urgence. En donnant le calmant tout de suite à Petit Chat, il aura davantage le temps de faire effet que d'espérer un vétérinaire qui ne viendra pas.

Je prends le comprimé sur le comptoir, le donne à Christine qui le lui fait avaler.

— Bon!

Midi et vingt, je descends les premières valises au rez-de-chaussée pendant que Christine et madame Hébert échangent sur Québec et Paris. J'ai le temps d'apporter deux autres malles avant que Christine ne parte, rassurée à propos de Petit Chat qui semble avoir bien ingéré son médicament.

Midi et demi. Je suis à la cuisine, madame Hébert à la salle de bains. Petit Chat s'approche, vomit nourriture du matin et comprimé. J'entends la chasse d'eau. J'allonge la main dans la cage, prends une serviette, ramasse en deux temps le dégât que je jette dans l'incinérateur alors que la voix de madame Hébert appelle son chat. Une dernière fois, je vérifie qu'il n'y a plus de trace sur le plancher. Je frappe à la porte de la concierge.

— Si vous voulez saluer madame Hébert une dernière fois, c'est le moment; elle sera ici dans un instant.

Je remonte à l'étage pour retrouver une Anne Hébert au regard perdu derrière la fenêtre du salon.

Midi et cinquante, je descends nos bagages à main. La concierge et ses enfants forment un genre de haie d'honneur. Je remonte une dernière fois à son appartement. Elle n'a pas bougé. Je vais dans son bureau, je contiens mes émotions. Ce n'est pas le temps de craquer. Dans sa chambre, jusqu'à la fenêtre. La familiale vient d'arriver.

Presque 13 heures, je m'approche d'elle.

— Il faut y aller maintenant, madame Hébert. Le taxi est en bas.

Je prends la cage. Mes yeux s'embuent. Il ne faut pas.

Elle me fait face. J'esquisse un sourire d'impuissance, elle me renvoie le même. Petit Chat miaule. Il veut sortir en exerçant avec sa tête une pression sur la toile.

— Il est terrorisé.

Je ne réponds rien en descendant les marches.

Le chauffeur a presque terminé de ranger les valises. Il veut prendre la cage. Je fais signe que non. J'entends les soupirs de la concierge et les pleurs des enfants.

— Je vous donnerai des nouvelles du Canada. Ne craignez rien, murmure-t-elle.

Elles s'embrassent, puis madame Hébert s'arrache de son étreinte.

Elle lève les yeux sur le numéro civique de l'immeuble. Je lis sur ses lèvres 24. Quelques secondes encore pour clore 26 années de sa vie. Elle me regarde.

— En route et pas de sentiment ! dit-elle avant de s'engouffrer sur la banquette arrière.

Une fois assise, elle me demande de lui donner la cage qu'elle dépose sur ses genoux.

Je ferme la portière. La concierge, qui est près de moi, pleure comme une Madeleine. Je ne vois plus les enfants. J'ouvre les bras ; elle s'y précipite. Son départ l'affecte.

— Maintenant, c'est à vous de prendre soin de madame Hébert.

Je hoche la tête en signe d'acquiescement. J'entre à mon tour dans la voiture. Entre nous deux, la cage.

La familiale vient à peine de bouger, nous sommes encore rue de Pontoise, que Petit Chat émet un miaulement sinistre. Elle reprend la cage, tente de le caresser en promenant sa main sur la toile, ce qui ne fait qu'exciter l'animal. Je crains le pire avant même que nous soyons à l'aéroport.

Le chauffeur réussit à détendre quelque peu l'atmosphère.

— Je suis allé au Canada deux fois. Ma fille vit à Montréal. Elle travaille dans un gros hôpital pour les enfants.

Madame Hébert et moi nous regardons. C'est elle qui le lui nomme.

— C'est ça, Sainte-Justine.

Quai de Bercy. Petit Chat semble plus calme.

— Et votre fille a des enfants ?

Peu importe l'intérêt de mes questions.

Il soliloque depuis une minute. Boulevards de Bercy, de Reuilly, de Pictus, cour de Vincennes. Je jette un œil à madame Hébert qui garde ses deux mains immobiles sur la cage.

— *Elle ne veut plus revenir en France. Elle adore le Québec. Enfin sur le périphérique! Les portes se succèdent. Nous quittons Paris à la Porte de la Chapelle.*

À peine la voiture engagée sur l'autoroute 1, filant à vive allure, que Petit Chat émet un lugubre miaulement et recommence à gratter sur la porte de sa cage. J'entends madame Hébert le sommer d'arrêter.

— *Nous arrivons. Regardez,* lui dis-je pour la rassurer en lui montrant un gros-porteur en train de décoller.

— *Il était temps,* laisse-t-elle tomber sans me regarder.

Je paie le taxi et vais chercher un chariot à bagages. J'y place les cinq valises et mets la cage sur le dessus. Je sens son bras sur le mien; je devine qu'elle est ainsi plus près de Petit Chat. Je repère le comptoir d'Air France.

Il y a peu de passagers. L'enregistrement est rapide.

— *Pour acheter le passage du chat, vous devez vous présenter au comptoir 24.*

Surpris, nous nous y rendons. Il y a une file de passagers, une cage à la main. Je souris en pensant que nous pourrions très bien nous rendre dans une exposition pour chats de gouttière de la dynastie de Baudelaire du 5ᵉ arrondissement à Paris.

Une fois la caution payée, nous nous dirigeons vers les douanes. Elle appréhende des problèmes.

— *Pourquoi? Le seul ennui que j'entrevois est que nous ayons à payer un surplus pour excès de tampons sur son carnet médical.*

Elle sourit longuement.

Arrivés dans le hall des départs, nous nous installons au salon d'Air France. Elle enlève son long manteau noir doublé de laine.

— *On dirait que Petit Chat est plus à l'aise ici. Voyez comme il est calme,* observe-t-elle.

Je lui apporte un jus et un croissant qu'elle finit par manger.

Petit Chat émet de longs miaulements. Elle tente de le rassurer en caressant sa cage dont il gratte férocement la porte. Nous ne sommes pas encore arrivés!

Dans la verrière en ce milieu d'après-midi du 15 avril 2010, les yeux sur les feuilles qui jonchent la table, je contemple les tulipes, jonquilles et jacinthes aux bourgeons prêts à éclore. Louky, couché sur l'herbe longue, a l'œil sur moi pendant que je classe des souvenirs de plus en plus flous. Et pourtant, je repousse notre arrivée alors que mon temps est compté. Je reprends ma lecture.

Malgré sa hâte de s'engouffrer dans le Boeing, comme si elle voulait en finir avec Paris, j'attends le dernier appel aux voyageurs avant de nous lever, préférant, et de loin, ce salon aéré à l'enfer étouffant d'une cabine d'avion.

Je l'aide à remettre son long manteau. Une des hôtesses la reconnaît quand elle lit sa carte d'embarquement.

— Bon retour au Canada, madame Hébert.

À peine assise, elle me demande de déposer la cage sur ses genoux. Aussitôt Petit Chat recommence à miauler. Elle regarde sa montre, geste qu'elle fera au moins une dizaine de fois durant le trajet tant elle a l'impression, me confiera-t-elle à l'atterrissage, que le temps est immobile.

Bien calé dans mon fauteuil, je suis aux aguets. Pas question de fermer l'œil durant la traversée. Scruter ses moindres réactions, prévenir ses désirs.

Le gros-porteur roule lourdement sur le tarmac, précédé de six autres qui attendent la permission de s'engager sur la piste de décollage. Les moteurs vrombissent. Les miaous de Petit Chat sont sinistres.

— Voulez-vous que je le prenne sur mes genoux?

Elle préfère qu'il reste sur les siens.

Elle refuse tout ce que lui propose l'hôtesse : vin, jus, arachides, biscuits, sauf le menu qu'elle lit et commente.

Petit Chat gratte âprement la porte de sa cage. Elle lui ordonne de se tenir tranquille. Il lui répond en émettant un fort miaulement.

— Arrête, Petit Chat, arrête, je n'en peux plus de t'entendre. Arrête! profère-t-elle en tapant sur sa cage.

Je me lève.

— Donnez, je vais aller vérifier son lit de serviettes.

— N'ouvrez pas la porte; il pourrait s'enfuir comme le chat de mon amie.

Je la rassure, malgré mon inquiétude.

J'entre dans la minuscule pièce, dépose la cage par terre, m'asperge le visage plusieurs fois.

« Ce départ arrive trop tôt. »

Je ne réponds rien à madame Gallant. J'attends que les larmes cessent pour m'essuyer la figure.

— Tout est parfait. J'ai replacé les serviettes tamponnées dans un coin. Il manquait d'espace.

Mon mensonge la ravit. Elle reprend la cage. Étonnamment, Petit Chat est plus calme, peut-être trop. Je chasse mon appréhension mais une autre, violente et tenace, m'assaille.

— Le calmant que Christine lui a donné ne fait aucun effet.

J'essaie de la rassurer en lui parlant d'altitude, de pression et de l'âge de son chat. Elle semble adhérer à ma théorie que j'élabore au fur et à mesure.

— Écoutez, nous pouvons faire un appel à tous, si vous le désirez.

Elle cesse de caresser la toile et me scrute.

— Rappelez-vous la file au comptoir pour acheter le passage de Petit Chat. Il y a sûrement un vétérinaire dans l'avion. Voulez-vous que je demande à l'hôtesse de faire un appel à tous?

Tout de suite elle refuse et reprend ses caresses.

Le repas lui change les idées. Je passe mes commentaires sur tout et sur rien. Du président de l'Association des vétérinaires de

France à l'épervière en passant par EDF, France Telecom et le bouquet de marguerites pour une diva.

— J'aurais pu en être une si j'avais accepté la proposition de Claude Jutra, m'apprend-elle.

Je la dévisage avec scepticisme.

— Lors du tournage de Kamouraska, *il m'avait proposé d'être une figurante dans la scène du bal à Saint-Ours. J'ai préféré partir pour Paris. J'ai manqué une belle occasion. Je l'ai longtemps regretté, moi qui ai toujours voulu faire du théâtre. Je me suis dit que si jamais on tournait un autre film sur mes écritures, je serais moins sotte.*

J'évite de lui poser la question sur Les Fous de Bassan *après ce qu'elle m'en a confié.*

Elle bâille. C'est bon signe. Elle regarde sa montre. Moins bon. Je lui redonne la cage.

Je cogne des clous. Il ne faut pas. Je me redresse. Elle aussi. Le rythme de son geste est mou. Je ferme les yeux. Je n'entends qu'un lointain ronron de moteur qui me berce.

Je suis entre deux eaux. Quelqu'un me caresse la main.

Je me frotte les yeux comme un enfant. La cage n'est plus sur ses genoux. Je regarde l'heure. Je sursaute. Est-ce possible que j'aie dormi tout ce temps?

— Et Petit Chat?

— Je crois que nous avons dormi tous les trois, avoue-t-elle en souriant.

Je ferme les yeux. Une pression dans les oreilles quand nous amorçons notre descente. La déclaration pour les douanes canadiennes que nous remplissons rapidement.

— Je voudrais vous remercier d'avoir insisté ce matin pour que Petit Chat vienne avec nous. J'aurais été décomposée si j'étais arrivée sans mon chat à Montréal.

À mon tour de lui sourire et de lui toucher la main, sans plus.

Je m'approche du hublot. Ici et là, quelques langues de neige entre Laval et Saint-Jérôme. C'est alors qu'elle se penche vers la fenêtre au moment où je m'en éloigne. Elle garde cette position quelques secondes avant de murmurer davantage pour elle que pour moi :

— Ce pays est encore le mien.

Nous attendons le transbordeur. Nous sommes les derniers à quitter notre section. Je prends la cage, elle revêt son manteau. L'air extérieur nous saisit entre l'avion et la navette. Des gens l'ont reconnue. Une femme pointe un index en sa direction. Nous nous assoyons. Petit Chat refait des siennes. Un enfant, juste en face, pleure. Tous les deux, nous baissons la tête.

Le trajet est cahoteux. Je la sens nerveuse. Plusieurs regards sur elle. Des chuchotements. Bienvenue à Montréal.

Je fais quelques pas. Un silence de fin de jour, comme je les aime, assis ici dans la verrière qui s'assombrit sous le soleil déclinant derrière la maison qui la protège des vents.

Demain, je marcherai avec elle dans l'aérogare où nous attendent madame Bosco et Luc, mais avant, manger quelque peu pour m'aider à traverser la nuit.

Elle me demande de ralentir le pas. Tout près de nous, trois fauteuils roulants disponibles. Je lui demande si elle désire s'y asseoir.

— Si nous marchons lentement, cela ira, me répond-elle le regard sur le long corridor à franchir.

On nous double allègrement. J'épouse la cadence de son rythme lent. Nous ne sommes pas pressés, bien que Petit Chat miaule sans cesse.

Elle s'arrête pour reprendre son souffle. J'évite de la regarder. Je devine son angoisse. Chaque pas l'éloigne de Paris.

Nous sommes pour ainsi dire seuls dans ce couloir tout blanc, faisant des haltes à chaque dix mètres. Je me répète que nous ne sommes pas pressés en pensant à madame Bosco et à Luc qui doivent piaffer d'impatience.

— Voulez-vous vous asseoir quelques instants avant d'entrer dans l'aérogare ?

Elle accepte de bon gré. Elle aimerait que je lui donne la cage de Petit Chat.

Un premier sourire quand elle voit sa tête à travers la porte plastifiée, mais aussitôt une interrogation.

— Et si le vaccin de Petit Chat était insuffisant pour le Canada ? Si on décide de le mettre en quarantaine, je ne pourrai le supporter, poursuit-elle, les yeux sur la cage.

— Nous exigerons des douaniers qu'ils nous mettent aussi en quarantaine.

Elle sourit en ajoutant qu'elle demandera d'être dans la même pièce que Petit Chat.

Nous approchons de l'aérogare. Je sais que dès que nous franchirons les portes, j'entendrai les cris de joie de madame Bosco et de Luc.

Ils sont là. Je leur envoie la main.

— Vous les voyez? s'enquiert-elle en levant les yeux vers la passerelle là-haut.

— Ce n'est pas difficile, il ne reste qu'eux, dis-je en riant.

Je prends un chariot métallique, y dépose les bagages à main et la cage.

— N'oubliez pas les valises!

Nos cinq valises trônent, seules, sur le carrousel.

Je les cueille. Je lève les yeux. Madame Bosco et Luc nous attendent derrière les portes givrées.

Nous nous dirigeons vers le comptoir d'Agriculture Canada. Je redoute autant qu'elle le zèle d'un inspecteur.

— Madame Hébert, c'est donc vrai que vous revenez pour de bon au pays? J'ai lu ça dans un journal, cet hiver. Ah, c'est pour votre chat, ça? demande le douanier en prenant le carnet médical qu'elle lui tend d'une main tremblotante.

En voyant les yeux si expressifs de l'employé, je pense au président de l'Association des vétérinaires de France et à sa remarque sur la réaction du fonctionnaire, peu importe le pays, devant des sceaux officiels. L'homme est effectivement impressionné quand il tourne les pages estampillées et paraphées du carnet médical de Petit Chat.

— Ce chat est un chat de race, conclut-il en apposant fièrement le sceau d'Agriculture Canada sous lequel il signe avec respect.

— Ce chat, cher monsieur, est un descendant direct de la dynastie des chats de Baudelaire du 5e arrondissement à Paris. Bien le bonsoir, monsieur, dis-je en me retournant.

Elle me sourit, visiblement soulagée.

— Je crois que vous l'avez beaucoup impressionné.

— Il l'était déjà grandement par le nombre de tampons du président.

Je la sens détendue.

— Tu es arrivé à Montréal, Petit Chat. C'est ton nouveau pays!

C'est alors qu'elle me prend le bras et me force à arrêter. Son long regard sur moi, reconnaissant.

— Je voudrais vous remercier encore pour ce matin. Avoir laissé Petit Chat derrière moi, je m'en serais voulu le reste de ma vie.

Je souris, les lèvres fermées et les yeux brillants. Ne pas craquer tout de suite.

— Venez, madame Hébert, ils doivent être impatients de nous revoir.

De la verrière, je vous vois. Je cours derrière vous, vous prie de ne pas franchir les portes. Je vous supplie d'arrêter. Je vous crie de ne pas ouvrir une boîte de Pandore. Mon présent dépend de vos pas. Trop tard. D'ici, j'entends les portes givrées se déployer dans un grand souffle, épandant leurs maux jusqu'à la verrière.

« L'épouvante a des pattes de velours / Tapie aux quatre coins de la chambre / Elle se déplace avec l'ombre envahissante / Ayant pour cible le cœur qui s'obscurcit / Elle gagne ses quartiers pour la nuit[1]. »

---

1. Anne Hébert, *Poèmes pour la main gauche*, Montréal, Boréal, 1997, p. 17.

DEUXIÈME PARTIE

Montréal

« Je savais que je perdrais mon anonymat
à Montréal. Que je le savais donc ! »

Je repousse depuis trois jours la poursuite de mon récit. J'évoque prétexte par-dessus prétexte pour retarder les années qui ont suivi, malgré mes regards sur le *Journal* que je n'ai cessé d'écrire depuis mon retour.

Avec l'aide de Jean qui est venu hier, j'ai parcouru le domaine et caressé les sculptures aux multiples visages. L'alignement des menhirs, fiers et droits, plantés à la suite de ma fascination lors d'une visite à Carnac. J'ai posé quelques secondes une main sur chaque pierre, riche d'un souvenir précis par sa forme et son emplacement.

Je tenais le bras de mon fils et, comme elle, là-bas, je lui demandais de ralentir le pas. Que du silence entre nous pour mieux retrouver les murmures de la terre. Que du silence sous nos pas pour revivre nos voyages d'antan !

Le vert de la pelouse fraîchement tondue embaume l'air d'effluves de thym et de menthe semés ici et là au fil des ans. Assis dans la gloriette face à la cascade, j'embrasse du regard les fontaines qui jaillissent au milieu de l'étang.

Je ferme les yeux et me laisse bercer quelques instants, l'ouïe titillée par ta voix chaude et sensuelle que j'entends comme au premier jour avant que ta froideur ne la tiédisse.

Je quitte la gloriette. Aussitôt Louky sort de l'eau pour venir s'ébrouer tout près de moi, mauvaise habitude qu'il n'a jamais perdue. Malgré moi, je souris quand il lève le museau d'un air de défi.

Installé dans la verrière, je prends la liasse de feuilles. Où trouverai-je le courage ? Je jette un œil à Louky qui semble attendre que je me décide avant de se coucher à mes pieds.

J'ingère mon cocktail. Je fais du surplace dans le salon en espérant voir la voisine m'apporter ses petits plats. Tout pour ne pas m'atteler à la tâche.

Je monte à mon bureau. Est-ce ma lenteur à gravir les marches ou le col-de-cygne de la main courante qui me fait penser à Saint-Denys ? Lui, un hobereau, vivant dans son manoir à la fin de sa vie ; moi, un reclus exilé sur mes terres par la force des choses.

Je me revois entrer au manoir des Garneau. La propriétaire me fait visiter les lieux en me précisant que tout a été gardé intact depuis la mort du poète.

Je caresse le couronnement en pointes de diamant avant de prendre le corridor qui mène à sa chambre. Où suis-je ? Chez moi ou chez lui ?

Je repère facilement sur mon bureau l'encart de la Rencontre québécoise internationale des écrivains à Mont-Rolland et sur le sien, là-bas, à Sainte-Catherine, le carnet noir dont il se servait pour la rédaction de son *Journal*.

De retour dans la verrière, je respire lourdement, penché sur mes mots.

Le soir même de mon arrivée, je demande des nouvelles de maman, que je n'ai pas vue depuis quatre mois.

Saint-Hyacinthe. Je regarde la façade en béton de l'hôpital Honoré-Mercier.

Je fais rire quelque peu ma mère en émaillant mon récit de détails pittoresques. Je lui mens quand je lui dis que je la trouve en forme après ce qu'elle vient de vivre. Je lui mens quand je lui parle de son élocution. Je lui mens quand je lui annonce que je passerai la voir très souvent.

Je file vers Sherbrooke où on m'attend.

Les premiers jours de mon retour, je mets les bouchées doubles dans le tri des documents pendant que madame Hébert participe à la rencontre dans les Laurentides.

Entre-temps, un téléphone me prévient que ses meubles sont arrivés à Montréal. J'attends la fin de son séjour pour l'en aviser.

Quelques jours plus tard, je visite son nouvel appartement avec madame Bosco et Luc. Une seule idée en tête : voir la coupole de l'Oratoire.

Je sors sur le balcon. Elle est là, toute grosse, outrageusement présente, trop près pour en admirer les courbes parfaites.

Nous nous entendons pour nous revoir dimanche autour d'un brunch si madame Hébert est d'accord.

Rue des Érables. L'apaisement de l'amour qui me conforte. Tes yeux à ne jamais m'en lasser. Et ta figure à boire toute ma vie.

« *Tous les beaux visages du monde / En leur innocence pre-mière / Furent baignés de larmes / Comme de durs galets que colore la vague / Les plus tendres les plus doux / Sans qu'on puisse augurer / D'un sacre aussi âpre / Pour la suite des jours*[1]. »

Je relis ton refus de m'accompagner pour visiter ma mère. Dans le tourbillon de mon retour, je ne me suis douté de rien. J'en étais encore à cocher les déplacements à faire. Sans plus.

Quelques jours, et je reviens à Montréal, le cœur vidé. J'ai besoin de me dégourdir les jambes avant de retrouver la rue des Érables où je te rappelle le brunch que tu avais oublié.

Nous retrouvons madame Hébert chez son amie. Elle est tout sourire à la vue de Luc et le remercie en premier d'avoir rafraîchi murs et plafonds de la « grande inconnue ».

L'atmosphère du repas est aux retrouvailles, avec ses rires, ses gestes et ses éclats de voix. Nous parlons de choses et d'autres. Je la sens crispée. Est-ce dû à son séjour dans les Laurentides ou à son appartement qu'elle s'apprête à visiter ? La question vient de Luc.

— J'ai perdu l'habitude de ces longues rencontres même si elles sont intéressantes. Et puis, il y a toute la concentration exigée et le côté mondain incontournable, répond-elle.

Elle me jette un œil furtif, assurée que nous pensons à la même chose dont elle me parlera plus tard.

Pour la première fois, madame Hébert visite son appartement. Nous prenons l'ascenseur jusqu'au septième étage et empruntons un sombre couloir menant à l'appartement 703.

Elle va d'une pièce à l'autre, s'attarde dans la pièce qui deviendra son bureau, revient dans la cuisine.

— Je vais changer le linoléum pour des carreaux.

Elle retourne au salon, ouvre la porte qui donne sur le balcon.

---

1. *Poèmes pour la main gauche, op. cit.*, p. 21.

— Ah, la fameuse coupole ! Vue de cet angle, elle fait soucoupe volante, dit-elle avant de regagner la cuisine à la recherche d'un endroit idéal pour la litière de Petit Chat.

L'après-midi se termine chez madame Bosco.

— Vous serez au Lion d'Or mardi ? demande-t-elle. Nous pourrions dîner ensemble après. Qu'en pensez-vous ?

En pensée, je vois défiler les obligations de la semaine : son déménagement, réunions à Sherbrooke, retour à Montréal pour le lancement de Poèmes pour la main gauche, *visite à Saint-Hyacinthe, rencontre avec le secrétaire général de l'Université.*

— J'y serai.

— Je vous ai préparé la dernière convention que madame Hébert doit signer afin que l'Université procède à l'évaluation de ce qu'elle nous a donné, me rappelle monsieur Poirier en me remettant l'enveloppe.

Il prend des nouvelles d'elle tout en me répétant qu'il est agréablement surpris de l'état des manuscrits malgré le nombre d'années de certains.

— Elle écrit toujours à la plume ?

Il s'enquiert d'une date pour l'ouverture du Centre.

— Que diriez-vous si nous nous donnions un an pour finaliser le tout ? Même si les chercheurs attendent avec impatience l'accès aux précieux documents, il ne faudrait pas les décevoir parce qu'on n'a pas terminé de les numériser ou que le protocole pour leur consultation est trop restrictif.

Je le quitte en pensant que son efficacité ne faiblit pas.

Je termine la semaine, la tête en feu. Malgré ma demande d'espacer les réunions, puisque l'ouverture est repoussée, certains membres du comité de direction préfèrent garder le rythme.

De chez Luc, j'informe par téléphone madame Hébert que les camionneurs seront à son nouvel appartement à 8 heures lundi matin et que je serai présent. Elle insiste pour en être.

— Le nouveau vétérinaire de Petit Chat lui a imposé un régime sévère et lui a prescrit de la nourriture sèche, m'apprend-elle, tout heureuse d'entendre ma voix.

Je la sens tout de même tendue.

— Il me reste beaucoup de courses à faire, acheter de nouveaux appareils ménagers, une autre moquette. Et si la traversée avait endommagé mes meubles ? Je dois attendre qu'on les déballe. Ce déménagement n'en finit plus !

J'essaie de la rassurer alors que j'entends madame Bosco faire de même.

— Je ne vois pas quand je pourrai me remettre à mon roman. Vous savez aussi bien que moi qu'il m'est impossible de travailler dans un capharnaüm, qu'il soit à Montréal ou à Paris. Voilà !

Je dépose les pages sur la table en pensant aux allées et venues que j'ai faites entre ces villes, à l'agonie respective de mes deux mères, à leur mort à quelques mois d'intervalle et à la trahison de Luc.

Les mains appuyées sur la rambarde, le regard fixe, je laisse couler les larmes que j'ai ravalées. Je me ressaisis.

Louky n'a pas bougé, assis sur ses pattes, ses grands yeux sur moi. Je lui donne une rapide caresse, comme si je voulais le rassurer.

De retour dans la verrière, je reprends la lecture.

Dès 7 heures 30, madame Hébert et moi sommes dans son appartement. Elle se demande tout à coup si la pièce qu'elle a choisie pour aménager son bureau est la bonne. Je lui parle de sa grande luminosité.

Tout est terminé en une heure à sa plus grande joie. Il ne reste que les cartons à vider, les lits à habiller.

— *On pourrait commencer à ranger les livres. Monique doit venir nous rejoindre à la fin de l'avant-midi. Croyez-vous que Petit Chat aimera la place de sa litière ?*

Elle a besoin de s'occuper. Diminuer son angoisse. Le no man's land a assez duré.

Je transporte les boîtes.

— *Je vais ranger les livres comme je les avais classés rue de Pontoise.*

Je lui donne un ouvrage à la fois. Elle vérifie s'il y a une dédicace.

En lisant L'effroi la joie sur la première pile, je lui demande de quoi il s'agit.

Elle sourit en tournant les feuilles.

— *Ce sont quelques poèmes que René Char m'a envoyés. Voyez sa dédicace, me dit-elle en me présentant la vingtaine de pages.*

— *« Pour Anne Hébert avec mon admiration, ma solidarité matinale. R.C. 1970. Tiré à part de la revue L'Éphémère, 88/100, 1er janvier 1969 ».*

— *Il avait beaucoup apprécié le poème Petit Désespoir. Il m'a écrit que ma poésie « révèle un noir visage duquel se dégage de l'impressionnisme. Ce n'est plus mirage, mais manifestation d'une présence. Plutôt que des images du monde qui ne peuvent être que jolies, naît une vision d'un paysage intérieur où la vie a sa source[1]. »*

J'attends qu'elle l'ait placé avant de lui remettre le livre Campagne.

Aussitôt, elle le prend et l'ouvre.

— *« À ma chère cousine, Anne Campagne (avec un grain d'ironie) du cousin campagnard, de St-Denys. »*

Je plisse le front.

---

1. Archives de l'Université de Sherbrooke.

Elle tourne les pages, en sort une feuille volante.

— « Il n'y a rien de nouveau ici, sauf le printemps, c'est dire tout. Il y aurait un beau grand poème à faire sur cette fin de notre hiver, quand, après avoir navigué longtemps sur la boule des neiges, nous crions : "Terre". Le parfum retrouvé de l'humus se fait messager, comme la colombe de l'arche, de la terre encore cachée mais prochaine. Ces parfums nous ramènent tout un univers alourdi que nous avions presque oublié mais que nous reconnaissons tout à coup et à quoi répond en nous la nouvelle lourdeur du printemps nouveau [...] Mais tout est poème ; il s'agit qu'il y ait un poète[1] ! »

Elle plie lentement le papier, toute pensive.

— Saint-Denys m'a envoyé cette lettre quand j'étais à Clearwater, en Floride, avec papa.

Elle retrouve son fauteuil, tient toujours dans une main le livre dédicacé de son cousin.

— Je lui avais écrit pour avoir de ses nouvelles. Dans ma lettre, je lui avais parlé de la neige canadienne de façon très élogieuse, ce qui l'a quelque peu étonné. Écoutez ce qu'il m'a répondu.

Elle lit d'abord en silence au verso. J'attends assis sur les talons tout en pensant qu'au rythme où vont les choses, elle en a pour l'été à ranger ses volumes.

— « Je voudrais bien, pour t'apprendre, t'envoyer une bonne balle de neige bien froide qui t'arriverait dans le cou et glisserait en fondant dans ton dos. Tu te rappellerais bien comment c'est fait. J'étais donc en train de façonner cette balle de neige et relevais mes manches pour la lancer avec force quand j'ai pensé que sa trajectoire en pays chaud la ferait passer à quelques pieds du soleil et que tu ne recevrais en fin de compte qu'une petite

---

1. Lettre de Saint-Denys Garneau à Anne Hébert, mars 1939, Archives de l'Université de Sherbooke.

pluie tiède pour te rafraîchir. Rien de moins satisfaisant pour ma méchanceté. J'ai donc renoncé à cette expédition. »

Elle replie de nouveau la lettre. J'attends un « Voilà ! » qui ne vient pas. Elle ouvre plutôt le livre, en sort une seconde feuille volante. Je ne m'y attendais pas.

— Il m'écrit que sa mère, tante Hermine, ira ce printemps à Rochester et qu'elle veut qu'il l'accompagne.

Elle semble chercher un passage qu'elle tient à me lire.

— « Je ne crois pas beaucoup à ce voyage pour maman et pas du tout pour moi. »

Elle reprend ses caresses comme à Paris, les yeux ailleurs.

— « Je ne me sens pas trop mal. Ces jours-ci assez mieux. Il me semble que je vais finir par remonter au niveau de l'eau et respirer après ce long temps. Est-ce encore un mirage ou un optimisme passager ? Je finirai peut-être par être un jardinier qui boite, qui boite et qui boite. »

Elle m'a récité ce paragraphe par cœur. Un autre qu'elle a mémorisé. Pourquoi cet extrait et pas les précédents ?

Elle se lève, regarde par une des fenêtres du salon au moment où un gros-porteur s'apprête à atterrir à Dorval.

— Cela me plaît. Quand l'ennui sera trop grand, je compterai les avions. Voilà !

À mon tour de me lever. Elle a probablement décidé que cela suffisait pour aujourd'hui. Elle se dirige vers son bureau. Je ne bouge pas. Les secondes tombent. Aucun bruit dans la pièce d'à côté. J'ose la rejoindre. Elle est là, assise, les deux mains sur son bureau nu, le regard sur la fenêtre.

— Rue de Pontoise, j'avais vue sur le jardin ; ici, j'ai vue sur les voitures, constate-t-elle au moment où le carillon de la porte sonne.

Je la laisse seule avec madame Bosco.

Louky piaffe d'impatience de poursuivre le grand héron qui chasse autour de l'étang. Dès que j'ouvre la porte, il part

comme une balle, fait un long bond, pareil à celui d'un che-
vreuil devant le danger, ce qui fait lever le bel oiseau.

Je jette un œil sur la lettre de Saint-Denys. « Est-ce encore
un mirage ou un optimisme passager ? » Ici aussi, j'ai été incapable de lire entre les lignes.

Je suis le minibus qui ramène ma mère à la résidence, les paroles du spécialiste en écho.

— En faisant régulièrement ses exercices, elle maintiendra un degré d'acceptabilité dans ses mouvements.

Les autres locataires l'accueillent avec joie. J'imagine leur soulagement quand un des leurs revient après qu'ils l'ont vu partir en ambulance. La mort n'est pas venue la chercher. La mort a été clémente cette fois-ci alors que la semaine dernière elle nous en a pris deux d'un seul coup. La mort couche sûrement ici dans cet ancien couvent reconverti en mouroir quelque part entre le sous-sol et les combles.

D'une main, elle tient mon bras, de l'autre, sa canne. Je réentends madame Hébert quand elle me demande de ralentir le pas.

D'ici, je pense au destin de ces deux femmes, à la fois si près et si éloigné l'un de l'autre. Je ferme les yeux et vous retrouve. Pour la première, un quotidien métronomique, répété *ad nauseam*, tel un rituel sacré, inscrit depuis la nuit des temps, chaque journée ayant une tâche ménagère qui lui est propre, gestes répétés de mère en fille, scellés à tout jamais, règles immuables, établies en canon. « Unique vie de ce monde[1]. » Pour la seconde, un quotidien d'écriture, émaillé de visites et

---

1. *Kamouraska, op. cit.*, p. 11.

de sorties, un quotidien de lectures et de dictionnaires. « Hâtez-vous lentement ; et sans perdre courage, / Vingt fois sur le métier remettez votre ouvrage : / Polissez-le et le repolissez ; / Ajoutez quelquefois, et souvent effacez[1]. » Un quotidien cloîtré dans un silence d'adoration. Un quotidien consacré à la littérature. Écrire en mangeant, manger en écrivant. « Unique objet de ce monde[2]. »

Ma mère et madame Hébert en moi. Leurs paroles, fidèles à elles-mêmes jusqu'à la fin de leur vie : la première, que je viens de laisser, se désole de ne plus tricoter ; la seconde, que je m'apprête à veiller, répétera son désir d'écrire et d'écrire.

Je lève les yeux sur Louky qui, à l'instar de Sisyphe, recommence sans cesse sa quête insensée. Et les hirondelles, qui voltigent tout près dans une danse en cette saison des amours, l'indiffèrent, tout occupé qu'il est dans son châtiment.

— *Cet appartement sera un four cet été. Le soleil inonde déjà le salon.*

Tout est rangé après une semaine seulement. Je fais le tour des pièces. À peine une odeur de peinture fraîche.

— *Vous vous êtes remise à vos corrections ?*

— *Pas comme je le souhaiterais. Le téléphone ne cesse de sonner. On veut que je m'abonne à différents journaux, que je réponde à un sondage, que je prenne une autre carte de crédit. C'est étourdissant.*

— *Raccrochez-leur au nez.*

— *Ce serait impoli.*

---

1. Nicolas Boileau, *Art poétique*, Chant I, v. 171-174.
2. *Kamouraska, op. cit.*, p. 11.

Je l'imagine en train de discuter avec le vendeur au bout de la ligne. Le temps qu'elle perd au nom du respect !

— Tenez, madame Hébert, voici la convention à signer afin que l'Université puisse évaluer votre don. Vous allez y retrouver les mêmes termes et le même délai d'attente à la consultation que lors de la première convention.

Elle dépose l'enveloppe sur son bureau. Je comprends qu'elle ne signera pas aujourd'hui malgré l'urgence de ma démarche. Ici aussi, ne rien brusquer.

— Ma machine à écrire est encore bloquée. Pourriez-vous la réparer ? J'en aurai besoin pour dactylographier mes corrections.

Une simple touche coincée. Elle retrouve le sourire.

— Jeanne Lapointe m'a téléphoné. Elle aimerait que je passe quelques jours chez elle cet été.

N'en dites pas plus, madame Hébert. Votre date sera la mienne.

— Elle a loué une maison pour deux semaines sur la côte américaine, comme elle le fait presque chaque été. Elle voudrait que je l'accompagne. Je lui ai dit que je devais absolument terminer mon roman.

Je l'écoute en espérant que je n'aurai pas à aller les reconduire là-bas. Je suis ailleurs, quelque part entre la rue des Érables et Saint-Hyacinthe.

Je néglige mes jours. Une sorte de routine s'installe au cœur de l'été. Des sauts à Montréal, parfois les fins de semaine. Quelques brunchs avec madame Hébert et madame Bosco. Trop peu de visites à ma mère. De longues périodes au Bureau des archives de l'Université à éplucher les multiples versions du Temps sauvage. La préparation de mes cours. Mon retour au collège.

— J'ai envoyé ce matin mes corrections au Seuil. J'espère, cette fois-ci, qu'on va les accepter, me confie-t-elle dans la voiture qui roule vers Laval.

— Et madame Bosco?

— Monique nous attend déjà au Centre culturel. Elle m'a dit qu'après la soirée nous pourrions aller manger dans la Petite-Italie. Vous connaissez?

Je fais signe que oui tout en pensant que demain, je devrai partir tôt pour mes cours. Elle étouffe un bâillement.

Il me semble que je ne sais plus enseigner. Mon débit est trop rapide. Certains étudiants m'en ont fait la remarque. Ici aussi, corriger le tir avant que je perde la maîtrise de ma classe.

— J'aimerais retourner à Menton cet hiver. Je partirais trois mois. Croyez-vous que cela sera suffisant pour éviter les grands froids? Je n'ai plus l'habitude.

Je suis quelque peu dérouté par sa question. Je lui réponds que cela dépend de la date de son départ. Elle revient à la charge. Je lui parle de redoux parfois en janvier et février.

— Je souhaiterais passer quelque temps à Paris. Vous savez, l'hôtel Les Citadines que nous avons visité boulevard du Montparnasse. Nous pourrions y rester trois semaines. Qu'en pensez-vous ?

Ai-je bien entendu « nous » ? Ne pas paniquer tout de suite. Demain n'est pas la veille. Comment vais-je m'y prendre ? Me suis-je mis les pieds dans les plats quand je lui ai montré les dépliants ? Probablement.

— Nous pourrions partir pour Menton début janvier, séjourner à l'Aiglon deux mois et terminer notre voyage à Paris, trois semaines. J'irais saluer la concierge pour la remercier de tout ce qu'elle a fait pour moi, aussi ma pharmacienne et ma mercière.

Cela devient sérieux. Le programme est déjà tout décidé. Je me vois chez le directeur du personnel lui demandant un congé de trois mois pour accompagner madame Hébert en France et rencontrer mes étudiants, comme ça, en plein milieu de la session, et leur dire : « Coucou, c'est moi, votre professeur. Je suis très heureux de vous enseigner. »

Je souris en me remémorant la scène dans la voiture. Comme tout semblait facile pour elle ! A-t-elle pensé un seul instant que j'avais des engagements professionnels à respecter ? Que je pouvais difficilement d'un simple coup de baguette me libérer de mon travail ?

Hein, Louky, que penses-tu de toute cette histoire ? Viens, mon beau, c'est de nouveau la nuit pour nous.

Septembre gruge les derniers jours de l'été. Je propose à mes-dames Hébert et Bosco une cueillette de pommes au verger de ma sœur à Rougemont en fin de semaine. Les deux femmes sont ravies. Luc, moins.

Le temps est splendide et les fruits abondants. L'après-midi coule tout doucement sous la pergola.

— Je cuirai quelques pommes. Cela me rappellera quand maman faisait de la compote, prévoit-elle dans la voiture.

— Nous pourrions aller aux champignons la semaine prochaine. Qu'en pensez-vous les garçons? suggère madame Bosco.

Luc me semble tendu. Il ne répond pas. Je le fais à sa place.

— Je ne vous promets rien. Je verrai en temps et lieu.

Le reste du trajet est plutôt silencieux. Une certaine fatigue en cette fin d'après-midi ou une vague inquiétude pour chacun d'entre nous?

Je retourne à Sherbrooke en passant par Saint-Hyacinthe. Nicole m'a parlé tout à l'heure de la santé à nouveau chancelante de maman.

Toutes ces pages éparpillées sur la table consternent la voisine qui se demande comment je fais pour m'y retrouver. Je lui réponds que ma vie n'a été qu'une gabegie, qu'un fouillis cacophonique, et que je n'ai semé que la pagaille autour de moi.

Elle me dévisage, les yeux exorbités. Elle veut me convaincre du contraire, arguant que je ne suis que gentillesse et bienveillance. Elle met mon humeur maussade sur le compte des médicaments. À quoi bon lui faire part de mes souvenirs les plus honteux! Vivement qu'ils soient brûlés le plus tôt possible avec moi.

Mon sourire semble la rassurer. Je la prie de ne pas écouter les élucubrations de quelqu'un qui a un pied dans la tombe. Elle me supplie de me taire.

J'ai oublié de demander à madame Hébert où se trouve le troisième acte de son poème dramatique Le Château de haute mer *(1947) et le quatrième acte de sa pièce* La Rivière, les nonnes et le garçon boulanger *(1960) qu'elle annonce dans son avant-propos.*

J'entre dans la cour de l'ancien couvent en pensant à ce que ma sœur a dit. On se partagera le temps des visites. On alternera chaque semaine jusqu'à ce qu'elle récupère totalement.

Mes cours vont bon train et mes étudiants sont motivés. Je les noie des œuvres d'Anne Hébert dont plusieurs en connaissent déjà quelques-unes, ce qui me réjouit. Soudainement, tout bascule.

— Quelle est cette petite phrase que le personnage d'Agnès dans la pièce Le Temps sauvage *est incapable de dire à François, son mari? demande une étudiante.*

Je ne comprends pas sa question, moi qui ai pourtant passé l'été dans les cinq versions de cette œuvre. Elle me situe le passage. La classe est suspendue à ma réponse qui n'arrive pas parce que je viens de saisir ce qui m'a échappé malgré les nombreuses lectures de cette pièce. Comment ai-je pu ne faire aucun lien entre cette œuvre et Kamouraska? *Entre* Le Torrent *et* L'Enfant chargé de songes? *Où avais-je la tête pendant toutes ces années?*

Un murmure accueille mon ignorance à une question toute simple pour eux, mais impossible pour moi. J'improvise une explication qui emmêle procédé littéraire et figure de style pour terminer avec une réplique de madame mère Tassy :

— « *Tout ça, c'est du théâtre*[1]. »

Seul, dans le silence de mon bureau chez moi, je relis dans Le Temps sauvage *la demande de François* : « *Dis-le, une fois, Agnès, ma femme, que je t'ai sauvée du désespoir et de la mort*[2] ? » *et la question de Jérôme Rolland* : « *Élisabeth, tu as eu beaucoup de chance de m'épouser, n'est-ce pas*[3] ? »

J'ouvre Le Torrent. « *Si c'est pas la belle Claudine... Te retrouver ici... T'as quitté le village. à cause du petit, hein*[4] ? » *Je cherche* L'Enfant chargé de songes *dans ma biblio.* « *Que lui importaient désormais les insuffisances de ce pauvre homme trop blond qui se tenait en ce moment debout, les bras le long du corps, planté comme un piquet, sur le petit perron de bois de la maison, [...]*[5] ? »

Je reviens à la pièce. « *J'ai besoin de te la dire, cette petite phrase difficile à prononcer entre toutes. J'étouffe avec cette petite phrase maudite dans la gorge. François, descends vite ou il sera trop tard. François, je n'en puis plus d'être seule avec cette petite phrase empoisonnée sur le cœur*[6]. »

J'essaie de me rappeler les pages de commentaires que j'ai lus au Bureau des archives de l'Université. Quatre feuilles. manuscrites rédigées par quelqu'un d'autre. Par qui ?

J'ai devant moi les deux publications du Temps sauvage. *Je lis la fin du quatrième acte quand Agnès s'adresse aux jeunes amoureux. Pourquoi deux répliques différentes à une même question ?* « *Et pourquoi reviens-tu avec ta cousine Isabelle ? Vous voulez que je bénisse vos amours puériles et peu sûres*[7] ? » *Et la*

---

1. *Kamouraska, op. cit.*, p. 85.
2. Anne Hébert, *Le Temps sauvage*, Montréal, Hurtubise HMH, 1967, p. 72.
3. *Kamouraska, op. cit.*, p. 36.
4. Anne Hébert, *Le Torrent*, 2ᵉ éd., Montréal, Hurtubise HMH, 1963, p. 17.
5. Anne Hébert, *L'Enfant chargé de songes*, Paris, Seuil, 1992, p. 35.
6. *Ibid.*, p. 74-75.
7. *Écrits du Canada français*, vol. XVI, 1963, p. 106-107.

seconde : « *Et pourquoi reviens-tu avec Isabelle ? Vous voulez que je bénisse vos amours enfantines[1] ? »*

Je cesse la lecture de mon *Journal*. Les yeux sur le grand étang, j'écoute les musiques de l'eau. J'ouvre *Le Temps sauvage* que la voisine a descendu de l'étage. Comment est-ce possible que je n'aie rien compris pendant des années ?

Je me revois en classe ; l'étudiante curieuse a emprunté à la bibliothèque la première publication de la pièce et s'est amusée à comparer certains changements apportés à la deuxième édition, publiée quelques années plus tard.

— Pourquoi, dans la première édition, Lucie dit que Sébastien part avec Isabelle, sa cousine, et que dans la seconde, elle dit qu'il part avec Isabelle qui est devenue sa petite cousine ?

Question toute simple à laquelle je n'ai su que répondre. Encore une fois, l'indice m'a échappé.

— *Le Seuil a accepté mon manuscrit. Il sortira l'hiver prochain. Je lirai les épreuves à Menton.*

J'ignore sa remarque. Je lui demande comment elle occupe ses journées.

— *Je fais le tri dans mes papiers. Lorsqu'on se verra, j'aurai quelque chose pour le Centre.*

— *Quand ?*

Elle me défile plutôt les jours et les endroits où elle aimerait aller avant de m'annoncer que madame Gallant sera à Montréal la semaine prochaine et qu'elle nous invite à dîner. Je ne comprends rien.

— *Est-ce que cela vous conviendrait, le 14 octobre ?*

---

1. *Le Temps sauvage, op. cit.*, p. 77.

Quelques secondes pour réaliser que la date proposée est celle du repas et non celle du marché Jean-Talon où madame Bosco aimerait se rendre pour admirer les couleurs des fruits et légumes, et humer les multiples effluves.

— Que diriez-vous de vendredi ?

La journée où je rends visite à maman. Rapidement, j'évalue la situation. Comme je n'enseigne pas l'après-midi, je prendrai congé le matin.

J'acquiesce à reculons en lui précisant que je les quitterai après le déjeuner pour aller voir ma mère.

Je jette un œil découragé sur la pile de corrections. Je m'attelle à la tâche. N'ai-je pas promis à ces deux groupes qu'ils auront leur copie cette semaine ?

Une subite douleur à la jambe. J'essaie de marcher malgré le mal. Conseil du médecin. « Plus les muscles travaillent, moins vous risquez la paralysie. » Facile à dire, docteur !

Quelques pas suffisent à atténuer la souffrance qui finit par disparaître. Je décide de m'approcher de l'étang aux mille reflets en cette journée si bleue. Louky n'attendait que mon geste pour recommencer ses tours.

Le chant de la cascade me ramène au pied de la fontaine de Médicis où elle aimait s'asseoir sous les grands arbres du jardin du Luxembourg qu'elle fréquentait souvent.

— L'eau qui roule dans la fontaine me rappelle les rapides de la Jacques-Cartier derrière la maison où je suis née. Je n'ai qu'à fermer les yeux et j'y retrouve mes frères, ma petite sœur, papa, maman et Saint-Denys qui taquine la truite.

Je regarde les boutons des pommiers, des pruniers et des poiriers prêts à éclore en cette fin d'avril que je trouve magnifique, bercé par les multiples chants qui m'entourent.

Il est temps de revenir dans la verrière afin d'entamer la visite écourtée du marché Jean-Talon et le dîner tendu quelques jours plus tard à l'hôtel.

∾

Quand j'arrive chez madame Hébert, madame Bosco y est déjà. Après un échange de politesses, nous nous dirigeons vers le marché. De par les bribes de phrases que j'entends entre les deux femmes, je saisis rapidement que cette visite agace madame Hébert. L'heure matinale, la promiscuité qu'elle appréhende et surtout la peur qu'on la reconnaisse la rendent grognonne. Mon humour est impuissant à apaiser les deux grandes amies.

À peine sommes-nous entrés dans la boulangerie qu'on salue madame Hébert. On la félicite pour ses romans, on s'émeut qu'elle soit de retour, on veut savoir si elle habite le quartier, on espère qu'elle adoptera Jean-Talon.

Le corps droit, la tête légèrement relevée, la démarche brusque, je la sens extrêmement tendue. Le sourire qu'elle rend aux personnes qui s'adressent à elle est crispé, comme si elle pressentait ce qui allait arriver.

Madame Bosco s'enthousiasme devant les étals, questionne le maraîcher sur la qualité de la saison, demande au poissonnier s'il vend du bar. Une cliente, qui a reconnu madame Hébert, exige presque un autographe, avant de lui conseiller fortement d'acheter de la morue qui servait d'échange entre les colonies françaises du Nord et celles du Sud au XVIIIᵉ siècle.

— Ça m'a étonnée que vous n'en parliez pas dans votre roman, Le Premier Jardin. Est-ce que vous le saviez? Les acras qu'on mange en Guadeloupe ou en Martinique sont faits avec de la morue salée qui vient de chez nous. Vous n'étiez pas au courant?

Je ferme les yeux. Madame Hébert écoute la femme lui expliquer dans les moindres détails le système de troc en vigueur au début de la Nouvelle-France pendant que madame Bosco lui présente un filet de loup congelé.

Je suis étourdi pour elle. Combien de temps pourra-t-elle supporter ce cirque? Malgré moi, je pense à notre dîner au Pescatore, trônant près des desserts. À chaque pas que nous faisons, les regards se portent sur elle, les sourires ne sont que pour elle, les salutations ne vont qu'à elle.

— Que diriez-vous si nous allions prendre un café dans un petit resto tranquille? s'enquiert-elle auprès de nous.

Nous marchons quelques minutes jusqu'à la voiture.

— Ce grand marché est moins exotique qu'accablant. Voilà!

Assis sur une chaise droite comme à Paris, j'écoute les deux femmes converser sans intervenir. La visite au marché est le cœur du sujet. Le ton monte peu à peu. Leur débit est plus rapide. Elles écourtent leurs phrases. Sujet, verbe, complément, jusqu'à ce que j'entende son magnifique: «Voilà!» Je souris en regardant ma montre.

La soirée du mardi suivant est belle mais froide. Madame Gallant et elle ne se sont pas revues depuis le départ de madame Hébert.

— Elle m'a envoyé par la poste son dernier livre, que je n'ai pas encore lu, me confie-t-elle.

Nous entrons à l'hôtel. Madame Gallant nous attend dans le hall, heureuse de la retrouver.

— Alors, raconte. Comment tu te fais à Montréal? Tu m'as dit dans une lettre que tu avais terminé tes corrections. Quand ton roman sera-t-il publié? Iras-tu à Menton cet hiver? Allez, raconte.

Elle et moi sommes assis sur la banquette; madame Gallant nous fait face.

— Ne vous gênez pas si vous voulez fumer. Ici aussi, je trouve la section des non-fumeurs déprimante.

J'ai décidé d'être très discret durant le repas, de parler fort peu, quitte à les laisser, prétextant une cigarette.

— Et quels sont les derniers potins à Paris? s'informe-t-elle en souriant.

Je suis surpris de sa question. En quoi ce sujet l'intéresse-t-elle alors qu'elle évitait comme la peste les mondanités littéraires, sauf les incontournables séances de signature et entrevues lors de la parution d'une nouvelle œuvre?

— *Paris demeure Paris, Anne. On gage sur les grands prix littéraires. Quelle maison d'édition raflera la mise cet automne? Quel auteur gagnera le Goncourt? Chaque année, tu le sais, c'est le même cirque.*

Elle est à ce point ailleurs que madame Gallant lui en fait la remarque. Madame Hébert s'excuse auprès de son amie qui lui rappelle lui avoir laissé le choix entre trois dates pour ce souper.

— *Écoute, Anne, si tu es fatiguée, tu peux partir. Je n'en ferai pas de cas. Nous ne sommes plus aussi jeunes qu'on veut bien nous le laisser croire.*

Le sourire de madame Hébert est forcé. Que se passe-t-il? Je me lève, alléguant une cigarette, ce qui est vrai, mais surtout pour tenter de comprendre ce qu'elle tait en revisitant les dernières heures à partir du moment où j'ai mis les pieds chez elle.

Faisant les cent pas dans le grand hall, je me rappelle avoir chassé l'idée qu'elle venait de pleurer, tant cette présomption m'apparaissait incongrue chez Anne Hébert.

Dans la voiture qui nous amenait ici, je l'ai trouvée silencieuse, toute repliée sur elle comme il lui arrive parfois. J'essaie en vain de comprendre. Je retourne à la table.

Les deux femmes se taisent comme si j'entrais au cœur d'un secret. J'hésite à m'asseoir. Je n'ai pas d'affaire ici, me dis-je, quand je vois, étonné, le garçon présenter l'addition à madame Gallant.

— *Cela m'a fait énormément plaisir de vous revoir. Anne m'a dit que vous viendrez peut-être à Menton et Paris l'hiver prochain? Comme promis, je vous inviterai au restaurant du Palais royal, m'annonce-t-elle en m'embrassant.*

Je reste de glace, bien que je bouille en moi. Madame Hébert persiste et signe. Bientôt, si je ne réagis pas, il sera trop tard. Elle passera de l'imagination aux actes.

Sur le chemin du retour, je lui demande si elle va bien. Un long moment est nécessaire avant qu'elle finisse par dire:

— J'ai reçu aujourd'hui un téléphone qui m'a défaite.

Nous n'entendons que le ronronnement de la voiture comme si la ville autour de nous s'était vidée.

— Mes amis les plus chers meurent un à un. Bientôt, ce sera mon tour. J'en viens presque à le souhaiter.

Je me mords les lèvres. Je sens monter les larmes. Ne pas craquer.

— Vous savez, cet ami très précieux dont je vous ai parlé à Paris, cet ami qui... Juste avant que vous arriviez, j'ai eu un téléphone...

Pour moi-même, au plus profond de moi-même, juste pour moi-même, je murmure un détestable : « Voilà ! »

Le reste du parcours n'est que silence. Je lui ouvre la portière et lui tiens le bras. Il me semble qu'elle a vieilli tout d'un coup. Elle fouille dans son sac. D'une main tremblante, elle insère la clé. Je ne sais que faire.

En ce crépuscule aux couleurs dégradées, j'admire l'horizon du couchant, bientôt englouti sous les ténèbres. Les mains sur la rambarde à la peinture écaillée, je la revois entrer chez elle, ce soir-là, le dos courbé et le pas hésitant. Seule. Cruellement seule.

Roger Mame, cofondateur avec Claude Hurtubise des éditions Hurtubise HMH en 1960. Descendant d'une vieille famille française qui œuvre dans l'édition depuis plus de 150 ans. La maison Mame et fils à Tours est en quelque sorte le fleuron des publications religieuses en France. Roger Mame se lie d'amitié avec madame Hébert à la fin des années 1950. Ils font de nombreux voyages ensemble, tant en Amérique qu'en Europe, séjournent souvent à l'hôtel L'Aiglon.

Un immense pan de ses souvenirs disparaît avec lui, d'ici comme de l'autre côté de l'Atlantique. « Mes amis les plus chers meurent un à un. »

Je vous imagine ce soir-là pleurer tout votre soûl dans un silence brisé de larmes. Comme Montréal a dû vous sembler loin de Paris, madame Hébert! Et comme Paris a dû sembler près de vous!

Assis derrière son bureau jonché de formulaires de toutes sortes, le directeur du personnel se gratte le front, visiblement embêté par ma requête. Il lève les yeux sur moi, m'envisage quelques instants avant de les replonger sur son agenda chargé.

Ce séjour à Menton est vital pour elle, et madame Bosco est prise. Je ne peux pas la priver de ce bonheur que j'ai moi-même fait miroiter. De peine et de misère, j'arrache au directeur l'autorisation nécessaire à un congé sans solde de trois mois.

Je le remercie et file à Montréal où madame Hébert m'attend.

En cette fin d'octobre, je la conduis à Québec dans le cadre d'une soirée de poésie. Elle resplendit, heureuse de passer quelques jours avec Jeanne Lapointe, de revoir ses frères et Sainte-Catherine, mais surtout ravie que j'aille à Menton avec elle, bien que j'ignore comment je m'y prendrai pour rentrer dans mes frais.

— Je demanderai à ma librairie de Paris qu'on m'envoie des volumes à Menton. De la poésie surtout. Je me rappelle une année où j'ai séjourné plusieurs mois à L'Aiglon, je leur avais passé quelques commandes. J'ai été incapable de rapporter tous mes livres. Mes valises étaient trop lourdes. J'ai laissé les autres dans la bibliothèque de l'hôtel.

En effet, j'ai remarqué que plusieurs étagères contiennent des recueils de poésie.

— Est-ce que je suis allée saluer mon libraire quand j'ai fait mes adieux? Je ne me souviens plus.

Je lui réponds qu'elle attendait son prochain voyage pour faire une seconde tournée des adieux.

— Là, les gens auraient raison de dire que je suis une vieille diva qui rate ses sorties de scène, commente-t-elle en souriant.

Quelques gouttes d'eau sur le pare-brise. Je pense à mon retour en espérant éviter l'orage.

— Irez-vous au Salon du livre de Montréal le mois prochain? Sa question laisse sous-entendre qu'elle y sera.

— Mon éditeur de Montréal a planifié une soirée de lecture où plusieurs auteurs liront leurs textes. Vous viendrez? La séance est prévue à 18 heures. Monique sera à Paris.

Sans connaître le jour, je lui réponds par l'affirmative, ce qui la réjouit.

Je la descends au Château Bonne Entente où un bouquet de fleurs repose sur un meuble, cadeau de bienvenue de la part de la maison.

— Je vous remercie pour tout ce que vous faites pour moi. Parfois, j'ai l'impression que j'abuse de vous.

Une pluie forte tombe depuis quelques minutes. Je regarde ma montre. Je ne serai pas de retour à Sherbrooke avant une heure du matin. Ce n'est pas le moment de craquer.

Les grosses gouttes d'eau sur les tabatières ruissellent dans la gouttière. Bien au chaud sur la moquette, Louky ouvre tantôt les yeux comme pour s'assurer de ma présence, tantôt les referme, trop lourds de sommeil.

Je fais quelques pas pour enlever son emprise à la douleur tout en lisant des passages dont je mets en doute l'utilité. En fait, c'est le projet entier que je remets en question même s'il est un peu tard pour ce genre d'interrogations.

Je cherche dans le fouillis sur la table une lettre adressée à son frère dans laquelle elle commente Les Nourritures terrestres de Gide. La voici. « Je crois que tout auteur qui publie un journal pourrait l'intituler *Mon évangile*[1]. »

Il me semble que les évangiles pullulent par les temps qui courent, hein, mon beau ? Crois-tu, comme moi, parfois, que le jeu n'en vaut pas la chandelle ?

∞

— *Votre mère récupère très bien. Elle fait ses exercices consciencieusement. Dans quelques mois, rien n'y paraîtra.*

Je remercie l'infirmière de la résidence avant de retrouver maman qui se berce sur la grande galerie. Je fais quelques pas avec elle, bras dessus, bras dessous.

— *J'aimerais passer à la pharmacie au centre-ville. J'ai des choses à acheter, me demande-t-elle en rentrant dans sa chambre.*

Je m'arme de patience. Je sais que cette simple sortie se transformera en odyssée, comme toutes les fois où je l'emmène quelque part. Comment ne pas penser à madame Hébert quand je vois ma mère devant différents savons, hésiter, humer, lire ce qui est illisible, en prendre un sur la tablette, puis le remettre, le reprendre, cette fois-ci pour examiner l'emballage de tous les côtés ?

Je ferme les yeux, je suis au Carrefour de Bercy avec madame Hébert qui hésite entre du veau, du porc, du poulet et de l'agneau pour Petit Chat.

— *Il faudrait que je passe aussi chez le nettoyeur chercher la robe que Nicole a apportée la semaine dernière.*

Elle tergiverse et atermoie en faisant du lèche-vitrine au centre commercial. Encore quelques boutiques avant la blanchisserie.

— *J'y pense. Ta sœur m'a pas remis le coupon.*

---

1. Lettre d'Anne Hébert à son frère Pierre, 10 septembre 1946, Archives de l'Université de Sherbrooke.

Elle est prête à retourner à la résidence, sans le vêtement, prétexte parfait pour revenir la semaine prochaine, avec sa fille cette fois.

Avant de filer vers Montréal, je téléphone au collègue qui me remplacera en lui précisant avec gêne que je lui remettrai mon plan de cours dans quelques jours.

Louky tient au bout de sa gueule sa première grenouille. Je le regarde, fasciné par son étrange jeu. Couché en face d'elle, il s'amuse à lever une patte au-dessus de sa tête en attendant qu'elle coasse, puis recommence son manège.

Les tiges des tournesols, brûlées par l'hiver, ressemblent à des guignols au vent et les hydrangées, au milieu des arcs de cercle, à des charlots huppés.

Je reviens dans la verrière où le devoir m'attend.

❧

— Nous pourrions partir le 9 janvier et revenir le 15 mars. Qu'en pensez-vous? demande-t-elle, le calendrier dans une main.

Cela n'a aucun sens. C'est une question de divorce entre Luc et moi.

— Je crois que neuf semaines suffiraient pour nous éviter les grands froids, dit-elle en caressant Petit Chat.

Je me lève et vais à la fenêtre alors qu'un gros-porteur s'apprête à atterrir.

— Le Seuil m'a annoncé que mon roman sera publié au début de l'an prochain. J'ai fait part à Françoise que je serai en France à ce moment-là.

Que ferais-je pendant tout ce temps? Cela n'a aucun sens. Et puis, il y a ma mère, mon fils et surtout Luc. Comment vais-je le lui apprendre?

— Je vous sens préoccupé. Votre mère est-elle sortie de l'hôpital?

Je suis incapable de lui en parler. J'ai en tête, entre autres choses, la mort de Roger Mame et sa douleur qu'elle cache mal.

— Bon, écoutez madame Hébert, il faut penser aux billets d'avion. Les dates que vous avez choisies vous conviennent toujours ?

— Et vous ?

— Ça ira.

— Je vais vous faire un chèque pour votre séjour en France.

Je suis bouche bée. Elle s'en aperçoit rapidement, mais ne passe aucun commentaire.

— Que diriez-vous si nous nous rendions directement à Menton ? J'ai hâte de retrouver le personnel de l'hôtel. Ils sont tellement gentils avec moi. Vous savez que je suis leur plus fidèle cliente ? Cela fera quarante ans cet hiver que je vais à L'Aiglon.

Encore sous le choc de sa générosité, je ne sais que dire. Elle poursuit.

— Vous aurez tout le loisir, une fois là-bas, de faire un aller-retour à Paris pour réserver aux Citadines. Je n'ai pas encore décidé du nombre de semaines. Cela dépendra du temps qu'il fait sur la Côte. On verra, conclut-elle.

— On verra, répété-je encore surpris, tout en pensant que son offre m'oblige à demeurer là-bas avec elle.

Elle a retrouvé le rythme de ses caresses, lent, senti.

Comment vais-je dire cela à Luc ? Et à ma sœur ? Pendant qu'elle écrira, je marcherai. Oui ! Marcher Menton que je connais par cœur ! Prendre le sentier touristique jusqu'à Monte-Carlo et revenir en bus ! Prolonger la marche du cap Martin au cap d'Ail ! Traverser la France à pied comme de Beauvoir !

— Vous savez, quand je demeurais à Paris, j'avais parfois l'urgent besoin de le quitter à cause des grèves de toutes sortes, de la foule, de l'agitation, de la tension. Parfois, la vie parisienne devenait très stressante. Alors aller là-bas quelques semaines suffisait à me détendre et à refaire mes forces.

Voilà que le prince des lieux émet un long miaulement d'affamé. Aussitôt, elle se dirige vers la cuisine tandis que je m'apprête à aller rejoindre Luc et lui annoncer la nouvelle.

Que la vie est étrange! Nous croyons la posséder alors qu'elle nous empoigne de ses jours et nous transporte dans une contrée que jamais nous aurions imaginé visiter. Perdant nos rassurantes habitudes, impuissants devant des éléments qui nous dépassent, plongés dans une succession de néfastes précédents, nous retrouvons ce pourquoi nous sommes ici.

Alors que nous parlons de vacances et de voyages en ce temps des fêtes, se prépare, à des milliers de kilomètres de nous, un événement que personne n'a encore vécu et qui unira le Québec dans un même élan de solidarité.

Pendant que nous regardons la documentation autour de la table avec madame Bosco, s'abat sur le Québec une première vague de verglas, qui en comptera trois, notre départ étant prévu au cœur de la dernière. Madame Hébert se dirige vers la fenêtre. La pluie glacée tambourine sur la vitre poussée par un vent fou. Je la vois porter une main à ses lèvres.

« Vais-je mourir / Maintes et maintes fois / Au fil des jours et des nuits / La vague toujours recommencée / Et le cri des grands crucifiés / Tout contre mon oreille / Comme marée d'équinoxe / Tendre appel à la surface des eaux[1]. »

Mais avant de prendre l'avion, retourne quelques semaines en arrière à Sherbrooke.

La neige et le vent ne font pas bon ménage à la hauteur du mont Orford, me dis-je quand Luc entre chez moi, l'air piteux, les traits tirés. Je m'approche de lui.

— Je ne resterai pas longtemps, mais je tenais à te l'apprendre de vive voix. J'ai rencontré quelqu'un qui s'occupe moins des autres que toi. C'est ta mère, c'est madame Hébert; après elles,

---

1. *Poèmes pour la main gauche*, op. cit., p. 37.

ce sera madame Bosco, et une autre et une autre. Ça n'en finira jamais. Je retourne à Montréal. On réglera nos affaires, si tu veux, plus tard, quand tu seras moins occupé. Je suis désolé.

Debout devant la fenêtre du salon, je regarde la neige tomber en fines épées. Les yeux maintenant sur les traces de ta voiture qui s'emplissent de flocons. Ni vu ni connu.

Incapable de penser, incapable de bouger, incapable de pleurer. Le regard fixe sur le vide sans fond et sans vertige. Les lèvres s'assèchent sous une respiration inaudible et le cœur tout doucement se tarit de sa vie.

J'enfile mon manteau et mes bottes. Je descends à la rivière, m'engage dans le sentier qui la borde au-delà du barrage. Je parcours la piste qui zigzague dans la forêt nue et caresse le rivage boisé.

Déjà le jour tire à sa fin en ce court après-midi. Je rebrousse chemin. La pénombre est bien installée quand je remonte la rue qui me ramène chez moi. Ce n'est qu'à cet instant que je réentends tes mots. Aucun n'échappe à ma mémoire blessée.

Je repousse mon entrée à l'appartement, comme si l'air polaire qui s'installe pour la nuit me fortifiait dans la résolution prise au pied de l'eau tumultueuse de la digue. Le nordet s'infiltre sous mon manteau et son souffle glacé me brûle les paupières.

Des larmes sèches, puis liquides, gonflées, puis balayées, inondent un visage engourdi.

« Ah! Quel voyage nous allons faire / Mon âme et moi, quel lent voyage / Et quel pays nous allons voir / Quel long pays, pays d'ennui. / Ah! D'être assez fourbu le soir / Pour revenir sans plus rien voir / Et de mourir pendant la nuit / Mort de moi, mort de notre ennui[1]. »

J'espère une mort rapide. Je n'ai pas à imposer à Jean ou à Nicole une longue agonie. La voisine, qui aime gérer des

---

1. *Regards et jeux dans l'espace*, op. cit., p. 53.

situations corsées, m'a planifié une mort qu'elle veut douce. Elle m'a promis que je ne souffrirais pas. Régulièrement, elle contacte mon médecin pour l'informer de mon état et connaître la marche à suivre. Internet désencombre les salles d'urgence. La mort en direct l'angoisse si peu qu'elle a commencé à entasser dans un coin de la cuisine, sous un comptoir, pyjama, pantoufles et brosse à dents.

En cette fin de vie, ma grande préoccupation est de savoir ce qu'il adviendra de mes écrits. La voisine, qui ne cesse de pester contre mon désordre, peut très bien décider de tout jeter par souci de rangement. Elle ne jure que par les derniers gadgets électroniques. Pour elle, le support papier ne sied qu'à la Bible.

Nous nous dirigeons vers Dorval, en ce vendredi 9 janvier, où un ciel bas se vide de ses derniers millimètres de verglas dans un paysage désolant, plongés depuis quelques jours dans une inquiétante obscurité malgré les propos rassurants du premier ministre.

Dans la voiture, nous n'entendons que le grésillement de la pluie verglaçante sur le toit, les vitres et la chaussée. Parfois, un regard furtif sur madame Hébert qui se sent coupable, m'a-t-elle confié, de partir alors qu'ici des dizaines de milliers de foyers sont privés de la plus élémentaire nécessité.

Le minibus de l'hôtel nous attend à l'aéroport de Nice. Le chauffeur salue longuement madame Hébert qui le remercie pour son déplacement.

Assis sur la banquette arrière, elle me montre les forsythias et les mimosas en fleurs dans les montagnes. Taches jaunes sur les parois rocheuses parsemées de cyprès et de thuyas. Le vert tendre des oliviers et des lentisques se mêle au vert céladon des genévriers et des chênes. Sur le terre-plein de la moyenne corniche, des yuccas et des aloès, des cactus et des agaves, des lauriers et des eucalyptus en fleurs. Bientôt, nous retrouverons la ville aux agrumes.

Les propriétaires sont heureux de revoir madame Hébert, qu'ils trouvent particulièrement en forme.

— L'Aiglon est mon deuxième chez-moi. J'ai tellement de beaux souvenirs ici, rappelle-t-elle à Nathalie.

Comme depuis des années, on lui assigne la chambre 22 qui donne sur le jardin alors qu'on m'installe au 21 avec vue sur la piscine. Tout de suite, je repère le transat à réserver.

L'hôtel est vide en ce début de janvier. À peine arrivés, on nous invite à nous restaurer dans le double salon aux colonnades de marbre rose, converti en salle à manger pour le petit déjeuner, ou bien au Riaumont.

Elle choisit le restaurant, à cause, entre autres, de la terrasse.

— Nous avons quitté le Canada en plein cauchemar, raconte-t-elle à Nathalie.

— J'ai vu des images de désolation au journal télévisé. C'est terrible, cette pluie qui vous a frappés. J'ignorais qu'elle pouvait causer tant de dégâts. On a dit qu'on avait fait venir l'armée pour éviter les saccages et les vols. On prédit que plusieurs mourront de froid.

Madame Hébert écoute avec angoisse l'hôtelière lui raconter avec force gestes les événements catastrophiques qui se passent actuellement au Québec.

— Mais c'est de pis en pis, se désole-t-elle.

Je sens qu'il faut la rassurer. Le récit de Nathalie comporte quelques touches d'exagération.

— Les gens ne peuvent plus entrer ou sortir de Montréal, car les ponts peuvent à tout moment s'écrouler sous le poids de la glace. Ils sont prisonniers de la ville, poursuit-elle avant que j'aie trouvé la manière de calmer le jeu.

— Je crois que les journalistes en mettent plein la vue. Et d'ici, la situation vous semble terrible, Nathalie. Mais quand on aime vivre dangereusement comme nous et qu'impossible n'est pas français, tout finit par se résoudre. Voilà !

Malgré le décalage horaire et un repas copieux arrosé de blanc, elle repousse sa sieste. Elle désire marcher sur le bord de la mer, humer l'air salin, entendre les vagues caresser les galets, habitude prise dès son premier voyage ici, sans cesse répétée à chacun de ses séjours. Et surtout, retrouver son anonymat.

— Demain, j'aimerais que nous achetions des timbres, du papier à lettres, des crayons et des feuilles, propose-t-elle en passant devant le marchand de journaux.

Nous sommes de retour à L'Aiglon autour de 17 heures.

— Que diriez-vous si nous mangions ici ce soir ? On offre un potage au menu. Il est bon. Mais après quelques jours, vous verrez, on s'en lasse. On dirait que le chef ne sait faire que du potage aux poireaux.

Je retourne sur la promenade du Soleil. « À quoi rêvais-je tantôt, / Que j'étais si bien ? / Quel est ce flux / Et ce reflux / Qui montent en moi, / Et me font croire / Que je m'étais endormie, / Sur une île, / Avant le montant, / Et que les vagues / Maintenant / Me surprennent / Tout à l'alentour[1] ? »

---

1. *Les Songes en équilibre*, op. cit., p. 56.

La voisine vient de repartir les bras chargés de ses plats que je ne mange plus. Elle persiste à m'en préparer comme si elle n'avait rien d'autre pour occuper ses journées. Elle a insisté pour passer la balayeuse dans la verrière moins pour la poussière que pour jeter un œil sur ce que j'écris.

Pourtant, aucun commentaire, à part me reprocher le fouillis sur la table. Quand Jean viendra, je lui demanderai d'apporter les papiers dont je n'ai plus besoin chez lui.

Depuis le milieu de la matinée, Louky fait le tour de l'étang. Je décide de travailler ici, face à la cascade vivante.

Comme décidé la veille, nous arpentons les rues de la ville qu'elle connaît par cœur, me faisant remarquer, au détour d'une artère, que tel édifice est nouveau, qu'un autre a été démoli, qu'un troisième a été ravalé.

Quand nous revenons à l'hôtel, un colis l'attend.

— Ce sont sûrement les livres que j'ai commandés à ma librairie, dit-elle en me donnant le paquet.

Elle tient à prendre l'escalier qu'elle monte lentement. J'épouse son rythme derrière elle.

— J'ai rendez-vous demain avec mon médecin. Quand je viens à Menton pour un long moment, je vais toujours le consulter. Vous savez que je n'ai pas encore de médecin à Montréal. Celui de Monique n'accepte plus de nouveaux patients. J'ai un médecin

à Paris où je ne vis plus, un ici où je viens quelques semaines, mais aucun à Montréal où je demeure.

Je la revois pétillante de vie alors que...

Je reste un long moment sans bouger en pensant à l'immense privilège que j'ai eu de la connaître et de pouvoir témoigner aujourd'hui de toute mon admiration.

Rentrons, Louky. Les heures qui viennent ne sont plus nôtres.

— *Quand retournez-vous au Canada? demande le docteur Daniel.*

— *Le 15 mars, répond madame Hébert.*

— *Dès que vous serez là-bas, allez consulter votre médecin et apportez-lui ces radiographies, ordonne-t-il.*

— *Très bien.*

— *Ne tardez pas, s'il vous plaît, insiste-t-il juste avant que nous quittions sa clinique.*

Elle me donne la grande enveloppe verte en souriant, comme si c'était un doctorat honorifique ou une quelconque décoration, alors que moi, je suis inquiet du ton pressant emprunté par le médecin.

Pendant qu'elle est au cœur de la vieille ville, elle en profite pour se reposer au jardin Biovès où, assise sur un banc, elle se délecte des effluves floraux et des agrumes en fleurs.

Assis près d'elle, qui n'a d'yeux que pour le Palais de l'Europe dont elle ne cesse de fixer la façade, je compte les statues qui ornent le petit parc.

— *On m'a déjà invitée à lire de mes poèmes au Palais. J'ignore comment les organisateurs des soirées littéraires ont su que je séjournais ici. J'ai été très surprise quand j'ai reçu leur invitation à Paris. Vous savez sûrement que Menton est une ville des arts. Plusieurs grands peintres y ont séjourné, y compris Jean Paul Lemieux.*

Elle porte son regard sur l'encart qui annonce la Biennale internationale de peinture l'été prochain.

— Quand Saint-Denys est venu en France, il avait l'intention de rester quelques semaines ici pour peindre la lumière qu'on retrouve sur les toiles des grands maîtres italiens.

J'hésite à lui poser la question en plein midi, ici, dans ce parc ouvert sur la ville, au vu et au su de tous. J'hésite à savoir. Elle continue.

— Il avait l'intention de passer plusieurs années en Europe s'il gagnait le prix David avec Regards et jeux dans l'espace.

Je décide de lui répondre par une question.

— Vous avez écrit quelque part, dans le cadre du 50ᵉ anniversaire de son départ, qu'il a été « rejeté et moqué par les critiques. Jugé et condamné pour délit de poésie nouvelle [...][1] ». Vous le croyez toujours?

— Je le pense plus que jamais. Les critiques de ses grands amis Robert, Gérard et Jean, même celle d'Henri Girard, n'ont pas fait le poids face à celle de Valdombre. Je vous en ai déjà parlé, je crois. On lui a en quelque sorte confirmé son propre jugement destructeur. Comme je l'ai écrit : « Il est venu avant nous, pour nous prévenir, nous éclairer et payer de sa vie. » Voilà !

— Un jour, vous m'avez dit que la seule fois où vous avez été en colère contre la vie, ce fut quand votre mère vous a appris sa mort.

Elle tourne la tête vers la sculpture La Déesse aux fruits d'or, puis vers la fontaine tout près. Quelle étrange échange nous avons ! Il me semble que son cousin n'a pas place ici. Ailleurs,

---

1. « Saint-Denys Garneau parmi nous », in *Regards et jeux dans l'espace*, *op. cit.*, p. 11.

oui, mais pas à Menton où elle vient se reposer sous un soleil déjà chaud en ce début de janvier.

« *Il y a certainement quelqu'un qui se meurt / J'avais décidé de ne pas y prendre garde / et de laisser tomber le cadavre en chemin / Mais c'est l'avance maintenant qui manque / et c'est moi / Le mourant qui s'ajuste à moi[1]*. »

— *Il y en a eu une autre, une toute première fois, murmure-t-elle en se levant.*

À mon tour de l'imiter et de faire quelques pas dans la verrière sous les yeux bienveillants de Louky.

Ici encore, je n'ai pas relevé l'indice. Pourquoi? Peut-être parce qu'elle savait que je posais rarement des questions. Ou plus justement parce que j'étais ailleurs… rue des Érables.

---

1. *Regards et jeux dans l'espace, op. cit.*, p. 190.

Elle ne veut pas rentrer tout de suite à l'hôtel après le dîner.

— *J'aimerais faire quelques pas jusqu'à la jetée de l'Impératrice-Eugénie, propose-t-elle en me prenant le bras.*

Je me laisse guider ; j'ignore laquelle des trois constructions qui avancent dans la mer est la bonne.

— *Au tout début de mon séjour ici, on m'allouait une chambre avec vue sur la mer qui donne sur l'avenue de la Madone. Comme vous l'avez constaté, elle est très achalandée. La circulation est lourde de gros camions qui vont porter leurs cargaisons en Italie, tout près. J'ai invoqué mon travail littéraire. Vous savez autant que moi que la création exige une grande concentration et un profond recueillement.*

Un vent frais, venant de la mer, souffle depuis quelques minutes. Elle poursuit.

— *Quand nous créons un personnage, nous ne lui donnons pas la vie en une seule fois, mais tout au long de notre écriture. Il en est ainsi de la nôtre : il faut l'arracher de haute lutte, à même notre cœur à chaque instant, car elle ne nous a pas été donnée d'un coup de baguette magique.*

Elle a commencé un roman.

— *Quand je l'aurai terminé, j'aimerais revenir à la poésie.*

— *Vous n'avez pas le temps de vous ennuyer, madame Hébert.*

Un projet n'attend pas l'autre, dis-je, narquois.

*C'est alors qu'elle me dévisage intensément. J'en suis mal à
l'aise.*

— *Parfois, je suis si seule, même si je lis et travaille beaucoup.
Mais n'ai-je pas choisi cette vie qui me satisfait?*

*Lentement elle détourne la tête, ferme les yeux devant la
mer.*

— *J'ai eu un coup de téléphone de Monique. Elle m'a raconté
qu'il y a encore des foyers sans électricité, mais que les gens
s'entraident.*

Elle reprend lentement sa marche en me pressant le bras.

— *La solidarité humaine est une belle qualité de notre espèce.
Elle nourrit l'espoir et renforce le courage. Pensez à* La Condition
humaine *de Malraux.*

*Une fois gavés d'air salin, nous revenons à L'Aiglon sous une
lune qui trace son sillage sur l'onde.*

— *Nous sommes les invités demain des Caravelli. Ils veulent
fêter le 40e anniversaire de mes séjours à leur hôtel, m'annonce-t-elle
en me montrant le bristol que l'employé vient de lui remettre.*

*Je lis que c'est pour le dîner. J'ai la journée à moi. J'en profite-
rai pour aller au musée du palais Carnolès, à la recherche de ton
regard dans les toiles.*

— *Pourriez-vous réserver la chaise longue demain matin? Je
vais prendre un peu de soleil. On prévoit encore un temps dès
dieux.*

— *Avec plaisir, madame Hébert.*

La lune, bientôt pleine, et le temps, aussi clément que celui
de Menton. Louky renifle le parfum des jacinthes, à moins que
ce ne soit l'odeur d'un animal. De minces nuages courent dans
le ciel pommelé. Soudainement, l'image de mes jours file en
accéléré.

Viens, Louky, j'ai besoin de ton souffle sur mes pieds.

Je lis et relis les journaux. Les mêmes nouvelles dans Nice Matin ou dans Le Mentonnais. Parfois, je lève les yeux vers la fenêtre de sa chambre. Aucun mouvement derrière les rideaux. Et pourtant, il est 11 heures.

Tous les transats sont occupés, sauf celui réservé pour madame Hébert. De temps en temps, mine de rien, je déplace la serviette de plage sur la chaise, voulant montrer à ceux qui la zieutent qu'elle est bien occupée.

Je pousse même l'illusion en déposant un verre d'eau sur la petite table entre nos deux chaises. J'y ajoute un journal.

Voilà qu'elle descend les marches de pierre, tout habillée, son sac en bandoulière. Onze heures et vingt.

— J'avais oublié que j'ai rendez-vous chez la coiffeuse à midi. Nous pourrions déjeuner en ville après. Qu'en pensez-vous?

— Aucun problème, dis-je en ramassant mon décor. Donnez-moi quelques minutes, le temps de passer à la chambre.

Je fulmine. Je jette un œil par la fenêtre. La chaise tant convoitée est déjà occupée. Je prends une courte douche. Je mets les vêtements qui me tombent sous la main. Au diable l'agencement. Je regarde ma montre. Onze heures et demi. Je fulmine encore.

Nous empruntons la rue Saint-Michel. Elle ignore le temps que prendra sa séance.

— Je reviendrai dans une heure, dis-je en essayant de sourire.

J'ai besoin de décompresser. Je marche d'un pas rapide. Je m'arrête de temps en temps pour respirer profondément. Peu à peu, la tension tombe. J'arrive sur la place aux Herbes presque serein.

Comment ne pas penser à ma mère et à ses rendez-vous ratés?

Je chasse ces images et décide d'en profiter pour admirer la diversité en ce jour de marché. Je me laisse tenter par une nappe typiquement mentonnaise avec ses imprimés de citrons et d'olives.

Quand je m'engage rue Saint-Michel, il ne me semble plus que j'ai perdu ma matinée.

Elle choisit Le Petit Resto. Je lui montre ma nappe.

— Quel beau souvenir! Je crois qu'après notre déjeuner, nous pourrions retourner là-bas. Vous dites qu'il y a un grand choix de couleurs?

Je souris. Comment aurais-je pu demeurer longtemps en colère contre elle? Comme elle était fière que sa nappe bleue et jaune couvre sa table de la Côte-des-Neiges! Comme elle était contente de son choix d'imprimés d'agrumes! Comme l'après-midi a été long devant les différents étals où elle n'arrivait pas à se décider!

Je regarde la photo que j'ai prise à notre retour et j'en suis encore tout remué.

Quand elle descend de sa chambre à la fin de la matinée pour prendre un peu de soleil, j'achève la lecture de Fin de partie de Beckett, trouvé dans la bibliothèque de L'Aiglon.

— Plusieurs pensionnaires de l'hôtel ont pris la bonne habitude de laisser des livres en partant. Ils ont une belle collection au rez-de-chaussée, n'est-ce pas?

— Et beaucoup de pièces de théâtre!

— Je ne ramène que ceux qui m'ont touchée. Il y a certaines années, je les rapportais tous à Paris, et d'autres années, aucun.

Elle s'installe confortablement sur le transat et commence la lecture de Or les lettres de mon père d'Hélène Cixous, qu'elle délaisse quelques minutes plus tard quand elle me voit fermer mon livre.

— Mon frère Pierre a monté cette pièce terrible en 1959. Quand il m'en a fait part dans une lettre, je lui ai répondu qu'il avait beaucoup de courage. Mais il était convaincu qu'il existe une vie qui est propre à chaque œuvre, même lorsque l'univers décrit n'est que défaite et destruction.

Je reprends ma lecture. Je lis l'année de la publication. 1957. À peine deux ans plus tard, il monte la pièce. Les Hébert étaient à l'affût des nouveautés littéraires, même celles dénonçant l'absurdité de ce monde dans un Québec écrasé sous les soutanes et les calottes, les crosses et les croix, les mitres et les bagues, les canons et les dogmes.

— Pierre a toujours un goût très sûr pour ce qui est du théâtre. Quand il m'a dit qu'il avait aimé ma pièce, La Cage, cela m'a comblée. Vous savez autant que moi qu'une pièce, tant qu'elle n'est pas jouée, est incomplète. Que la simple lecture de cette œuvre l'ait ébloui m'avait ravie !

Je m'informe de ses projets pour la journée afin de planifier les miens.

— Vous connaissez l'église Saint-Michel ? J'aimerais beaucoup revoir sa façade et son parvis. Nous pourrions en faire la visite après notre déjeuner à La Mandibule. Qu'en pensez-vous ?

Je souris au moment où je vois Nathalie, l'hôtelière, venir dans notre direction. Après quelques politesses, elle remet une note à madame Hébert.

— Mon amie « sous influence » sera à Paris au début de mars. Elle vient donner une communication au Centre culturel canadien dont le sujet est la musique en Nouvelle-France.

Eh bien !

L'après-midi coule doucement après la visite de l'église. Je devine que l'escalier de la rue Longue l'a épuisée même si elle ne le dit pas. Assise à l'ombre sur une terrasse avec vue sur la mer, elle mange sa glace avec contentement. Je lui demande si elle est satisfaite jusqu'à maintenant de l'écriture de son récit.

— Comme toutes les fois que je commence un nouveau roman, j'ignore si je ne l'abandonnerai pas en cours de route comme j'ai fait avec Les Fous de Bassan et La Salle d'attente.

Je trouve le premier chapitre un peu trop vasouillard. Mes personnages sont mal définis parce que trop près de moi.

— Tous les personnages de vos romans sont près de vous, madame Hébert. Je me trompe ?

Elle me gratifie d'un sourire avant d'ajouter qu'il ne peut en être autrement pour un créateur.

— Mais cette fois-ci, contrairement à mes autres écritures, il me semble qu'il manque une certaine distance entre mes personnages et moi. Le temps est trop près entre eux et moi.

Je plisse le front en signe d'incompréhension. Elle laisse passer plusieurs secondes avant de préciser ses propos.

— Je mets en scène une concierge, son mari et leur jeune enfant que j'ai appelé Miguel.

Aussitôt l'image de madame Gomez, les cris et les pleurs parfois quand nous passions devant la porte de son appartement. Je comprends. Je n'insiste pas.

— Avec Le Premier Jardin, cela a été différent bien que j'aie recommencé plusieurs fois l'écriture.

— En lisant le carnet de notes que vous avez remis à l'Université, j'ai en effet constaté que la majorité de ce que j'ai lu ne se retrouve pas dans le roman. Même le titre publié est différent. Vous privilégiez à l'époque La Ville interdite.

Elle s'amuse à me faire la nomenclature de titres auxquels elle avait pensé en faisant allusion à la cité interdite.

— Mais pourquoi ne retrouve-t-on pas dans votre roman la magnifique phrase qu'on lit au début de vos notes : « Tout soleil a son ombre sur la terre et Flora Fontanges qui rayonne au théâtre...

— ... retrouve parfois dans la vie courante l'ombre du chagrin et de la désolation comme un rayon noir qui dessine et délimite dans l'espace la face du soleil », complète-t-elle.

Je l'écoute, ému de la poésie qui illumine ses mots.

— Il y en a plusieurs autres que j'ai laissées de côté dans mon cahier de notes.

Elle hésite un instant comme si elle faisait le tri du lot de ce dont elle ne s'est pas servi.

— « La mer à peine retirée, sa frange d'écume neigeuse au loin, laisse derrière elle une mince pellicule de couleur, un reflet d'ardoise... »

Elle ferme un instant les yeux, porte une main sur son front avant de poursuivre.

— « ... mouillée sur le sable gris là où se posent les goélands et les sternes nets et précis tant dans leur forme réelle que... »

Je compte les années depuis l'écriture de ce roman. Plus de 18 ans. À peine quelques hésitations.

— « ... dans leur ombre claire posée sur le miroir des eaux, frise immobile et double d'oiseaux blancs. » Voilà !

J'applaudis, ébloui par sa parole.

— Vous avez sûrement remarqué dans mes notes, que ce soit pour Kamouraska, Les Fous de Bassan ou tout autre récit, des mots sans lien entre eux, jetés comme cela sur la feuille. Ils me servent d'idées à explorer, de mémos.

Elle jette un œil au paquebot de croisière qui s'approche de Monaco.

— Et puis, il y a des phrases entières qui ne font pas nécessairement référence au récit que je suis en train d'écrire. Les noms de personnages ne sont pas ceux du roman en devenir. La musicalité des phrases a en quelque sorte préséance sur l'anecdote. En les relisant plus tard, il m'arrive de m'en servir pour un autre texte. Voilà !

Quel fascinant processus de création ! Aucune censure ! Tout n'est qu'écriture ! L'inspiration aussitôt saisie, inscrite sur la feuille avant qu'elle s'évanouisse à jamais.

Le paquebot disparaît derrière les hauts rochers de la pointe, laissant la mer vierge, roulée dans l'écume.

Elle porte son regard sur l'horizon étale. Elle bouge à peine la tête, toute concentrée sur les mots qu'elle appelle.

— *« Le brouillard léger en bordure de mer, des hommes, des femmes, des enfants, des chiens passent dans l'air blanc, eux-mêmes souffles et fumées, à peine plus consistants et colorés que la brume, créatures translucides et sans poids que le vent emportent au loin[1]. »*

Elle préfère revenir en taxi.

— *Je pense que je ferai une sieste en arrivant. Je me sens tout à coup fatiguée. Je crois que le soleil y est pour quelque chose.*

À peine entrée dans le hall, la préposée à la réception lui remet une lettre aux armoiries de l'Ambassade canadienne.

— *L'ambassadeur du Canada m'invite à un déjeuner le 13 mars à 13 heures à sa résidence, rue du Faubourg-Saint-Honoré, dit-elle.*

— *Mais comment sait-il que vous êtes ici ?*

— *Je crois que je suis suivie par les agents des Services secrets canadiens, suggère-t-elle en souriant.*

S'ils connaissent sa présence ici, ils savent aussi que j'y suis. J'en frissonne.

— *Je suis vraiment une vieille diva qui n'en finit plus d'agoniser, ironise-t-elle en montant les marches.*

De la verrière, j'ignore toujours comment on a su que nous étions là, car le lendemain, ce fut à mon tour de recevoir la même invitation. Il va de soi que je n'ai pas posé la question à l'ambassadeur.

∞

---

1. Carnet de notes du *Premier Jardin*, Archives de l'Université de Sherbrooke.

Je suis de garde ce matin comme tous les jours. De temps en temps, je lève les yeux vers sa fenêtre. Descendra-t-elle ou non en cette fin de matinée ? Malgré moi, je pense à Vladimir et Estragon dans En attendant Godot. *Qu'est-ce que je fais ici ?*

Elle descend les marches, un livre à la main. Elle est tout sourire. On nous regarde. Depuis le temps, les touristes qui logent à l'hôtel doivent connaître mon manège quand ils me retrouvent étendu sur le transat, une main quasi posée sur l'autre comme si je craignais qu'il s'envole.

Elle s'informe si j'ai bien dormi et si je me suis baigné. Elle oublie de me demander depuis combien d'heures je poireaute ici au gros soleil.

Elle ouvre le livre, en sort une lettre qu'elle vient de recevoir. Elle la lit en souriant.

— C'est une invitation de l'Université de Rio. On aimerait que je retourne là-bas participer à une table ronde. Je vais leur répondre que cela me sera très difficile ; je suis en plein travail d'écriture.

J'en suis éberlué. A-t-elle dit à la poste montréalaise de lui faire suivre son courrier à Menton ?

— J'avais beaucoup aimé mon séjour là-bas. On m'a demandé ce que je souhaitais visiter dans la ville. On tenait à me montrer de près la statue du Christ rédempteur, l'emblème de la ville. J'ai insisté pour visiter les favelas de Rio.

Elle était en pleine écriture des Fous de Bassan *à cette époque-là. On m'a dit qu'elle avait pris le Concorde pour s'y rendre. Est-ce que je m'en assure auprès d'elle ?*

— On m'avait demandé un texte écrit. Je n'avais pas le temps de bien m'y préparer. J'ai préféré, en premier lieu, répondre à des questions. Plus tard, je leur ai envoyé un texte qui faisait état de mon œuvre dans ses rapports avec la langue française en tant que femme et écrivain.

Je fronce les sourcils en pensant, ici encore, à la lignée de femmes qu'on retrouve dans certains de ses romans. A-t-elle fait de même, cette fois-ci? Elle devine mes interrogations.

— L'enclave française chez nous est mille fois plus en péril sur un continent de parlants anglais que la langue portugaise encerclée de parlants espagnols en Amérique du Sud. J'ai soulevé l'importance de la tradition orale au Québec en prenant comme exemple ma propre mère et toutes mes mères et grands-mères qui se sont jointes à elle, toutes des héroïnes au quotidien.

Je suis en plein discours narratif en ce milieu du jour où se mêlent les clapotis de l'eau dans la piscine et les bruits d'ustensiles et d'assiettes qui s'entrechoquent dans la préparation des couverts.

— Je leur ai souligné qu'il y avait aussi mon père qui montait la garde autour des mots qui arrivaient de l'extérieur, jusqu'à la maison. Souvent il les filtrait, il les traduisait ou en inventait en français. Il fallait sans cesse se défendre contre les mots étrangers si bien liés à la réalité moderne qu'ils désignaient.

Je suis fasciné par la maîtrise et la justesse de son propos. Ici, à Menton, en plein soleil, j'entends la fierté qu'elle a de parler cette langue qu'elle possède jusqu'au cœur de ses os.

— Très tôt, j'ai appris à être vigilante et à conquérir de haute lutte ce moyen d'expression qui est le mien. La langue française m'a permis de prendre la parole et d'accéder à l'écriture; c'est à travers elle que j'ai découvert mon propre langage d'écrivain: la poésie. Je l'ai choisie comme un musicien choisit son instrument.

Elle relit en diagonale la lettre avant de la remettre dans son enveloppe. Elle poursuit.

— Si je suis devenue écrivain, c'est pour répondre à la plus pressante exigence de la parole, et de la vie recréée par la parole.

Je la dévisage comme un ignare face à un génie. La bouche entrouverte, j'ai à peine le temps de me rendre compte que sa voisine de transat l'écoute aussi attentivement que moi.

355

— *Cela vient de très loin en moi, du fond d'une...*
Pourquoi hésite-t-elle soudainement à continuer? Cherche-t-elle le mot juste? Un long silence avant de poursuivre.
— *... d'une enfance particulière, du fond d'un certain pays...*
Je sais qu'elle ne cherche pas ses mots. La femme et moi nous nous regardons. Attendons.
— *... Et si je parle en français, c'est pour nommer une réalité qui vient d'ailleurs, hors de France. Cette réalité sauvage de mon pays si longtemps enfouie dans la nuit du silence.*
Un moment, elle suit des yeux le ballon qu'un enfant vient de lancer dans la piscine, puis elle enchaîne.
— *Quoi que je dise et écrive, je n'échapperai jamais à la profonde ressemblance du cœur avec sa terre originelle. Ni vous ni moi. Voilà!*
L'état de grâce, madame Hébert, simplement l'état de grâce que vous me procurez. Demain, après-demain et les jours suivants, je réserverai votre chaise longue en pensant que peut-être, ce matin-là, vous me ferez vivre de nouveau l'état de grâce. Merci, madame Hébert, mille mercis!
— *On a publié mon texte dans la revue* Dialogues et cultures[1]. *Je crois que j'en ai remis un exemplaire au Centre.*
Je me promets, dès mon retour, d'aller vérifier.
De la verrière, je retrouve l'euphorie de cette matinée-là. Comment ne pas souhaiter une mort plus sereine? Je relis les lignes où vous avez hésité. Quel incontournable indice!
Viens, Louky, le temps n'est plus à la promenade.

Les heures coulent doucement entre excursions et piscine. Un jour, elle propose de visiter le village d'Èze et son jardin exotique;

---

1. *Dialogues et cultures*, nos 23-24, juin 1982, p. 117.

un autre, les musées Matisse et Chagall. Sa démarche, toujours aussi assurée.

Les soirs, dans un des salons de l'hôtel après le dîner, nous jouons au rami.

— N'oubliez pas de dire « Rami ! » quand un joueur se trompe ou qu'il joue sa dernière carte, me recommande-t-elle.

Quand elle doit passer, faute de série ou de tierce, elle crie : « Je meurs ! Je meurs ! » Pour éviter qu'elle ne meure trop souvent, je commets erreur sur erreur pour qu'elle puisse dire : « Rami ! » et ainsi jouer à ma place.

Nous délaissons les restaurants de la ville la dernière semaine pour prolonger notre soirée de cartes qui s'étire parfois jusqu'à minuit.

— C'est plus intéressant quand nous sommes au moins trois joueurs. À deux, le jeu devient trop répétitif.

Parfois, j'hésite à jouer une carte, simplement pour voir sa réaction. Quand elle a les yeux sur le petit carton que je tiens, je sais qu'elle le prendra. Alors, à chaque fois, je répète : « La tentation sera grande. » Aussitôt, elle le met dans son jeu en disant : « Je succombe ! Je succombe ! ».

Souvent, elle est tellement prise par le jeu qu'elle emmêle les : « Je meurs ! Je meurs ! » et les : « Je succombe ! Je succombe ! »

À chacune de mes fautes, elle crie avec joie : « Rami ! Rami ! Je succombe et je meurs ! » Et moi, le plus sérieusement du monde, je la considère d'un air attristé et hurle comme la tante Adélaïde : « La Petite se damne ! Et nous nous damnons avec elle[1] ! » « Je meurs ! Je meurs ! » répète-t-elle avant de proférer : « Rami ! Rami ! »

Comme nous sommes en pleine fête du Citron, en cette veille de notre départ, je lui offre d'assister au corso fleuri dans le promenoir de la ville.

---

1. Kamouraska, op. cit., p. 48.

— C'est la première fois que je participe à la fête du Citron depuis que je viens ici. Que d'agrumes perdus! se désole-t-elle en nous promenant entre les sculptures faites d'oranges, de limes et de citrons.

Très tôt, le lundi 2 mars à 8 heures, nous partons pour Paris. Tout le personnel de l'hôtel, y compris les propriétaires, lui fait une haie d'honneur en l'applaudissant.

— À l'an prochain, mademoiselle Hébert.

Je souris à chaque fois que j'entends ce mot « mademoiselle ».

— Et vos radiographies ?

— Elles sont au fond de ma valise.

À peine sommes-nous entrés aux Citadines que la réception-
niste lui remet deux notes.

— On a téléphoné pour vous plusieurs fois. Cela semble
urgent.

Elle est ravie de sa chambre d'hôtel qui jouxte la mienne. La
porte mitoyenne ouverte, la dimension des deux pièces est impres-
sionnante. Nous nous donnons rendez-vous dans le hall, une fois
qu'elle aura retourné ses appels.

— Cette amie, spécialiste de la musique en Nouvelle-France,
aimerait se joindre à nous pour le dîner. J'ai accepté.

Nous prenons la rue Chaplain. Elle m'apparaît heureuse d'être
de retour dans cette ville qu'elle n'a jamais vraiment laissée.

— J'ai découvert cette partition du milieu du XVIIIe dans le
grenier des ursulines à Québec, raconte l'amie. C'est une pièce
unique, s'emballe-t-elle avant de nous demander si elle pourra
monter avec nous dans le taxi qui nous mènera chez l'ambassadeur, la semaine prochaine.

Ce sont moins les explications pointues qu'elle donne que le
nombre de verres qu'elle boit qui dérangent madame Hébert. Elle
lui en fait la remarque. L'autre lui répond que sa communication
la stresse.

— Vous viendrez m'entendre au Centre culturel canadien ?

Elle repousse sa visite rue de Pontoise et à la librairie. Elle
s'attarde au Seuil qui vient de publier Est-ce que je te dérange ?

359

Elle retrouve avec plaisir ses éditeurs. « Merci pour tout ce que vous faites pour moi. Grâce à vous, je suis ici. Anne », lis-je en dédicace.

Le temps file entre les restaurants et les visites de ses amis et amies de Paris et de la Touraine. Les matinées sont consacrées à la rédaction de son nouveau roman. Je lui demande quand elle ira revisiter son quartier, question de planifier mes journées.

— Le lendemain du déjeuner chez l'ambassadeur, me répond-elle.

Je lui rappelle que ce sera samedi, jour de marché à la place Maubert.

— Eh bien, je ferai une autre tournée d'adieu. Je leur dirai que la vieille diva est de retour et qu'elle revient les saluer pour leur annoncer qu'elle repart pour Montréal. Voilà ! dit-elle d'une voix dure.

Je fais quelques pas dans le salon en cette journée pluvieuse. De la fenêtre, j'aperçois la voisine qui sort ses plantes pour l'été. Je m'amuse à les compter. Sa maison est une pépinière et son balcon, une échoppe.

La voici maintenant qui encombre de pots les marches du court escalier. Un va-et-vient frénétique entre l'intérieur et l'extérieur. Malgré moi, je souris quand je la vois suspendre la troisième jardinière en pensant à la loge de la concierge. Mais où va-t-elle cueillir tout cela ? Je ferme les yeux et revisite son rez-de-chaussée quand, de la fenêtre entrouverte, j'entends la cacophonie des trois mobiles qu'elle vient d'accrocher sous la corniche du balcon. Sa maison est la caverne d'Ali Baba.

Je reviens dans la verrière, tout sourire. J'imagine des floralies cet été chez elle en prenant mon crayon.

Nous assistons à la conférence sur la musique en Nouvelle-France. Pendant tout l'exposé de son amie, je sens madame Hébert extrêmement tendue. Qui le premier de nous deux s'aperçoit qu'il y a confusion dans les noms, les lieux et les dates ? Quel auditeur, derrière nous, remet en question la justesse de ses données ?

Madame Hébert la laisse sans commentaire sur sa prestation. Elle préfère dîner dans la chambre d'hôtel. Nous mangeons en silence. Elle n'a pas le cœur à jouer au rami.

Elle passe une mauvaise nuit.

— Ce déjeuner chez l'ambassadeur m'angoisse. Et je ne peux pas y échapper.

Je la rassure en vain. Encore une fois.

Aucune réponse aux coups de téléphone qu'elle passe à l'hôtel où loge son amie.

Tendue et inquiète à l'extrême, nous quittons à 12 heures 30.

Assise droite sur la banquette arrière, les mains posées sur son sac, la tête légèrement inclinée, elle demeure silencieuse. J'imagine la tempête en elle.

Le taxi nous descend devant la résidence de l'ambassadeur. Le majordome nous attend au pied de l'escalier.

— J'ai décidé de faire le trajet seule, nous lance la musico-logue, arrivée avant nous.

L'atmosphère autour de la table est feutrée. La voix de notre hôte impose le respect, sauf pour la conférencière.

Je me tais pendant le repas, réglé au quart de tour. Je suis le rythme des gestes du maître des lieux. Le garçon surveille nos verres. La musicologue lève sa coupe vide, désire porter un toast à une Anne Hébert exaspérée.

— Saviez-vous, monsieur l'ambassadeur, que les chansons en Nouvelle-France étaient souvent grivoises chez nos gouverneurs ?

L'ambassadeur prend congé en nous précisant qu'il a une rencontre très importante en fin d'après-midi.

À madame Hébert qui le remercie, il répond :

— Ce que je trouve le plus difficile dans mon travail, ce sont toutes ces réceptions auxquelles je dois assister, tous les verres et les cafés qu'on nous sert. *Quand je peux en sauter une, je le fais pour mon estomac,* commente-t-il en souriant.

— Que c'est sage, monsieur l'ambassadeur, que c'est sage!

Une fois de retour à l'hôtel, elle s'isole. Je comprends que le déjeuner l'a désobligée et que sa visite dans le quartier, demain, l'indispose davantage qu'elle veut bien le laisser croire.

— Voulez-vous me donner s'il vous plaît mon carnet d'adresses qui est sur le bureau?

Son téléphone lui apprend que son amie a déjà quitté l'hôtel.

— Un taxi est venu la chercher il y a environ une heure. Elle est partie avec toutes ses valises. Elle est probablement allée en Provence où elle a un pied à terre. J'essayerai de la joindre plus tard. Voilà!

Je la laisse pour une heure.

Depuis quelques minutes, je marche dans les allées du cimetière Montparnasse en pensant que, parfois, l'amitié est un grand poids.

∞

Samedi, la veille de notre départ, comme prévu, elle fait le tour de son ancien quartier.

Elle remercie son libraire pour les livres qu'il lui a envoyés à Menton.

— Il est dommage que vous partiez demain; je vous aurais proposé une séance de signatures.

En retrait, je les laisse échanger quelques mots pendant que je regarde les étals de nouveautés. *Est-ce que je te dérange?* est au centre d'une vitrine avec sa photo. Et pourtant, il ignorait qu'on passerait aujourd'hui. Il lui offre le dernier Duras.

De la rue Saint-Victor, nous tournons rue de Pontoise. Aucun mot jusqu'à son ancien appartement. Elle lève la tête en direction *de la fenêtre de sa chambre d'alors. Les volets sont fermés malgré la fin de la matinée.*

Nous entrons dans l'immeuble. Elle lit le nom du locataire qui occupe l'appartement 3 avant de sonner chez la concierge qui ne répond pas.

— Nous la croiserons probablement au marché avec ses enfants.

Place Maubert. Je me rappelle certaines figures. Madame Hébert hésite à aller saluer sa poissonnière, pourtant tout près d'elle. Arrêtés au milieu du trottoir achalandé, j'attends qu'elle reprenne le pas quand la concierge la reconnaît.

Je devine ce qui suivra. Un mouvement de foule. Les cris des enfants qui l'entourent. Une poissonnière émue lorsqu'elle l'embrasse. Un boucher à la figure rosie. Un marchand de fruits et de légumes touché.

Elle revient de sa visite épuisée mais ravie de tous les avoir revus, y compris sa pharmacienne à qui elle a demandé ses coordonnées.

Cet après-midi, elle aimerait arpenter une dernière fois quelques rues.

Elle m'offre le dîner à la Villa Borghèse, tout près de notre hôtel.

Assise près d'une bouche de chaleur, je la sens fatiguée. Elle touche à peine à sa salade. Je lui en fais la remarque.

— Il faudrait quitter l'hôtel au plus tard à 8 heures demain matin. Je réserverai une voiture tout à l'heure. Il y a une station de taxis, pas loin d'ici.

Malgré la fraîcheur du soir, nous revenons à pied. Parfois, elle arrête pour regarder une façade, comme si des souvenirs y étaient gravés. Souvent, elle lève les yeux sur les édifices qu'elle croise lentement. Cherche-t-elle dans la rue Vavin la librairie où elle achetait jadis ses livres? L'Affaire La Roncière, le viol impossible, des Éditions Mame, à Tours, peut-être?

Je dépose mon crayon sur la feuille noircie. Je bâille en cette heure si matinale. Mes jours suivent des nuits de plus en plus courtes.

L'orient est jaune de vie et annonce une journée magnifique. Bientôt, le soleil brûlera l'aurore.

Le sourire aux lèvres, je fais quelques pas pour me convaincre que je suis vivant. Louky, dehors depuis le point du jour, s'amuse, malgré la pénombre, autour de l'étang étale. J'attends le levant pour activer les fontaines et la cascade. Seul le loyal soleil a droit à toute mon attention. Lentement, je baisse les yeux dès qu'apparaît dans toute sa splendeur la courbe lumineuse qui déchire l'horizon en feu.

Les yeux fermés, j'appelle sa chaleur en vue des prochains jours que je voudrais sereins, d'autant plus que mon fils et ma sœur seront près de moi. Je sens sur ma peau sa bénéfique tiédeur, tel un souffle apaisant ma souffrance.

Je relis les dernières pages.

Nous montons dans l'avion. Elle est inquiète de ne pas avoir contacté son amie. Nous avançons dans l'allée bruyante sous les regards insistants de plusieurs passagers. Nous attendons que notre compagnon de siège soit assis pour prendre possession des nôtres.

Elle est coincée au centre. Ses jambes la font souffrir.

— Attendez-moi un instant, je reviens, lui dis-je en me levant.

Je m'adresse à l'hôtesse qui l'a reconnue. Quelques mots suffisent pour qu'elle comprenne la situation. Elle m'informe qu'elle fera l'impossible pour acquiescer à ma demande.

On vient de fermer les portes de l'appareil. Je croise les doigts quand je vois la jeune femme s'approcher de nous.

— Si vous voulez bien me suivre.

Assise confortablement dans la quiétude de la classe affaires, madame Hébert a retrouvé son sourire. Elle caresse les bras

*moelleux du fauteuil pendant que le steward nous propose une
flûte de champagne.*

— Comment avez-vous fait pour que nous soyons surclassés ?

— Votre nom, madame Hébert !

Je sors Louky qui tourne en rond depuis quelques minutes.
Je jette un œil du côté de la voisine qui s'agite toujours sur
son balcon-boutique quand je remarque une sorte de girafe
en osier sur le bord du trottoir. De longues boucles d'oreilles
flamboyantes pendent à son cou. Sur son dos, un immense
bac rempli de géraniums, de bégonias et de lierres. Je souris en
retournant à mon travail d'écriture.

*Madame Hébert est heureuse de retrouver Petit Chat qui
miaule de plaisir en se frottant sur ses jambes.*

*Je la laisse pour retourner à Sherbrooke en cette journée
neigeuse.*

*Quelques jours plus tard, alors que je regarde les photos prises
à Menton, j'ai soudainement une inquiétude. Je jette un œil à
ma montre. Il n'est pas trop tard pour l'appeler. Je vérifie auprès
d'elle si elle a apporté les radiographies.*

*— Non, je les ai oubliées aux Citadines. Je les avais sorties de
ma valise pour les déposer sur la tablette du placard.*

*Je lui demande de ne pas s'inquiéter, que dès demain matin,
je téléphonerai là-bas.*

*Je m'assois en me demandant comment il se fait que j'aie
oublié de le lui rappeler avant de partir. Quel étourdi !*

*— Les Citadines ont été vendues la semaine derrière. Nous
avons commencé tout de suite les rénovations dans les chambres.
Je serais étonnée qu'on trouve l'enveloppe au 608. Les ouvriers
ont entrepris en premier les travaux à cet étage. Je vais quand
même vérifier et je vous rappelle.*

Les mammographies de Menton ne sont jamais arrivées
à Montréal. De plus, madame Hébert n'avait pas encore de
médecin ici. Malgré mon insistance à passer à l'hôpital, elle

ne l'a jamais fait, prétextant qu'elle irait, une fois son roman terminé.

En ce début d'avril, je suis au collège pour relever, comme il avait été convenu, mon collègue, pendant qu'à Montréal madame Hébert souffre d'une grande fatigue qu'elle met sur le compte de son travail d'écriture.

Mon court trimestre terminé, je m'affaire à l'aider dans le tri d'autres documents qu'elle a décidé de donner au Centre.

Dès qu'elle ouvre la porte, je devine qu'elle ne va pas en remarquant une pile de lettres sur le guéridon. Elle s'assoit dans son fauteuil, Petit Chat sur ses genoux, m'interroge à propos de ma mère et de Luc. Je mens deux fois.

— Depuis que je suis ici, je marche moins qu'à Paris. Il y a les côtes qui m'arrêtent, mais surtout les gens. Et me traîner dans le cimetière n'est pas réjouissant. J'avais raison de craindre de perdre mon anonymat.

Son ton est sec, sa voix cassante, ses gestes brusques. Qu'y a-t-il?

Elle prend le paquet de lettres, en choisit une au hasard, la lit en diagonale, réfléchit en caressant Petit Chat.

— J'ai classé quelques lettres qui datent de plusieurs années. Je les avais presque oubliées.

Elle étire le bras, en saisit une deuxième, hésite, revient à la première. J'attends.

— Je crois que la réputation du traducteur est très importante, surtout si nous ne connaissons aucun rudiment de la langue dans laquelle l'œuvre est traduite.

J'acquiesce sans savoir ce qui suivra.

— Je me rappelle que dans une traduction anglaise du Torrent, j'avais trouvé de nombreuses erreurs et un manque évident de compréhension à l'égard de mon texte. On avait même donné des noms anglais à mes personnages.

Je m'enquiers si le traducteur avait eu sa permission. Il avait, *répond-elle, pris l'initiative de traduire les prénoms et insistait pour faire de même avec* L'Ange de Dominique *qu'il désirait publier.*

Je l'imagine en train de discuter avec lui et d'entendre un des ses « Voilà ! » *clore la discussion.*

— *Je lui ai donné quelques exemples de sa mauvaise traduction en prenant deux passages du* Printemps de Catherine. *Il avait traduit :* « aux cheveux roux, tondus » *par* « a wondrous mass of many hair » *et* « l'éclatement puissant des gerbes de feu » *par* « this flickering halo of hair ».

Je souris en me disant que je n'aurais pu faire pire.

— *Et comment s'est terminée l'affaire ?*

— *J'ai demandé à une amie, dont je connais la compétence et l'autorité en la matière, d'agir à ma place et en mon nom. Et au traducteur de tenir compte des corrections de cette amie. Dans le cas contraire, je me verrais forcée de refuser sa traduction du* Torrent. Voilà !

Elle répond au téléphone. Je me retire dans la cuisine. J'entends quelques mots, assez pour comprendre que son éditeur parisien publiera ses romans Aurélien, Clara, Mademoiselle et le lieutenant anglais *de même que* Les Fous de Bassan *en format poche.*

Elle tire un livre de sa bibliothèque. « Dietro il gelo dei vetri », *récite-t-elle en me le remettant. Je devine que j'ai entre les mains la traduction italienne de* Kamouraska.

— *J'estime que la traduction est très fidèle même si je ne parle que quelques mots d'italien. En mettant les deux textes côte à côte, il est évident que le souci de la traductrice a été de donner une traduction presque littérale.*

En effet, dès les premières lignes, même si je n'ai aucune notion de l'italien à part la langue latine apprise au séminaire, il est facile de voir la littéralité du texte traduit.

— *La grande difficulté, m'a-t-on dit, est que l'italien est une langue qui manie fort mal l'ellipse. Or, comme vous le savez, cela est essentiel à mon expression.*

— *Avez-vous un exemple?*

— *Prenez la scène où Nelson revient du chevet de sa sœur religieuse. Elle est toute remplie de tension et d'ambiguïté. On sait que le docteur et Élisabeth vont convaincre Aurélie d'aller assassiner Antoine. Eh bien, en italien, cette scène cruciale dans le roman devient une simple exposition des faits. Vous comprenez?*

Je fais signe que oui. Une question me brûle la langue, mais déjà elle poursuit son raisonnement.

— *L'italien oblige à relier davantage les phrases en ajoutant des pronoms relatifs ou en juxtaposant des qualificatifs. Le rythme de mon texte a été changé; il est devenu plus harmonieux, m'a-t-on dit, puisque l'italien cherche d'abord la souplesse et l'aisance.*

Je pense à notre discussion à ce sujet rue de Pontoise. En quoi est-elle si différente? Pour moi, passer du japonais à l'italien, c'est la même chose puisque je ne connais rien à ces deux langues. Mais selon elle, la version italienne dans son ensemble est plus ordonnée et cohérente.

Je fronce les sourcils, perplexe. « Plus ordonnée et cohérente » par rapport à la version originale? Est-ce possible?

— *Il est aisé en italien de reproduire des conversations simultanées ou des actions de groupes comme celles de George, d'Élisabeth et d'Aurélie. Vous me suivez?*

Je fais signe que oui, bien que je croie davantage à l'amitié du traducteur qu'à la traduction elle-même, en pensant à Dialogue sur la traduction, *au* Torrent *et à* Kamouraska, *ce « nouveau visage italien », comme elle l'appelle.*

— *Est-ce qu'il y a certaines traductions dont vous n'êtes pas satisfaite?*

Elle réfléchit un instant en caressant Petit Chat.

— Comme je ne suis pas polyglotte, je l'ignore. Mais dans ce domaine comme ailleurs, il y a de meilleurs traducteurs que d'autres. Je sais que pour Le Torrent, à quelques années d'intervalle, on a publié une deuxième édition modifiée, à la suite de mes commentaires probablement.

Petit Chat miaule. Elle se lève pour le nourrir. Je sens que ses moindres gestes la font souffrir. Elle retourne à son fauteuil, prend une autre lettre. Quelque chose ne va pas. Pourquoi décortiquer ses traductions ?

— Chaque traducteur a son propre style, comme vous le savez. Le traducteur est aussi un créateur. Il est donc important que celui qui commence la traduction d'une œuvre soit le même qui la termine afin de garder une unité de style.

Évidemment. Le texte n'est pas une course à relais où on se passe la plume, pensé-je en la regardant masser sa balle de caoutchouc. Aurait-elle vécu cette expérience ?

— L'Île de la demoiselle a eu deux traducteurs, me fait-elle observer, mi-figue, mi-raisin.

Avec application, elle pétrit la balle qu'elle ne laisse pas des yeux, privant Petit Chat de ses caresses tout en prenant une autre lettre, celle-ci sans son enveloppe.

— Est-ce que vous saviez qu'on a joué La Cage en France ? Au début de février 1994. C'est l'atelier théâtre Côté-Jardin qui l'a montée. C'est une troupe de la région de l'Auvergne, plus précisément de Saint-Germain-des-Fossés, tout près de Vichy. J'ai été étonnée quand on m'a demandé l'autorisation. Il y a tellement de personnages ! J'aurais aimé y assister, mais comme je revenais de Montréal, j'étais trop épuisée.

Elle répond au téléphone. Cette fois-ci, c'est son éditeur de Montréal. De son bureau, elle note une date dans son agenda.

J'en profite pour lui parler de l'ouverture du Centre.

— *L'ouverture du Centre est prévue pour le vendredi 15 mai. Je viendrai vous chercher.*

De par son absence de réaction, je pressens que sa décision est déjà prise. Je n'insiste pas, mais je sais que je devrai revenir sur le sujet. Le responsable du protocole de l'Université voudra rapidement une réponse.

— *J'ai un dîner ce soir avec une amie. Je crois que je ferai une sieste.*

J'ai déjà mon manteau sur le dos.

Je la quitte, inquiet. Que ne m'a-t-elle pas dit?

Mai est le plus beau mois de l'année. De partout, la vie foisonne, du secret de la terre au creux des eaux, de l'air ambiant aux feux de broussailles. Ce mois déploie sa palette de couleurs aux effluves grisants. Entouré de vies palpitantes et sauvages, je marche sur la pelouse dans le clair matin.

Louky insiste pour rentrer malgré les coassements dans l'étang. L'image de Luc. Quelques pas dans la verrière pour effacer nos jours. Quelques pas encore pour ne pas les oublier.

Je retrouve mes papiers épars sur la table. Comment ne pas y revoir ma vie décousue? Est-ce mon intoxication aux médicaments qui me fait raisonner ainsi? Je souris en pensant à la voisine. J'étire le bras. Je prends un livre. Je me serre les lèvres en relisant Laclos : « Qui pourrait ne pas frémir en songeant aux malheurs que peut causer une seule liaison dangereuse? Et quelles peines ne s'éviterait-on point en y réfléchissant davantage? [...] Mais ces réflexions tardives n'arrivent jamais qu'après l'événement; et l'une des plus importantes vérités, comme aussi peut-être des plus généralement reconnues, reste étouffée et sans usage dans le tourbillon de nos mœurs inconséquentes. [...] j'éprouve en ce moment que notre raison, déjà si insuffisante pour prévenir nos malheurs, l'est encore davantage pour nous en consoler[1]. »

Quand l'indifférence s'est-elle glissée entre nous?

Levé avant le point du jour, je sirote un thé à la menthe en pensant à mon corps offert à la terre. Pissenlits et marguerites, lombrics et chenilles, marmottes et mouffettes, cerfs et biches, tous sur ma tombe, mon lot en pâture. Et que la fête commence!

Mes yeux sur la table. Il faut que j'accélère le rythme à tout prix si je veux inclure les dernières années. L'illusion de repousser ma mort est si présente que je tarde à terminer. Je retrouve la méridienne qui moule mon corps.

Je décide d'en avoir le cœur net en téléphonant à madame Hébert.

— J'aurais d'autres lettres à vous remettre. Pouvez-vous passer?

Je raccroche. Sa voix semble meilleure. Je quitte Sherbrooke.

À peine arrivé, elle m'offre un café. Je la complimente sur sa tenue vestimentaire.

Elle craint que la couleur ne soit trop criarde.

— J'ai l'idée de porter cet ensemble lors de la soirée de clôture des Poètes de l'Amérique française la semaine prochaine, lundi, le 11. Je dois y lire quelques-uns de mes poèmes.

Après avoir pris des nouvelles de ma mère et de Luc, elle ouvre une lettre qu'elle lit d'une façon nonchalante, car elle semble en connaître le contenu par cœur.

— Qu'est-ce qui vous fait sourire ainsi? Ce que vous lisez ou ce à quoi vous pensez?

---

1. Pierre-Ambroise Choderlos de Laclos, *Les Liaisons dangereuses*, Paris, Garnier-Flammarion, n° 13, 1964, p. 379.

Elle me la tend. Le Service de mesure et d'évaluation des apprentissages du ministère de l'Éducation du Québec lui demande la permission de reproduire les pages 84 à 87 de son roman Les Enfants du sabbat *dans le cadre d'un examen de 1977.*

— *J'espère que ce n'est pas la scène dans la chambre de l'abbé Flageole? Si oui, les apprentissages du ministère ont dû être furieusement dépassés cette année-là, dis-je en prenant un exemplaire dans sa bibliothèque.*

— *Vous savez comme moi que le créateur ignore souvent vers où son œuvre le mènera. L'écrivain devient en quelque sorte un simple canal de transmission par lequel les personnages s'expriment. Le premier à en être surpris est l'auteur qui voit prendre forme sur la feuille un fourmillement de vies, chacune avec leur spécificité et leur singularité.*

— *On a choisi le passage le moins scabreux de votre roman.*

— *Alors, tout n'est pas perdu au ministère de l'Éducation! ironise-t-elle en reprenant la lettre.*

Je reviens sur la réception de son roman dès sa parution en lui rappelant que certains critiques ont vu à travers l'image du couvent un Québec fermé comme un poing, et en sœur Julie, l'affranchissement du joug de la religion.

— *La critique évolue selon les courants et les modes. J'ai lu quelque part, dans les années 1960, une étude sur* Le Torrent *où l'auteur écrit que François, en assassinant « la grande Claudine », accomplissait un geste politique. Selon l'essayiste, François représente le Québec qui se libère du grand Canada, notre troisième mère patrie.*

— *Est-ce que vous lisez toutes les critiques sur vos œuvres?*

Elle accueille Petit Chat avec un sourire de contentement. Quelques caresses avant de répondre.

— *Au tout début, oui. Je les dévorais même, comme probablement tout débutant. Mais plus maintenant. Ce sont mes éditeurs qui me les envoient ou des amis qui m'en font part.*

De nouveau le téléphone. Je me dirige vers le balcon. Je souris en regardant la coupole de l'Oratoire et la table oubliée, orpheline de ses chaises. Je rentre.

— On aimerait donner mon nom à une école du Saguenay. Vous saviez que la famille de mon père a travaillé longtemps dans la région? On trouve des documents l'attestant à la Société historique du Saguenay.

Je l'ignorais. Je croyais que c'était dans la région de Kamouraska. Ne m'a-t-elle pas dit qu'elle avait passé ses étés là-bas jusqu'à ce que ses parents eussent fait construire leur maison de campagne à Sainte-Catherine, autour de 1927? Maurice Hébert n'a-t-il pas fait ses études classiques à Sainte-Anne-de-la-Pocatière?

— Je leur suggérerai le nom de mon père. Je leur dirai que, même s'il est un peu oublié, je lui dois tout dans ma formation littéraire.

Elle cesse quelques instants ses caresses. Je devine qu'elle réfléchit en la voyant porter un doigt à ses lèvres.

— Vous vous rappelez, une demande similaire m'avait été faite par la Commission des écoles catholiques de Québec. Elle venait d'acheter sur le chemin Sainte-Foy l'école Saint-Vallier qui appartenait aux religieuses de Saint-Joseph.

J'acquiesce vaguement. Elle reprend ses caresses.

— Bien peu d'hommes au Canada français ont possédé et possèdent encore, de nos jours, une telle maîtrise de la langue française et un tel amour de cette langue. À une époque où tout effort de bien écrire et de bien parler semblait dérisoire et vain, mon père s'est obstiné à croire, malgré toutes les rebuffades, qu'une des meilleures façons pour le Canadien français d'affirmer sa dignité était de savoir exprimer d'une façon exemplaire cette vie qui était la sienne parmi les autres nations.

Rarement a-t-elle parlé de son père en des termes si élogieux et avec tant d'émotion dans la voix. Elle pose un long regard sur sa bibliothèque. J'ai l'impression que d'autres arguments suivront.

— Je leur demanderai qu'elle porte le nom de Maurice Hébert en souvenir de la lutte qu'il a menée pour la langue française, tant à la Société Saint-Jean-Baptiste que dans tous ses écrits et toutes ses conférences.

Je n'ose bouger de crainte de freiner sa réflexion.

— En souvenir aussi des trois livres de critiques littéraires qu'il a publiés, de son œuvre poétique et de cette médaille de vermeil que lui a remise l'Académie française, pour services rendus à la langue française.

Elle baisse les yeux sur Petit Chat qui ronronne.

— Enfin, en souvenir de celui qui a su inculquer à ses enfants l'exigence du verbe français et encourager mes premiers essais littéraires. C'est lui qui m'a permis de commencer une œuvre.

J'attends son « Voilà ! » Il n'est sûrement pas loin.

— Je leur dirai combien je serais heureuse et fière qu'il y ait une école qui porte le nom de Maurice Hébert qui, en toute justice, mérite cet honneur encore bien plus que moi. Voilà ce que je leur écrirai !

Je suis profondément touché de son apologie. En une fresque verbale magnifique, elle vient de peindre l'immense affection et la vive reconnaissance qu'elle lui porte.

Elle reprend ses caresses. Elle est déjà ailleurs. L'idée de lui rappeler ses radiographies m'effleure l'esprit. Elle n'ira quand même pas consulter ses médecins à Paris ou à Menton jusqu'à la fin de ses jours. Aussi bien qu'elle s'en trouve un, ici, tout de suite.

— Mon père aurait été beaucoup mieux préparé que moi pour écrire un article sur le Canada français et les relations qui existent ou n'existent pas entre les deux cultures. Tout cela est très complexe et exige un travail de recherches que je n'avais pas le temps d'entreprendre pendant cette période.

Pourquoi soudainement ces phrases ? À quoi fait-elle allusion ? En quelle année est-elle ?

— Je venais de publier Les Enfants du sabbat quand j'ai reçu cette demande d'introduction de Berlin-Ouest, dit-elle en me montrant la longue lettre.

Je lis en diagonale. Je tombe sur les noms de Laurier LaPierre et Jean-Louis Gagnon.

— Quelques années plus tard, je reçois une autre demande du même destinataire, mais cette fois-ci dans le cadre d'un album de photographies artistiques. J'étais en pleine écriture des Fous de Bassan. J'ai regretté que papa ne soit plus là, car il adorait écrire ce genre d'articles.

Discrètement, je regarde ma montre. Il faut que je rentre à Sherbrooke, mais avant, passer voir maman.

— Vous connaissez ma sauvagerie et ma réticence vis-à-vis de tous les engagements officiels. Il me semble qu'écrire, le plus honnêtement possible, demeure pour moi le seul engagement dont je suis capable. Mon travail de création a toujours passé en premier.

Attendre encore quelques minutes. Une dizaine, pas plus. Ensuite, je file. Promis !

— Vous savez sûrement que Jean Éthier-Blais, pendant des années, avec une grande persévérance, a soumis ma candidature au secrétaire général du comité Nobel. Cette fois-ci, il m'a proposé la vice-présidence du Centre québécois du PEN international.

Elle a sûrement refusé, me dis-je, en me rappelant le jury du prix Prince-Pierre-de-Monaco, elle qui se tient loin de toute cause politique.

— Après avoir longtemps hésité, j'ai accepté par amitié pour Jean Éthier-Blais dont j'appréciais beaucoup les fines critiques, et parce que ce poste n'exigeait aucun travail particulier et un minimum de présence.

Je n'ai pas le temps de m'informer de l'année et de la durée de son mandat, qu'elle se lève avec difficulté.

— *Depuis quelque temps, j'ai souvent les pieds engourdis. Je ne fais pas assez d'exercices.*

— *Voulez-vous que nous fassions quelques pas ?*

Nous traversons deux fois le salon de long en large. Je la sens tendue quand nous entrons dans son bureau.

— *Je m'ennuie des trottoirs de Saint-Germain. Ici, dès que je sors, on me reconnaît. Je savais que je perdrais mon anonymat à Montréal. Que je le savais donc !*

Qu'ajouter ? Nous en avons parlé plusieurs fois déjà.

— *Et vos écritures ?*

— *Je tourne en rond et j'appréhende que la même chose n'arrive à ce récit qu'à* Est-ce que je te dérange ? *Je crois que je suis trop vieille pour écrire des romans.*

Nous revenons au salon. Que faire ? Elle a sûrement abordé le sujet avec madame Bosco.

— *Dès que j'aurai terminé* Un habit de lumière, *je retournerai à Menton pour tout l'hiver. Je ferai mes corrections de* L'Aiglon.

Je me laisse guider par elle en pensant à ce qu'elle vient de confier. Le titre de son roman, mais surtout sa décision de quitter le plus vite possible Montréal où – le pense-t-elle ? – elle n'aurait jamais dû déménager.

Le téléphone.

— *Je vous ai dit, monsieur, que je n'ai pas l'intention de m'acheter un condo même s'il a pleine vue sur le fleuve. Je vous demande de ne plus me rappeler. Bonjour, monsieur !*

Elle s'approche des fenêtres du salon. Deux long-courriers se détachent de l'horizon. En silence, elle les suit des yeux. L'inquiétante image d'une Anne Hébert privée de sa liberté. La cage de Ludivine Corriveau et l'île des Démons pour Marguerite de Nontron.

— *Vous semblez tout à coup fatiguée, madame Hébert. Voulez-vous que je fasse quelques courses pour vous ?*

— *Non, merci. J'ai tout, me répond-elle le regard sur l'horizon gris.*

Je ne sais que faire. Je me lève alors qu'elle se retourne.

— *Mon amie Jeanne m'a téléphoné. Elle aimerait que j'aille passer quelques jours à Québec. Elle m'a dit que depuis un mois, sa santé ne va pas.*

Je lui propose de la conduire là-bas.

— *Et puis toutes ces lettres me replongent dans un passé que parfois je voudrais oublier. J'ai l'impression que mon déménagement n'en finit plus.*

D'une voix calme, je lui rappelle que le tri de ses lettres n'est pas une urgence.

— *Consacrez vos heures à* Un habit de lumière, *exclusivement.*

Elle retrouve son fauteuil et Petit Chat. Je me rassois.

— *La semaine dernière, j'ai eu un coup de téléphone de mon frère Jean. Il est très malade. Quand je verrai Jeanne, j'en profiterai pour lui faire une visite.*

Discrètement, je regarde ma montre. Malgré l'heure tardive, je décide d'aller voir maman.

— *Depuis que je suis revenue à Montréal, mes amis meurent ou tombent malades. Je renverserais peut-être la vapeur en retournant à Paris, imagine-t-elle en souriant avec tristesse.*

Une courte marche dans l'entrée bordée de chênes, Louky me précédant de quelques enjambées. Je ferme les yeux un instant comme pour mieux sentir les parfums des plates-bandes qui me rappellent celles de l'ancien couvent, tout au bas de la grande galerie sur laquelle ma mère et moi aimions nous promener.

Au tour de Louky d'attendre ma décision : vais-je dans la verrière ou dans la gloriette ? Je choisis de m'approcher le plus près de l'eau. Assis dans le pavillon, face à la cascade, je me penche sur les pages qui précèdent l'inauguration du Centre.

Dans la salle à manger de l'hôtel, alors que son amie s'est absentée quelques minutes, madame Hébert me signifie qu'elle ne viendra pas à l'ouverture.

— Il y aura des journalistes, des notables, des chercheurs qui vont me poser des questions sur mon retour au Québec, sur le choix de votre Université, sur mes manuscrits, etc. En quoi ma présence à Sherbrooke est-elle nécessaire?

Je la sens soulagée. Je lui répète qu'elle a parfaitement raison : sa présence là-bas est souhaitable, mais non nécessaire. Une fois madame Bosco revenue, je leur propose une balade en voiture. Elles sont enchantées et choisissent la gare Windsor, là où elles se sont rencontrées.

Elles marchent dans la salle des pas perdus en évoquant de nombreux souvenirs.

— Rappelle-toi, je t'attendais ici quand tu revenais le vendredi de ton travail à l'ONF. Le train en provenance d'Ottawa était souvent en retard.

— Je me souviens surtout que tu trouvais que j'avais trop de bagages!

Madame Bosco me raconte, avec moult gestes, les deux ballots, la valise et le vanity-case que madame Hébert apportait toutes les fois.

— On aurait pensé qu'elle revenait de Rideau Hall! s'exclame-t-elle.

Nous descendons jusqu'à la rue de la Commune. Je trouve qu'aller si loin est imprudent. Ne sommes-nous pas dimanche après-midi? Voyez, madame Hébert, le nombre de piétons qui déambulent dans le Vieux-Port. Je préférerais revenir si vous ne voulez pas que...

— Madame Hébert, que je suis heureuse de vous rencontrer! J'adore tout ce que vous écrivez! J'ai tellement aimé Bonheur

d'occasion! *Que c'est triste comme histoire! Aïe, la p'tite Florentine, est pas chanceuse! A l'a faite juste une fois, pis est tombée enceinte. Pauvre chouette! commente la femme en fouillant dans son sac.*

Elle en sort un bout de papier qu'elle lui présente.

Je me lève. J'ai les doigts engourdis. Je m'approche de la cascade en pensant à la fontaine du Luxembourg. Il me semble que c'était hier, Louky.

Sur les moustiquaires de la gloriette, des libellules sèchent leurs ailes fraîchement sorties de leur enveloppe chitineuse, d'autres, à la chrysalide en forme de tonnelet, s'y posent, fragilisées par un vent meurtrier. J'admire la vie naissante. Quel étrange processus que leur métamorphose! De la larve à l'imago.

Je me tourne vers Louky qui attend ma question : est-ce vrai, cher ami, que pour vous, les minutes et les heures ont la même valeur?

Viens, mon beau!

Même si son désir de revoir Jeanne Lapointe est grand, elle me fait asseoir au salon. J'en profite pour lui remettre les formulaires à signer.

— Les conditions sont les mêmes que lors de vos premiers dons.

— Vous permettez que je regarde cela à mon retour?

Je m'informe de son roman. Elle me répond qu'elle biffe beaucoup.

— Je crains que ma concierge de Paris ne s'y reconnaisse. Et puis, le bar que j'ai appelé Le Paradis perdu est situé sur la rue des Écoles. Vous vous souvenez? Nous revenions de dîner et un homme ivre en est sorti.

J'acquiesce en lui rappelant qu'il y a aussi un de ses poèmes qui porte ce nom.

— J'avais oublié. Il y a si longtemps.

— N'est-ce pas vous qui me disiez que la plupart des œuvres d'imagination s'inspirent de la réalité?

— Je vous avais dit, je crois, qu'elles prenaient racine dans une réalité extérieure.

— Il y a quelques semaines, vous avez laissé entendre que dans votre nouveau roman, un des personnages, qui est danseur, s'appelle Jean-Ephrem de la Tour.

Elle est tout attentive.

— En lui donnant ce nom, n'avez-vous pas pensé à Patrice de la Tour du Pin, que votre cousin lisait dans les Cahiers des poètes catholiques?

Elle me sourit.

— Je vous ai dit, je crois, que j'ai l'intention de revenir à la poésie. Écrire un roman demande beaucoup d'énergie et j'en ai de moins en moins.

Je me lève et prend sa valise.

— Vous me raconterez dans la voiture comment s'est déroulée l'ouverture du Centre.

Je vérifie si les lumières et la porte du balcon sont bien fermées.

— Et vous me parlerez de la mode sherbrookoise, s'amuse-t-elle.

Son humour me réjouit.

Nous quittons facilement la ville endormie en ce dimanche matin. Madame Hébert est heureuse de retrouver la campagne. Quant à moi, je souris quand je lis sur un panneau routier le nom de Louiseville, tout en l'écoutant me nommer les pays qu'elle a visités par goût ou sur invitation. Est-ce que je lui en parle? Attendons encore.

De temps en temps, elle tourne la tête vers les champs remplis d'avoine et de foin. Elle compare la campagne de Sainte-Catherine à celle-ci.

Je lui demande de préciser le but de son voyage au pays d'Albert Camus.

— Je n'avais jamais visité l'Algérie. J'ai accepté l'invitation du consul à me rendre à la première du film Kamouraska qui ouvrait la semaine du cinéma canadien au printemps 1968. Selon lui, les Algériens ont une inclination toute particulière pour la poésie et le cinéma. Il était heureux que je vienne à Alger et n'avait que des louanges pour la réalisation de Claude Jutra. Il m'a confié, en langage très diplomatique, que ma présence rehausserait d'une façon toute spéciale la présentation de ce film acclamé partout.

Elle se tourne vers moi.

— *Vous avez raison : c'est un langage très diplomatique,* commenté-je en souriant.

Elle souhaiterait faire quelques pas à l'annonce d'une halte routière. Je choisis un endroit discret, à l'ombre d'un arbre. Elle s'informe de son essence. J'hésite entre un tilleul et un frêne, tout en pensant qu'elle a confondu Louiseville avec Leclercville dans Kamouraska. Pourquoi le lui faire remarquer ? Il y a aussi Saint-Hyacinthe. Elle veut poursuivre. Je décide de laisser tomber.

— *Avez-vous eu le temps de visiter quelques sites en Algérie ?*

— *Pas vraiment. J'aurais aimé visité Carthage, mais c'est en Tunisie, le pays voisin. On était à la fin d'avril. Le soleil plombait sans arrêt sur la ville blanche. Rappelez-vous* Noces *de Camus. Et puis, toutes ces rencontres m'avaient épuisée. J'avais demandé que le programme ne soit pas trop chargé ni trop fatigant, mais je crois qu'on a voulu profiter de ma présence pour me faire rencontrer plusieurs personnes, toutes plus intéressantes les unes que les autres. Voilà !*

Depuis qu'on a repris la route, le trafic est plus dense à l'approche de Trois-Rivières. En cette fin de juin, plusieurs partent en vacances. Elle me semble nerveuse.

— *Sainte-Catherine est un haut lieu de souvenirs pour moi. Il y a tant de vies révolues là-bas, mais si présentes en moi quand je pense à mes frères, à ma petite sœur, à papa, à maman et, bien sûr, à Saint-Denys. Toute cette vie m'a profondément marquée.*

Je tourne à peine la tête vers elle. Je la devine plongée dans la campagne de son enfance avec ses amis. Ils se méfient du chant endiablé de la rivière depuis qu'elle a ravi la petite Vallières l'automne dernier et craignent aussi fort le torrent de Pont-Rouge, tout près, que le vent fou du fleuve.

— *On a pris une photo aérienne de Sainte-Catherine. On discerne un petit point blanc au milieu des arbres. C'est là que se cache la maison de mon enfance. Quand il m'était impossible,* certains étés, de quitter Paris et ses canicules étouffantes, j'avais la nostalgie de la campagne verte et de ses chants.

« Clara grandissait dans le silence du père et les voix de la campagne. Bien avant toute parole humaine, la petite fille sut gazouiller, caqueter, ronronner, roucouler, meugler, aboyer et glapir[1]. »

— Est-ce que vous aimez les mélèzes? demande-t-elle alors que depuis quelques minutes nous roulons lentement à l'approche de Neuville.

Je fais signe que oui.

— Vous vous rappelez sûrement des gros mélèzes sur notre terrain. On a dû en couper quelques-uns parce qu'ils risquaient d'abîmer la maison. C'est dommage. Ici aussi, c'est un pan de mon enfance qui disparaît avec ces arbres sous lesquels parfois je lisais.

Comment ne pas se souvenir? Sur toutes les photos de leur maison à Sainte-Catherine, les mélèzes la ceignent au moins de deux côtés.

— Quand je retourne là-bas, j'essaie d'éviter juillet et ses douloureux anniversaires.

Je ne connais que celui de sa mère, morte au début du mois, le 8, je crois, en 1965. Quant à son père, c'était le 11 avril 1960, le même jour que l'anniversaire de naissance de papa.

— Ma petite sœur Marie, partie si tôt. Elle n'avait pas 30 ans. Au cœur de l'été. Saint-Denys, à peine 30 ans. Au cœur de l'automne.

Je lui demande si elle désire arrêter quelques minutes au village ou filer directement chez Jeanne Lapointe.

— Sont associées aussi à Sainte-Catherine des saisons d'une infinie tendresse dont les souvenirs me sont toujours aussi précieux.

---

1. Aurélien, Clara, Mademoiselle et le lieutenant anglais, op. cit., p. 13.

Comme je m'apprête à prendre la sortie pour son petit patelin, elle me répond qu'elle se rendra là-bas après son séjour à Québec.

— Je ne voudrais pas que Jeanne s'inquiète inutilement, me dit-elle.

Au loin, la ville prend forme avec ses édifices en hauteur. Elle se tourne vers moi en souriant.

Nous entrons dans Québec. Elle semble plus sereine. Sur le chemin Sainte-Foy, elle regarde les maisons. Certaines lui sont-elles plus familières que d'autres? Bientôt, chez son amie Jeanne, à qui elle doit tant.

J'appelle Louky. Aussitôt, il quitte sa chasse aux grenouilles pour courir jusqu'à moi. Il lève une patte pour demander une caresse. Madame Hébert était convaincue qu'il y avait un lieu quelque part dans l'univers où tous les chats de la terre se retrouvaient, une fois leur vie achevée. De même pour les chiens et autres espèces animales.

Le temps s'amuse à mes dépens. Plongé dans la lecture de mon *Journal*, j'en viens à emmêler les saisons et m'étonne d'être toujours en vie.

Je dois relire deux fois certains paragraphes afin de retrouver le bon mois de l'année. Madame Hébert vient de me dire qu'elle a terminé la rédaction de son dernier roman, qui sera publié le printemps prochain, alors que je l'ai dans les mains. Je ressens l'urgence de mettre fin à ce récit avant que la mort n'y couche son point final.

En cette fin d'automne capricieuse, je rends plus souvent visite à ma mère qui, à son tour, a fait une mauvaise chute. Elle marche à l'aide d'une canne. Malgré mes paroles d'encouragement, elle est cassante et désagréable, me répétant que j'ignore de quoi je parle, en plus de ne rien comprendre.

Je m'amuse à substituer les mots de madame Hébert à ceux de ma mère. « Vous ne comprenez pas. Marcher avec une canne à Paris, ce n'est pas comme y vivre. Et je ne pourrai plus jamais revenir en touriste sur la grande galerie. Voilà ! »

En désespoir de cause, je lui propose d'aller magasiner. Elle refuse carrément et lève sa canne en ma direction pour exprimer son humiliation.

J'entre en elle. Je suis une vieille femme diminuée. Je peux dire à mon fils devant moi que la vie me restreint et que je suis en colère. Je peux le lui crier parce qu'il m'aime.

En route vers Montréal, j'imagine la difficulté à assumer ses dernières années, d'autant plus quand la maladie les hypothèque.

— J'ai posté mon tapuscrit au Seuil. On doit me donner une réponse la semaine prochaine. J'espère que je n'aurai pas à le reprendre comme le précédent.

Elle s'informe de mes cours et de ma mère. Elle me rassure au sujet de Menton.

— Monique et moi partirons le 25 décembre. J'espère que monsieur le verglas ne nous accompagnera pas jusqu'à l'aéroport cette année, s'inquiète-t-elle.

Après m'avoir annoncé que madame Bosco se joindrait à nous plus tard, elle s'étonne que Luc ne soit pas ici. Je lui parle d'un téléphone urgent de son frère. Leur père aurait passé la nuit à l'hôpital. Un jour, je lui avouerai la vérité.

— C'est la première fois que je viens ici. La salle à manger ressemble étrangement à celle de l'hôtel où je logeais à Berlin-Ouest, constate-t-elle en entrant dans la pièce lambrissée de chêne.

Je veux savoir lors de quel colloque elle s'est retrouvée là-bas.

— Le ministère des Affaires extérieures du Canada avait organisé différents événements lors de l'exposition Okanada, dont un volet littéraire. On m'avait priée de faire une intervention sur mon œuvre en général. C'était, je crois, à l'Académie de Kurstee, mais je n'en suis plus sûre.

— Avez-vous pu, cette fois-là, visiter quelques sites historiques ?

— J'ai fait mieux que cela, me déclare-t-elle d'une voix fière. L'Ambassade m'offrait la possibilité d'aller dans un pays limitrophe.

Elle n'a sûrement pas visité le Danemark ou les Pays-Bas, qu'elle connaît.

— Comme je n'avais jamais vu Vienne et que cette ville est tellement associée à la musique, aux musiques que Saint-Denys et moi écoutions, j'ai demandé qu'on me conduise là-bas. J'ai pensé beaucoup à lui, à Mozart et à Schubert qu'il adorait. C'était à l'automne de 1982, juste avant que je remporte le Femina.

Elle réfléchit un instant, le prix reçu en novembre lui servant de repère.

— En septembre, je crois. Oui, car l'année suivante je me retrouvais à Stockholm dans le cadre d'une campagne de promotion de la langue française, où on m'avait invitée à lire de mes poèmes.

Elle passe d'une ville à l'autre, d'une année à l'autre, d'un roman à l'autre, navigue à l'aise dans sa mémoire.

— Je me rappelle qu'autour de la table du dîner offert par l'ambassadeur, il y avait, entre autres, le représentant de l'Académie suédoise du prix Nobel de littérature.

Je ne peux pas ne pas poser la question que je sais ironique.

— Vous étiez-vous informée s'il recevait bien à chaque année votre candidature ?

— Oui, et il m'avait précisé que la pile qui m'était consacrée augmentait à tous les ans, répond-elle en souriant.

Je délaisse volontiers mon travail malgré le risque que j'encours. Depuis hier, une profonde crainte m'envahit. Je ne peux plus reculer. Ce que j'ai commencé il y a 13 ans, je dois le terminer, quitte à attendre mes ultimes heures pour écrire ou dicter les dernières pages. Le péril s'y trouve, tel un guet-apens.

La solitude est ma meilleure protection contre la mort. Quand sonnera téléphone après téléphone, je commencerai à m'inquiéter. Quand la voisine rapprochera ses visites, je devinerai que ma fin approche. Quand les voitures entreront dans la cour, je saurai que le corbillard est là, tout près, attendant derrière les hautes pruches.

Je me penche sur les sinistres pages à éplucher. J'y repère facilement la date du 25 décembre, ce vendredi où les deux femmes s'envolaient pour Menton, débordantes de joie.

En ce temps des fêtes quelque peu tristounet, je rends visite à ma mère. Assise dans l'ancien parloir, elle m'attend.

Elle monte difficilement mais avec bonheur dans ma voiture. N'importe où, me dit-elle. Mais surtout ne pas rester ici.

Nous roulons lentement dans la rue qui m'a vu naître. Chaque maison qui défile possède son histoire. Je l'interroge. Qui me fera visiter mon passé, le moment venu ?

L'après-midi coule doucement dans la voiture où elle somnole sur le chemin du retour, heureuse d'avoir réintégré le monde pendant quelques heures.

Un dernier souper avec Jean avant le retour au travail. Un téléphone de ma sœur pour planifier l'anniversaire de maman dans quelques jours. Une carte de souhaits de madame Hébert qui m'écrit sa joie de retrouver sa deuxième famille à L'Aiglon.

Je me lève et fais quelques pas. J'hésite à tourner la page. Je sais ce que je lirai. Je refuse un instant l'information.

— *Nous sommes revenues en catastrophe, m'annonce madame Bosco. Son médecin de Menton l'a retournée à Montréal avec ses radiographies. Elle doit passer des examens médicaux le plus tôt possible.*

Les mêmes mammographies que l'année précédente, au prodrome plus visible. Je baisse les yeux sur la feuille que je tourne : le diagnostic est implacable.

« Je pleure si loin de moi / Qu'aucune larme ne ruisselle / Au creux de la caverne profonde / Entre ma douleur et moi, / Aucun écho ne répond au mal / Que le silence broya[1]. »

Une autre session au collège en ce milieu de janvier. Il me semble que je refais sans cesse les mêmes gestes, prononce les mêmes paroles depuis 30 ans. Seuls les visages sont de plus en plus jeunes quand je me regarde dans la glace et me compare à eux.

Je me rends à Montréal la semaine suivante. Madame Hébert est tout sourire.

— *Je crois que mon médecin de Menton a besoin d'être rassuré. Je retournerai là-bas une fois mes examens complétés, énonce-t-elle avec grand calme.*

Extérieurement, rien n'y paraît. Elle a la même démarche altière et ses gestes sont aussi gracieux. Elle choisit le restaurant de l'hôtel Bonaventure à cause de la piscine.

— *En déjeunant, j'aurai l'impression d'être encore à L'Aiglon avec vue sur la piscine, les vapeurs d'eau en moins.*

Elle s'informe de ma mère, moi de madame Bosco.

---

1. *Poèmes pour la main gauche, op. cit.*, p. 7.

— *Mon éditeur parisien a accepté mon roman. Il le sortira au printemps.*

Je la félicite, mais son attention est toute concentrée sur la musique de la salle à manger.

— *Ce concerto de Mozart qu'on entend, Saint-Denys et moi l'écoutions souvent à Sainte-Catherine les dimanches après-midi. Est-ce que vous vous êtes déjà demandé comment il se fait que la joie n'a pas su inspirer les mêmes chefs-d'œuvre lyriques que la douleur humaine ?*

Il est un peu tôt pour ce genre de questions. Une simple inclinaison de la tête comme acquiescement. Je préfère détourner la conversation.

Elle trouve courageux les baigneurs qui s'amusent dans l'eau fumante, me rappelle que la mer est trop froide à Menton en janvier, ce que je sais. Quand elle saute du coq à l'âne, comme elle le fait maintenant, c'est qu'elle tait quelque chose.

— *Avez-vous écouté les cassettes radiophoniques que j'ai remises au Centre ?* demande-t-elle à brûle-pourpoint.

Je lui réponds par l'affirmative en lui précisant même le nombre exact d'interviews qu'elle m'a remises tout en m'interrogeant sur le sens de sa question.

— *Il y a quelques années, on m'a demandé de réunir en un seul recueil les entretiens que j'avais donnés au cours des ans. J'ai refusé parce que je préférerais les oublier ou, tout au moins, ne jamais les avoir accordés. Je suis particulièrement maladroite et gauche dès qu'il s'agit d'une entrevue. Je me sens souvent bousculée par l'intervieweur. Je me confine dans une sorte de conversation superficielle qui n'a rien à voir avec ma passion de l'écriture.*

— *Je vous trouve très sévère. Vous croyez sincèrement que celui qui vous interroge vous brusque ?*

— *Très souvent. Comme j'aimerais oublier tout cela, sauf peut-être quelques lignes, quelques phrases perdues dans le texte ou dans le flot de paroles que j'ai dites. Voilà !*

Je me sens profondément triste pour elle. Pourquoi revenir sur le sujet, si ce n'est qu'il la tourmente?

— *Je vous propose quelque chose, madame Hébert. Je vous intervienverai et vous répondrez aux questions auxquelles vous avez envie de répondre. Je vous laisserai tout le temps que vous voulez. Qu'en pensez-vous?*

Elle accepte mon offre.

Je monte quelques minutes chez elle. Elle veut me remettre des exemplaires de ses romans.

— *Je vous confie aussi des traductions anglaises. Je n'ai pas à en garder autant ici. Il n'y a plus de place.*

Je remarque qu'en plus de Frank Scott, elle a connu différents traducteurs. Je lui pose la question.

— *Nous en avons déjà parlé quelquefois. Je trouve que Norman Shapiro a fait une fort belle traduction de Kamouraska. Il a été très attentif à la version originale.*

Je sourcille. Elle prend un exemplaire. Avec assurance, elle va à la page recherchée.

— *« Moi, Aurélie Caron, fille mineure du bourg de Sorel[1]... »* *Le traducteur m'a demandé si Aurélie, quand elle décline son identité, ne sous-entend pas qu'elle est placée sous la tutelle du bourg parce qu'elle est orpheline. Il s'est servi de l'expression anglaise « ward of the town », c'est-à-dire « pupille du bourg ».*

J'admire la précision de l'expression, sa connaissance de la langue anglaise. Elle prend un autre exemple.

— *« J'ai vu les peaux, rouges de sang sur le cuir travaillé en rasades[2]. » Le traducteur se demandait si c'était une façon de travailler le cuir. En se référant au mot « ras », il a traduit, très*

---

1. *Kamouraska, op. cit.*, p. 181.
2. *Ibid.*, p. 220.

justement: « And I saw those skins of his, trimmed around the edges, all red with blood[1]. »

*Je souris à la voir ainsi, presque insouciante, heureuse qu'*Un habit de lumière *soit publié. J'ai bien fait de ne pas lui avoir parlé des deux autres erreurs dans son roman, plus importantes, celles-là. À quoi bon !*

Elle cherche un autre exemple. Elle revient au début du roman. « Plus les îles en face de la seigneurie. Une saline[2]. » Le traducteur voulait connaître la sorte de saline dont il s'agissait. D'un marais où l'on extrait le sel (saltmarsh)? Ou d'un grand bassin pour saler le poisson? Il savait que le deuxième sens est commun au Canada, mais n'ignorait pas aussi que le premier était également possible dans le contexte.

Elle émet un bâillement. Je préfère m'en aller.

Tout au long du trajet de retour, je pense à Antoine Tassy et à son harassante course à travers le Québec avant d'arriver chez lui au manoir de Kamouraska avec Élisabeth, sa jeune épouse épuisée.

Sur la route qui les amène de Sorel à Kamouraska, la narratrice leur a fait traverser le fleuve, rive nord, prendre la route en direction de Louiseville, retraverser le fleuve, rive sud cette fois-ci, en direction de Saint-Hyacinthe avant de les laisser descendre lentement jusqu'à leur destination. « Quinze jours de voyage. Longues routes désertes. Forêts traversées. [...] Louiseville, Saint-Hyacinthe, Saint-Nicolas, Pointe-Lévis, Saint-Michel, Montmagny, Berthier, L'Islet, Saint-Roch-des-Aulnaies, Saint-Jean-Port-Joli[3]... »

De la verrière, je souris en imaginant le jeune couple passer l'été dans la calèche et madame mère Tassy les attendre au

---

1. Lettre de Norman R. Shapiro à Anne Hébert, datée du 14 septembre 1972, Archives de l'Université de Sherbrooke.

2. *Kamouraska, op. cit.*, p. 68.

3. *Ibid.*, p. 74.

manoir, frappant le plancher de trois petits coups en répétant chaque fois : « Tout ça, c'est du théâtre[1] ! »

Un dernier saut à l'extérieur. La pénombre s'installe férocement autour de la maison, ayant pris déjà possession du bois. Je la vois s'épaissir, former sa nuit opaque, progresser jusqu'à l'étang qu'elle recouvre.

J'appelle Louky qui hésite à entrer en cette soirée presque estivale. L'idée de passer la nuit debout me plaît, mais j'en chasse vite le plaisir, craignant trop que cet acte de rébellion ne me soit fatal. Je me permettrai cette audace quand tout sera terminé.

Nous entrons. De rapides ablutions. Pourquoi ces jappements dans la verrière ? Les oreilles à l'affût, la queue dressée, Louky aboie en regardant vers la forêt noire. Je le rassure en le caressant. Ne crains rien. Ce n'est qu'un ami de la nuit qui gambade dans le bois. Le voici qui gémit, le regard longtemps tendu.

Je cherche une position qui me ferait moins souffrir pendant que Louky s'installe sur mes pieds froids.

Je le caresse maladroitement en pensant à Petit Chat. Comme tout s'étiole et s'évapore en cette vie. Pourquoi tant de jours sont-ils nécessaires avant de le comprendre ?

---

1. *Kamouraska, op. cit.*, p. 85.

De retour à Montréal en cette fin de janvier, je suis étonné de retrouver une Anne Hébert tout sourire, malgré son opération prévue dans une semaine. Elle me répète que son médecin de Menton a besoin d'être rassuré. Met-elle vraiment en doute ses résultats ?

*Nous brunchons au restaurant du Méridien. Elle m'annonce avec joie que le Seuil doit lui envoyer sous peu les épreuves d'*Un habit de lumière.

À la fin du déjeuner, je la sens tout à coup lasse. Même si rien n'y paraît, l'intervention chirurgicale de vendredi doit l'inquiéter. Nous sortons.

Une main sur le chambranle de la porte, je regarde Louky se rouler sur la pelouse en pensant à notre dernier brunch. Je m'accroche à ces instants que je ne retrouverai plus.

On opère madame Hébert le 5 février. Elle restera à l'Hôtel-Dieu jusqu'au 10. J'appréhende le pire.

Je partage mon temps entre Sherbrooke, Saint-Hyacinthe et Montréal. Mes cours s'en ressentent. La fatigue se lit sur mon visage, mais j'essaie de la cacher en souriant et en accusant l'hiver.

Je planifie mon temps en fonction des visites que j'effectue à la résidence et chez elle. La culpabilité et la crainte au cœur, je prends une journée de maladie pour condenser en une seule journée mes visites. Le matin, ma mère ; l'après-midi, madame Hébert.

L'élocution de maman s'est beaucoup améliorée. Elle met moins de temps et d'effort à articuler correctement. Il en est de même de l'agilité de ses doigts qu'elle peut plier et déplier aisément. Son tricot plat, tout près d'elle ; parfois, avec mille précautions, elle en tire fièrement les aiguilles.

Ses pas sont mesurés et courts. Elle évite le plus possible de se servir de sa canne qu'elle range dans un coin à l'abri des regards.

Elle s'informe de madame Hébert. Je passe rapidement sur son état de santé. À quoi bon l'inquiéter inutilement. Quelques pas sur la grande galerie en silence. Plusieurs arrêts nécessaires pour contrer son essoufflement. Elle me tient le bras. Je ferme les yeux. Dans quelques heures, chez madame Hébert.

Vidé, je me dirige vers Montréal. Sur le siège du passager, des copies à corriger. Passer à travers avant la pile de la semaine prochaine.

— *Je vous ai apporté quelques fleurs pour égayer votre appartement,* lui dis-je en l'embrassant.

Bien qu'elle soit faible, elle tient à les mettre elle-même dans un vase. Elle s'y applique avec soin, puis dépose le pot sur la table au centre du salon. Je l'aide à s'asseoir.

— *Je crois, cette fois-ci, que c'est vrai : je ne retournerai plus à Menton. Je suis trop vieille et trop malade. J'ai attendu trop longtemps, au dire des médecins, et mon traitement de radio sera peut-être insuffisant à brûler les tissus malades. Et je suis trop affaiblie pour faire de la chimio. Voilà !*

Je serre les lèvres, croise les bras, papillote des yeux. Je ravale ma peine.

Elle reprend ses caresses à Petit Chat que je trouve alangui. Que dire ? Qu'elle a maigri ? Qu'elle a le teint pâle ? Qu'elle a vieilli ? Non ! Je me réfugie à Menton, l'an dernier, en plein soleil, dans la vieille ville, sur la promenade du Soleil, sur le parvis de l'église Saint-Michel, à L'Aiglon, autour de nos parties de rami.

« *Je succombe! Je succombe! Rami! Rami!* » *Je ravale mon impuissance.*

De longues minutes sans aucune parole. Ce n'est pas le temps de lui donner des nouvelles de ma mère. Quels mots lénifiants pour briser le silence?

— *Il ne me reste plus qu'à trouver une ou deux phrases célèbres comme Bérenger, prononce-t-elle d'une voix éteinte.*

Où est-elle? Je fouille dans ma mémoire. Ce nom me dit quelque chose. Je ferme les yeux.

Elle est dans Le Roi se meurt. *« Sa frayeur ne lui inspire que des banalités. J'espérais qu'il aurait eu de belles phrases exemplaires. [...] Nous lui prêterons les belles paroles des autres. Nous en inventerons au besoin[1] », décide la reine Marguerite. Dans le théâtre, cette fois-ci, absurde et dérisoire.*

— *Nous sommes en mars, madame Hébert, l'hiver tire à sa fin. Bientôt, le temps chaud reviendra. Dans quelques mois, ces jours ne seront plus qu'un mauvais souvenir, dis-je sans y croire.*

— *La nouvelle de mon opération s'est répandue hâtivement. Je me demande si on n'a pas déjà écrit ma chronique nécrologique, commente-t-elle avec amertume.*

Je m'informe de Petit Chat.

— *J'ai retrouvé dans mes papiers certains contes que je lisais à la radio, il y a très longtemps, le samedi soir, avec le frère Clément Lockquell. J'en garde un bon souvenir.*

Pas question aujourd'hui ni les jours suivants de la contredire! J'acquiesce à tout ce qu'elle dit. Elle entame un nouveau sujet; je m'y glisse et m'informe jusqu'au : « Voilà! » Et j'attends qu'elle en aborde un autre.

Avec grand tact, je lui demande si elle a eu le temps de regarder la convention de l'Université. Elle me répond qu'elle n'a pas

---

1. Eugène Ionesco, *Le Roi se meurt*, Paris, Gallimard, 1963, p. 60.

la tête à cela. Je pense en secret qu'elle l'aura de moins en moins avec le début des traitements. J'hésite à poursuivre.

— *Vous dites que j'y retrouve les mêmes conditions que les précédentes?*

— *Oui, il n'y a que les titres des œuvres qui ont changé. Tout est exactement pareil à celles que vous avez signées en 1996 et 1997.*

Elle me précise que le document est sur son bureau.

— *N'oubliez pas d'apporter ma plume qui est couchée tout près.*

Elle lit en diagonale sa donation qu'elle signe difficilement.

— *Je n'ai plus de force dans le bras. Une simple signature me demande un effort considérable. Je crains de ne plus être capable d'écrire. Ce serait la pire chose qui pourrait m'arriver, dit-elle d'une voix désespérée.*

Elle me tend la convention. Son écriture est irrégulière. Les majuscules sont trop appuyées par rapport aux minuscules. Et le paraphe à la fin de son nom? Qu'est-ce que cette queue d'encre qui s'égare sur la page?

— *Je ne pourrai plus me servir de ma machine à écrire, murmure-t-elle.*

Je pense à ma mère. L'une sans tricot, l'autre sans crayon.

— *Je ferais une sieste avant l'arrivée de Monique.*

Je la remercie et lui disant que je reviendrai la semaine prochaine. Nous nous embrassons.

Sur le chemin du retour, je me demande quelle chose si terrible pourrait m'arriver pour que je cesse de vivre. Je n'en vois aucune.

De la verrière, je relis le dernier paragraphe. Comment ai-je pu imaginer que j'étais exempt de certains maux? Par quel raisonnement tordu ai-je échafaudé ce sophisme? Quelle fatuité! Quelle méconnaissance de la vie!

Il est grand temps que j'entame la fin de mon récit. N'entends-tu pas au loin la machine infernale? Bientôt, tu la verras se profiler. Profite de tes derniers mois d'insouciance avant ton anéantissement.

— Elle est grippée, m'apprend madame Bosco, une semaine avant le début de ses traitements qui s'échelonnent du 30 mars au 28 avril.

— Et son moral?

— Il est à son plus bas. Elle ne voit pas comment elle remontera la pente. À vrai dire, moi non plus. Je vous ai dit que sa tumeur est cancéreuse?

Je ferme les yeux. Ce mot, honni de tous. Monstrueuses cellules épithéliales qui prennent possession des tissus et des glandes et s'en nourrissent jusqu'au dernier souffle.

— Et Petit Chat qui ne va pas bien. Je l'ai conduit chez le vétérinaire. Tous les deux vivent en osmose. Vous le savez.

— Je peux aller la voir?

— Je crois que votre visite lui ferait plaisir.

Je reprends la route en direction de Montréal.

Je lis en diagonale ce qui vient. Je décide d'aller à l'essentiel. Moi aussi, je suis enrhumé. Elle est parvenue à la fin des traitements.

— Maintenant que j'ai terminé ma radio, j'espère qu'on me laissera tranquille et que je pourrai recommencer à écrire.

Malgré son épuisement, visible, entre autres, dans sa démarche, je la trouve en forme, forte d'avoir traversé un long mois de stress. C'est elle, en premier, qui me parle de l'entrevue. Jamais je n'aurais osé revenir sur le sujet.

— Que diriez-vous si nous débutions la semaine prochaine? Nous irions lentement. Je me sentirai moins bousculée.

Je consens avec plaisir tout en lui redemandant si elle préfère la remettre à plus tard. Sa réponse est catégorique.

— Comme Monique part quelques semaines en France, j'aimerais aller me reposer à la campagne. Pouvez-vous réserver pour moi quatre jours à l'auberge Hatley dans les Cantons-de-l'Est? Vous connaissez sûrement, c'est votre coin de pays. En ce début de mai, l'auberge ne devrait pas être envahie de touristes. Dès mon retour à Montréal, nous commencerons l'entrevue.

Elle a retrouvé l'appétit quand Petit Chat est revenu de sa pension, semble-t-il.

— Je croyais en avoir terminé avec mes papiers. J'ai oublié de classer tout un tiroir. Étourdie comme je le suis parfois, j'ai mis tout le contenu dans un carton. Je découvre des choses que j'avais oubliées depuis toutes ces années.

Elle prend une longue lettre de format officiel. J'y lis: «Franco-American and Quebec Heritage Series, festival de littérature franco-américaine et québécoise. Albany, New York...»

— Je n'ai pu y aller, j'arrivais du Danemark. J'aurais beaucoup aimé m'y rendre, mais j'étais crevée. Un voyage était prévu au Québec à la mi-juin. J'ai exprimé tous mes regrets à l'organisateur qui m'avait contactée plusieurs mois à l'avance. J'avais accepté d'y participer à ce moment-là.

J'ai à peine le temps de lire qu'elle me présente une revue.

— Tenez, c'est un exemplaire d'un magazine culturel d'Hambourg, Meriam. On m'avait demandé un texte. Je leur ai proposé un article paru dans Le Devoir, le 2 mars 1978. Regardez, «Kanada: Québec».

Le téléphone. Son amie «sous influence» aimerait passer quelques minutes prendre de ses nouvelles. Je suis déjà levé.

Le temps est splendide dans les jardins de l'auberge. Assise face au lac, elle porte un panama, bien qu'elle soit à l'ombre. Depuis ses traitements, elle craint les rayons du soleil. Je la sens sereine.

Parfois, elle délaisse la lecture de son livre pour évoquer un souvenir, toujours agréable. Elle m'en fait part, attend que je l'interroge, y greffe des détails.

— Lors de la parution des Enfants du sabbat en 1975, on m'avait invité à Hart House, le Centre culturel de l'Université de Toronto. Ces deux jours avaient été très enrichissants. La présence de plusieurs poètes de différents pays y était pour quelque chose.

J'essaie de situer la période. À l'automne sûrement. N'a-t-elle pas reçu le Prix du gouverneur général pour ce roman ?

— À la fin d'octobre, je me rappelle, les arbres étaient en feu. C'était dans le cadre du Festival international de poésie. Il y avait plusieurs sessions de lectures par jour, suivies de discussions en groupes et de séminaires sur des aspects spécifiques de la poésie. J'ai demandé de ne pas participer aux séminaires parce que je ne me sentais guère préparée pour ce genre d'exercice, mais j'acceptais volontiers de lire mes poèmes et de prendre part aux discussions autour de la poésie.

Elle replonge dans sa lecture, lève un instant les yeux sur le colibri qui boit à l'abreuvoir, m'informe que le Seuil lui a posté Un habit de lumière.

Elle m'invite à déjeuner avant que je retourne chez moi. Elle préfère la salle à manger à la terrasse à cause du soleil.

— On m'a dit qu'à North Hatley, il y a des boutiques d'artisanat et des galeries d'art. C'est vrai?

Je pressens que je ne retournerai pas à Sherbrooke tout de suite. Rapidement, j'en repère quelques-unes. Pourquoi ne pas faire aussi le tour du lac?

Nous passons l'après-midi dans différents commerces. Elle apprécie la couleur des châles et des tricots, la texture des grès et des porcelaines, la fantaisie des toiles d'art naïf et des sculptures.

Chaque œuvre d'art qu'elle observe a droit à son commentaire, aux influences qu'elle perçoit. Je l'écoute et acquiesce.

— Est-ce que Ayer's Cliff est loin d'ici?

C'est reparti. Comment ne pas penser à ma mère? me dis-je en reprenant le volant.

Je lui montre l'auberge Ripplecove. Elle préfère le Hatley.

De retour, elle m'offre l'apéro et m'invite à profiter avec elle du jour qui décline.

Assise à l'ombre sur la terrasse, elle épluche la carte des vins et des liqueurs.

— Avez-vous déjà goûté à la tequila? Quand je suis allée au Nouveau-Mexique, on m'en a offert un verre en guise de bienvenue. Je me suis étouffée en faisant cul sec, me confie-t-elle en souriant.

— Et en quel honneur étiez-vous là-bas pour faire le trou normand?

— J'ai été invitée par l'Université du Nouveau-Mexique à Albuquerque en 1980, je crois. Les étudiants en études françaises y présentaient Le Temps sauvage. C'était lors d'un festival consacré au Québec. Des activités culturelles de toutes sortes y étaient planifiées. Le dernier soir, il y avait une projection de Kamouraska qui couronnait leurs 15 jours de festivités, me raconte-t-elle une fois notre commande passée au serveur.

Son débit est lent. Le regard perdu sur le lac étale, elle semble faire appel à sa mémoire. J'attends.

— Au tout début, c'était très inquiétant. Les comédiens avaient des accents assez prononcés en américain et en espagnol. Mais, petit à petit, ils ont habité les personnages d'une façon si étonnante qu'on n'entendait plus leur accent.

Elle ferme les yeux. Un léger sourire se dessine sur ses lèvres.

— Nathalie Sarraute y était allée trois ans avant moi, m'avait-on précisé.

La brume couvre au loin le lac. À quoi pensez-vous, madame Hébert?

— Il y a beaucoup de sanatoriums à Albuquerque. Le climat est propice aux convalescences.

Que veut-elle me dire? Pourquoi fait-elle allusion à ces maisons de santé? Son père! Il a séjourné dans plusieurs, tant au Québec, qu'au Mexique, qu'aux...

— J'ignore si papa était au courant qu'il y avait de nombreux sanatoriums pour soigner la tuberculose dans cette ville.

Je me tais en me disant qu'il en était sûrement informé en tant que directeur général du ministère du Tourisme et de la Publicité.

— Demain, après mon retour, vous pourrez aller chercher Petit Chat chez le vétérinaire?

Nous roulons vers Montréal en silence.

Je la dépose chez elle avant de cueillir l'animal. Dès qu'elle le retrouve, elle le couvre de caresses et de paroles aimantes.

— Tenez, c'est pour le Centre, dit-elle en me tendant une enveloppe.

J'ouvre. « Ordre national de la Légion d'honneur attribuant le titre de Chevalier de la Légion d'honneur à Anne Hébert le 29 mars 1999. »

— Je n'ai pu aller le chercher; j'étais en traitement de radio. J'ai demandé qu'on me le poste. Voilà!

D'ici, je souris en pensant à la remarque qu'elle m'a répétée : « *Je crois que vous aimez beaucoup les parchemins et les doctorats honorifiques.* »

Je fais quelques pas. Ma démarche est devenue aussi incertaine que la sienne à la fin de sa vie. Je crains à tout instant de trébucher en pensant à maman.

— *J'ai de plus en plus peur de tomber, comme madame Vincent la semaine dernière.*

Le même goulet d'étranglement, les mêmes membres fragilisés, les mêmes troubles, les mêmes symptômes, le même naufrage pour tous. Le mieux, n'est-ce pas de rester assis ?

J'écoute la pluie tambouriner sur les tabatières. Le vent psalmodie son rythme en une mélopée pleureuse. Ce gris mouillé lave les feuilles de la poussière soulevée du chemin sablonneux. Louky dort profondément à mes pieds.

J'hésite à poursuivre, même si ce qui vient est pressant. Je ferme les yeux. Je n'ai rien oublié, surtout pas ma timidité quand je me revois dans le salon, l'enregistreuse posée sur la petite table.

Une courte sieste. Je prends la couverture que j'étends sur mon corps fiévreux. Pourquoi tout à coup ai-je sur les lèvres le début des *Confessions* de Rousseau ? La mémoire involontaire est-elle si présente en moi que je n'ai nul besoin d'une madeleine pour qu'elle resurgisse aussi pure qu'au jour premier ? Est-ce le lot de tout homme qui voit ses heures s'obscurcir ? Est-ce une résurgence chrétienne face à l'imminence de ma mort et à la frayeur de me retrouver devant le suprême souverain ? Malgré moi, je me revois ado, fasciné par une honnêteté, drapé d'une pureté d'intention, quand j'ai lu *Les Confessions*.

« Je n'ai rien tu de mauvais, rien ajouté de bon, et s'il m'est arrivé d'employer quelque ornement indifférent, ce n'a jamais été que pour remplir un vide occasionné par mon défaut de mémoire ; j'ai pu supposer vrai ce que je savais avoir pu l'être, jamais ce que je savais être faux[1]. »

---

1. Jean-Jacques Rousseau, *Les Confessions*, Charpentier, Libraire-éditeur, Paris, 1869, p. 1.

Madame Hébert est toute concentrée sur l'entrevue.

— Posez-moi une autre question. Tous les journalistes l'ont déjà énoncée, me précise-t-elle. Si vous écoutez les cassettes que j'ai remises pour le Centre, vous verrez que mes réponses s'entre-coupent. Ce que je considère comme normal. On ne réinvente pas notre enfance, sauf, peut-être, dans un roman, ajoute-t-elle.

Ses réponses sont sûres et précises. À peine un moment de réflexion et la voilà qui se lance dans une longue explication à la fois nuancée et ferme.

— Je crois que, quand on est plus jeune, la vie prend plus de temps. J'ai beaucoup plus de temps libre pour écrire que lorsque j'étais plus jeune. À mesure que le temps passe, je dois renoncer à toute une part de ma vie qui n'est plus que saison. Terminés les longs voyages, les tournées littéraires, les colloques, les petits dîners que je préparais chez moi pour quelques amis, les courses au marché ou dans les grands magasins. «Que sont mes amis devenus / Que j'avais si près tenus / Et tant aimés[1].»

Sa voix est faible et ses gestes sont moins amples. Le regard sur un rayon de sa bibliothèque, elle porte le majeur à ses lèvres, reste silencieuse quelques instants.

---

1. *Les Cahiers Anne Hébert*, op. cit., n° 2, p. 5.

— *La citation de Rutebeuf sied mal à la question. J'aimerais que vous l'amendiez ainsi :* « *Que sont les amis devenus que j'ai de si près tenus*[1] ».

Tout le temps de l'entrevue, je prends des notes moins pour être fidèle à ses propos, qui sont enregistrés, que pour qu'elle ne voie pas mon émotion. J'évite de lever les yeux sur le silence qui respire depuis quelques secondes. J'écris et réécris, comme elle, la même phrase.

— *Je trouve que la responsabilité première d'un écrivain est la responsabilité d'écrire. Et si on est honnête avec soi-même, on l'accepte pleinement. Qu'importe qu'on ait influencé quelqu'un, on l'a fait le plus honnêtement possible. La première responsabilité que j'assume pleinement est celle d'écrire sans concession, ce que j'ai fait toute ma vie*[2].

Je pense à la question que je formulerai plus tard à cette réponse. Je prie que l'enregistreuse n'oublie rien. Je regrette de ne pas être plus familier avec l'appareil.

— *Pour moi, écrire, c'est un huis clos entre moi et la feuille de papier devant moi. C'est alors que viennent des lieux et des paysages déjà connus et possédés. Je fais appel aux anges et aux démons qui vivent déjà en moi et qui se sont faits, petit à petit, au fil des jours et des nuits, dans les plus profondes ténèbres de ma chair et de mon sang*[3].

La question que je poserai : « *Qu'est-ce que c'est pour vous, écrire ?* » *Je lève un instant les yeux. Elle semble épuisée. Mon regard cette fois sur Petit Chat qui lui aussi paraît fourbu, la tête ainsi penchée dans le vide.*

— *J'aimerais lire mes réponses quand vous les aurez transcrites si vous ne voyez pas d'inconvénient. J'ajouterai sûrement quelques phrases quand j'aurai l'esprit plus reposé.*

---

1. *Les Cahiers Anne Hébert, op. cit.*, n° 2, p. 5.
2. *Ibid.*, p. 10-11.
3. *Ibid.*, p. 6.

Je m'empresse de tout ranger dans mon sac. Je n'ose lui demander quand nous continuerons.

— Et votre mère, sa santé est-elle meilleure que la mienne?

Que répondre? Qu'elle refuse de marcher avec une canne?
Qu'elle a hâte de recommencer à tricoter? Qu'elle s'ennuie à
mourir?

— Comme vous, elle trouve difficile ce qui lui arrive. Je lui
parle de votre courage.

— Mon courage diminue avec mes forces.

Je fais un saut chez son amie qui m'attend.

— Je trouve qu'elle est encore très faible, constate madame
Bosco à son retour de Paris, fin juin.

— Et son prochain rendez-vous chez l'oncologue?

— Milieu septembre. Quoi qu'il en soit, elle ne supporterait
pas la chimio. Espérons que les résultats de ses prochains tests ne
soient pas catastrophiques…

L'été de 1999 se révèle très chaud. Chez madame Hébert, juillet est un four et le climatiseur est brisé. Elle se réfugie dans son bureau, qui est situé côté nord. Bien qu'un rien la fatigue, elle insiste pour revoir les réponses données lors de l'entrevue.

— J'aimerais répondre à une question que j'estime très importante et qu'on m'a peu souvent posée.

Je n'ai pas apporté l'enregistreuse. Je lui demande du papier. J'attends qu'elle formule son interrogation en pensant à sa volonté de circonscrire une fois pour toutes sa conception de l'écriture ou, tout au moins, de l'expliquer le plus justement possible, comme si cette dernière entrevue était son testament littéraire.

— Je me suis longtemps demandé si le sujet d'un récit s'impose en premier ou si le besoin d'écrire précède le sujet.

Je note et relis pour m'assurer que je n'oublie aucun mot. Je sens l'importance du moment, mon regard sur elle qui caresse un Petit Chat amorphe.

— J'ai deux points de vue : on a envie d'écrire ou on n'a pas envie d'écrire. Quand on a envie d'écrire, une certaine disponibilité du sujet s'impose. Le sujet du récit se présente comme un inconnu qui cogne à la porte et vous appelle tout bas[1].

Elle arrête un instant. J'entends sa respiration qui semble trahir une souffrance. Je ne compte pas les fautes que je fais. Ne

---

1. *Les Cahiers Anne Hébert*, op. cit., n° 2, p. 7.

laisser s'échapper aucun mot. Assujettir mon esprit. Me concentrer sur ses paroles, immensément importantes.

— Les personnages s'engouffrent avec le sujet, la porte à peine entrouverte, tout cela se bouscule et demande à être entendu[1].

Je n'ose lever les yeux de crainte qu'elle ne perde le fil de ses pensées. Je relis en pensant à la beauté des images, à l'importance des mots choisis.

— C'est parfois le début d'une longue histoire de tumulte et de jubilation entre le sujet et les personnages, jusqu'à ce que vienne l'accord intime et profond qui fait un livre. Ou parfois l'histoire et les personnages se refusent en cours de route, se taisent, se voilent la face. Nés non viables, ils retournent chez les morts qu'ils n'auraient jamais dû quitter[2].

Admirable, sa réponse est admirable. Combien de mort-nés dans la voûte des archives de l'Université de Sherbrooke ? Nouvelles, romans, récits et pièces, même poèmes, tous, retournés chez les morts. À jamais.

Madame Bosco entre, les bras chargés de sacs. Je me lève et met la table pendant que madame Hébert s'inquiète de Petit Chat.

— Tu es comme ta vieille maîtresse, malade et usé. Pauvre Petit Chat.

Elle a soudain une quinte de toux. Madame Bosco me regarde avec tristesse.

---

1. Les Cahiers Anne Hébert, op. cit., n° 2, p. 7.
2. Ibid., p. 7-8.

Plongé dans mes corrections, je laisse sonner. Terminer cette classe avant de prendre mon message. Je regarde les autres piles avec lassitude.

« Maman a fait un autre AVC ce matin, plus sérieux celui-là. Peux-tu venir le plus tôt possible ? »

Je me cache le visage dans les mains en hochant la tête, découragé. Je respire avec peine, la gorge serrée par l'émotion. Ne pas craquer.

De longues enjambées dans le sentier tout près. La rivière, un simple ruisseau en cette canicule qui n'en finit plus ; son lit rouille ondoie sous un filet d'eau claire où deux ados traversent à gué.

Après avoir signifié au collège mon absence, je file à Saint-Hyacinthe alors qu'à Montréal madame Hébert passe au scanner.

J'entre dans la chambre de ma mère. Sa respiration est à peine perceptible. Les gouttes de soluté tombent dans un silence affolant. Une main caresse son front fiévreux, une autre se promène sur un bras décharné. Je refuse son état en serrant les lèvres. Elle manifeste elle aussi une volonté et un courage à toute épreuve.

— L'accident cérébral qu'a subi votre mère laissera des séquelles permanentes. En lui faisant une trépanation, nous diminuerions la pression sanguine dans l'hémisphère droit, ce qui atténuerait ses souffrances.

Ma sœur et moi nous regardons. Qui le premier osera poser la question?

— Pour être franc, votre mère mènera une vie végétative. Si vous croyez qu'elle accepterait cela, nous ferons en sorte que son existence soit la meilleure possible dans les circonstances. Prenez votre temps avant de me faire part de votre décision. Je sais que cela n'est pas facile.

Nous retournons dans sa chambre. De chaque côté de son lit, nous restons silencieux. Ses mains reçoivent les nôtres.

Nous nous donnons quelques jours de réflexion. J'enlace longuement ma sœur.

Je file vers Montréal, direction Côte-des-Neiges, rejoindre madame Hébert.

— On m'a dit que l'oncologue communiquera les résultats cette semaine.

À ma question, madame Bosco me répond qu'Anne se sent très bien malgré qu'elle tousse souvent.

Elle me précède au salon où madame Hébert m'attend. Elle s'informe de mes cours et de ma mère. Je la rassure en mentant.

— J'ai classé mes derniers papiers. Tenez, Par une belle nuit d'hiver *de l'ONF. Comme livret d'accompagnement, on a choisi le chapitre des* Chambres de bois *dans lequel Catherine accepte de devenir la femme de Bruno. Vous vous rappelez?*

J'acquiesce en prenant les pages que je lirai plus tard.

Elle tousse. Madame Bosco lui apporte un verre d'eau.

— Le médecin m'a dit que je commençais une grippe. Il m'a prescrit des antibiotiques.

Elle désire faire une sieste. Je reprends la route vers Saint-Hyacinthe. La résidence avant l'hôpital. Dès que la propriétaire me voit, elle vient à ma rencontre, me fait comprendre, sans finesse, que la chambre de ma mère est convoitée par plusieurs pensionnaires, à cause de la grande galerie.

J'essaie de garder mon calme en lui rappelant le bail que ma mère a signé. De toute façon, elle ne pourra plus revenir à la résidence étant donné son impotence, me rétorque-t-elle.

À mon tour de poser le majeur sur mes lèvres, comme si je voulais lui faire comprendre que je réfléchissais à ses arguments alors que je bous dans le vestibule, entouré de quelques pensionnaires qui attendent ma réponse.

Je monte chercher sa brosse, son peigne et d'autres objets personnels que je lui apporterai tout à l'heure.

De retour dans sa chambre d'hôpital baignée de silence, je lui caresse les cheveux dans un geste d'impuissance.

Du revers de la main, je touche à sa peau parcheminée. J'humecte ses lèvres sèches dans un visage affaissé. Je sens couler les larmes tout doucement, comme une fragile source qui cherche sa vie et la trouve dans les souvenirs qui gonflent, telles les eaux d'un torrent.

Louky geint à mes pieds. Je m'empresse de l'enlacer avec le peu de force qu'il me reste.

De retour à Sherbrooke deux jours plus tard, je reçois un téléphone de madame Bosco.

— Elle n'a pas de métastases aux os. Elle ne fait qu'une crise aiguë d'arthrite. Je suis soulagée. Quand croyez-vous revenir à Montréal? Anne a apporté des précisions à une de ses réponses. Elle travaille comme une dingue sur les questions que vous lui avez posées. Vous savez, elle doit se reposer.

Je raccroche en prenant conscience de l'importance qu'elle accorde à l'entrevue. Je passerai en fin de semaine.

J'entre les notes des copies d'étudiants. Un désastre. Ils me reprocheront mes nombreuses absences et iront se plaindre au *directeur de l'enseignement qui me convoquera. Je hausse les épaules. Quelques minutes plus tard, Nicole sollicite ma présence à l'hôpital.*

L'infirmière en chef attend notre décision. Nous aimerions un peu plus de temps. Ici comme à la résidence, une simple question de chambre à libérer.

Une dernière fois, nous sommes près d'elle, comme pour lui demander pardon de ce que nous allons faire.

Ma main tremblante signe le formulaire. Nicole et moi, les yeux mouillés, nous nous enlaçons. C'est ma sœur qu'on avertira de la fin. Je préfère être seul à Sherbrooke. Dès qu'on lui confirmera la nouvelle, elle me contactera.

Mon cœur bat la chamade. Arrêté à une halte routière, j'ai la tête qui veut fendre. Les mains sur les tempes, je sens des pulsations violentes. J'essaie en vain de maîtriser ma respiration. L'image fulgurante de la mort quand j'ouvre les yeux. Je reprends le volant.

Une heure à peine après mon retour à Sherbrooke, madame Bosco est au bout du fil.

— Petit Chat ne va pas bien. Il est chez le vétérinaire. J'essaie de convaincre Anne de le faire euthanasier. Les médicaments n'ont plus aucun effet sur lui. À quelle heure croyez-vous être ici, demain? Anne ne cesse de retravailler son entrevue. Elle n'a plus de force.

Rester de marbre.

La sonnerie au cœur de la nuit.

— Maman est décédée à 4 heures 12. L'infirmière vient de m'appeler. Je quitte Rougemont pour aller signer les derniers papiers.

Elle précise qu'il n'est pas nécessaire que je sois présent. Nous parlons de ses funérailles. Quel jour sommes-nous? Vendredi, 8 octobre.

Les bras croisés, les reins adossés au comptoir de cuisine, je regarde le café couler dans la cafetière en revoyant le soluté goutter dans le tube. Les yeux lourds du manque de sommeil et la tête en feu, d'une main tremblante, je m'en sers une tasse. La gorgée brûlante est sans goût.

L'idée de tout laisser en plan m'effleure l'esprit. Quitter tout. Me faire oublier. Ne plus voir personne. Je suis livide.

Mon regard erre dans la pièce. Assis au comptoir, j'essaie de replacer les pièces du puzzle. « Aujourd'hui, maman est morte[1]. » Madame Hébert m'attend à Montréal. Est-ce que j'ai oublié autre chose?

Je sonne à l'appartement 703, bien décidé à n'y faire qu'un saut. Madame Bosco vient m'ouvrir.

Je retrouve une Anne Hébert courbaturée. Je crains qu'elle ne prenne des nouvelles de ma mère; elle s'enquiert plutôt de Luc. Je mens.

— Tenez, j'ai mis une touche finale à mon entrevue. J'en suis satisfaite, me dit-elle en me présentant les réponses corrigées.

« Écrire un livre, c'est chaque fois une nouvelle aventure en terre inconnue. Il est bien entendu qu'on ne se sépare jamais de soi-même. Il y a toujours quelque chose de nouveau à découvrir au plus profond de soi qui n'a pas encore été dit et qui réclame la parole. C'est à la fois jubilatoire et terrifiant[2]. »

Je lirai le reste plus tard. Elle tousse. Madame Bosco n'aime pas ces quintes qui reviennent régulièrement. Son médecin doit lui téléphoner.

Une couverture sur les jambes, madame Hébert ne sait que faire de ses mains. Les caresses qu'elle donne au bras du fauteuil sont maladroites et disharmoniques.

— Monique vous a dit pour Petit Chat?

---

1. Albert Camus, L'Étranger, Paris, Gallimard, 1957, p. 7.
2. Les Cahiers Anne Hébert, op. cit., n° 2, p. 5.

Je fais signe que oui en regardant le va-et-vient de sa main.

— Je crois, cette fois-ci, que c'est bien la fin. Le vétérinaire ne peut plus rien faire pour lui. Petit Chat ne supporterait pas le traumatisme d'une opération. Comme sa vieille maîtresse.

Madame Bosco tente de la consoler en lui rappelant que 17 ans pour un chat c'est un âge vénérable.

— On dit qu'un an dans la vie d'un chat équivaut à sept ans chez un humain. En multipliant par sept, ton Petit Chat aurait 119 ans. Il est presque aussi vieux que Mathusalem, dit madame Bosco en riant.

Malgré sa vilaine toux, Madame Hébert veut aller au restaurant. Nous nous retrouvons au Commensal. J'ai l'étrange intuition qu'on aurait dû aller ailleurs. Elle monte lentement les marches, s'arrêtant parfois pour reprendre son souffle.

Des clients la reconnaissent d'autant plus facilement que plusieurs étudiants de la Faculté de lettres retrouvent madame Bosco. Un peu en retrait, j'entends leurs commentaires, traduis leurs expressions, interprète leurs gestes.

Pendant tout le repas, on prétexte venir saluer madame Bosco alors qu'on s'adresse surtout à Anne Hébert. On la félicite, on l'admire, on l'encense. Elle signe difficilement son nom sur un napperon qu'une étudiante lui présente. Madame Bosco met fin à la représentation.

Elle est épuisée quand elle retrouve son appartement. Sa toux ne la quitte pas. Je pressens qu'il est préférable que je parte et salue les deux femmes.

Je file vers Sherbrooke. En cette longue fin de semaine, je veux oublier mon présent.

— Les funérailles auront lieu le lundi 11 octobre, jour de l'Action de grâce, à 11 heures. Pourrais-tu écrire un petit mot sur elle, que tu lirais? me demande Nicole avant de raccrocher.

À peine le temps de quelques pas que le téléphone resonne.

— *Petit Chat n'est plus. Le vétérinaire lui a donné l'injection fatale*, murmure madame Bosco, me laissant deviner qu'elle est toujours chez son amie.

J'imagine la détresse de madame Hébert.

Une chape de plomb sur mes épaules.

« *Cendres soufflées / Referme tes ailes / Plume à plume / Reparais face au soleil / L'œil grand ouvert / Fixe à nouveau / L'astre du jour / L'éternité se retourne / Sur sa couche de feuilles mortes[1].* »

---

1. *Le jour n'a d'égal que la nuit*, op. cit., p. 32.

Le tintement sinistre du glas résonne dans la nef à demi remplie de têtes blanches. De temps en temps, mon fils me jette un œil, comme pour vérifier si je tiens le coup. La douleur me saisit et la peur me glace. Je lève les yeux sur la voûte tapissée de fresques. La mort y est partout présente. « Souviens-toi, ô homme, que tu es poussière, et que tu retourneras en poussière. »

Je prends la main de Jean qui me réconforte.

Au goûter qui suit la cérémonie, je suis un automate qui reçoit les sympathies d'étrangers. Mon fils, à mes côtés, s'occupe des remerciements. Je compte les visages qui défilent devant moi en pensant à la mort qui rôde dans un coin de la salle, s'amusant à tirer au sort ses prochains sujets. J'entends son rire sardonique qui me transit au moment où Nicole me remercie de mon mot.

Sans cesse, je dois me recentrer sur mes cours, repousser ma folle imagination, museler mon obsession de la course vers l'abîme.

Une chaude pluie gonfle l'étang depuis ce matin au grand désespoir de Louky qui semble s'inquiéter de ses amies les rainettes.

Curieux, je m'approche de la fenêtre dont la vue donne chez la voisine. Il y a à peine une heure, elle m'a prié d'accepter qu'un prêtre entende ma dernière confession, ce que j'ai refusé ; elle m'a supplié qu'il m'administre, au moins, l'extrême-onction, ce qui m'a fait pouffer de rire.

Je reprends ma lecture. Presse-toi de retourner là-bas. Une surprise t'attend.

Après avoir lu la chronique nécrologique parue dans le journal, mesdames Hébert et Bosco m'offrent leurs condoléances. L'une me montre l'encart. Qui a découpé cela ? J'avais décidé de ne pas leur en parler.

Madame Hébert me demande que je lui récite l'éloge que j'ai écrit pour ma mère. Qui lui a fait part de la lecture de ce texte aux funérailles ? Elle sait que je l'ai appris par cœur.

Une petite laine sur les épaules, elle attend que je commence quand soudain un violent accès de toux la surprend.

Je ne trouve rien de mieux à faire que de lui apporter un verre d'eau. Peu à peu, la quinte diminue, les toussotements s'espacent. J'en viens à espérer qu'elle ait oublié son vœu. En vain.

— Chère maman, tu viens de revêtir ton habit de lumière. Comment ne pas revivre toutes nos années auprès de toi, du berceau à maintenant, dans cet univers d'amour où nous avons baigné, Nicole et moi ? Comment ne pas revoir nos jours heureux sous ta bienveillance ? Comment ne pas relire l'épître de Paul aux Corinthiens ? « Quand je parlerais les langues des hommes et des anges, si je n'ai pas l'amour, je ne suis plus qu'airain qui sonne ou cymbale qui retentit. Quand j'aurais le don de prophéties et que je connaîtrais tous les mystères et toute la science, que j'aurais la plénitude de la foi, une foi à transporter les montagnes, si je n'ai pas l'amour, je ne suis rien. Quand je distribuerais tous mes biens en aumônes et que je livrerais mon corps aux flammes, si je n'ai pas l'amour, je ne suis rien. »

Je lève brièvement les yeux, le temps de constater qu'elles écoutent religieusement les mots de saint Paul à travers mon intonation sentencieuse.

Madame Hébert a les yeux fermés. Revisite-t-elle épîtres et évangiles qu'on lui a lus dans son enfance et son adolescence ? « L'amour supporte tout, pardonne tout. L'amour est tout. »

— Combien de nuits blanches, de berceuses, de layettes, de tricots, de rapiéçages et de coutures pour nous? Combien de repas, de lavages et de repassages pour nous deux? Combien de soucis, de tracas, d'inquiétudes et de peines sur ton front?

Je suis touché de la qualité d'écoute de ces deux femmes qui ont choisi de ne pas avoir d'enfant.

— Diminuée physiquement à la fin de ta vie, humiliée au cœur de ton esprit, tu acceptais difficilement ta langueur et ton dépérissement. Moi qui, un jour, t'ai demandé de me montrer à vieillir, j'ai appris en t'accompagnant ces dernières années qu'on n'entre pas dans les limbes de la maladie comme on marche guilleret vers une mort en quête de sainteté.

Je suis dans la chaire, le catafalque tout près. L'écho de ma voix se répercute sur les murs de la nef, résonne du narthex au chœur.

— Nicole et moi voudrions te remercier pour la vie que tu nous as donnée, pour le temps que tu nous as accordé, pour l'amour dont tu nous as comblé. Merci, maman.

Madame Hébert a toujours les yeux fermés tandis que madame Bosco, le regard sur elle, passe une main nerveuse dans ses cheveux alors que j'ai peine à retenir mes larmes, me revoyant m'approcher du cercueil, poser mes lèvres sur le couvercle et, dans le secret de mon âme, te redire ma reconnaissance.

— Je vous offre de nouveau toutes mes condoléances. Perdre sa mère, c'est perdre ses racines, d'autant plus si on a négligé de les planter, confie madame Hébert juste avant qu'une quinte de toux, qu'elle a peine cette fois à maîtriser, l'assaille de nouveau.

Madame Bosco aimerait l'emmener à l'urgence, précisant que les antibiotiques ne font aucun effet et s'inquiétant de la laisser seule.

— Je dois partir deux semaines. C'est un voyage prévu depuis des mois. Je ne peux pas le reporter. J'ai demandé à une amie commune de bien vouloir s'occuper d'elle pendant mon absence. Croyez-vous que nous devrions passer à l'hôpital tout de suite?

— Ce serait peut-être préférable, en effet. Je suis disponible pour vous accompagner.

Madame Hébert refuse de retourner là-bas, désirant plutôt qu'on la conduise dans sa chambre où elle essaiera de dormir.

Couchée sous un épais édredon malgré un début de fièvre, elle s'abandonne aux mots rassurants de son amie. Une fois seule avec moi, madame Bosco me fait part de son inquiétude.

— Elle doit passer un nouveau scanner le mois prochain. Je ne suis pas sûre qu'elle aura assez d'énergie pour se rendre jusque-là.

Je jette un œil sur mon agenda des deux derniers mois de 1999. Je remue la tête, consterné. Je me lève. Malgré la fine pluie qui bruine, je sors sur le balcon, aussitôt suivi par Louky, en pensant à ce funeste novembre.

Rien ne va plus dans mes cours. Je qualifie mes étudiants de paresseux; eux relèvent la mise en me disant que je suis médiocre et inintéressant. Je claque la porte.

Je reviens dans la verrière où je fais quelques pas, le petit paquet de feuilles dans une main. Je relis pour moi les premières lignes, comme pour m'assurer que je n'ai rien imaginé.

Je téléphone plusieurs fois chez madame Hébert pendant l'absence de madame Bosco. À chaque appel, je laisse un message. Aucun retour. Je commence à m'inquiéter.

La fin de semaine arrivée, je passe chez elle. Aucune réponse. Je profite de la sortie d'un locataire de l'immeuble pour entrer. Je frappe plusieurs petits coups au 703. Aucun bruit. Où est madame Hébert? Je téléphone chez madame Bosco. Là aussi, le silence.

De retour à Sherbrooke, je reçois un message de madame Bosco qui me demande de la rappeler. Elle revient à peinde de voyage.

— Sans m'en parler, on a profité de mon absence pour déménager Anne au Château Vincent-d'Indy. Ce sont des résidences pour personnes âgées. Anne se sent seule et apeurée. Pouvez-vous venir?

Tenir bon.

— Et puis, il y a autre chose, poursuit-elle. Son frère Jean vient de mourir à Québec. Vous savez combien elle était près de lui. Elle est atterrée.

Mon regard plongé dans le miroir de la salle de bains, la figure ruisselante d'eau, mon souffle rauque embue le tain. Je reste de longues secondes ainsi à laisser ma lassitude émerger.

— Merci d'être venu tout de suite. C'est une horreur! Vous allez voir. On dirait que les gens ne comprennent pas l'état d'Anne.

Je tourne dans la rue Willowdale où se trouvent les résidences du Château Vincent-d'Indy. Madame Bosco semble dans tous ses états quand nous entrons dans l'immeuble. Nous nous rendons au 6ᵉ étage. Du tapis partout. Le lieu sent le renfermé. On tousse dans une chambre. Madame Bosco me lance un regard paniqué.

À mon tour d'être déprimé en voyant la pièce étroite et sombre. Je crois rêver en pensant à son appartement lumineux de la Côte-des-Neiges. Mais que faites-vous ici, madame Hébert?

Nous marchons avec elle dans le corridor qui ceint les cages d'ascenseurs avant de revenir dans son réduit qui empeste.

Madame Bosco me montre la porte qui ne verrouille pas, la tringle à rideaux cassée et le conduit d'aération brisé. Je n'ai qu'une idée: la ramener chez elle dans ses affaires.

Madame Hébert me demande si je suis au courant pour son frère. J'acquiesce en lui prenant les mains.

— Est-ce que vous pourriez vous rendre à ses funérailles, mercredi ? Je suis trop faible pour aller à Québec.

Je lui réponds que je ferai l'impossible pour y être, tout en sachant que je ne pourrai pas. M'absenter du collège serait de la provocation.

Madame Bosco et moi décidons de déjeuner ici avec elle, même si elle n'a pas bien faim. Nous descendons acheter quelques plats.

— J'espère qu'elle pourra voir l'autre siècle, chuchote-t-elle dans l'ascenseur.

J'essaie de la rassurer en lui demandant d'attendre les résultats du scanner.

— Son médecin est persuadé que changer d'antibiotiques n'apporterait rien de nouveau. Ce n'est qu'une question de temps, selon lui.

Elle est très inquiète.

— Je crois que je vais passer la nuit auprès d'elle, me dit-elle. Demain, elle revient à son appartement. Déjà que la perte de Petit Chat lui est pénible. Je vous tiendrai au courant.

Je retourne à Sherbrooke.

Encore quelques pas, mais cette fois-ci avec la conscience aiguë que ce sont les derniers.

Louky court autour de l'étang à la poursuite d'un invisible intrus que j'essaie de repérer sur les rives. Je souris en pensant que, dans quelques secondes, il se lancera dans l'eau et viendra me rejoindre à la nage de ce côté-ci, prenant un malin plaisir à s'ébrouer tout près.

Je rentre.

Stressé, j'entame les dernières semaines d'un pénible trimestre. Le moins de paroles entre mes étudiants et moi pour éviter l'irréparable.

De retour chez moi avec une pile de corrections, je prends mes messages : malgré sa grande faiblesse, madame Hébert passera son scanner le 14 décembre.

Je parcours du regard l'ensemble du terrain où le bonheur a jailli sous nos mains calleuses quand je reconnais un passerin indigo sur une branche de cerisier tout près de la mangeoire. Mais que fais-tu dans mon coin de pays, à des centaines de kilomètres de chez toi ? Que tu es magnifique, tout de bleu vêtu ! Remarques-tu les bruants et les mésanges qui n'ont d'yeux que pour ton plumage ? Et ton joyeux gazouillis, est-ce aussi pour moi ?

Pendant de longues minutes, je l'observe sautiller d'un rameau à l'autre. Un dernier ramage : « Clin-clin, clin-clin », un ultime regard, une envolée d'oiseaux.

Louky me demande la porte. Sais-tu, mon beau, que c'est la deuxième fois que j'en vois un ; la première, c'était le jour de notre arrivée...

— *Les résultats du scanner sont désastreux. Un cancer des os aux vertèbres lombaires, me révèle madame Bosco catastrophée.*
Je suis sans mot.
— *Vous êtes toujours là ?*
Je la rassure. Quand serai-je à Montréal ? insiste-t-elle. Puis ta voix à travers la sienne : « J'ai rencontré quelqu'un... »
Ne pas craquer.
— *Est-ce que je vous dérange ? s'inquiète-t-elle.*
Dans mon esprit, tout s'emmêle. Le temps des fêtes approche à grands pas. On m'a dit que le cancer des os est très souffrant. Va-t-elle demeurer à son appartement ?
— *Allô, vous êtes toujours là ?*
Vite, lui donner une réponse. Je lui suggère samedi dans la matinée.

Alité depuis ce matin, j'ai le cœur sur les lèvres. La voisine, qui a contacté mon médecin dès 8 heures, est davantage consciente de ma fin que moi. Elle me supplie d'appeler mon fils et ma sœur, comme si elle craignait d'avoir ma mort sur la conscience.

— *Elle semble souffrir le martyre. Je préférerais que nous allions à l'urgence. Elle n'a pas dormi de la nuit, me confie madame Bosco quelques minutes après mon arrivée.*

Nous passons la journée à l'urgence de l'Hôtel-Dieu en cette fin de semaine qui précède Noël, et où la direction de l'hôpital, comme à chaque année, a fermé des lits.

On a couché madame Hébert dans une chambrette de la dimension d'un mouchoir de poche ; madame Bosco et moi ne pouvons y rester en même temps sans risquer de trébucher sur des fils.

— *On se penserait dans un hôpital de campagne. C'est une horreur ! Allez vous informer si elle verra bientôt un médecin. Cela fait plus de quatre heures que nous attendons.*

Le corridor déborde de patients sur des civières. Je me rends difficilement jusqu'à la réception. La salle d'attente est bondée. Je sais que ma démarche est futile à voir les infirmières se démener corps et âme.

Vu le nombre de malades en attente de soins, je pressens qu'elle passera la nuit sur ce lit de camp si on ne fait rien. Je reconnais l'infirmière qui a assigné la chambrette à madame Hébert et avec qui elle a échangé quelques mots remplis d'admiration. Je cours au-devant d'elle.

— Madame Hébert ne peut plus respirer. Elle étouffe. Vite !

Aussitôt, elle donne un ordre à une collègue qui se précipite au poste des infirmières où elle appelle d'urgence un médecin qui sort précipitamment d'une salle d'auscultation pour se diriger vers les réduits en toile.

D'où je suis, j'entends très bien madame Bosco dénoncer l'inhumanité du système de santé en prenant comme témoins les autres patients.

L'infirmière sort la première de la chambrette. Je la suis des yeux tout en jetant un œil du côté de madame Hébert. Arrivée au poste principal, elle échange quelques mots avec les deux collègues présentes. L'une d'elle décroche le récepteur, l'autre regarde sa montre. Je pressens que quelque chose se prépare. Je ramène mon regard sur la chambrette alors que le médecin en sort. J'attends quelques secondes avant de retrouver madame Bosco.

— Ils s'en viennent avec une civière. Le médecin a donné l'ordre de rouvrir le 6ᵉ étage du pavillon Royer. Elle sera enfin dans une chambre digne de ce nom, m'informe-t-elle, visiblement satisfaite.

Quand les portes de l'ascenseur s'ouvrent, le 6ᵉ est en pleine obscurité.

— C'est sinistre, observe madame Bosco après quelques secondes.

Je promène ma main sur le mur adjacent tout près, à la recherche d'un interrupteur.

Je pousse la civière jusqu'au poste des infirmières, toujours dans la pénombre.

Lentement, le personnel prend possession de l'étage. D'autres civières grossissent les rangs de l'attente. On assigne à madame Hébert la chambre 626, tout au bout du corridor.

— Ce matelas est aussi confortable que le mien sur Côte-des-Neiges, émet-elle une fois installée.

Je lève les yeux sur le lit d'appoint qu'on vient d'apporter. Il servira à ceux et celles qui la veilleront jusqu'à son transfert à l'hôpital Notre-Dame, le 19 janvier.

Dès ce soir, je l'étrennerai.

D'ici, je revisite sa chambre. Je me revois au milieu de la nuit arpenter le couloir, me répétant sans cesse ta phrase assassine : « J'ai rencontré... » Un coup d'œil à madame Hébert dont je crains un sommeil agité.

Tel Sisyphe, je reprends ma marche, les lèvres scellées, les poings fermés, le cœur en feu.

Ici comme hier, ne pas craquer.

La verrière ruisselle en cette fin d'après-midi pluvieuse. La voisine passe l'aspirateur en attendant que les draps du lit soient secs. L'époussetage suivra si je lis bien ce qu'elle a noté sur un bout de papier. Je souris.

Je m'allonge sur la méridienne. Je lis les pages précédentes pour m'imprégner de l'atmosphère d'abord feutrée des premiers jours à l'Hôtel-Dieu, avant de glisser dans ceux qui me troubleront à jamais.

Nous dressons un horaire de garde selon les disponibilités de chacun. En ce temps de festivités familiales, j'offre de faire plusieurs gardes, me disant qu'elles m'aideront à apaiser mon mal.

Madame Bosco aimerait être aux côtés de son amie quand nous entrerons dans le nouveau millénaire.

Au fur et à mesure que les jours de veille sont attribués, j'ai le cœur qui chancelle. Elle me demande si le 28 me conviendrait. Pourquoi m'empresser de répondre? Pour te faire mentir, Luc, ou me convaincre que tu as raison?

— C'est un mardi. À moins que vous ayez quelque chose? Soyez très à l'aise.

Debout devant la porte du balcon, chez elle, les yeux sur les bacs à fleurs que nous avons achetés le printemps dernier, j'entends une voix sourde me murmurer : « Petits tombeaux ensevelis

427

de neige entre ciel et terre, court été d'un amour dérisoire, fugace vie pour une froide éternité. »
— *Préférez-vous un autre moment ?*
J'accepte sans me retourner. Toi et moi, vingt ans ce jour-là.

Les infirmières sont aux petits soins avec elle, ce qui la touche. Fréquemment, l'une d'entre elles vérifie son soluté, replace ses oreillers, lui demande si elle désire une seconde couverture.

— Nous allons jouer aux devinettes, si vous voulez bien. Je vous pose des questions auxquelles vous répondez. Cela vous convient?

Elle acquiesce avec un large sourire. Je m'exécute de mémoire.

— Pourquoi, dans Le Tombeau des rois, retrouvons-nous « sept grands pharaons d'ébène »?

— Parce que sept est un chiffre sacré et que l'ébénier pousse en Égypte. Voilà!

Son « Voilà! » toujours lucide. Elle attend une autre question. Je me récite son poème.

— Pourquoi « Les membres dénoués / Et les morts hors de moi, assassinés »?

Elle réfléchit quelques instants. Les yeux éveillés et les mains si gracieuses.

— Parce que les membres sont défaits et libérés de l'étreinte de la mort. Quant aux morts, il faut les extirper de soi, les assassiner pour pouvoir vivre sa vie sans eux. Voilà!

Je suis fasciné. Jusqu'à la toute fin, logique et mémoire aussi vives.

— « *Les morts m'ennuient / Les vivants me tuent*[1] », *récité-je, avant de préciser qu'elle a écrit ces vers deux ans avant* Le Tombeau des rois.

Elle se concentre, regarde la paume de sa main, comme si elle en faisait un miroir, puis la dépose lentement sur la couverture.

— *Je ne me rappelle plus la date exacte, mais le titre fait allusion à une fête de dérision et de mort. Un rituel, une sorte de passage entre deux mondes. Voilà !*

Je lui lis son poème Noël, tout en pensant que les prochaines gardes seront des révisions pour elle et pour moi. J'apporterai ses livres.

— *J'aimerais m'asseoir dans le fauteuil, me demande-t-elle.*

Avec une attention infinie, je l'installe dans la bergère que j'ai rapprochée. Mille précautions pour qu'elle ne me glisse pas entre les mains dans son saut-de-lit satiné et que je ne détache pas le soluté.

Une fois les pieds sur un pouf improvisé, elle retrouve sa main-miroir. J'évoque Paris, ses voyages, son travail, la belle vie qu'elle a eue.

— « *Oh le beau jour encore que ça aura été !* » *s'exclame-t-elle en regardant sa main.*

Dans quelle pièce est-elle ? Aussitôt, Oh les beaux jours, *de Beckett.*

Les mains sur les bras du fauteuil, elle semble méditer, ainsi immobile.

— *Depuis mon retour précipité de Menton avec Monique, j'ai réfléchi à la question. Replonger dans son passé pour s'en inspirer est moins difficile qu'y retourner pour embrasser une dernière fois sa vie.*

Assise ainsi, le corps droit, les bras étendus, la tête relevée, elle garde un port royal, le sceptre et le globe terrestre en moins.

---

1. *Poèmes,* op. cit., p. 36.

— Comme je vous le disais, j'ai été privilégiée. Penchées sur mon berceau, les fées blanches m'ont été favorables malgré les fâcheux auspices des fées noires.

Elle est dans sa pièce de théâtre La Cage. Elle tourne la tête vers la fenêtre, derrière laquelle souffle un vent sinistre.

— Sans les encouragements de mon père, je n'aurais pas été ce que je suis. Il m'a donné confiance en moi. Ce que j'appelais à 16 ans des « notations d'impressions », lui, il les qualifiait déjà de poèmes.

Elle regarde longuement la paume de ses mains, comme si celle-ci y recelait sa vie.

— J'ai été choyée dès le début de mes écritures. Je voulais écrire et j'ai écrit. J'ai fait ce que j'ai voulu faire, même si certaines années ont été plus difficiles que d'autres.

D'un doigt, elle suit les lignes de sa main en épousant les courbes et les angles, puis tourne son index au milieu de la paume, moi, y voyant le creuset de son verbe.

— Votre œuvre est exemplaire, madame Hébert. À tout point de vue, exemplaire.

Elle cesse son jeu, caresse le bras du fauteuil, lève son regard sur moi.

— Je vous remercie. Je crois que j'ai eu une vie comblée, non remplie. J'ai écrit sans concession toute ma vie.

— Et Paris? N'est-ce pas extraordinaire d'y avoir vécu pendant plus de 40 ans? Et tous les grands hommes et femmes que vous avez rencontrés: Jean Cocteau, René Char, Jean Cayrol, Maurice Druon, Aragon, André Breton, Nathalie Sarraute, Pierre Jean Jouve, Hélène Cixous, François Mauriac et tant d'autres!

Cette fois-ci, elle ferme les yeux.

— La mort vient toujours trop tôt, souffle-t-elle.

Je sens qu'elle s'abandonne au sommeil à la voir dodeliner ainsi de la tête.

— *Mais n'ai-je pas déménagé à Montréal pour mourir?* bredouille-t-elle.

Elle désire revenir dans son lit. Mille précautions jusqu'à ce qu'elle soit couchée. Elle s'enquiert du temps qu'il fait, lève les yeux, tourne la tête vers moi.

— *Je vais dormir un peu. Votre lit est confortable?*

Je la rassure en la bordant, lui prends les mains, aussi décharnées que celles de ma mère. À mon tour de fermer les yeux.

La concierge chantonne en habillant le lit. J'aime sa bonne humeur. Quand elle redescendra, je lui demanderai qu'elle appelle mon fils et Nicole.

L'étage est silencieux. « J'ai... » Je refoule tes paroles.

Planté devant une fenêtre, j'écoute le sifflement du vent, m'imagine faire les cent pas devant ton condo, rue des Érables. Ça suffit!

Il faut que je retourne au chevet de madame Hébert pour lui faire part de la bonne nouvelle que je viens d'entendre.

— *On vient d'annoncer à la radio le nom de la lauréate du prix France-Québec / Jean-Hamelin. Le prix vous est décerné, madame Hébert, pour votre roman* Un habit de lumière *et l'ensemble de votre œuvre. Je vous félicite.*

Elle m'interroge du regard un instant, attrape le rebord de la couverture, la remonte à sa figure.

— *Est-ce que c'est le prix qui est remis au Sénat?*

Je fais signe que oui.

— *Alors, je n'irai pas,* me dit-elle en se cachant le visage.

Je souris à l'instant où une infirmière entre dans la chambre. Je les laisse.

Jean a accouru dès qu'il a eu le téléphone. Nicole devrait arriver cet après-midi. J'espère que je n'ai pas crié au loup trop tôt. À l'exception d'une grande faiblesse, rien ne semble m'avoir atteint, sauf, peut-être un début d'aphonie causée par ma médication qui détruit les glandes salivaires, seul effet secondaire non prévu, selon mon médecin que ma voisine a questionné. Une rassurante dégénérescence du corps, alors que l'esprit semble gagner ce que l'autre perd.

Assis tout près de moi, Jean me parle de son travail et de ses projets entre deux évocations de nos voyages lorsqu'il était adolescent. Est-ce sa voix qui me berce ou notre filiation ?

Je suis au pavillon Royer. L'odeur des muffins remplit le casse-croûte de l'hôpital en ce début du nouveau millénaire où je m'apprête à entamer mon quart de garde.

— Elle a passé une nuit calme, me dit madame Bosco à mon arrivée. Anne est heureuse d'avoir vu l'an 2000. Elle semble ne pas souffrir. Demandez-le-lui de temps en temps. S'il y a quelque chose, vous me téléphonez.

Dès que madame Hébert me voit entrer dans la chambre, elle m'invite à m'asseoir. Elle semble reposée. Je lui montre le jeu de rami que j'ai apporté, moins pour jouer que pour lui rappeler de beaux souvenirs.

Sur le bord de la fenêtre, un bouquet. Je la taquine en lui parlant de ses nombreux admirateurs.

EN ROUTE ET PAS DE SENTIMENT

— *Pour tout vous dire, je me serais bien passée de ces fleurs. Ne trouvez-vous pas qu'il y a beaucoup de chrysanthèmes ?*

Je m'empresse de changer de sujet en lui parlant de mon mémoire de maîtrise, de ma grande timidité quand je l'ai rencontrée et de mon immense joie.

Elle n'a rien oublié de notre première rencontre, retrouve Petit Chat, s'émeut qu'il soit parti.

— *Bientôt, ce sera mon tour. J'ai demandé à Monique de vérifier s'il reste encore une place pour moi dans le caveau familial.*

Pourquoi revient-elle là-dessus ? Quelle est la nature de cette crainte ? Pourquoi cette obsession de…

— *Quand on mourait en hiver, il n'y a pas si longtemps, on mettait les corps dans le charnier et, au printemps, on faisait la translation des dépouilles.*

Je lui demande en vain si elle veut jouer au rami.

— *Je me rappelle que cela est arrivé à une de mes tantes. J'avais peur qu'elle se réveille quand on l'a enterrée.*

J'hésite à lui poser la question, mais n'a-t-elle pas, elle-même, abordé le sujet ?

— *Est-ce que la mort vous fait peur, madame Hébert ?*

Assise dans son lit, le dos calé sur les oreillers, elle considère longuement sa main-miroir.

— *La mort ne me fait pas peur. Elle est présente dans toutes mes œuvres. Non, la mort est une nécessité à la vie. Sans elle, la vie ne serait pas.*

Je plisse le front. Son débit est lent, sa prononciation est à peine altérée. J'attends.

— *Nous voulons tous être éternels depuis la nuit des temps. Il est facile de comprendre que la terre ne peut supporter notre immortalité.*

Quelle logique ! Je devine la suite.

434

— *Je ne crains pas la mort. Ce que je trouve dommage, c'est que nous n'avons droit qu'à une seule vie. Et il faut que ce coup d'essai soit un coup de maître.*

Je ne m'attendais pas à ce commentaire inspiré du Cid. Elle retrouve sa main-miroir qu'elle contemple cette fois-ci.

— *Comme je vous le disais dans l'entrevue : je me permets « de rêver à une seconde vie de mes livres, dans le temps, alors que le temps lui-même se sera tu en moi[1] ».*

Je pense à la fin sereine de Socrate dans sa grotte, conversant avec ses disciples.

— *J'aimerais me coucher.*

Jean remplit la mangeoire de graines de tournesol et de chardon. Autour de sa tête, une auréole de mésanges et de chardonnerets, et à ses pieds, un parterre de tourterelles et de juncos. Mon fils est *François et le chemin du soleil*, et moi, Icare aux ailes brisées.

De la verrière, j'entends le vent glacial souffler sur la ville engourdie, faisant vaciller les lumières de l'étage. Qui me demande si j'ai bien dormi ?

Sa longue sieste l'a ragaillardie. Je l'assois dans le fauteuil. Commence notre jeu de devinettes.

— *Je prends un poème au hasard. « Il y a certainement quelqu'un / Qui m'a tuée / Puis s'en est allé [...][2] » Qui est ce « quelqu'un » ?*

— *Je veux retourner dans mon lit.*

Je la borde. Elle me demande de s'asseoir. Je replace les oreillers. Je suis en nage.

Je ferme le recueil. Elle veut poursuivre le jeu.

1. *Les Cahiers Anne Hébert, op. cit.*, n° 2, p. 11.
2. *Œuvre poétique, op. cit.*, p. 44.

— *Je choisis un autre poème au hasard.* « *Retourne sur tes pas ô ma vie / Tu vois bien que la rue est fermée[1].* » *Pourquoi l'avenir vous est-il aveugle en 1932, alors que vous venez d'avoir tout juste 16 ans ?*

— *Je veux retourner dans le fauteuil.*

Tout se bouscule pour vous et pour moi. Il nous reste peu de temps, madame Hébert, avant qu'on ne nous le ravisse. Dites les mots qui scelleront le reste de mes jours dans le secret de cette chambre avant que vous entriez dans un coma irréversible. Criez votre première colère, la seconde étant la mort de Saint-Denys que votre mère vous a apprise en prenant bien soin de préciser que ses vêtements étaient secs, comme pour enlever toute allusion à un suicide.

— *Ramenez-moi à mon appartement. Je veux écrire. Je veux écrire. Je veux écrire, me supplie-t-elle.*

Je le lui promets en lui mentant.

— « *Les saules au bord de l'onde / Les saules pensifs / La tête penchée / Lissent leur chevelure printanière / Le vent peigne leurs chevelures longues / Au bord de la rivière / Les agite au-dessus de l'eau / S'éprennent de leur reflet d'or / Pendant qu'ils songent.* »

Je l'écoute scander les vers dont certains me sont familiers. J'ouvre Œuvre poétique, *trouve rapidement le poème* Les Saules. *Mais à qui appartiennent les autres vers ? Je cherche pendant qu'elle continue de réciter. Saint-Denys Garneau et son poème* Les Saules ! *Elle alterne les vers : le premier, d'elle ; le second, de son cousin.*

Mon fils me presse la main en me réitérant son amour.

Une lumière dorée embrase le faîte des arbres. Bientôt le soleil s'éteindra et la forêt s'égarera dans la nuit. Qu'attends-tu pour retourner à l'Hôtel-Dieu où madame Hébert t'espère ?

---

1. Œuvre poétique, op. cit., p. 40.

436

La voisine porte la paille à mes lèvres en m'incitant à avaler. Les forces me manquent, comme après le cri de madame Hébert que je repousse jusqu'à l'ultime limite.

Voilà que je survole l'ancien couvent où ma mère lit *Le Premier Jardin* sur la grande galerie.

« *C'est dans l'unique lit de l'habitation qu'on se prend et qu'on se reprend, qu'on accouche et qu'on empile ses petits, qu'on agonise et qu'on meurt. Cela ressemble parfois à une soue, et les larmes se mêlent au sperme et à la sueur, tandis que passent les générations et que la vie se reforme à mesure comme l'air que l'on respire[1].* »

J'imagine ma mère revisiter son enfance, non loin d'ici, à La Présentation, sarclant le grand jardin de la maisonnée après avoir nettoyé l'étable et nourri le bétail.

« *En réalité, c'est d'elle seule qu'il s'agit, la reine aux mille noms, la première fleur, la première racine, Ève en personne (non plus seulement incarnée par Marie Rollet, épouse de Louis Hébert), mais fragmentée en mille visages, Ève dans toute sa verdeur multipliée, son ventre fécond, sa pauvreté intégrale, dotée par le Roi de France pour fonder un pays, et qu'on exhume et sort des entrailles de la terre[2].* »

— *Nous nous sommes extirpés de la misère en envoyant les enfants à l'école. Nous avons repoussé l'ignorance crasse et jeté aux orties les sornettes de l'Église,* énonce-t-elle avec fierté.

— « Dies illa, dies iræ, calamitatis et miseriæ, dies magna et amara valde », *entonne le quatuor dans la petite église de Sainte-Catherine-de-la-Jacques-Cartier, le vendredi 28 janvier à 14 heures.*

---

1. *Le Premier Jardin, op. cit.*, p. 98.
2. *Ibid.*, p. 99-100.

— *Je désire que mon service soit d'une grande simplicité et qu'il se limite au rite de l'Église, sans sermon, discours, ni témoignage, et qu'il y ait des chants grégoriens et en latin.*

« *Moqué au centre de son être, réduit à sa plus stricte vérité de prêcheur ridicule et d'homme très ordinaire, aumônier d'un couvent très ordinaire, l'abbé Migneault se vit tel qu'il était. Il ne put supporter cette vue et n'osa plus préparer aucun sermon*[1]. »

Les chauds rayons sur mon corps à travers les tabatières, les mêmes que ceux de Menton sur le bord de la piscine et de la grande galerie.

Je lis sur les lèvres de mon fils, accroupi près de moi, quelque chose qui ressemble à l'amour.

Une main prend la mienne. Je devine la tête de Louky, son museau, sa langue qui lèche la paume pendant que, sur l'autoroute qui me conduit à Montréal, j'appréhende cette veille de dix-huit heures en ce 12 janvier qui me consumera.

Dès mon arrivée à l'hôpital, je descends au casse-croûte me chercher un café. Le fumet des cuisines me rassure. Dans mon porte-documents, son œuvre. Je monte à sa chambre où madame Bosco m'attend.

— *Son état est stable. Elle ne souffre pas. Merci encore pour ces* dix-huit *heures. Ceux qui devaient être de garde ont eu un contretemps.*

Je retrouve madame Hébert plus reposée. Elle attend, la mine curieuse, ma prochaine devinette.

Je feuillette Le Torrent *devant elle. Je la fais languir. Je choisis un passage que je délaisse pour en chercher un autre.*

— *Allons voir du côté de* La Maison de l'esplanade. *Non, je vais plutôt regarder dans* Un Grand Mariage *ou* La Robe corail, *votre toute première nouvelle écrite en 1938.*

---

1. *Les Enfants du sabbat, op. cit.*, p. 53.

Je la sens intriguée. Quel texte va-t-il prendre? Peut-être
L'Ange de Dominique?

— Pourquoi ne pas puiser dans votre nouvelle la plus connue :
Le Torrent? J'ouvre une page au hasard.

— « J'étais un enfant dépossédé du monde. Par le décret d'une
volonté antérieure à la mienne, je devais renoncer à toute possession en cette vie. » Pourquoi ce coup de poing en commençant
votre nouvelle, madame Hébert?

— J'ai été une enfant dépossédée de l'amour par une volonté
antérieure à la mienne. J'ai été une enfant dépossédée de l'amour
à jamais! crie-t-elle en se redressant dans son lit.

Je demeure figé, le recueil glissant de mes genoux, comme Petit
Chat des siens, incapable de la regarder tant mon trouble est
grand.

Je vais à la salle de bains. Les mains sur le lavabo, je tremble,
tel un nouveau-né, devant l'aveuglante vérité qui traverse son
œuvre.

— J'ai été une enfant dépossédée de l'amour! clame-t-elle de
nouveau.

Je m'inonde la figure d'eau glacée sur mon visage brûlant.

Je reviens dans la chambre, brisé, défait, anéanti.

— Appelez mon frère Pierre avec qui je faisais du théâtre.

Je suis devenu un pantin sans âme. J'ouvre son carnet d'adresses.
Les yeux me brûlent et mon cœur se fend. Je sens la toute petite
phrase de sept mots, comme les « sept grands pharaons d'ébène »,
s'enraciner férocement au cœur de ma vie et étouffer le reste de
mes jours. Comme l'autre : « J'ai rencontré quelqu'un qui s'occupe
moins des... »

— Je veux changer mon testament.

Je délaisse le carnet, sort des feuilles, le regard perdu, ailleurs,
parcourant son œuvre en plein désarroi. La cruelle évidence dans
un vertige de vérité.

— Appelez mon frère! Je veux lui parler!

EN ROUTE ET PAS DE SENTIMENT

Petits mots assassins au cœur d'un après-midi neigeux, choisis entre tous pour leur funeste valeur. «... Après ta mère, c'est madame Hébert, après elle...

Tu as raison : je m'occupe trop des autres.

« L'amour meurtrier. L'amour infâme. L'amour funeste. Amour. Amour. Unique objet de ce monde. La folie de l'amour[1]. »

— *Appelez une infirmière, j'ai mal.*

Je me lève, m'apprête à quitter la chambre quand j'entends qu'elle s'est apaisée.

— *Je veux aller dans le fauteuil.*

Cette fois, je ne peux retenir mes larmes en pensant à ma mère.

Aide-moi, maman, aide-moi. Je t'en prie, aide madame Hébert à mourir.

— *Téléphonez à Monique. J'aimerais lui parler.*

Bientôt minuit. Encore huit heures de garde. Avec mille précautions...

— *Je veux retourner dans mon lit.*

Je m'agenouille près d'elle et l'enlace tendrement, la tête sur ses genoux, les yeux en eau. Je sens sa main dans mes cheveux. Tout doucement, je murmure :

— *« Il fait très clair sur la planète à côté / Les bêtes et les gens sont lumineux / Envers endroit comme des étincelles / Il ne pleut ni ne neige à perte de vue / Ce monde est rond comme une pomme mûre / De tous bords en sa rondeur parfaite / Baignée de soleil et de rire joyeux / Sa lumière semble si douce vue d'ici / Qu'on en rêve à n'en plus finir*[2]. »

Me ressaisir.

Sa main caresse mes cheveux. Mon anéantissement. Et puis, sa voix :

---

1. *Kamouraska, op. cit.*, p. 11.
2. *Poèmes pour la main gauche, op. cit.*, p. 27.

« *Dix mille lieux à la ronde, / Dans les pays connus ou non, / Il n'est pas une brune ou blonde, / Une rousse, une mince ou ronde / Dont nous soit aussi doux le nom / Que votre nom, chère cousine. / Aujourd'hui une heureuse année / Ajoute une fleur à vos fleurs : / Votre jeunesse est couronnée / D'une autre année, / Et notre cœur / À votre cœur donne ces fleurs[1].* »

Prostré, je pars dès que madame Bosco arrive. Je m'engouffre dans la voiture, une seule idée en tête, m'enfermer chez moi, n'y sortir que pour les veilles que j'espacerai, ne m'absenter que pour mes cours.

— « Sainte Marie, mère de Dieu, priez pour nous, pauvres pécheurs, maintenant et à l'heure de notre mort. Amen », répond la voisine.

Jean ouvre un vasistas de la verrière pour que je puisse écouter le chant des rainettes et des crapauds sous le soleil couchant. Depuis deux jours, je le prive d'un sommeil bien mérité. Je sais qu'il ne me laissera la main qu'une fois la vie partie, comme quand, enfant, il s'étendait sur moi de crainte que je l'abandonne. Mes sens décuplés en cette agonie espérée.

Je tourne la tête vers l'entrée de la cour bordée de chênes regorgeant de chatons verdâtres où deux allées de tulipes et de jonquilles égaient le jour pendant que quelqu'un, penché sur moi, remonte la couverture sous laquelle j'étouffe.

« Tant de choses paraissent soudain sans importance, dépouillées de cette importance excessive qu'elles ont eue, qu'elles devraient sans doute continuer d'avoir. Désarmées, désamorcées, réduites à leur plus simple expression. Dépouillées de tout prestige et exigence. Devenues sans poids, ni gravité, presque irréelles[2]. »

---

1. *Poèmes pour la main gauche, op. cit.*, p. 27.
2. *Kamouraska, op. cit.*, p. 222.

Tout se bouscule. Un tourbillon d'images virevolte hors de moi. Je croise la concierge qui va au baptême de sa nièce en Italie. Madame Hébert brûle ses manuscrits dans le foyer du salon, juste derrière moi pendant que, de son grand bureau, le secrétaire général de l'Université l'intime d'arrêter. L'enfant que je berce à Sherbrooke est mien et celui qui joue par terre, c'est moi qui reviens de l'école de campagne, tout à côté de chez nous. Ma mère écrit à Paris et madame Hébert tricote sur la grande galerie au même moment où madame mère Tassy frappe trois petits coups de ses bottines sur le plancher de la cuisine et que sœur Julie de la Trinité fornique avec l'abbé Flageole. Je cours, je cours contre le temps qui me poursuit et me crie après. Le voilà qui m'empoigne et me ramène à l'Hôtel-Dieu, juste avant que j'embrasse Hélène au sortir de notre mariage bien que Luc m'attende depuis des années dans la chambre. Tout tourne comme la terre béante qui s'ouvre sous mes pieds.

« Jusqu'à cet amour fou qui semble tout à coup lointain, minimisé, exorcisé en quelque sorte. Un poignard en plein cœur soudain retiré. Lui faisant suite, une blessure discrète, une tristesse incommensurable plutôt. Tout désir apaisé. Toute possession du monde devenant dérisoire. Dormir, dormir[1]... »

— On a augmenté du quart sa dose de morphine, me rapporte madame Bosco deux jours plus tard. Je crois qu'elle entre lentement dans le coma, ajoute-t-elle.

Ses dernières nuits sont peuplées de fantômes et de personnages : le docteur Nelson, Élisabeth, madame mère Tassy, Lydie, Julien, Pauline, Joseph, François, Jean-Ephrem de la Tour, Miguel, Rose-Alba Almevida, Agnès, Flora Fontanges, Maud, Raphaël, Perceval, Lia, Adélard, Philomène, la grande Claudine, etc. À cette galerie de portraits, s'ajoutent les chevaux fous dans

---

1. *Kamouraska, op. cit.*, p. 222-223.

son œuvre. Sur les murs et au plafond, sur le lit et le fauteuil, sur la table et la penderie, galopent un troupeau de chevaux aux hennissements si aigus qu'elle se cache la figure. « Le temps / Dans le chas de l'aiguille / Passe si lentement / Que tous les chevaux du roi / En plein galop d'épouvante / Se figent et meurent / Tranquilles et étonnés / Pris au lasso des jours étouffants[1]. »

J'ouvre le Missel quotidien des fidèles et, lui prenant la main, je lis à haute voix:

— « Le Seigneur est mon berger. Rien ne saurait me manquer. Il me fait reposer dans des prés fertiles. »

Je suis au chevet du soleil. Sa lumière, encore éblouissante au cœur de la nuit.

— Allez chercher mon courrier à mon appartement. Je veux répondre aux lettres les plus urgentes.

— « Même quand je marche au milieu des ombres de la mort, je ne crains aucun mal... »

— Donnez-moi ma robe de chambre. Je veux me lever.

Aide-la, maman, aide-la.

— Je ne peux plus bouger mes doigts. Où est ma plume? Je veux écrire. Je veux écrire.

Jusqu'au 18 janvier, elle s'endort sous la lecture des vêpres et des complies. Et puis, ses derniers mots.

— Ah, qu'il est long de mourir!

— Je crois que c'est bientôt la fin, me confie madame Bosco.

Le lendemain, entrée dans un coma profond, on la transporte à l'hôpital Notre-Dame, dans la chambre 5137.

Le 22 janvier 2000, à 15 heures 15, je reçois un téléphone.

— Anne est décédée.

Apprenez-moi à mourir, madame Hébert.

Le silence nu et entier dans la petite église de Sainte-Catherine entre l'évangile et le Credo. Pendant de longues minutes: « Mais

---

1. Poèmes pour la main gauche, op. cit., p. 39.

les vivants n'ont pas pitié des morts / Et que feraient les morts de la pitié des vivants / Mais le cœur des vivants est dur comme un bon arbre / et ils s'en vont forts de leur vie / Pourtant le cœur des morts est déjà tout en sang / et occupé d'angoisse depuis longtemps[1]. »

Voyez, madame Hébert, il y a une place pour vous dans le petit cimetière. Regardez, votre cousin est tout près, immobile comme un gisant du Tombeau des rois.

Que sont ces taches blanches au début de la cour ? Encore de la neige en ce temps-ci de l'année ? Et pourtant, n'est-ce pas le grondement du tonnerre que j'entends ?

— On dirait que Louky aperçoit quelque chose près de l'entrée. Il est comme aux aguets, ses oreilles à l'affût.

Qui sont ces deux boules blanches sous les éclairs de pluie ?

— Est-ce que tu vois quelqu'un, toi ?

Qui sont ces corps qui s'approchent, les bras tendus vers moi ?

De l'autre côté de la verrière, je vous vois m'aimer. Cessez vos pleurs. Je dois partir, déserter ce lieu de délices, m'assécher de vos larmes qui m'arrachent le cœur.

En route et pas de sentiment !

---

1. *Regards et jeux dans l'espace, op. cit.,* p. 188.

REMERCIEMENTS

Je remercie Julie Fecteau, du Bureau des archives, et Christiane Bisson, du Centre Anne-Hébert de l'Université de Sherbrooke pour leur disponibilité et leur diligence pendant mes recherches.

À Lise Blouin, première lectrice depuis le début, une gratitude sans fin pour ses précieux et judicieux commentaires tout au long de l'écriture. Sans ses encouragements, ce livre n'aurait pas été.

BIBLIOGRAPHIE

Livres

Actes du colloque de la Sorbonne, *Anne Hébert, parcours d'une œuvre,* Montréal, l'Hexagone, 1997.

BECKETT, Samuel, *Oh les beaux jours,* Paris, Éditions de Minuit, 1963.

BOILEAU, Nicolas, *Art poétique,* Paris, Bordas, 1984.

CAMUS, Albert, *L'Étranger,* Paris, Gallimard, 1957.

CHODERLOS DE LACLOS, Pierre-Ambroise, *Les Liaisons dangereuses,* Paris, Garnier-Flammarion, n° 13, 1964.

HÉBERT, Anne, *Aurélien, Clara, Mademoiselle et le lieutenant anglais,* Paris, Éditions du Seuil, 1995.

HÉBERT, Anne, *L'Enfant chargé de songes,* Paris, Éditions du Seuil, 1992.

HÉBERT, Anne, *Les Enfants du sabbat,* Paris, Éditions du Seuil, 1975.

HÉBERT, Anne, *Est-ce que je te dérange?,* Paris, Éditions du Seuil, 1998.

HÉBERT, Anne, *Kamouraska,* Paris, Éditions du Seuil, 1970.

HÉBERT, Anne, *Le jour n'a d'égal que la nuit,* Montréal, Boréal/Seuil, 1992.

HÉBERT, Anne, *Œuvre poétique* (1950-1990), Montréal, Boréal/Seuil, Boréal compact n° 40, 1993.

HÉBERT, Anne, *Poèmes,* Paris, Éditions du Seuil, 1960. Préface de Pierre Emmanuel (reprise de *Le Tombeau des rois* suivi de « Mystère de la parole »).

HÉBERT, Anne, *Poèmes pour la main gauche,* Montréal, Boréal, 1997.

HÉBERT, Anne, *Le Premier Jardin*, Paris, Éditions du Seuil, 1988.

HÉBERT, Anne, *Les Songes en équilibre*, Montréal, Les Éditions de L'Arbre, 1942.

HÉBERT, Anne, *Le Torrent*, 2ᵉ éd., Montréal, Hurtubise HMH, coll. « L'Arbre », 1963 (édition augmentée de « Un grand mariage » et de « La Mort de Stella »). Repris dans BQ (Montréal), 1989. Introduction de Robert Harvey.

HÉBERT, Anne, *Le Temps sauvage* suivi de *La Mercière assassinée* et *Les Invités au procès*, Montréal, HMH, coll. « L'Arbre », 1967. Repris dans BQ (Montréal), 1992. Introduction de Robert Harvey.

IONESCO, Eugène, *Le Roi se meurt*, Paris, Gallimard, 1963.

PIRANDELLO, Luigi, *Chacun sa vérité*, Paris, Librairie générale française, coll. « Livre de poche », n° 2602, 1969.

RACINE, Jean, *Phèdre*, Paris, Garnier-Flammarion, n° 859, 1995.

ROUSSEAU, Jean-Jacques, *Les Confessions*, Paris, Charpentier Libraire-éditeur, 1869.

SAINT-DENYS GARNEAU, Hector de, *Regards et jeux dans l'espace*, Montréal, BQ, 1993.

Revues

Les Cahiers Anne Hébert n° 2, Fides/Université de Sherbrooke, 2000, p. 5-11.

Dialogues et cultures, n°ˢ 23-24, juin 1982, p. 117.

Ecrits du Canada français, vol. XVI, 1963, p. 106-107.

LEBLOND, Sylvio, « Le Drame de Kamouraska d'après les documents de l'époque », *Cahiers des dix*, n° 37, 1972, p. 239-273.

Moebius, n° 78, automne 1998, p. 116.

GARANT DES FORÊTS
INTACTES

Achevé d'imprimer en septembre 2010
sur les presses de Transcontinental-Gagné,
Louiseville, Québec